中国妇产科奠基人

林巧稚传

吴崇其 著

浙江工商大学出版社 杭州
ZHEJIANG GONGSHANG UNIVERSITY PRESS

图书在版编目(CIP)数据

中国妇产科奠基人：林巧稚传 / 吴崇其著. —杭
州：浙江工商大学出版社，2022.1
ISBN 978-7-5178-4758-8

Ⅰ. ①中… Ⅱ. ①吴… Ⅲ. ①林巧稚(1901—1983)
—传记 Ⅳ. ①K826.2

中国版本图书馆 CIP 数据核字(2021)第 251095 号

中国妇产科奠基人——林巧稚传
ZHONGGUO FUCHANKE DIANJIREN——LINQIAOZHI ZHUAN

吴崇其 著

出 版 人	鲍观明
策划编辑	郑　建
责任编辑	郑　建
责任校对	张春琴
封面设计	浙信文化
责任印制	包建辉
出版发行	浙江工商大学出版社
	(杭州市教工路 198 号　邮政编码 310012)
	(E-mail:zjgsupress@163.com)
	(网址:http://www.zjgsupress.com)
	电话:0571-88904980,88831806(传真)
排　　版	杭州朝曦图文设计有限公司
印　　刷	杭州宏雅印刷有限公司
开　　本	710mm×1000mm　1/16
印　　张	24.5
字　　数	356 千
版 印 次	2022 年 1 月第 1 版　2022 年 1 月第 1 次印刷
书　　号	ISBN 978-7-5178-4758-8
定　　价	79.00 元

目录

一　出　生

　　浩瀚无际的大海,失去了蔚蓝的光彩,只是灰白色的浪涛拍击着漫长的海岸,抛掷着雪白的泡沫。泡沫在那细细的沙砾上,慢慢地消散下去,润湿着沙土。

　　鼓浪屿像是沉睡的巨狮,任凭激浪嬉戏周身,不发出一声吼叫;海浪拍打在它的身上,溅起阵阵水花,砌成一圈一圈水的银墙、水的花环,终日不断。洁白的银环墙时隐时现地上下跳动,被它裹着的长青翠叶,像是沾在一艘银色的巨型舰艇的甲板上,与银环墙此起彼伏地迎着海浪的节拍,在歌唱,在跳舞。

　　即使在阴湿寒冷的初冬,鼓浪屿在悲哀的气氛里,也不失它自身的欢乐,始终傲然挺立着,笑迎海浪为它冲刷身上的污泥浊水,留下富有诗意的美。

　　自身的美,不怕厄运,不用装点。美,任何时候,终归是美!

　　一九〇一年夏秋,吹人欲折的海风呼呼地向小岛袭击,一股腥咸的气味被送上堤岸,钻进小岛。常住这里的老人失惊了:"啊呀,多少年没有闻到这股怪味。"他们掰着手指,子丑寅卯地计算着:"怎么今年又有这阵怪味?"这种怪味难以忍受,于是乎,他们感慨地说:"总是天又要变了。"

　　其实,天已经变了。中华民族炎黄子孙世代久居的鼓浪屿,就在这阵海风的前后,一夜之间登上许多高鼻子蓝眼睛大胡子的洋人。"他们来干什么?"有人问。可是,谁也说不清楚。

　　鼓浪屿一下子增加了成倍的人,且不说吃用,就连拉屎撒尿都顿觉紧张。日子一长,便成了见面的话题:"简直是灾难,我说海风吹来一股怪味,都是大鼻子们带来的,灾难,灾难……"

　　就连鼓浪屿自身也在抗议:我承受不了这么沉重的负担,快把我压沉到海底去了,宁可同归于尽,也不愿忍受任人宰割凌辱的痛苦。

　　开始,大人孩子们都好奇地围观这些自命不凡的"客人",就连林良英的妻子都挺着肚子,走出大门,看看这些未曾见到过的远方"客人"。时间一个月一个月地流逝,"客人"毫无归回的心意,相反,要中国人承认,他们才是这个小小岛屿上的"主人"。

　　离"八角楼"北边窗户不远的一块空场,是鼓浪屿不足千户人家共同保存下来,供大家玩耍、庆贺、聚会、设点摆摊做买卖的公共场所。

　　洋人一踏上鼓浪屿,一眼就看中了这块空场,全盘被洋人的头目占领了。他们用它建起了一个网球场。从此后,一条无形的绳索把中国人圈在这块场地之外。洋人在空场的四角钉上了中、英两种文字书写的木牌:"华人不得入内。"多少个黑夜已经过去,在曙光来临之前,埋得深深的木牌不是不翼而飞,漂泊在大海里,就是被劈得粉身碎骨,悲哀地躺在广场上。于是,一块埋得更深的牌子又竖起来了。究竟循环往复多少次,没有人做过确切的统计。

　　从此,老年人再也不愿去那个曾经留有无数足迹的空场,常常凑到一起:"不知是谁第一个让这些洋人到我们鼓浪屿来?"必经场地的住家,每当他们路过这块空场时,只要见到有打网球的人在场,都毫不留情地留住脚步,两眼喷出愤怒的火焰,常把正在打球的洋人吓得不敢继续打下去。每当路过看网球的人多时,洋人不仅不觉得这是在助兴,反而感到一种不可战胜的威慑!于是叽咕几句,捡起球飞也似的逃之夭夭。只有不懂事的孩子,常常新奇地在场外奔跑着,互相争着去捡滚出场外的网球,抛进场内。那些网球爱好者越来越尝到了孩子们捡球的甜头,对拼命跑在前头迅速捡到球,又用力准确把球扔到打球人手里的孩子,常竖起大拇指说声:"谢谢!"

　　"客人"总该有个期限。岛上的人们由好奇到观望,由等待到厌恶:"怎么还不走,几个月了,该回他们老家去了。"这种不满的议论像海浪一样,后波助着前波,向岛上的官府冲击着。然而,一个一个丧权辱国的卖国条约,由摆渡口不断向鼓浪屿涌来。"客人"非但没走,反而得寸进尺,成了处理小岛上一切事务最有权威的"主人"。美丽的鼓浪屿成了英国人出没、游览、歇脚的"圣地",失去了它原来自由生存的光泽,不见了乡土火热的气氛,再也没有人去空场聚会了。一切庆贺、玩耍也由空场转向各家各户的屋里,成千人的热气,被无情地分割了。

十二月二十三日这一天,林良英吃完早饭,像往常一样,腋窝里夹一本英文书,书的里外是一大一小两个本本,没打招呼刚要出门,他妻子没头没脑地问丈夫:"良英,你今天还去吗?"良英不假思索地回答:"去哟,今天有我的课。"然后,他头也没回,走了。"唉!"她长长地叹了一口气。

早在三更头里,一阵阵痛把她催醒了。她凭着自己已经生过两个孩子的经验,没有叫醒丈夫,心想恐怕要到下午才能生,等天亮再说吧。丈夫要去学校,她到嘴边的话又咽了回去。既没有叫丈夫给不远的接生婆打个招呼,又没有说"你中午早点回来,我要生了。"

良英走后,妻子只是懒懒地依然睡她的觉。又一阵腹痛,把她从酣睡中疼醒,这才感到身边一个人没有,空空荡荡地叫人心里发慌。

一个新生命来到人间是那么急切,不管眼下做母亲的身边有没有助手,阵阵蠕动催促着自己尽早问世。这位母亲完全意识到自己要生了,匆匆地吃饱了早饭,把家中的高脚木盆洗了又洗,满满地烧了一锅开水,从容地拿了一把裁衣服的剪子,在火上一燎,尔后用草纸擦了又擦,搁在床头上。她还弯腰从床头底下拿出早已准备好的草纸,放在马桶盖上,才回到床上躺下。她这么来回弯腰,把小生命压得难以忍受,在腹内挣扎着、踢打着。无奈,她老老实实躺着不动了,大概因劳累的缘故,不知不觉又睡着了。

又一阵剧痛把她疼醒了,只是几分钟的工夫,一阵痛苦、一阵欢喜之后,她随手拿起剪子,一刀剪断了脐带,小生命和母亲就这样脱离了肉体上的关系,成了独立的新生命。母亲抱起婴儿,想擦洗一下全身上下的血污,不想一眼看见孩子身上缺了她所希望的什么,满心的欢喜顿时消去,于是又把她放在自己的脚跟,泪水扑簌簌地流下来,自言自语:"又是一个丫头!"

　　分娩的那股勇气,像炸裂的皮球消失了。她一头栽倒在枕头上,如不是怕产后的血垢沾脏被褥,就连擦除污垢的力气都没有了。她喘息了一阵之后,强忍内心痛楚,给马桶盖上一张又一张草纸。对婴儿啼哭、叫喊,她若无其事,连看都不看一眼,只顾她自己的心思。泄气、疲劳终于征服了她,产后宫缩使她再也无力半躺半坐,只好全身躺倒在床上。小生命在母亲的心目中,已经不存在了。

　　扬尘拍浪的海风,只听见它在烟囱口上呼啸。乾坤暗无日,日月昏沉沉,少有的寒风,令人毛骨悚然。一个可怜的小生命,在那无休无止的海风夹着寒气中降临到人间。她在黑暗中、在风暴中呼喊、漂泊。开始,她还能两脚朝天,拳打脚踢,干吼一阵之后,由高音转到中音,尔后又转入低音,渐渐地连低音也没有了。

　　可惜,这没有激起十月怀胎母亲的怜悯,她下定狠心不想要这个新生命了,且不说落地奶没有吸上,起码给婴儿身上盖个布片的温暖都不给,婴儿赤裸裸地横躺在母亲的脚跟,寒气不断向这个幼小的"嫩芽"侵袭。随着哭声由强变弱,她的四肢也慢慢地停住了;先是两脚不再向空中乱踢,两个小手攥着的拳头也冲不出来了,只是来回左右晃荡。母亲体内供给她的热量,经这么一消耗,也所剩无几了。除了母亲,有谁能拯救这垂危的生命!她已经完全没有力气做垂死的挣扎,一只还带有血腥味的小手塞进了嘴里,另一只手才停止出击。浑身上下白嫩红润的皮肤开始变青、发紫。更可怕的是,母亲已进入了梦乡。

　　学校的手摇铃,当啷当啷地响了。响声之后,学生们像麻雀似的夺门而飞,叽叽喳喳地拥出校门,轰地散开了,向四面八方飞去,飞向各自的"巢穴"。

　　往常,林良英妻子总是准点提着竹篮,里面用毛巾裹着一个搪瓷饭碗,为丈夫送去午饭。

　　良英下课后,先回教工办公室,放下教本,上完茅厕,总是在走回办公室门口时,与妻子相遇。

　　今天,同道教友们已吃罢饭了,还不见妻子到来。突然,他"呀"了一声,起身就走。"是了,早晨问过我,莫非是生了?"又转身对教友们说了一声,"下午,我如来不了,请给校长告个假,可能她生了。"

良英一口气跑回家,走到门口,脚步反而迟缓了,听听屋里一点声响没有,心又踏实下来了。像孩子似的,他蹑手蹑脚地走进房间。一到床前,一见妻子焦黄的脸,两眼紧紧地闭着,他收敛起开玩笑的念头,满床扫视一眼,这才发现妻子脚跟躺着一个浑身精光的孩子。孩子仰着的肚子上,大腿跟还留着没有擦洗的胎血斑痕。他忘了妻子还在沉睡,说道:"啊呀,怎么搞的?"这一声把妻子从睡梦中惊醒。

她抬抬吃力的眼皮,不紧不慢地说:"你回来啦,今天没给你送饭,饿了吧,自己做吧!"对小生命她却一句不提。

"你怎么把孩子冻在外面?"良英生气地问妻子,"你看,孩子都快冻僵了!"她内疚地说:"唉,我怎么尽生丫头,又给你添累。"她好像生个女孩,自己犯了不可饶恕的罪过,眼泪滚滚地流向耳根。

良英再也忍不住了,摊开一条被子往婴儿身上一盖,双手紧紧地把她从床上抱起来,紧紧地贴在自己胸前,瞪着双眼骂道:"你这是作孽! 看你把孩子冻成这个样子,丫头我也要!"

妻子虽然还在强辩"要丫头做什么用吗? 这个世道给你添累",但内心是多么感激丈夫对自己的责备,心里热乎乎的。因为她得到了丈夫真挚的谅解,看到丈夫对自己女孩的真诚的爱,这就是莫大的安慰。"你要就留下,你不要让她冻着算了。"她还是这么固执地说。

"胡说八道,"良英继续责备妻子,"自己生的孩子哪有不要的道理! 把孩子冻坏了,多危险,有奶吗? 快喂她吃吧!"丈夫虽然仍在责备妻子,可是话语里含着无限的深情,给这位母亲以养育女儿的力量。

林巧稚,从降临人间的第一天起,就得到了父亲的爱!

以后,良英常怕妻子想不开,再次遗弃这个幼小的生命,对她格外地体贴、爱护。有些时候,他纯属是做给妻子看的,直到妻子完全相信丈夫把她当作掌上明珠为止。这时候,林巧稚生的权利,才真正得到了保障。

林良英常把巧稚抱在怀里,送走一天的疲劳,迎来一天又一天的新生。在巧稚幼小的心里,装着父亲的爱要比装着母亲的爱多得多。

妻子见丈夫这样宠爱巧稚,常常不平地说:"看你把这丫头捧上天啰,吃苦的日子在后头等着你呢!"

良英全不在乎,总是那么自信,两手往巧稚腋下一插,抱起她,边说边亲着她的脸蛋,边把她往空中抛耍着:"不会的,我的小丽咪,小丽咪,长大一定会为爸爸争气的,是吗?"

小巧稚毫无意识地在爸爸的亲昵下,咯咯地笑着。

F246 号大院,林巧稚出生地。

二 抗 争

一棵幼苗在林家淡雅宁静的纱窗下,一天天地长大起来。巧稚,已经变成一个又机灵又顽皮的小姑娘了。

她穿着一件荷叶色带菱形花格的小袄、一条淡青色的小短裙子,顶着一头毛茸茸的黑发,像个刚出壳的雏凤,随着母亲在灶前灶后、屋里屋外地奔跑着。中午,母亲给她戴上一顶飘着海蓝色绸带的小草帽,领她一道去给在学校里教书的父亲送饭。一路上,她忽闪着一双好奇的眼睛,似懂非懂地望着街巷上那些挑担、叫卖、为生活压得喘不过气来的人群。

一个人在家的时候,她最喜爱的,就是逗弄那个咪呀咪呀叫唤的小猫。不是把它抱在怀里,轻轻地抚摩着它那身光滑柔软的绒毛,就是垂下一个小小的绳头,捉弄它玩。再不,就翻看父亲带回来的小画册,书上画的全是金色头发、碧蓝眼睛的外国人。

有的时候,她也独自跑到屋前不远的地方,挤到一群孩子中间,去看那些身穿米黄色运动衫的外国女人在空场地里打网球。球滚落出来时,孩子们便一窝蜂地跑过去,你推我搡,争着把那网球当成小足球,你一脚我一脚地踢着。巧稚也想跑过去踢一下,可是她太小了,无论怎么奔跑,总是没有碰到过那圆圆的小皮球,连一次都没有碰过。但她还是经常满怀希望地站在那里。

巧稚有个姐姐叫款稚,比她大十七岁,早已出嫁了。她生得单薄瘦弱,面色过早地失去了青春的光泽和红润,瘦长的脸蛋显得十分憔悴、苍白。更为可怜的是,她那双被缠裹得尖尖细细的小脚,长莫过十五厘米,套在一双青布扎红花的尖头鞋里,走一步挪动不了多远,十分费力地支撑着偌大一个身子。

巧稚听说,姐姐还在四五岁的时候,母亲就用一条三四指宽、近一米长的白布,把她细皮嫩骨的小脚给裹了起来。裹上就不准动,晚上睡觉时也不能解开,脚在里面受多大的屈,遭多大的罪,也得忍着。过十天半月之后,才把裹脚布放开,洗一洗脚,然后要比从前更紧地缠裹起来。所以,初裹脚的女孩子最怕洗脚,洗一次脚,就好似上一次刑。因为把脚放开再缠起来的时候,是要死死地用劲,被缠的人往往浑身疼得冒汗。每当这个时候,款稚总是眼泪汪汪,苦苦地哀求说:“阿妈,松一点吧! 啊,好阿妈!”女儿的眼泪和哭求,自然也使母亲心疼难过,但母亲却并不因此而手软。母亲手中的裹脚布稍微一松,就会长出一双让人笑话的大脚来:“阿妈的手不能松,一松就裹不出来了!”

一条条勒死人的裹脚布,在母亲连哄带劝的声音中给款稚缠上了。款稚流着泪,忍着疼,不怨爹娘,不怨命,因为她身旁多少个小姊妹都是这个样子,一步一挣扎,一步一行泪地走过来的。

十多年过去了,难道相同的命运,今天又要轮到巧稚的头上了吗? 姐姐每次回家,巧稚总要弯下腰来细看姐姐的脚,心里惊奇地想:“这样一双小脚,怎么能撑得住那么重的身子呢?”有时她偷偷地问姐姐:“阿妈给你裹脚,疼吗?”姐姐摇摇头说:“不!”随后又说:“疼,也没有法子;不裹,怎么行呢?”

“不裹,怎么行呢?”女孩子,可真是命苦呀! 怪不得她生下来时,母亲是那样地伤心! 母亲不忍心看她活着一天天地受罪,不如就……

然而人呀,谁能够抗御得了人世间可怕的习俗呢? 一代人不会很快就摆脱从上一代继承过来的愚见,一个人也不会很快就抛弃那种已经注入他的血液之中,也可以说是从母亲乳汁里吮吸过来的习俗。没有时代的巨变,人们很少会看清自己的过失和祖传的罪孽。

这种可怕的命运,终于降临到巧稚的头上了。一天晚上,母亲比平常更加亲昵地对巧稚说:“巧呃,过来! 把袜子脱了,让阿妈看看你的脚!”巧稚把一双柔软的小脚,伸到母亲的怀里。母亲爱怜地抚摩着,然后对她说:"看你的脚长得多快,今天趁你阿爸在家,我帮你把脚裹上!"说着,母亲就从身后取出早已准备好的白布条子。

行"刑"是在一片温柔、怜爱和慈祥的气氛中开始的。

巧稚看到了那些白布条子,吓得像被马蜂螫了似的,连忙向后退缩了两步。

"过来,快过来! 别怕疼,乖乖地让阿妈给你裹上。现在裹,能比姐姐的脚裹得更小,更好看!"母亲伸手又把她的小脚扯过来。

她是在关切女儿的未来,履行自己做母亲的职责。

"为什么女孩子的脚,一定是越小越好看呢?"巧稚怎么也弄不明白。看到姐姐走路时那种艰难的样子,真想不出脚小的好处在哪里,美在什么地方。到底是让裹好呢,还是不让裹好呢?

巧稚回过头来望着父亲,期望父亲能够给她一个回答。她着急地问父亲:"阿爸,为什么要给我裹脚呢? 是不是所有的人都要裹呢? 你为什么不裹呢? 小脚走路有什么好看的?"

没想到父亲在这关键时刻,对于她的紧急呼救竟然无动于衷,不置可否。只是乐呵呵地看着巧稚在母亲的怀里焦急地挣扎着,扭动着。或者是,父亲竟把这看作是家庭生活中的一种天伦之乐。

"你这小丫头,哪来那么多的话,那么多的理呢? 不裹脚,怎么行呢? 长大了,你就该后悔了!"母亲说着,又回身去取那白布条子。

巧稚趁母亲回身的机会,冷不防地又把小脚抽出来,扭身就跑到父亲的身后。这一下子她放心了。父亲宽大的背,就是她最保险的堤坝,最挡风的高墙。过去,不论她是在家里或者是在外边惹了祸,只要能够往父亲的背后一躲,再大的"暴风雨"也吹淋不到她的头上了。这一回,她又躲到了这一安全地带,偷偷地望着母亲。

"快来! 快来!"母亲向她招手。

"不来,不来,你给我裹脚,我就不来!"巧稚在"防波堤"后胆壮地回答。然而她万万没有想到,这一次,那高大的"防波堤",也没有能够使她得到安全。母亲过来,一伸手又从父亲背后把她拽了过来:"巧呃,别躲藏,让阿妈慢慢地给你裹! 小的时候骨头嫩,阿妈轻轻地裹,一点也不疼! 从小不裹,长大了就不好裹了!”

性子刚烈火暴的小马驹子,是不会让人顺顺当当地给它挂掌的。巧稚在母亲的怀里扭来扭去,就是不让她往小脚上缠那吓死人的白布条子。当她第二次又从母亲怀里挣脱出来后,接受前次的教训,不再往父亲背后跑了。她感到那里已不是她的“防波堤”和“挡风墙”了,刚才母亲拽她出来的时候,父亲没把她保护住——不是没能保护住,而是没有保护。他对母亲的“暴力”,一点没有阻拦。看起来,他们是一个心眼、一个主意。

这次,巧稚孤零零地退到墙角里,两只大眼睛来回地转动着,一会儿看着父亲,一会儿看着母亲。现在,她要两方面地提防着,既要防备母亲,又要防备父亲。她感到自己是完全孤立无援了。像姐姐款稚那样忍着疼痛,含着泪水一摇一晃走路的命运,恐怕是难以幸免了!

可怜的巧稚,马上就要做母亲的“俘虏”了。她瞪大了眼睛,把小嘴噘得老高。母亲又向她靠近过来,再一伸手,就要够到她那带有菱形花格的小袄袖子了。她已做好了准备,只要母亲一捉住她,就放声大哭。可是万万没有想到,就在这千钧一发的紧急关头,父亲说话了:“放开她吧,别裹了!”

母亲吃了一惊,几乎不敢相信自己的耳朵,困惑不解地望着父亲。

“放开她吧,别裹了!”父亲又重复了一遍。

“女孩子家不裹脚怎么行呢?将来让人不光笑话她,也笑话我这个做妈的!”母亲说着想起一腔心事,眼圈红了……

“你,老脑筋了。如今的社会潮流变了,没有人再把小脚大脚当成闲论女人的话题了!况且,朝廷里也颁布了废除女子缠足的法令。”

听到父亲在袒护自己,快要做“小俘虏”的巧稚如绝路逢生,她一头扎到父亲的怀里,紧紧地勾住父亲的脖子,撒娇地说:“阿爸好,阿爸真好!阿爸什么都知道!”

母亲狠劲地把裹脚布抖了一下,紧紧地捆扎起来,放到床底下的箱子里,回身对父亲说:“哼,女子不裹脚成什么体统!男不男,女不女的!脸没到人前,一双大脚先摆到人前去了,多难看呀!”

“也没什么难看的!”父亲理直气壮地说,“我们就留个大脚姑娘,将来谁愿意笑话,就让他笑话去吧!脚大,能走路,能干活,有什么不好的?你自己缠了足,不也感到干活走路都挺费劲吗?"他还告诉妻子:"如今朝廷让放足,我们就放,这就是体统,还顾虑什么? 让孩子们一个个都像你和款稚似的,受一辈子委屈,遭一辈子罪,这是何苦呢?"

母亲认为,这是父亲编排理由,偏袒这个受他保护才活下来的姑娘。她哼了一声,说:"你不用拿大话来压我。朝廷说话管用? 姑娘大了嫁不出去,还不是叫做父母的为难、伤心!"说着又落下几滴伤心的泪。

父亲见了连忙劝说道:"如今不缠足的多了,缠足的少了,慢慢地,人们的看法也就改变过来了。到那时候,倒觉得大脚的好看,小脚的难看了。咱姑娘将来利手利脚的,凡是男子能干的事她都能干,你说我们父母的心里,是伤心呢,还是高兴呢?"

母亲说不出什么新的道理来,只是用指头狠狠地点一下巧稚的额头说:"看你把她宠的,我不跟你们说了。等你不在家,我还是要给她裹脚的!"

母亲嘴里是这么说着,心底里却是极善良的。她虽然一时糊涂,受愚昧和陋习所害,曾经想把自己亲生的女儿遗弃,但她却没有征得父亲的同意,就把林家一个远房亲戚不幸去世而抛下的孤女收留下来了。同情弱者,是她灵魂中最突出的个性,是她信仰辞典中最基本的词汇。

"怪可怜的,总不能让她流落街头呀!"父亲晚上回来时,母亲悄悄地对他说明了原委。父亲听了,抚着母亲的肩头,亲切地望着她的眼睛说:"你做得对,何必等我回来再商量呢!"

母亲给收留下的小女孩,起了个林家孩子的姓名,唤作预稚,让巧稚叫她二姐姐。

预稚在家里,一天到晚总抢着帮母亲干活,连大门都不出一步;而且小嘴也甜,总是说:"阿妈,我来!""阿妈,你歇着吧,我来干!""阿妈,你看这样做行吗?"稚嫩的童音轻盈悦耳,使得这个冷清淡雅的房子里,增添了新的生气。母亲喜得合不上嘴,更是打心眼里疼爱这个孤儿。她常常一个人偷偷地望着预稚发愣,望着望着,会没来由地长叹一声,像是对着别人,又像是对着自己默默地念叨说:"多聪明的孩子! 什么事一看就会! 若是她的爹妈还活着,看到自己的孩子长得这么乖,恐怕在睡梦里也会笑出声来!"

母亲,这个平凡的劳动妇女,心中又增添了不少悲天悯人的哀愁。

三 骤 变

　　风助浪威,浪借风势,狠命地向鼓浪屿席卷。追逐风尾,团团灰色的重雾擦着屋顶飞跑,恨不得把家家户户屋脊上的瓦片揭去。沉甸甸的荔枝树,在一阵轻微的摇晃之后,立即陷入了狂乱,活像一个披头散发的疯子,树叶摩擦着,荔枝撞击着,不管它们怎么凄楚地叫喊,风依然是那样无情,把还要"母亲"供给营养的"子女",吹打在地上,断了它们骨肉情谊。

　　时间的消逝要比风更加迅猛。只是它,不像狂风那样无情无义,顷刻间干尽坏事,叫人断肠裂肝,但它却记载着世界上、人世间曾经发生的一切。

　　八国联军侵略中国,清王朝签订了丧权辱国的《辛丑条约》,在鼓浪屿时间的账折上记下了英帝国入侵的历史。从此,鼓浪屿"母亲"的乳汁,任凭洋人吸吮,自己的儿女被搁置在一边,遭受洋人欺凌。

　　具有光荣传统的鼓浪屿人民,谁也不甘心外国人长期霸占自由生存的美丽小岛。不到一年工夫,栽在"网球场"上四年之久的"华人不得入内"的四个木牌,被劈碎了。"球迷"虽然还没有离开这块土地,但没有一个人敢再去竖那个牌子,就连孩子们也不再当"赛手"的后卫,不仅不再争着去捡球,以换取洋人的拇指一翘,而且还要把球往离场更远的地方踢去,以博得孩子们一起"哦哦哦"的拍手欢笑。于是这块场地,首先从孩子们的心里燃起了乡土的气息,不久,又成了全岛人聚会、庆贺、做买卖生意的场所。

林家祖居在厦门岛(那时叫思明县)上的湖滨村里,以务农为生。林良英没上大学,他九岁就被送到新加坡一所英国人办的教会学堂,一口气念了十年书。十九岁那年,父母怕儿子在南洋上大学不再回乡,便把良英的大哥叫到身边:"你给良英写封信。"

良英大哥奉命写道:

良英吾儿:

你外出求学已有十年,父母现已年老体衰,思儿心切,长夜难眠,朝思暮盼你早日归回。接书后,当遵父母之言,立即启程,我们不求与儿此后共生,但求死前一别,如愿以偿,了此残生,死也瞑目矣!

……

父

于甲申清光绪十年

良英接信后,不知家里出了什么事,也不知二老是因为思念自己,还是真的得了什么病,自己离家已久,也十分想念父母。他手捧家书一时不知如何是好。又从头至尾读了一遍,越发觉得父母中必有一人病危,求学的念头早已飞到九霄云外。他赶紧打点行装,买了第二天的船票赶回家乡。

谁知道,这是父母为他娶亲设下的圈套。家信发出后不到一个月,良英就回来了。

家里为他操办的婚事,早就一切就绪,独缺"东风"。儿子既已到家,也就"趁热打铁",马上办事。

没等良英醒悟过来,到家的第三天,被选定的一个良辰吉日,成了他的洞房花烛之夜。那年月,儿女婚姻概由父母做主。良英漂洋过海上了几年洋学堂,在外面还能有几分自主,现在回到父母身边,哪容他推置二三。又听媒婆三寸不烂之舌,把新媳妇说得如此贤惠、那般灵巧、百事能干。林良英心里也就全没了主意。

特别是父亲说道:"这是天意的安排,尔等不得违抗……"这对已在学校加入了基督教的林良英来说,实在具有强大的魅力。他想:"如果是主的意志,上帝的安排,我当听从主的意愿。"开始,他还指望祈求上帝的宽恕,并忏悔他回家的过失。现在他已在感谢"上帝的恩赐"了。又好在他在新加坡念书,只求学业,不曾与女子相好。在吹吹打打的唢呐声和噼噼啪啪的鞭炮声中,他和何晋这位从未见过面的新娘拜堂之后,结为白头到老的终身伴侣。

他们婚后一年多,生一姑娘,取名款稚。四年之后又生一儿子,取名振明;一隔十三年,又生了二姑娘,取名巧稚。巧稚三岁那年,母亲又抱回了一个比她大九岁的二姐,唤作预稚。那时大姐已有了孩子。

何晋是一位很有主见的乡村妇女。家务,里里外外没有她不会的。在巧稚的记忆中,母亲似乎是一位无须睡觉的人。当巧稚早晨醒来,寻找妈妈的时候,她已把家里家外收拾得干干净净,只等着丈夫起床吃早饭。晚上,她总挨在丈夫一旁,共用一盏灯,不是缝衣服,就是纳鞋底。只要丈夫在批改作业,或翻译文章,哪怕是陪到三更、天亮,她也从不自己提前上床。

父亲有时心疼地说:"眼红了,快先睡吧!"

"不着急,我怕什么,你明天还要讲课。"妈妈就是这样伴着爸爸,也不催爸爸"该睡了"。她知道,爸爸受人聘用,当天的事,一定得当天完。又不是小孩,没有事决不会坐那里耗油不去睡觉的。多么通情达理的妻子呀!

父亲有时催急了母亲,妈妈只报以一笑,迸出一句:"我碍着你什么事啦?"或者说:"我挡着你亮了?"

爸爸实在无可奈何。可是,这又是多么甜蜜、多么心心相通的无可奈何呀!

没想到这种和睦相亲的气氛很快变了。由于良英英文功底好,口译、笔译在小小鼓浪屿小有名气。这种名气,像门前的海浪一样,一浪推一浪往远处波及,他很快就被思明镇上的官府请去,为他们出巡东南亚当翻译,还常常有人送来一些英文文章让他翻译。这对巧稚这个家庭来说,本是兴旺的景象。相反,从良英脸上看到的只是忧郁、烦躁和不安。白天巧稚常见妈妈在哭泣。天真无邪的巧稚,哪里懂得母亲内心的痛苦,反而常去给她增加新的烦恼,坐在妈妈的腿上喊着、问着:"妈妈,你怎么啦? 为什么又哭啦? 是我不听话吗? 说呀,妈妈……"这就更加触动了妈妈的心肝。她用手抚摸着女儿头发:"丽咪,妈妈对你不好,你把妈妈忘了吧,永远把妈妈忘了吧……"这时候,妈妈脸颊上的眼泪,像珠子一样流成串。而巧稚实在一点也不懂这究竟是为什么。

半年来,何晋不像以前那样勤快了。最明显的是晚上早早上床,再也不陪伴丈夫改作业、翻译文章了;早上也不再早早起来为丈夫做饭。现在靠预稚,有时候父亲也自己为温饱张罗。慢慢地,巧稚见妈妈白天都要在床上躺几次,后来终于离不开床了。有时候家里来个拎着皮包的人,把孩子们关在房门外,不大一会儿工夫,房门又开了,来的人总是带着一张阴沉的脸离开林家。

巧稚哪里懂得,疾病就要夺去她妈妈的生命。而巧稚还在那里没休止地问:"妈妈,那你就不管爸爸了?"

只见妈妈眼泪滚滚,巧稚还用小手摇着妈妈的肩膀:"好妈妈,你别哭,快说呀,快说呀!"直到预稚二姐进来,把她拉开才算完了。

圆圆的月亮高高地悬挂在思明镇上空,皎洁的月光渐渐地转向苍白,满天的浮云向蔚蓝的海空奔跑,张着血盆大口,向月亮无情地扑去。微亮的长空,变成灰蒙蒙的一片,跟踪而来的是阵阵小风。月不见了,雨来临了。

这一天家里聚满了人,姐姐一家五口,哥哥也从大学请假回来了,良英也没有去教书,预稚和巧稚更不用说。这么多人团聚,在巧稚记忆里似乎还是第一次。再加上老人、亲戚,人来人往。只是每个人的脸上都是一式的凄苦表情,没有一个人逗巧稚玩一下,额眉锁上了深沟。父亲更是如此,面额上的颧骨,比昨天又明显地突出了许多,两眼总是呆呆看着床上的妻子。巧稚完全不懂这原来是一次痛苦的团聚。像那天空的月亮一样,母亲被死神般的云雾吞没了。躯体虽然还躺在床上,而真正的母亲已经不存在了。大人的脸上给了她一种威严的感觉,她不像昨天那样活蹦乱跳。

天哪,在大姐第一声"妈妈、妈妈"的叫喊中,全家人一起来到了母亲床前,狠心的好妈妈紧闭着双眼,连看一下大家,哪怕再看一眼的情意都没有,就这样离家人独自而去了……

开始,巧稚挤过人缝,像往常那样摇动着妈妈的肩膀,扳着妈妈的下巴喊着:"妈妈,你怎么不理我啊?妈妈……"

直到真的知道妈妈再也不能,永远不会再理大家的时候,她突然放声号啕大哭。还不足五岁的巧稚,那时完全不懂"死"的内涵,但从全家人悲哀的气氛中,看出妈妈死了的可怕情景。她再次仔细去看母亲,这才发现妈妈的脸像被刷了一层灰白的调和漆,那样呆板、僵硬,毫无表情。脸没有光泽,眼睛一动不动地紧闭着,上下唇抿得像贴了层紫酱色的纸片。任凭家人千万声地呼喊,死了的人终归死了!

父亲喊了两声巧稚从没有听过的妈妈的小名,眼泪止不住滴到胸前。他没有哭出声,只是喉头上下滑动。他是在一口口咽下苦水,阴沉的脸掩盖了他那书生气的俊秀,突然苍老了许多。他默默地看着死去的妻子。多好的妻子呀,二十多年来有了她,自己才能有驰骋前程的条件;有了她,自己才无后顾之忧,任凭自己去开发大脑的智慧。她为他承担了教养四个孩子的重任,哪怕油瓶倒了,她总要抢在前头:"你看你的书去,不用你管。"她总这么阻止自己丈夫,干她自己认为应该干的一切。她虽然没有文化,可是她比多少有文化的女人,更能体谅丈夫搞文化工作的艰难和教学、翻译的繁重。

还不足五十岁的何晋,被妇女病,用今天的科学说来,就是宫颈癌夺去了她的生命,匆匆地和丈夫与孩子们分手了。可是,母亲却永远无法知道,她曾想忍痛抛弃的丫头,后来竟成了专治这类疾病的著名专家。

四 兴 旺

母亲死后，父亲笼罩着痛苦的情思，脚下失去了轻盈的欢快，走起路来，腿肚像灌了铅似的，拖着困乏和饥饿的步子，两眼黯然失色，浑身打不起一点精神。

哥哥姐姐都为父亲这种神态焦虑，唯有巧稚，不很懂事，不懂父亲的悲痛。只是看见父亲回到家里，无论坐着站着，总好像在看什么东西。一到晚上，他对着灯独自愣愣地出神。要不是批改作业的压力，长此以往，非疯不可。短短的日子里，他老了许多，脸消瘦了，整齐的分头蓬乱了，胡子也不想刮。身上的长袍，失去了妻子在世时那种贴体的平整，满是皱褶，西服领子，又硬又脏。不久他终于病倒了。

预稚连忙把大哥从学校叫回来，把医生请到父亲床前。医生诊断父亲得的是高血压，需要卧床休息。这一来，全家失去了唯一的经济来源，面临着生计的困窘。

懂事的大哥掩饰着内心矛盾，在父亲面前装出一副心甘情愿的笑脸："爸爸，学校学不到什么东西，我不想再去了，回家给你当当帮手。"

受过教育的父亲，哪能相信儿子这番编造的"理由"，不安地问："你学习跟不上吗？"

哥哥怕父亲以为自己不争气，连忙说了几句大话："学习我倒不吃力，只觉得太空,接触实际的机会太少。"又补充说:"你就同意我退学,你好好在家休养,我找点事做。"

父亲心里明白了,他多么不愿意儿子中途辍学呀,要是自己身体好好的,再熬一年半,儿子就大学毕业了。现在,自己躺在床上,一阵阵天昏地旋,比从新加坡回来乘坐海轮的颠簸还厉害多了。头晕得睁不开眼,哪里还顾得上儿子上不上学呢?连自己命都难保了。

二十年代初,鼓浪屿这小地方哪里有降压药卖呢?即使有些名贵的药,父亲也买不起。如今,只有靠自己慢慢休养,自我精神治疗。

再说,从来不问津"粮草"的父亲,浑身一股浓厚的书生气。母亲一死,他全没了主意,做饭不是水多了就是烧焦了,做菜不是咸了就是忘了放盐,这些琐碎小事都做不好,使他的精神更加恍惚不安。加上巧稚照例挑剔:"这有焦味,不好吃;那太苦了,我不爱吃……"父亲的心里更加难过,血压总是降不下来。

振明在大学学的是工科。他有自己一套学习方法。他很少死抠书本,注重弄通原理,重视现场实习。在学校他就显示了解决实际问题的能力,在班里,学习成绩算不得第一第二,也是名列前茅。

退学的消息传开后,老师和同学都为他惋惜。相好的同学伸出友谊之手,劝道:"振明,坚持一下吧,只有一年多一点时间了。"有的表示:"我写信,让家里寄钱来助老兄一把。"可振明一旦下了决心的事,十八条黄牛也拉不回来。他一一婉言谢绝了老师和同学们的好言相劝。他心里想着,父亲的高血压,根源于对母亲的思念,眼前父亲需要有人替他带领好小妹,料理好家务,好让他在学堂安心任教。此外,就是需要兄妹们去填补父亲的精神生活,使他尽快地忘却母亲。这在巧稚和预稚显然还无能为力,相反有时还给父亲增添新的烦恼。哥哥思前想后,只有自己退学回家。哥哥退学,对他自己,无疑是在他前进的途中,倒退了无法弥补的一大步,但对家庭的安宁和前途,对于巧稚的未来,显然做出了十分重要的奉献。

开始,父亲不同意哥哥中途辍学,想挺过去,没想到自己躺下以后,很长时间不能起床。"退就退吧,托朋友谋个职业,混口饭吃,离家近些,也好照应照应丽咪。"父亲终于这样下了决心。

哥哥退学后，并没有马上找到工作，四张大口等米下锅。为解燃眉之急，他凑些钱，在龙头山下开了一爿汽水店。

鼓浪屿面积不大，四周临海，绕岛步行一圈，只用一个多小时。龙头山是最高峰，海拔约百米。登上龙头山，只觉得天风浩浩。极目远眺，一望无际的蓝海，水天无涯，烟波荡荡，巨浪悠悠，长列的浪头一个接一个从远处翻滚而来，咆哮着直扑鼓浪屿，与一条长达两千余米的北岗长堤相击，喷溅起巨大泡沫，如倾泻的瀑布，永无休止，并发出惊天动地的巨响。转身眺望，越过一条银带似的鹭江，厦门、大担、二担、圭屿、青屿等尽收眼底。

面对大海，使人心旷神怡；环顾丛山，给人以诗的想象。连天的海，翠绿的峰，构成了一幅完整的画面，真是美不胜收！

鼓浪屿巨石嵯峨，叠成洞壑。"鹭龙窟""古避暑洞"久闻盛名，山坡上亭台楼阁，掩映在葱郁的树木丛间。微微的海风，吹进幽雅的花木丛林之中，散发出阵阵清香。

在这风景诱人的龙头山下，为游客提供清凉饮料，实是一举两得，一将满足游客之需，二将解决振明就业之难。

父亲身体好转之后，父子商议，卖汽水营生终非长久之计，便将店移交他人。振明弃商从工，投奔一家机械制造公司谋生，从事他自己所学的专业。

这家公司，经理原是留美的大学生，整天穿着洁白的西装，专业上徒有虚名，不能解决实际问题，还目中无人，像林振明这样中途辍学的人，被他视为"不求上进，目光短浅的穷人"。

有一次，公司从国外引进一台新机器急需安装。这个自命学问渊博的经理，以为在他的公司里，学有资历的寥寥无几，敢碰这台机器只有他自己。像振明这样的半截子大学生，能看懂就算有学问了。他自封为首，组织了一批人来安装机器，结果挥汗如雨，也没有装上，在场的人个个摇头："看来非请外国专家不可了。"

振明那天算走运，也参加了组装小组，可他只能看，不准动。他身穿一身普通工人装，盯着经理指挥组装的每一个部件。当看到经理颠倒了组装顺序时，他出于善意，问一声："这样装对吗？"

这一问却损害了"学问高深"的经理，经理冷冷地回答："你们好好看，好好学着就行了。"一句话把他顶了回去。

真的假不了，假的真不了。经理不得不脱去西装，换上工作衣，似乎放下了架子，亲自动手，结果仍然没有装上。到此地步，他还不承认无知，却自己给自己寻找台阶，问装卸工："开包时，有没有丢失什么零件？"听到这话，振明笑出了声。

"你笑什么？出于何意？"经理涨红着脸，气恼地问。

"这台机器你见过？这是最新产品，你能装上？还笑，笑什么？"经理发出连珠炮似的吼叫。

振明毫无惧色地反问他："你让我装？"

经理讥讽地说："你能装上，我请你当顾问。"接着说，"装不上，明天就不必来了，请你另选高门。"虽然他这样掩盖无知的空虚，但他还是希望真的有人把机器装好。

振明没有回答他，抬眼看了他一下，又扫视了在场的其他人，似乎在说："你说话算话，在场各位都听见了，技术顾问我是当定了。"

经理见他迟迟不动，以为他缩回去了，紧逼一句："怎么样，来吧！"

在场的人都为振明捏一把汗，个个心中无底。

这时候，振明说话了："既然经理抬举，先给我都照原样拆下。"

经理哪里允许？好容易装到了八成份上，拆了再装，耽误功夫是小事，一装一拆损失就大了，连忙说："慢着，拆了装不上怎么算？"

"我赔！"振明斩钉截铁地回答。

经理重新打量了他一眼："嘿，看不出你还真有胆量，好，大家都听见了吧，下面一切听你指挥。"

振明没有再回答他，反而说："要你当一下助手，有些地方需要你我两人一起装……"

振明看着外文，一边指挥着怎么拆，又指挥着一步一步怎么装，很快把这台机器装成了，他对经理说："你下令试车吧！"

振明的名声在公司就这样传开了！

这期间，巧稚的生活多半依靠哥哥的照顾。母亲死后，父亲就把她送进了一个教会办的幼稚园。哥哥退学后，每天早上拉着她，出了家门，走出一条不算太宽的巷子。巷子与一条马路成丁字形。斜穿过马路就是一幢高门大院,进得大院,就是幼稚园。早上送,中午接;下午送,晚上接,天天如此。逢礼拜天,她便跟着哥哥在汽水店玩,也能替他干些收收空瓶之类的杂活。

八岁那年,哥哥娶了嫂子。嫂子待巧稚像哥哥一样的亲。家里燃起了新生活气息。父亲身边有这么一个好儿子,心中的忧郁也少多了,高血压也逐渐好转。家里的收入逐步增加,家务也由嫂子料理得有条不紊。全家漾起了新的欢乐。巧稚放学后,父亲就教她英文字母 ABC,还用英语和她说话。写字、用词、语法、作文,学的都是英文,国语反而没有学好。

生活是那样变幻莫测。不知什么时候,家里又发生了新的变化。

先是哥哥家生了一个男孩,只比巧稚小九岁。从此后,哥哥嫂子花在巧稚身上的精力,明显地减少了。

就在那年的什么季节,二姐也许配了婆家。这些都是在巧稚不知不觉中出现的。

巧稚除了上学、完成父亲交给她的作业、看小画书之外,其余时间就常去嫂子那里逗小胖侄子玩,也为嫂子抱抱孩子。

这时候,父亲又在为巧稚的孤独而担忧,也为自己的寂寞而烦恼。母亲去世好几年了,他仍然没有学会家务,回到家里摸摸这,看看那,不知从何做起。他要外出,连衣服都没有人帮助准备,"后勤"的包袱压得他愁眉不展。世界上总有那些善良的好心人专管别人生活中的琐事,在学校一位同事帮助下,他为巧稚又找了个母亲。

继母姓何名猜,是位农村妇女,又为林家带来一男一女。男孩比巧稚大,为她二哥,叫振炎;女孩比巧稚小,是四妹,叫勤稚。以后继母又生了六个兄弟,叫振约、振绵、振默、振文、振武、振民。林家又成了人丁兴旺的大家庭。全家共有兄弟姊妹十二人。爸爸对巧稚的宠爱始终没变,花在她身上的精力最多,对她抱的希望也最大。

巧稚日后之所以能踏进医学高等学府,成为一代名医,无不与父亲的关怀有关。

五　蒙学堂

　　住在岛上的人都有这个经验,每天从龙头山顶上飘忽过来的一团团白茫茫的晨雾,总是从天一破晓就与从海上升起来的冉冉红日对阵。如果,光芒万丈的太阳能把晨雾驱散,就将是一个晴朗的好天;反之,如果那团团的晨雾越聚越浓,弥合了整个天空和大海,那么郁结的云雾就会整日地笼罩着海岛,人们就将在潮湿和闷热中度过一天。连住在岛上时间最久的白胡子老人,也说不清每天的这场太阳与云雾之间的"会战",是从何年何代开始的,也不知它们还要继续"战斗"到什么时候。

　　就在这样一个雾月里的一天早晨,父亲领着巧稚走出家门,穿过狭窄的小巷,又绕过半个山坡,来到了孩子生活中的一块圣地——小学校里。

　　巧稚在幼稚园里已经待了将近三年。她对那里的一切都非常熟悉。当父亲劝她离开幼稚园到学校里念书时,巧稚虽然没有说"不"字,但在她幼小的心田里,还是留恋着幼稚园。如今,巧稚听从父亲的话,离开了幼稚园,来到与幼稚园只隔着一堵墙的并不生疏的女子小学校——"蒙学堂"。

　　清朝末年经过几次变法之后,地方上兴起办学校的风气,"蒙学堂"是鼓浪屿兴建的两所女子小学中的一所。学校离家并不太远,它坐落在日光岩南坡"小平原"的一角。校舍虽然幽静,但是学生并不多。那时的社会风气还很不开化,一般人家都守着"女子无才便是德"的古训,只让她们在家里学些针线活计便是了。而且学费太高，一般的平民小户，也没有多余的钱供一个女孩子去上学。八岁的巧稚，便是在这样一个环境里开始了她的学生生活。

就在巧稚上学的第一年里，哥哥振明还是像往常一样，每天早晨必定先把巧稚送到学校里去，然后再回来收拾店铺，或是做一些家务。晚上放学的时候，他总按时地迎候在校门口，带巧稚回家去。好天气时，他拉着妹妹的手，就像牵着一只温顺的小绵羊；下雨天时，他就把妹妹扛在肩上，一手撑着雨伞，一手搂着她的小细腿。他做这些事，从来不觉得是额外负担，反而觉得是对母亲亡灵和年老父亲的一种慰藉，心中感到舒畅。他对妹妹的疼爱，丝毫不比对躺在小床上的胖儿子差。每次他把妹妹送到学校门口，总是耐心地叮嘱说："放学后一定要等大哥来接你，就是别的同学都走了，你也不要走。下雨了更不能走，一定在这里等我！"

巧稚很爱他的父亲，也以同样深厚真挚的感情爱她的哥哥。有时，对哥哥比对父亲的感情还要甚些。因为父亲除了慈祥之外，总还有严厉的一面。大哥就不一样了，他不但从来没有严声厉色地说过话，而且对于她所提出的各种要求，总是尽力想办法去满足。在放学归来的路上，她总是提出各种各样的怪问题纠缠着大哥，大哥总是耐心地一一给她解答，还主动地给她讲一些美丽动人的故事。这些故事就像五彩缤纷的蝴蝶，常常在她童年的梦里翩跹飞舞；那些善良的小公主、正直的老渔夫和宁死不屈的勇士，成了她未曾见过面的伙伴，从梦中看不见的角落里走出来，牵着她的手在神奇陌生的国度里邀游。

庆幸的是，父亲的病经过两年多的调养，已经痊愈了。在一片晴和的阳光下，他又穿上了那件古铜色的长袍，腋窝下夹着英文课本，晃晃悠悠地到学校上课去。经过这场大病，他苍老消瘦了许多。家庭的经济状况，随着他的病愈和复职，又逐渐宽裕起来。

巧稚慢慢地长大了，不再要人接送她上学了。她在学校里结识了许多小伙伴，上学放学便与这些同学结伴而行。这样，她便得到了更多自由，她和小朋友们可以一路上说说笑笑，随意停留，有时采撷一些小花小草夹到书本里，有时拾取一些别的在她认为有趣的东西。每个礼拜六晚上父亲检查她的作业时，总是要费很大工夫，帮助她整理一次书包："巧稚，看看你的书包,装着这些玩意儿有什么用处!"那些小石子、小树枝、纽扣、瓶塞、碎瓦片等等,被父亲搜罗出一大堆来,有的又被她夺了回去,依然爱而不舍地放回书包里,有些连她自己也不知有什么用处,任凭父亲把它们一一抛到窗外。可是,到了下个礼拜六,父亲又会从她的书包里,搜罗出一堆"废物"来。

父亲越来越显得苍老了,两鬓斑白,额头上的皱纹又添了好多。继母来后,家庭人口接二连三增加。随着人口的增多,父亲肩上的担子越来越重。他随着年事增高,办的事逐日减少,收入也就显著地缩减了,而家庭的开支却日渐增多。幸亏大哥振明有了固定收入的职业,在龙头岩由百余人入股合资开办的东方汽水厂里,他当上了经理,并协助父亲在龙头的澡船上开起一个浴室。他主动地从各个方面来减轻父亲肩上过重的负担,才没有将这位老人压得趴下去,一家人勉强维持了一个能温饱的中等生活。

巧稚在这样一个家庭里读书求学,身心内外的负荷是多么沉重。在众多子女中,父亲独独宠爱她,只供她一人上学,让她享受着众多兄弟姊妹享受不到的待遇。周围的气氛使她越来越清楚地感到,必须牢固地树立起自强与自立的精神。兄弟姊妹不能念书,自己绝不能错过这独得的良好机会。父亲和大哥越是疼爱她,她越是想学得好一些,好让他们感到宽心,得到安慰;不能让偏心疼爱自己的父亲和大哥失望。

巧稚比一般同龄的孩子成熟得要早一些,小小年纪懂得了生活中的许多道理。她在学校里用心读书,学习成绩一直是班上最好的。

时间过得很快,转眼四年过去了,巧稚在"蒙学堂"里的小学部已经毕了业。父亲为了让她学到更多的东西,将她送到女子高等学校去读书。

一九一一年九月,林巧稚考入了鼓浪屿高等女子学校(现厦门市委党校所在地)。这个学校设在鼓浪屿的最南端,紧靠在大海,面对一片滔滔的海水和在海水中翘首耸立的两块巨大礁石——鹿仔礁,礁石的样子活像两头在奔跑前左右窥伺的野兽。

学校是倚山构筑的,走进一座拱形的校门,里面便是宽阔平整的操场。操场的面积虽然不大,但在到处都是山岩的小海岛上,能平整出这样一块"小平原"来,也就很不容易了。在操场的上坡和下坡处各耸立一座明窗红瓦的三层楼房。楼房的建筑造型,虽然没有像繁华都市中所见到的那类夸张的线条,但依然给人以精巧别致的印象。在楼房的四周,长着高大的榕树和芒果树,浓密的枝叶常透过窗棂洒下一片绿荫。这两座楼房中,坡下一座是教室。低年级在楼的下层上课,高年级在楼的上层上课。坡上,楼房的中间是小礼堂,全校师生便在这里集会,听校长的训话,或者大家定期地由神父领着做礼拜。小礼堂的两边是一些小的单间,住着校长和其他教职员工。校长单独住在一头,其他人住在另一头。

当地人称为"上女学"的鼓浪屿女子高等学校,后来又改为厦门女子师范学校,是鼓浪屿以至整个厦门地区最好的一座女子学校。里面包括初中部和高中部,还设有寄宿的学生宿舍。前来就读的学生,有不少是从漳州、泉州、莆田等地来的。她刚进学校那年,学校里总共才有三十几个学生。提出普及教育这一年,学校里的人数一下子增加一倍,教室也从楼下调到楼上。

自然,父亲对她的学习抓得很紧,并以此作为对巧稚进行家庭教育的内容。他每每拿出些英文的书籍,给她讲大不列颠的故事:"小丽咪,你知道吗?大不列颠是个岛国,像我们的鼓浪屿一样,周围环海。他们在岛上开工厂,造军舰,把大不列颠建造得像个花园。"他指着书中插图上那些尖顶的房屋建筑,说:"你看人家住的房子,都是一幢幢小楼;你再看看我们这个鼓浪屿,连幢像样的楼也没有。你看,一个校长都要请人家密斯卡林来当,人家文化高,书读得多。你得好好读书,将来要把鼓浪屿建设得比大不列颠还要好,也建成一个黄金世界。"

她听得入迷,少年的心灵里憧憬着未来。

父亲就是这样,在讲故事中引导她发奋学习,使她不断产生学习的动力。父亲既像慈母一样爱护巧稚,又是她少年时启蒙教育的老师。

这所女子学校里,虽然不禁忌国语,但凡是知识性趣味性的课,都是英语教学。巧稚家里,除了大哥,其他兄弟姐妹都不能用英语和父亲对话,她成为家里和父亲有共同语言的人了。

她在班里的学习成绩一直遥遥领先。老师爱把难以回答的问题,叫她起来回答,还夸她字写得整齐、流畅、准确。加上她不与老师同学争论是非,这就博得了老师同学们的厚待。

随着年龄增长,她的自尊心也在增长,父亲还常在她耳朵根上念叨:"女孩子要成人,从小就要养成不靠人的习惯,要自立!"

　　什么叫"自立"? 直到她上完初中,心里还不明白,只是隐隐约约地知道,人家能做到的,我也要能做到。爸爸不是说"要把鼓浪屿建设得比大不列颠还要漂亮"? 其实,除了晨雾茫茫,那里有什么呢? 她自信:"未来的鼓浪屿一定会比大不列颠好。"她还想:"只要是男孩子做到的,我也一定要做到。"所以,平时老师布置的作业以及测验、考试,她都一丝不苟地去完成。她自己有一种动力:"不能比别人差,我的成绩应该数全班最好。"

　　校长是个英国女人,名字叫玛利·卡林,当地人都称她为卡林小姐,或简称林姑娘。她不到三十岁,高高的个子,削肩长臂,一头光亮的栗色头发,连面孔上也有些亮闪闪的毫毛;皮肤很白,眼光深沉而阴郁,像许多有学问而又爱美的女人一样,脖子上总是挂着一副独脚的金丝边眼镜。

　　平时,校长总爱穿着一条长及踝骨的丝裙子,外面罩着黑色的外衣,胸前挂着一个金黄色的小小十字架。出门的时候,要戴上一个插有红色羽翎的宽檐帽子,罩上暗绿色面纱。她是一个性格刚强的女人,感情的颜色在她的身上是很不容易找到的,或者说,掩藏得很深很深。

　　女校长颇有一些学识,平素执教也很严格,学生对她又敬又怕。据说她是受基督教伦敦女公会聘请来的,家里有年老的父亲和与她年龄相近的妹妹。父亲也是一个中学教员,妹妹还在大学里读书。她一个人远行万里到这里来教书,老父亲很不放心,前年暑假还专程到鼓浪屿来看望过她。

　　在巧稚的少女心灵中,对女校长有很深的印象。一到这个学校,巧稚就常常暗自打量着那个具有独特性格的外国人。巧稚感到,她和自己所熟悉的人大不一样,她远远地离开了家,离开了亲人,一个人在异国他乡来执教,洁身自守,在她的职业里生活,在她的信仰中生活,和男人们平起平坐,甚至受到了人们格外的尊重。巧稚对校长神秘的形象不断理想化,在心中不由自主地树立起一个父亲常说的要自立自强的女人的偶像。她钦佩这个校长,女校长的一举一动都映入她的眼帘,并在她喜欢深思的心灵中泛起波澜,产生反响。

　　女校长卡林小姐是一个虔诚的基督教徒。她对于宗教事业的热忱,胜过了对教育事业的热忱。她在学校厉行的种种严格制度,无非是要建立起一个刻板的基督教秩序。她是把教学活动与宗教活动结合在一起进行的，从教学的内容到学生的活动规范，都局限于教义所规定的狭窄领域内。学校里最主要的课程就是英文，一上午安排的全是英文课，下午第一节是"刻板"的数学，然后才安排自然、生理、卫生、音乐、图画或是中国国文、地理、历史等其余的课程。

在卡林小姐的信念中，就是要把知识从天主的手里接过来，传给崇信基督精神的人们。让主将每个人心灵之灯点明、照亮，除去他们眼前的昏蒙。把一个个灵魂从异教徒的怀里拯救出来，便是她认定的最大伟绩。因此，学校在学生的活动中，定期地请神父来学校里讲《圣经》，允许学生在礼拜天，随同教徒们一起去教堂做礼拜、唱赞美诗，去教堂过圣诞节、吃圣诞饭等。学生们升到初中二年级时，女校长便请来神父，为全体学生举行了一次宗教仪式。此后，那些学生便算是集体地参加了基督教，成为中华基督教会的会员。

厦门是外国传教士来我国传教的门户之一，岛上居民中信教的很多，每到礼拜天去教堂做礼拜的人络绎不绝。巧稚的父亲还在新加坡读书的时候，就已加入了基督教。每次做礼拜的时候，他也喜欢将自己的女儿巧稚一道领去。

一九一四年的一天，巧稚随同初中二年级的全体学生，被召唤到"福音堂"里，教堂的神父披挂得十分整齐，手中举着从神坛上接续下来的圣烛，为每个学生洗礼。

受父亲和学校的影响，巧稚小小的心灵被深深刻上了十字架的烙印，毫无辨别地接受了神父向她宣讲的教义。甚至，还带着一种少女的梦幻和赤诚，来看待那些虚无缥缈的神话。女校长也经常利用这种心理来约束学生，训导她们要好好地听先生的话，用心学习，不要傲慢无礼，不要恣睢怠惰，不说假话，不要背着先生做学校里规定所不允许的事情。否则都是罪过，都要向主忏悔，求主宽恕，要不然迟早会受到主的惩罚。

虔诚的信仰，使得巧稚感到心情平静，她寻求着一个排除私欲、圣洁无瑕的心灵境地。

六 卡林女校长

有一天放学后,林巧稚照例背着书包回家,校长密斯卡林把她叫住了:
"林巧稚,你学习得不错呀!"巧稚对校长微微地一笑,低下头。

密斯卡林上下打量巧稚,似乎要数清她脑袋顶上每一根头发一样。幸
好是位女校长,要是男校长这么看着一个女学生,非喊救命不可!然而,校
长却是笑嘻嘻地往巧稚身边走近了几步,伸手搭在她肩上:"林巧稚,你今年
多大岁数啦?"

"十九岁。"巧稚迫不及待地回答。

"哦,十九岁啦,大姑娘了,毕业以后想做什么?"校长继续问她。

她想,我的年龄入校时写得清清楚楚,学校总共才这么几十个学生,校
长能不知道?这种明知故问,莫非是要和我说什么?这使她心里非常不安。
校长还问她毕业后想做什么事。她脑子里还没有想过,爸爸也还没有和她
谈过,再说离毕业还有一个多学期。她只好坦率地回答:"我不知道,还没有
听父亲说过。"女校长明白,一个年轻女子毕业后的未来,究竟怎么安排,不
取决于自己,而是取决于父母、家庭。

看得出来,校长对她的犹豫,对她这种毫无意义的回答没有生气,反而
说:"不小啦,鼓浪屿又没有合适你上的大学,是否要考虑工作的事?"巧稚侧
过头看了一眼校长认真的神情。校长接着说:"学校老师都说你学习用功,

都喜欢你。"

巧稚心想,我不用功行吗? 和班里同学比较,要算我家境贫寒,家里让我这么个孩子上学多么不容易啊! 至于老师喜欢,这也是事实,因为每个老师布置的作业,她都认真地做,作业本上难得找出几个红"×"。在课堂上,口头回答问题从不结结巴巴,也不和别的同学打架吵闹。无非就是身上的衣服,不如其他女生那么新颖艳丽,可也始终是干干净净的呀! 老师喜欢不喜欢她都是这样,从不为了讨老师喜欢,故作姿态或弄虚作假;也不因为老师喜欢她而得意忘形,无所顾忌,总是规规矩矩地做学生。她不明白校长这种夸奖出于何意,老半天说了一声:"谢谢老师,谢谢校长对我的教导!"

这时候,校长终于倒出了她的想法,婉转地说:"学校新同学来了许多,学校教职员紧张,需要增加一些人,我很赏识你,你愿意在这个学校做事吗?"

巧稚停住了脚,真不知道怎么回答校长才好。一个还没有上完高中的学生,就被校长看中,要留自己在学校做事,简直是天大的情面,难得的机遇。可立刻要她答应"愿意",她还没有那么大的胆量。这样的大事,能不告诉父亲,不听听父亲和大哥的意见怎么行呢? 她紧紧地瞪大眼睛看着校长,心想,你这话是真的吗?

校长见她不吱声,用手摸着巧稚的头发,说:"我要找你父亲,和他正式谈一次你的工作问题。"

"校长,你认识我父亲吗?"

"没有见过,有人说过,他的英语很好,是个出色的翻译。我的不少朋友认识他,他也认识他们。"

"噢,原来是这样。"巧稚心里琢磨着,未说出口。她只反问了一句:"那我回家告诉父亲,让他来找你?"

校长满意地说:"好吧,你回去吧!"

她恭恭敬敬地向校长鞠个躬:"校长,再见!"飞也似的往家跑,连头都不回。心想,校长准还站在那里,望着她的背影。如果她见自己回头看她,说不定又要叫住自己,再问长问短的,那就糟啦!

晚上,她把校长问的话,原原本本地告诉了父亲。不知为什么,这没有引起父亲多大的兴趣,在父亲的神情中,丝毫看不出像她听到这件事时的激动。他冷淡地说："好啦,我知道了,你不要分心。还有一个学期多一点,再穷,也要供你读完高中。"

巧稚品不出父亲这句话的意思,是同意她工作,还是不同意她工作。巧稚比较知趣,从来不愿给父亲增添烦恼,于是她装着满不在乎的样子,打开自己的书包,到一边去做作业了。

只听父亲长长地叹了一口气:"唉,没有事时,什么事也没有,一有事全来了。"除了这件事以外,究竟还有什么事呢? 巧稚后来知道了一点点,大哥要外出做生意,其他几个哥哥,岁数大了要成亲,这些都要父亲点头,要父亲花钱。

几个星期之后的一天,吃罢晚饭,父亲单独把她叫到身边:"巧稚,你坐下。"

巧稚顺手拉过一把竹椅,坐在父亲对面。

父亲开门见山地说"你的事,校长说了,教师们认为你的成绩不错,眼下校务办公室缺人,想让你半天学习,半天工作。如果工作得好,又不耽误学习,毕业后想把你留下当个见习教员,能胜任就这样下去,不能胜任就拉倒! 我怕你边学习边工作两头耽误,我的意思能不能毕业后再工作,哪怕多当一年半载的见习教师都行。校长说,眼下缺人,如果找到合适的人选,等你毕业这里也用不着了。我问她,你的学习行吗? 校长说,听过任课老师的意见,都说行,即使有点影响,学习上受点损失,也不会毕不了业。现在就看你了。"

说老实话,这一两个星期,她真用心想了校长说的事。听了父亲这一席话,觉得老师们和她想到一起了,半天工作对学习哪能没有影响,但不至于掉下来毕不了业。再说,一个没见过世面的女孩子,能留在这种学校做事,将来迟早还能站到讲台上,她就相当心满意足了,还能有什么好高骛远的奢想呢! 这种事就看父母了。她知道父亲是有想法的,他常常遗憾自己没有能到英国去留学。从小学到中学,这十来年,父亲常在她耳边唠叨大不列颠的事,他寄希望她将来能到这个岛国去学习几年。他没有那么直截了当地明说,不是有什么顾虑,只是他不愿意说赶在时间前面的话,因为离这一天还远。不过他的思想已经渗透在巧稚的血液中。父亲自然是不会马上同意让巧稚做事的,让她上大学,才是父亲含辛茹苦的目的。否则,他也不会让她学到这种程度,早就可以叫巧稚帮助哥哥做生意了。所以,巧稚回答父亲:"听爸爸的,怎么都行!"

父亲严肃地说:"半天学习,你的功课能跟上大家吗?"

大话说不得,她不知道,半天时间要完成一天学习任务是什么滋味,但又不愿意错过这种半工半读的机遇。她喜欢这所学校,又能减轻父亲的负担,照样又能学习,真是一举多得的事。巧稚咬了咬嘴唇,重新看了一眼父亲,从嘴角迸出一个字:"能!"

父亲补了一句:"这半年可不是闹着玩的,是关系着你今后一辈子的关键时刻!"

她又回答了三个字:"我知道!"

就这样,林巧稚便成了这个学校的半工半读的学生。

七　三个小伙伴

　　教会教育教徒：只有上帝才能为人类带来幸福，才能有人类的平等、自由、博爱，善良是做人的本性，是上帝的旨意；今世永远做好事，行慈善，死了才能上天堂；长期这样，人来世才能投人胎，得到真正做人的幸福，否则不知将来会变个什么东西。为了将来多行慈善，学生就要用心学习，不能懒惰，不能马虎，否则就是有罪，上帝不会饶恕，必须要向上帝祈祷，向主忏悔。说假话，背着校长、老师做学校规定不允许做的事，就是对上帝的不诚实，迟早会受到上帝的惩罚……

　　巧稚对这些相信无疑，比其他同学要虔诚得多。她的同学林双英，家庭条件比较优越，学习不认真。考试遇上难题，头总要往巧稚这边歪，把椅子往巧稚这边挪了又挪，恨不得贴在一起才好。两眼不看自己面前的考卷，黑眼珠骨碌碌地在巧稚的卷面上转。起初，吓得巧稚用小臂紧紧地捂盖着卷面，真是比巧稚看她的考卷还害怕。不仅仅怕老师当众斥责，可怕的是认为这种做法就是舞弊，是欺侮上帝，是罪过。巧稚只好转过身，用背挡住她的视线。而双英则是一不做二不休，用臂肘捅她，急得她哭笑不得，还不敢告诉老师，只在课后和双英理论一番。双英却满不在乎，为自己解释、辩护："我不过想和你核对一下答数""我一个字突然想不起来了""课前我还复习到这道题，卷子一发，心里一慌就忘了，就想让你提醒个头，下面我就都知道了……"

像这样的事,她和双英在一起,根本就不是双英的对手。

论年龄,巧稚比双英小,但除了在看考卷的争论上她会无言好答之外,其他所有的事情上,双英都表现得比巧稚小,总是畏巧稚三分,对巧稚言听计从。

一天,同学小林带来一个布的洋娃娃:一头金丝黄发,水汪汪的大眼睛,大圆脸上鼓起两个腮帮子,就像是真的娃娃一样,给人一种立体感和柔软感,裸露着的手脚虽不像活人的手脚,也颇有艺术情调,使人爱不释手。全班同学一时都以洋娃娃为核心,围得里三层外三层,看着,品着,赞着。

第二天,双英就从家里拿了绒线和针,要给娃娃钩件新的连衣裙。说是我们天天换衣服,不能总让娃娃穿一套服装。她和小林两个谁也不会做针线活,就求巧稚:"好巧稚,你给娃娃钩件新衣服吧!"她们没想到会遇到巧稚如此无情的拒绝:"哼,有功夫做它,不如自己给自己织件衣服。"看得出她们俩的心一下子凉了半截,嘟着嘴,几乎要哭了。巧稚又补上一句:"娃娃就是娃娃,又不是真的人,要是给你们钩件衣服,我一定会高兴接受的。"双英气狠狠地说:"我的衣服才不用你做呢!"

她们没有哭,巧稚的心才算平静了些。

双英仍然不高兴,一拉小林:"走,不做就算了。"双英和小林两人向巧稚瞪了一眼,走了。这才引起了巧稚对刚才说的那句话的回忆:"啊!是我错,才多大点人,说话的口气就像是七老八十的老太婆。"于是,她又撒腿追上去,喊着:"小林,双英!"可是她俩头也没回。

第二天照例都来上课,一进教室大家又都见面了。巧稚对坐在旁边的双英说:"还生气?都过一夜了,不怕上帝惩罚我们?昨天你们走了以后,我已向上帝祈祷,是我错了,已经求上帝宽恕我了。你们还不理我,那上帝就要责怪你们俩了。"

双英一听巧稚为这件事,居然向上帝祈祷:"哎呀,这种事也要告诉上帝?"一边用手捂巧稚的嘴,一边自己说:"快别说了,我们不给它做衣服了,也不再带到学校来了!"双英很快把这事说给了小林听。小林满不在乎,因为她家里的玩具实在太多了,床上、桌子上、地上、橱柜里到处都是,一个布娃娃虽说是从国外带回来的,白天看一眼,晚上搂着它睡觉就行了,也未必一定要做新衣服,她没有考虑那么多。有人自愿做更好,没有人做,也算不了什么。只要双英和巧稚和好了,她也就好了。

她们三人为洋娃娃发生的第一次口角,就这样"和平"解决了。

可是说来真怪,以后想来,这件事明明是巧稚自己不应该这么说话,错误不在她们,可从那以后,她们反而再也不先向巧稚提出什么请求了。她俩爱跳猴皮筋,巧稚说跳它没劲,不如打篮球,她俩就收起皮筋,跟她一起上了篮球场。她俩爱小皮球,巧稚说咱们该做作业了,她俩收起皮球,就一起做功课。连巧稚自己也感到,这样未免有点"专横"了,但她一想起父亲的那番话:"女孩子从小要自立,不仗势,不靠人……"她就把这看作是从小学习自立的机会。

小林、双英为什么那么顺从她,就是因为巧稚的功课比她们好些。三个人共同合计组成一个学习小组,起名叫"灵粮会"。每个人自己买了一个小本子,订了几条规定,记在小本子上:"一、和同学不打架;二、尊敬老师,听老师的话;三、上课时不做小动作;四、按时完成作业;等等。"规定每星期六下午,轮流在双英和小林两家一起做作业,复习功课;星期天上午自己在家读英文,下午二点到四点开会。

毕竟是孩子,开始一阵热,坚持了几个星期,慢慢地就坚持不下去了。首先,星期天下午不能保证开会,不是她家里有事,就是你家父母要带着孩子出门。星期天上午自学英语更是无法保证,一觉睡到九点,等抓起书本,离午饭已近了。只有星期六下午一起复习,双英的学习成绩明显上升,测验考试不再出现向巧稚卷面歪眼的现象了。

令人遗憾的是,"灵粮会"三个小伙伴,没有等到高中毕业,却发生了变化。

首先,从双英那里知道,小林要随爸爸到南洋去学习;巧稚开始了半工半读,和她们一起玩的时间少得可怜;双英由天真无邪、爱闹贪玩,一下变得爱梳妆打扮了,预兆着她的生活将发生重大的变化。可是因为她们都相信上帝,都是基督教徒,教规不允许任何人去干涉别人的私生活,要是问别人:"你结婚了吗?""丈夫是谁?""妻子是谁?"就是不合教规、道德,是罪过的行为。知道了,也只能闷在肚里;不知道的,连想都不必去想它。什么时候明白,就明白了;什么时候不明白,就让它不明白。

巧稚真正明白双英结婚,是在她新婚之后。双英从高三开始落课的,巧稚忙于半工半读,她们之间不能再像小学、初中时那样老在一起。什么事都由不得哪一个人做主,各有各的心事。最初,巧稚没有精力再顾及其他,只知道双英家里请了个家庭教师。对比之下,巧稚是望尘莫及,人家还用得着我这个半工半读没有家庭教师的人吗?天知道。双英高中没毕业,家里已经给她找了婆家,哪年哪月结婚不清楚。在巧稚到北京上大学时,听说双英的孩子已经好几个月了。按年头算,在校做事两年,从高中毕业算起才一年零几个月。如此看来,双英也就是在高中毕业前后结的婚。后来,她既羡慕巧稚有外出考大学的机遇,又为自己早婚有一个温暖的小家庭而陶醉。她虽然没有对巧稚明说,让巧稚走她这条依附丈夫的人生道路,但总不时满足地向巧稚介绍她美满的家庭生活。双英不敢去想巧稚那种生活方式,因为自己那样一个家庭生活水平要超过巧稚的家庭地位、经济条件。即使巧稚也像自己一样出嫁,那年头能嫁给一个做小本买卖的商人,或者嫁给一个做教职员的男人,就算是理想的了。巧稚常常为双英的早婚感到惋惜:"我要是像她家里那么富裕,决不半工半读,一定 把高中好好读完,接着去上大学,到父亲想让我去的地方留学!"

奇怪得很,每当巧稚看到或者突然想到双英怀里抱着小孩子的时候,便想起了手里抱着的篮球。

她和双英都是学校篮球队的队员。虽说双英比她活泼、爱动、好玩,但双英没有什么固定的爱好,她参加篮球队是因为巧稚强拉硬拽的结果。

学校为了让学生们的身体不垮下去,很重视体育课。体育课上除了跑、跳,较多的是球类活动。学校用两根木头支了架子,上面钉块大木板,在板上再钉一个铁筐,就成了篮球架。巧稚常常独个儿抱着球站在一条石灰粉线外,数着往筐里扔球。开始十个里能进一两个,有时候一个不进。学校为了充分体现女子的新中国成立,成立了一个女子篮球队。其实厦门市内的许多学校,早就有了男子、女子篮球队。上面规定要开展学校与学校之间的篮球比赛,卡林校长不愿意看到自己学校连个球队都没有,就叫体育教师赶紧组织一个篮球队,把平时爱好篮球的同学组织起来。

林巧稚是被体育老师选中的第一批篮球队员。她积极性很高,练得也很刻苦。早上要提前到校练球,中午吃完饭又要练,下午放学后要再练,真可谓一日三练。好在学生们的家基本上在鼓浪屿,近则几分钟,远则十几分钟就能各自回到家里。队员们个个热情很高。开始累得腰酸腿疼,上不了床,下不了地,经过一段时间训练,老师认为可以正式成立篮球队了。

一天放学后,老师把球队的同学都留下,召开篮球队成立会。会上,林巧稚被推选为副队长。她原只想自己锻炼锻炼,又觉得打篮球比其他体育活动有劲、干脆,进就赢,不进就输,是锻炼真本事的活动,没想到要她当副队长,而且很快就要跟厦门岛上的其他学校比赛。打球,一个人好,起不了决定作用,要让全体队员都要打好才行。她就想,应当有更多的同学报名参加,在数量中再挑选质量,双英就是这样被拉进球队的。她们从鼓浪屿打到厦门岛,毕竟人少力单,球队年轻,输的多,赢的少。巧稚曾经下过决心,迟早要打翻身仗。如今还没有打翻身仗,有的队员已经弃球抱起了孩子。

她不能不为此伤心。她想,眼光必须看着未来。篮球队在自己的手里要打翻身仗,真是难如上青天,但如把眼光放在发展篮球队员的身上,让下面更多的小同学接过篮球队的接力棒,让她们知道上届的球队曾经连吃败仗的羞愧,那么,她们一定会加倍努力,去实现原先球队的梦想的。

八 上讲台

　　那几年,中国大地上正发生着震撼世界的事件,这就是新文化运动。这场运动由北京、天津、上海、广州等地,向全国各中小城市蔓延,向全国广大乡村波及。

　　地方当局为了抵御新文化运动的"侵入",千方百计想复古尊孔。外国的传教士们,也最怕在中国这块大地上又崛起一股什么"力量",不愿意中国社会向前发展。他们明目张胆地完全支持当局的复古主义逆流。一时间复古思想就像潮水一样,四处泛滥。原先不少不开设中国国文课的教会学堂,突然新开了"人之初,性本善"等以孔孟思想为主要内容的国文课,这自然引起了在校广大教职员工的兴趣,开始大家都好奇地互相传着:"我们学校开国文课了,你们呢?"

　　回话的师生也都千篇一律:"一样!"也有则打个趣道:"这叫古洋结合了。"

　　后来,知识界的人士慢慢知道了外界的形势。原来,这是当局与入侵的传教士们互相勾结串通一起,共同在抵制新文化、新思想的滚滚潮流。

　　那时节,在小小的鼓浪屿或厦门岛的码头上,不断地有一船一船、几十个几十个外国的"传教士"登岸,踏上了鼓浪屿,溜进了厦门,从中国东南沿海走向内地。林巧稚便慢慢地悟出了在家乡之外,一定在发生着什么让人捉摸不到的变化。

记得那是在一九一九年秋天,林巧稚开始走上了半工半读的道路。

入秋不久,学校开学了。巧稚不像往年那样蹦着跳着上学去,那种无忧无虑、信心百倍的情绪不知到哪里去了。现在的心里,像是揣着个兔子,四爪挠心,忐忑不安。

就说上学前,在家里对着嫂子用的那张椭圆形镜子照了又照,端详自己的脸洗干净了没有,总要用洗脸手巾把眼角擦了又擦,生怕不干不净。拿起梳子把起床刚梳整齐了的头发,重新又整梳一遍。穿上大哥大嫂为她买的第一件旗袍,对着镜子照了又照。纽扣没有扣错吧,哪里还有皱褶没有。记得,那件旗袍是湖蓝底,小白花中间夹着紫棕色的长柄,星星点点的白花中透出红花蕊,雅致精美,称心极了,"嫂子真会挑选衣料"。穿着这样一件称心如意的旗袍,与原先穿的一套短衫和大裤口的中长裤相比,简直是两个模样。自己个子虽然不算太高,自觉长得还很匀称。那年头,只是对悄悄隆起的胸脯发愁,这怎么好呀?恨不得用什么把它绑得平平的才好。想到这里,脸上不觉得一阵泛红,似乎第一次发现:"我已经长大了,昨天还是一个学生,今天,那些还是我同学的学生,就要叫我'老师'了,我已经是个成熟的大姑娘了。"

整梳完毕,自己还对着镜子左看右照,从头到脚又细细看了个遍,直到找不出一点破绽。嫂子也在催促:"妹子,时候不早了,该走了。"她这才拿起书包,离开了家门。

她背着新书包——这是一个自己付出心血的书包。暑假里,嫂子特意到厦门市有名的花布店剪回来的一块家乡土花布,拿回家抖开:"妹子,你看,做个书包好不好?"

林巧稚一见这么块从没见过的花布,哪里还有不喜欢的,连连说:"好看,好看。"

"好看,你喜欢它,嫂子给你做个书包。"

"真的,这么漂亮的布,做书包?"

"真的嘛!嫂子啥时候戏弄过你呀,傻妹子!"

"那,你剪好了,我自己缝好吗?"

今天她背的就是自己一针一线缝成的书包,正面的书包盖上,镶成了带花柄的两朵粉黄的野菊花。书包带上纳了对称的几何图案花纹,做工精细,式色新颖,大方别致。挎上书包,她兴冲冲向学校走去。

在学校里,巧稚的书包引起了一些老师和同学们的注意,但她的衣着却没有引起师生们的反应,就像她不是穿着簇新的花旗袍一样。在她的周围,老师们的穿着都比她强,款式新颖,花纹别致。在她还穿粗布衣裤时,别的同学早就穿上杭纺之类的绸子了。如今她穿花布长袍,人家又从长袍转向短衫裙子了。当她满心喜欢地穿着新旗袍上学时,同学们不仅不以为然,反而觉得奇怪。有的同学边看她的衣裳边问:"巧稚,你怎么反倒穿起长袍来了?"

巧稚深知,同学们是在嘲笑她这身落后于人的服装。好胜的自尊心,像被针刺了似的难受,也觉得自己的人格受到了一种难以忍受的污辱,于是常常闪电似的回答道:"我也尝尝'国服'的滋味。"

那时候,巧稚根本不知道,什么样的衣服才称得上"国服"。巧稚这样说,不过是怄气而已,说的是气话。没想到,这一说不要紧,不知不觉长袍之风大盛,还有许多人也都为被唾弃的长袍"正名"。

"国服"之说,流行了一阵子之后,慢慢就烟消云散了。后来,她想:"如果我是个名人要员,把长袍赞之为'国服',也许能留得下来,可惜我是一个刚刚懂事的孩子,又在气头上说的话,自然无足轻重,雨过地皮湿了。"

不过,当时巧稚常常暗喜,觉得这是一次胜利。为了巩固维护这一"胜利成果",以后穿旗袍便成了她的生活习惯。虽说不上是"国服",她却总把它当作登大雅之堂的上等礼服。

半工半读开始阶段,她脑子里多半想着学习,很少去想做什么工作,怎么做工作,生怕耽误学习。

半天工作,开始思想毫无压力,叫她做什么,她就做什么。为教务处抄抄写写,搞个统计,填些表格;为校长递送个文书之类。开始还轻松,越往后越忙,半天时间常常干不完。学习也越来越紧。她希望毕业后再能上个大学,只好下午尽量把事办完,晚上回家加班开夜车复习功课。好在随着事情的增加,薪金也由原来的两块大洋增加到四块大洋。这对于小岛上的女子,一边学习,一边工作拿钱,让多少人红了眼睛:"看人家林巧稚的造化,学也上了,钱也挣了。"

听到这些闲言碎语,她心里有一种异样的感觉。是呀,这么多学生,学校偏偏选上我林巧稚,学习上一旦滑下来就糟了,说什么也要拼下去,哪怕掉几斤肉!这种自我需要爆发出来的力量,是一种忘我的力量。一天,一月,一个学期过去了,测验考试结果,她的成绩仍然是拔尖的,工作也都完成了。学校决定留她为正式教员。

当她第一次站到讲台上时,紧张的心情连她自己后来都感到奇怪。她记得眼睛直盯盯地看着对面的墙壁,不敢看面前学生一眼。即使收回眼光,要转身板书时也总是抬起头,生怕和学生们对上眼光。如果不慎突然与某同学眼光相碰,会把自己吓得两腿哆嗦,在讲台上完全不像老师那样自然平静、自由自在。除了需要板书转身才挪动脚步外,其余时间,一双脚就好像被钉在地板上,嵌在槽子里那样,一动不动地站着,照自己准备的教案念下去。

虽然这样的时间不长,不少同学却还为她记下了那难忘的时刻。

大概因为昨天还是个学生的缘故,讲课时,她兴致一上来,不免带出"我那时怎么怎么学的"。她那在课中掺杂一点个人学习方法和体会之类的内容的做法,没有遭到同学们的反对和指责,还接近同学们的思路,同学们都乐意接受,效果不错。多少次摸底测验,全班成绩都比较好。学生们也说:"林老师的外语讲得清楚,好懂,好记。"

一听有人真的叫她"老师",脸上不免一阵阵发烧,"在讲台上,还有谁比我年纪小呢?昨天还是学生,和大家坐在一起听课,一起交作业本,今天忽然变成'老师',难道当老师就这么容易?"她自己都觉得好笑。不过她还是暗暗地告诫自己:我可千万不能装老大,不能像其他老师那样真的称老师,上课拿腔拿调,动辄训学生。开始一些同学不把她放在眼里,她也不轻率地训导他们,用课间的时间和他们在一起,继续讨论,向他们提出课上的问题,为他们重复讲解课上讲的内容,还为一些纪律不好的学生补上课堂上没有"吃到"的"东西"。经这么反复炒"冷饭",这些本来不笨的学生,学习成绩有了明显提高,课堂纪律也好了,和"林老师"亲密了,学生们心情愉快,她的心情也放松了。

她已从这种艰涩尴尬的境地中走了出来,课程讲得也熟练了,站在台上也不那么紧张和局促不安了。小小讲台,已不是陷人的樊笼,而是可以自由驰骋的广阔天地。她望着学生们的眼睛,就能知道她们用心听讲的程度和接受知识的水平。如果她们有了心得和体会,首先便要在她们的眼睛里发出折射的光芒;有了疑问,也会在那眼神的光谱里发出信号。眼睛,是心灵的窗户。学生和先生不单是在语言上,而且在眼神中便已交流着感情、感受……过去,她没有站在讲台上,是不曾认识到这一点的。

她还经常走下讲台,到学生的座位中间或者是站到她们的背后,从另一个角度来观察学生,倾听她们用言语表达出来的或者是没有用言语表达出来的心声。越是贴近她们,这心声听得越真切,也越是会看清自己在传授知识上某些环节的缺陷。传授知识与接受知识是各有不同方式、各有不同思维线路的。作为一个教师就是要弄清这两条不同的线路,并设法把它们沟通在一起。也许因为她自己刚刚调换了思维程序,对于学生们接受知识的思维方法还比较熟悉,因此师生之间的意识交流更容易衔接起来。学生们都反映林老师讲课听得懂,容易接受。

巧稚,深深地爱上了教师这个职业。因为她喜欢与学生接近,学生们对她的感情更不同于一般。每逢她到篮球场上打球时,就有不少同学围过来观看和助威;当她投进球时大家都高兴地拍手,为她喝彩。她感到了这样一点:老师,是学生的精神力量;学生,也是老师的精神力量。在她们关系十分融洽时,便会产生出人类极高尚的感情和最真挚的爱。她觉得:能与学生们心连心地生活在一起,将是十分幸福愉快的。迎来一批新生,送走一批老生,年复一年,三年五年,十几年,甚至几十年,永远和这些天真活泼的孩子们生活在一起,自己也许永远不会老的。即使自己老了,教出的那么多学生的力量,不比单靠自己一人去改变鼓浪屿更强吗?

这就是她深深地热爱教师职业的缘由!

九 赴 试

鼓浪屿的春寒犹如闪电,只是瞬间的功夫,夏季就挤进来了。一桩出人意料的消息传到了林巧稚家乡:"北平有个协和医学院要招八年制医学生。"

这个消息是校长从厦门市做礼拜后带回来的。

这位信奉基督教的英国女士,定期要去厦门岛上教堂做礼拜。在这种场合里,她可与教友见面,互相交流在中国国土上的生活、工作情况。

校长的消息,是麦克斯维尔先生告诉她的。他是一位身材高大的英国人,大学毕业后,就来到中国,在厦门小憩后,就要到协和医院当医生。他在逗留期间,告诉校长这件事。校长在麦克斯维尔面前推荐过林巧稚:"麦克斯维尔博士,我校的密斯林,才华出众,学业优良,心灵手巧,是块大夫的好料子。"

麦克斯维尔十分高兴:"密斯卡林,果真如此,她能考得上吗?"

"只要厦门别人能考得上,她就没有问题。"校长就这样夸下了海口。

"谷德,谷德,谷德。"麦克斯维尔边点着头,边叫着好!

虽然麦克斯维尔没有见着林巧稚本人,但记住了她的名字。

一天,校长把巧稚找到办公室:"密斯林,你请坐。"

巧稚到校长办公室,心里直嘀咕,不知什么事办错了。校长的厉害是有名的。她头上爱戴一顶铜盆边式的圆弧顶布帽,时而一式黑布的,时而白布镶着海蓝或蛋黄色边的,在帽子的右边配上一个蝴蝶结花。洁白的脸上透出薄薄的粉红,近看,还是毛茸茸的。脖子上那副眼镜,每当看人的时候,左手自然地抓起眼镜腿,往鼻梁上一架,透过镜片看着你。不知道的人,以为她有眼病,其实金丝框上安着两块放大的镜片,为的是放大倍数。她身材苗条,服装整齐,也常学着中国青年女子样子,上穿一件大襟的短褂,下着一条裙子;长筒丝袜的脚上,穿着一双硬底圆口皮鞋,给人留下了大方、利落、神气的感觉。她从来没有充分使用温和的面容,和谁说话都是冷冷的,以示校长的身份。对教师训斥多于安慰,对学生批评多于表扬。

巧稚到了办公室,她的心提到了嗓子眼。校长请她坐,她哪敢呢?只是呆呆地望着校长的脸,仔细观察她的脸色。

校长见她还站着,又补充了一句:"密斯林,你坐呀!"

如果再不坐下,就得罪她了,巧稚战战兢兢地轻轻地坐在她对面的一张木椅上,也只是三分之一的屁股着凳,全身重量的三分之二落在腿上,随时准备校长斥责时立即站起身来。

没想到,校长张口夸奖了一通:"你在学校工作得很出色,教务处和老师们都反映不错。"

叫她来,就是为了夸几句?校长想事情不会那么简单。性子爽直的林巧稚忍不住沉闷的"折磨",问:"校长,你找我有事吗?"嘴里这么说,心里还是打着鼓。

半工半读至今,她从来没有正式找过校长,有事她也是经教务处的老师传话。凡是校长要找的人,通常有两种命运,要么就是好事,提拔重用,增加薪水;要么就是坏事,挨批辞退。巧稚坐在她对面,脑子激烈地思考着,想来想去,既无受褒的事迹,亦无受贬的原因,那又为什么呢?

直到校长把她提出的问题一一作答后,巧稚心想大概就这些了吧(自然,她们之间的对话完全是用英语)。校长赞赏她的英语水平,还在她面前赞扬她父亲的英文教学水平。巧稚正想说:"校长,那我走了?"这时校长才说出了找她来的意图:"密斯林,有个地方要收医学生,你去不去?"

这个突如其来的问题,她实在无法回答,可在校长面前,又不能不做正面答复。犹豫片刻,她反问道:"校长,在哪里?"

"在北平。"校长说。

一听说北平,巧稚心头一震,能到北平走一趟,观赏一下北国风光,自然是美事,也是自己渴望已久的事,可要到北平上学,真不知所措。"校长,那么远,怎么去?"

校长回答得非常简单:"只要考上了,就能去。"

一听说要考,心里有点犯怵,搁下书本已经一年多了,怎么能和人家应届毕业生一起去考大学呢?她疑惑地说:"校长,我还能考得好吗?"

"你能考好!"校长蛮有信心地说。

"林巧稚准备考协和医学院"的消息,就这样很快在学校里传开了。

这件大事,她一五一十地告诉了父亲、大哥、大嫂。

父亲也已听说了这件事。家里为她去不去北平学习,议论过多次,最后得出这样的结果:考考也好,考了再说,考不上,要比不去考强,免得眼前想得不周,后悔。

学校里,同事们七嘴八舌,虽然说法不一,鼓励总多于反对:"巧稚,你就去考吧!试试看,校长都劝你,还不去,真傻!""巧稚要是考不上,我看厦门就没人能考上。""哎,可惜路太远,要不然,我都想陪着你去。"……

在校长、父亲、同事们的鼓舞下,她的心活动了,甚至达到了恍惚不安的程度,吃饭、走路、睡觉都想着这件事。

"考考试试",大家话是这么说,万一落榜,该多丢人啊!不如不考,免得出丑。就算考好了,家里哪来这笔钱供自己到北平去上学呀!何苦自讨没趣,还不如在家里安分守己好呢!再一想,一个女孩子,独自到几千里之外去上学,来来去去,都不方便。父亲有个什么事,叫天天不应,叫地地不灵……

但是,巧稚是个要强的人,这是从小养成的,上完高中,考大学,本是情理之中的事。自己功课门门优秀,为什么不去考大学呢?难道是假成绩吗?好在离考试还有两三个月,复习复习,还能考不好?只要它考课本上的内容,没有考不好的。不去考,白错过机会,确实是件可惜的事,弄不好会遗憾终身。再说,父亲常教导自己:"女孩子家,要自立,不靠人!"升大学对于今后自立不是更好吗?更何况又是医学院。

《圣经》也说,"布施于人"。将来能当个医生,吾以吾心、吾以吾手布施于人,不为良相,甘当良医,一定是终生之乐事。还想到,人家都有妈妈,唯我早早地就失去了妈妈。就因为妈妈在家病了半年多,到处投医,皆判为不治之症,才死于妇科疾病——宫颈癌。小小的鼓浪屿,死人又何止她一家,那时候,真是旬旬闻啼哭,月月有上坟。多半死于无医无药的疾病。学医成功回到家乡,能为父老乡亲去病除灾,也不枉为人。想到这里,她自己好像就已经是医生了,眼前有许许多多病人等着她为他们治病。

那年头,一个二十岁上下的姑娘,只身离家外出上学或自谋生路,在鼓浪屿少有。这种胆怯的心情被校长察觉到了。有一天,校长告诉她:"密斯林,告诉你一件兴奋的消息,厦门还有几个学生,他们也要去考协和医学院,鼓浪屿就有。"

这使她喜出望外。她"放肆"地吊着校长的胳膊,蹦着跳着:"校长,那我也去,我也去。"由原先校长鼓动她去,现在变成她在要求校长批准同意了。

校长怀疑地看着她:"看你高兴的,你想好了,真的去吗?"

"只要有伴,我就去。"

父兄为她早早准备好了盘缠,炎夏,找准台风停息时机,从鹭江搭上了北上的海轮,直奔上海。

虽说厦门去考协和医学院的还有几个,由于各家经济状况不一,去上海赴考,有的飞去,有的跑去,巧稚则从海上漂去。四等舱票要比火车票便宜三分之一,比乘飞机要便宜一半。再说,同船的还有位同乡白施恩。

她虽生长在海滨,要说坐海轮,这算是第二次。第一次,父亲带她去南洋,很奇怪,许多人又吐又呕,她除了站立不稳外,若无其事,站在甲板上,手握栏杆,颠簸起伏,前俯后仰,快活极了。远看海洋,一望无垠,海不是平面,似乎是圆弧形的,自己所在的位置,就像球形抛物线的下方,磅礴的大海就像迎面扑来。只要你大胆再往远看,海与天连在了一起,找不出一丝"焊接"的缝隙,它们紧紧地连成一体。

这一次她要在海上度过三天两夜。她站上船头眺望大海,有时眼前一片无际的粼粼碧波,有时则是巨浪翻滚。她的心也随着浪涛起伏不平:"啊!大海呀,你引我走向理想的目标;哎,大海呀,你为什么怒吼、咆哮,阻挡我前进的道路?……"

　　不过，更多的时间，还是观看神奇的海。放眼看海，海水碧绿净蓝，凝成无边无沿的一片，连着晨曦的金光，一条灼灼的火焰，自东方的天边直射过来。人们迎着柔和阳光，向太阳看去，只见太阳好像从一个无垠的大澡盆里站起身子一样，水灵灵的，脚下还滴着水珠。如果你的双臂能够着它，非把它抱到自己怀里，赞它一声："啊！多美丽，多水灵呀，来，亲爱的太阳，我抱你一下！"

　　顺着阳光向远处展望，大海里闪烁着赤橙黄绿青蓝紫的烁烁光芒，上自苍穹，下至海轮的前方，由浅红变得白灼，由白灼变成深翠，交织成无数色，一层层、一波波向彼岸及四周放射荡漾。偶尔海轮一声鸣笛，划破了长空的宁静，笛声与碧波推它涌向无沿的天际，向海边奔驰而去，给旅途困乏的客人以生机盎然的享受。这栩栩如生的画面，令人心旷神怡。

　　海轮进入吴淞口后，像一头被驯服了的吼狮，失去了狂奔乱颠的劲头，似乎行走在平川，不大工夫到达了上岸的码头——上海站。

　　上海——冒险家的乐园，和鼓浪屿一比，就像另一个世界。她挎上自己做的花书包，拎着一个小小的布兜，和同道的老乡随人流登上了黄浦江岸。

　　她——一个小地方来的半土半洋的年轻姑娘，虽说读了十二年书，仍像刘姥姥进了大观园，那些矗立的高楼大厦，遮挡了她的视野，全不见了家乡那样的青山秀水；横竖交织的花岗石马路，代替了家乡红壤石子的小道；叮叮当当响个不停拖着辫子的车子，她在家乡见所未见，闻所未闻，她好奇地目不转睛地盯着看个没完。眼前的一切都是新奇的。不时看到街上穿梭着娇艳时髦的人，趾高气扬喊着："嗨，拉黄包车的，霞飞路去哦？"于是车夫迅速奔过来："去咯，去咯。"立即放下小车头，客人一坐上车，抓起车杠，拉了就跑。她奇怪地看着他们，好纳闷：怎么同样是人，为什么会有拉车的人，有坐车的人，世界如此不公？街头上还不时出现衣衫褴褛的乞讨的人。她想，在这样一座全国闻名的城市里，还存在着天壤之别两种不同的人。她正想得出神，几辆人力车夫拖着空车过来："先生、小姐，到哪儿去呀？"

　　她的同乡白施恩爽直地回答："到青年会馆。"

　　车夫忙不迭地说："去去去，请上车！"看得出，车夫争着迎接顾客，完全是用自己的汗水换得几个脚力费，聊以换口饭吃。

她面对这一切,如痴如呆,懵里懵懂,不知如何是好,站在那里上下打量着车夫。

"走吧!"她的同乡抬手看看手表,提醒说,"找到青年会馆,先报到,才能有地方住。"

她这才从恍惚中清醒,连忙回答他:"对对对,走吧!"

看样子,她的同乡也是第一次到上海。他们人地生疏,厦门口音又重,到青年会馆究竟怎么走? 有多远? 两个人谁也心中无数。

车夫见他们犹豫不定,搭讪着:"去不去,三角钱。"说着,调转车头要走。她看着同乡,对他产生了一种依赖,嘴里没说出口,心里这么想:"你坐车,我也坐车,三角钱,价也开了,你就走,我也不在乎。"

这位初次相识的同乡是个实在人,没有征得她同意,就对车夫说:"走!"转身叫她:"林小姐,你坐前面的车。"

巧稚坐在人力车上,看着这位弓着背一路小跑的车夫,很不忍心。巧稚感到自己年纪轻轻的姑娘,没病没灾,坐在车上,让一位比她年岁大的先生拉着她在大街上跑,真羞得她不时用手绢捂着眼睛,心里一阵阵难受。上帝不是说平等自由吗? 这哪有平等! 车夫满头的汗顺着脖子往下淌,不时一手操起小褂衣襟擦着脸。她半躺半坐在车座上,迎着吹来的一阵阵习习的凉风。随着车夫两脚不停移动,双臂自然地上下晃荡,车身也一上一下地颠着,就像坐在一个大自然的摇篮里。这个摇篮不是天施的,也不是父母给的。小学课本上她学过"摇篮"这个词,也见到过两棵树间吊着的布兜。摇篮也罢,布兜也罢,那都是由母亲在推着她们的孩子在摇荡。她现在在享受着摇篮般的幸福,这个幸福是一位比自己年岁大一倍还要多的车夫给的呀!

……

南区的考场设在上海青年会馆。她安排了食宿,想再看点书,临阵磨枪,偏偏又遇上了老乡。闽南人的口音,一出口就能听出来,对外乡来说,很难听得懂;对她来说,一听就非常亲切。他们互相通了姓名,谈得海阔天空,于是把看书的念头丢到脑后去了。

开考三天,上海闷热得要命,叫人喘不过气来,打着葵扇也不顶用。往凳子上一坐,不大功夫,背也湿了,裤子也湿了。遇上这种天气考试,简直是折磨人。不少考生走出考场,都喊头晕晕的。开始,巧稚拿到第一份考卷时,心情不免有点紧张,仔细一看考题,实在不算太难,也就平静了。她左手里攥着手绢压着卷子,右手只顾"回答"问题,脑子集中到考题上,也就不觉得热了。交完考卷就想等着她的同乡,左等不出来,右等不出来,她就上厕所,上完厕所独自回宿舍了。

第三天考最后一门,也是考生们最怕的一门——外语。

平日言谈话语中,多数考生对外语心里没谱,考前的气氛异常紧张。就说她同宿舍的两个考生,早晨没等天亮,就起床,蹑手蹑脚走出宿舍。她在床上,翻个身,不大功夫就又睡着了。还是这两位考生早读回来,把巧稚从睡梦中叫醒的。如果不是因为吃早饭的缘故,翻个身,她还能继续睡。

虽然不知道外语考试有多难,巧稚对别门科目心里有些胆怯,对外语她却不害怕。早在中学三年级时,她拿起十八世纪的国外小说,阅读自如,到五六年级时(即高中二三年级)阅读外国的文艺作品和惊险故事,如同许多同学阅读中国的古典文学和《诗经》一样。对中国的文艺作品,巧稚远不如同学,所以,她不怕英语表达不清,只怕汉语不能准确地表达英语的词意。

和以往两天气氛不尽相同,两百多考生,在不算宽敞的考场过道里,有的翻阅着英语书;有的在交头接耳,大凡不是猜测出题范围,就是相互研究着什么疑难问题,因为厦门来的四五个同乡,也在讨论着译文可能出题的范围;也有的唉声叹气:"不行啦!"看样子前几门课考得不理想,失去了信心。开考时,巧稚所在的考场走掉了两个学生,先生点名,过了时间还没见来人,只好作弃权论。她想这大概是本地人,没有充分的准备,好在考场离家近,碰运气,考好算是走运,考不好,知道了行情,来年再说。

像巧稚等远道跋山涉水、漂洋过海来的考生,是绝对不敢轻举妄动的;来回一趟车旅食宿费用,像巧稚,父亲一个月薪水不够她花的。对考大学自然就有一种思想压力。

监考先生起封后,发给每个考生两大张考卷。考生们不约而同发出了一个声音:"哦!"

她定神一看卷面,印有拼音、填空、短语、选正、改错、英汉字词默写、英译汉、汉译英、回答问题、短文翻译等十多项内容,不是那么容易回答的。前面的内容她都比较顺手,直到文章翻译时遇到了一个单词"Bike",译成中文应该为脚踏车或自行车。巧稚却一无所知这是一种什么交通工具。因为在她家乡从来没有见过这类玩意儿,只知道有火车、汽车、马车、牛车、三轮车、人力车,没有见过自行车,脑子里没有一点直观概念,她只好把这个词译成了"供一人自行使用的二轮车",自知罗唆,意义表达不确切,可是又想不出更为精炼恰当的词汇表达。如果译成脚踏车,似乎不能反映原意,她也不知脚踏车就是自行车,只好随它去了。要说已经回答的问题,大概这就使她最担心,其他自信还不曾发现有错。正当她从容地继续往下翻译着短文时,教室里一阵叽咕之后,随即哗然。

考试规则是不允许大家东张西望的,但这种嘈杂打破了常规,因为一位女生已从位置上倒到地上,晕厥过去。一位监考老师已走近这位女生身边,另一位老师在翻阅着花名册,边看名单边说:"大家安静,继续考试,请认识这位女同学的同学举手。"巧稚抬头扫了一下教室,没见一个人举手,又伸长脖子看了看那位女生,不觉吃了一惊,她不就是今天早晨起床,睡在我对面铺上的那个同乡吗?她想举手来回答老师,转念一想,老师问这干什么呢?

正犹豫着,监考先生紧追一句:"这位同学是厦门人,有厦门来的女同学吗?请举起手来!"

她自小就不会撒谎,也不隐瞒自己的想法,又信基督教,不敢说假话,经先生这么一问,老老实实地举起了手,并脱口回答了一句:"我是厦门鼓浪屿人。"

先生一个箭步走到她面前,抽起她桌上的考卷扫了一眼,又把考卷铺在桌面上,指着躺在地上的女生,问她:"你认识她吗?"

"原先不认识,来这里分住在一个宿舍才认识的。"她如实地回答先生的问话。

"好极了,你和她一个宿舍?"先生眼睛里闪出了兴奋的光芒。

"是的!"她又追加了一句。

站在她身边的先生向另一位先生说:"让她送去吧。"又对她说,"你在考卷上写上现在的时间。"

"啊,原来是这样!"她自言自语地说。

那位先生接着问道:"你立即送她去医务所行不行?"

答题时她并不觉得热,这时反倒满头是汗了,是急的,还是什么别的原因,自己也说不清楚。她低头看了一下自己的考卷,心想,再有七八分钟,也就能翻译完了,这怎么办呢?升学考试是硬碰硬的凭分数,题没答完交卷,这个损失怎么补偿呢?在短促的时间里,脑子里激烈地斗争着,差一分都有落榜的可能,最有把握的外语拿不了高分,就影响了自己的总成绩,前两天的努力岂不前功尽弃了?一旦落榜,怎么向家里、学校以及校长、同事们交代呢?大家可都是说她没有问题的,一定能考上的,甚至都说过:"巧稚考不上,厦门就没有别人能考上了!"可是偏偏遇上了救人的事,怎能见死不救啊!考医学院干什么?不也是为了治病行善吗?

她在短促的思考之后,很快答复了老师:"好,没关系,我去吧!"拿起考卷往先生手里一揣,套上手中的钢笔帽,又抓起桌上的一支钢笔,往衣服大襟上一别,捡起放在桌上一枝带橡皮头的铅笔。然后急忙绕到这位同学边,俯身半蹲半跪在狭窄的过道里,一手操起她膝盖处,一手托起她的脖颈,一憋气,就把她托在了自己怀里。不知是谁在她胳肢窝里托了一把劲,她就势站起身,抬头看着先生。

这时候,宁静的教室又一阵骚动。在她扫视大家的时候,大家都几乎停下笔在看着她,从考场的四处还传来一种自然是夸奖和赞美的声音:"嗨,这人还真有劲!""真行!""快走吧!"……

先生马上说:"快,快把她送到卫生所。"同时对另一位监考先生说:"你陪她一起去了再回来,好吗?"

显然,说话的是主考先生,另一位是陪考先生。

巧稚就这样结束了升学考试,第三天返回了鼓浪屿。对能否被录取,巧稚已完全失去信心,因为外语的一部分分数全丢了,这就丢了自己得分的优势,何况考生又那么多,招收的人数又那么少。据说,录取比例为十三比一,她又怎能不担心被淘汰呀!

十 进 京

等了好多天,才见到风停雨止的日子。巧稚回到母校向她的同事(也是她的老师)、校长密斯卡林告别:"我就要到北平上学了。"

第一个知道巧稚被录取协和医学院的,是校长密斯卡林。

传达室一位老伯,把通知单交给了校长。校长比巧稚家长的"权力"还大,不经过巧稚同意就把信拆了。她一眼看见"录取通知书"五个字,就派一位办事员把巧稚叫到她办公室。

当巧稚站到校长面前的时候,校长那严肃冰冷的神态,叫人心里发怵。巧稚不知为什么叫她,于是恭恭敬敬地问道:"校长,你找我?"

密斯卡林朝巧稚抬了一下眼皮:"你去上海考试,怎么样?"她这样没头没脑地问话,真把巧稚吓一跳。巧稚想了想,回答:"没怎么样,有什么事吗?"

密斯卡林追问一句:"我是问你考得怎么样?"

看校长那副样子,巧稚心里暗暗地吃惊:"坏了,一定是通知书来了,没有中榜。"巧稚喘了一口气,冷静地一想,可不吗?最拿手的外语,内容没有答完,最要紧的翻译都没有做,失去了许多分,总分怎够录取标准呢?

考场上发生的事,回鼓浪屿后,她只告诉家里父亲、大哥。那时候,学校已经放假,密斯卡林外出游览,没法告诉她,也不想告诉她。虽然,校长很器重自己,但只认作她是位尊严的校长,心里的事,总还是告诉父亲和大哥。

看得出，父亲听了女儿北上赴考的情形后，心情忧虑，不过，他没有责备巧稚，反而安慰说："丽咪，我的好孩子，不要灰心。你在考场上放下考试帮助别人，去救一个不相干的考生，做得对！上帝会保佑你的，主一定会记下你今世做的这件好事。"

巧稚呆呆地看着父亲，疑惑地问："是真的吗？"她不相信上帝会保佑自己能多得分数，父亲说的今世，那么还有来世？对，《圣经》里也是这么说，今世多行"慈善"，死后就能上天堂，于是她不再为放弃做题懊恼，认为这样做对了，精神上获得了宽慰。

校长这样问她，巧稚不能不把考场上发生的事件，毫不隐瞒地又讲述一遍，完全不是为了自我夸耀，只是想为自己没有录取解脱"罪责"。让校长知道，没有录取，不全是没有考好，而英语翻译只做了个头，只要再有七八分钟，就全答完了。不是自己无能，只怨天气太热。要不是为那个考生，外语得个好分是不成问题的，只能请校长宽恕，并希望继续留在学校工作，否则将会失业。

密斯卡林听完巧稚的叙说，高兴得把她拉到怀里，连声夸奖："密斯林，太好了！太好了！真没有想到，还有这样一番神话般的动人事迹。你们的H·王校长知道这件事吗？啊，我想，校长一定会知道这件事的。你太幸福了，密斯林，你看——"

说着，她抖开了录取通知书。校长的脸上显得那样轻松，简直像一个顽皮的孩子，充满了挑逗般的稚气，完全不像平时的样子。大概密斯卡林过于兴奋、过于冲动的原因吧，不见了校长那股威严。这时候，巧稚的紧张情绪一下子缓和了。

校长的手突然放开巧稚，站起身，走到办公室的窗户前："我说我的学生是能考取的，考卷没答完都能录取，要是全答完了，还不得总分第一。"转过身，满面笑容地说："亲爱的密斯林，我要写信给你的校长，还有麦克斯维尔，我的老朋友，请他好好地重视我的学生，我的学生——你，我的密斯林！"

那一天，鼓浪屿上空格外晴朗，思明县码头上围满了人，大哥夹着妹妹的铺盖卷，大侄子背着姑姑的大挎包，巧稚紧挨着父亲身边，不时扭头看着父亲，好像他们有多长时间没见面似的。

巧稚突然发现父亲老了,鱼尾纹已深深地嵌在他眼尾的两侧,额头上布满了一条条深皱,老头式短发分头已经花白,两肩已向前勾,背已经明显地弓起。虽然失去了十多年前那种俊秀的神采,他的外表不难让人看出,这位饱经风霜的老头,对生活并没有失去信心。他始终笑着看着女儿,笑得那样真切、自然,眼神里充满了希望。

不知道为什么,巧稚的心,这时候反而是异样的感觉,一阵阵泛酸。止不住的泪水扑簌簌地滚落到衣襟上,嘴里咬着手绢。父亲见她这副样子,乐呵呵地说:"哎,爸爸不喜欢你这么样子离家。傻孩子,哭什么,眼泪能表明什么。到北平,好好学习,在那里站住脚。等将来,我上北平去看你。你应当高兴,应当欢天喜地去上学。"

巧稚在父亲的身边,连连点头,眼泪仍止不住往下滚。巧稚的几位同学也陪着一起淌着泪水,一起抽搭。自然,她们的心情和巧稚完全不是一回事。

"嘟——嘟嘟!"连续的汽笛声,无情地打断了巧稚和父亲的交谈,父亲拍了她一下肩膀:"上船吧!"

大哥也在催促着:"妹妹,快走吧,有事就来信。"大嫂子也嘱咐道:"多当心,一个人出门在外,不要受委屈,不要和自己过不去,嫂子够不着你。"说着嫂子的眼泪也下来了。巧稚赶紧走到嫂子跟前,只喊一声"嫂子",别的什么话也说不出来了,哽咽了。

这时候,只听山坡上一阵喊:"巧稚——"巧稚抬头穿过嫂子的肩头往前一看,啊,原来是双英来了。只见她周身胖乎乎的,完全失去了学生时的苗条。这位当了母亲的同学,手捧一束鲜花,向码头奔来。巧稚见到久别重逢的同学,也像脱缰的马驹,放开嫂子,飞也似的向她迎去:"你怎么知道的?"她们已紧紧地拥抱了。双英把手中的一束鲜花塞到巧稚的手里,狠狠地瞪了她一眼:"记住,这是鼓浪屿家乡的花,只有家乡才有这样的花,不要忘记家乡。"

巧稚心想,好厉害呀,一见面,还是来送行的,就先把我教训了一顿,又拿出当姐姐的架势。她大概忘记了曾经被巧稚教训时的情景,或许就是学着巧稚过去教训她的样子,如今来教训起巧稚来了。不过,她的这番话不仅没有引起巧稚丝毫的反感,反倒使巧稚觉得情深意长。为此,巧稚不能不表白："你放心,我永远不会忘记家乡的。"

她责备巧稚:"你为什么不通知我,如不是我们的老师告诉我,几乎就没法见面了。"她还告诉巧稚:"我也要走了,我们准备到南洋去。"

"都去吗?"巧稚问她。

"都去,"她还回答说,"我去了也准备上大学。"

"太好了,太好了!"巧稚恢复了比她小的样子。

她们边说边向海轮走去。快到船上的时候,才想起来问双英的先生和孩子,还没有来得及听她回话,海轮又一次鸣起了长笛,笛声在海空中吼鸣着。巧稚忙着与父亲、大哥、大嫂、侄子、同事、同学们打招呼,也就顾不得再细听双英的家长里短了。而且,巧稚还有一个更为神圣的任务:要向上帝为父亲做幸福、健康的祈祷。她迅速走到父亲身边:"爸爸,你当心身子。"同时她做了祷告:"求上帝保佑我的父亲健康。"又对父亲说:"爸爸,有什么事,就给我写信。需要我,来信,我就回来。"她说完了要说的心里话,脚才踏上海轮。

巧稚一手扶着栏杆,一手向着为她送行的亲友挥动手绢,狠命地挥动着。

她第一次尝到了与亲人离别时依依不舍的心情。海风吹拂着她的胸膛,海浪拍击着船身,码头已从视野中消失,唯有鼓浪屿还映在她的眼帘。巧稚又一次眺望着缓缓后退的鼓浪屿,心中有许多话要说,又不知从何说起。她看着远处波浪滚滚的大海,周身的血液和海浪就像连成一体,随着波浪一起翻滚……

一周之后,由海轮转乘火车。先后经十余天的长途旅行,终于到达了北平。下了火车,一排铁皮屋顶的站台展现在巧稚眼前,白漆站牌上写着三个黑漆大字"前门站"。

巧稚顾不上仔细浏览全貌,夹在人群中涌出了车站大门。

挤出站门,迎面是一条并不太宽的马路。向左一看,一幢高大雄伟的门楼,矗立在交叉马路的中间。在家乡,在上海,甚至在这次十余天的长途跋涉中,都未见到如此高大的建筑物。它吸引着巧稚不由得走近前去。啊!这就是图画上曾经见到过的前门楼。

从前门楼往北,顺一条马路看去,见到了天安门。抬头看,近处壁雕似锦,远方金碧辉煌。眼前摊主喊着"豆粥、豆粥,两个毫子一碗,买热豆粥"

"喝茶、喝茶,凉的热的大碗茶""瓜子、瓜子,五个毫子一包五香瓜子"……叫得人心烦意乱;满地杂货摊摆着琳琅满目的日用小百货、小儿玩具、草捆上插着的糖人之类,从前门楼大门两侧直摆到通向前门大街路头,就连火车站出站口西门两边也不拉空。

更为甚者,马车、人力车、独轮车的铃铛,丁零当啷响不停,牲口甩着头,脖子里的铃也在响,车夫抓住手摇铃摇得更响,边摇边喊着:"坐车了,坐车了……"实在闹得人一步都不想停留。

路过的,很少有人停留,巧稚自然无心观看这些杂货摊,也不想马上离开那里,反而放下铺盖,在对着天安门的马路路口,寻找一块干净的地方坐下,两手托着下巴,两眼穿过来往路过行人的缝隙,观看着一片一色馏金的大屋顶。在夕阳的斜照下,放射出万道金光。

她被这美丽的景色吸引着。原来以为就是自己家乡美,如今才看到家乡以外也有美的地方,而且比家乡更美。家乡哪有北平这样富丽堂皇的雄伟建筑? 她看着,想着;想着,看着。这时候猛地听到一声:"唉,小姐,坐车不?"

巧稚抬头一看,是位人力车夫,拉着空车兜生意。

在火车上,她就打定主意,这回到北平,说什么也不坐人力车了。自己年轻轻的,坐在一位父辈年岁的人拉的车上,叫他拉着跑,心里真不是滋味,良心上过意不去,也是不符合基督教"人人平等"的教规。没想到,北平的前门站外头,停放着的人力车,不亚于上海外滩码头。眼下车夫已经兜到自己面前做生意,再说,还有一个铺盖卷,一个大挎包,公共汽车难以挤上车。于是,她改变了原来的想法,迅速回答他:"要!"

"到哪里?"车夫笑着问道。

"到协和医学院。"巧稚恭敬地回答他。

"小姐,你要的是王府井,还是东单牌楼那里?"

这一下子把她问住了。巧稚对他上下审视了一眼,心想,莫非是开我玩笑? 难道还有两所协和医学院不成? 我哪里知道哪是王府井,哪是东单牌楼。她的脸唰地红了,不是羞,更主要的是急,怕自己千里迢迢来北平报到上学,找不到协和医学院! 这怎么好呢?

车夫看出她着急的心情,关切地说:"怎么啦,小姐,去不去?"

"去!"巧稚毫不犹豫地这么答复他。可是上哪里去呢?看样子只能指望他引路了。

她又重新打量眼前这位车夫,只见他头戴一顶伞形斗篷,高高翘起的帽子前檐下,露出汗水浸透了的帽箍;离帽箍一指宽处是一副粗黑的眉毛;一对混浊的眼球,转动得并不那么灵敏;黝黑的脸上颧骨突起,布满皱纹,可以明显地看出,这是一位饱经风霜、上了年纪的人。不难看出,这位老车夫,浑身蕴藏着使不尽的力量。他张口说话,总是带有几分笑意,大概是常年职业的熏陶,为了招徕客人吧。笑意中,还带有一种憨劲,一见面,就有一种吸引力,使你非想坐他的车不可。答话时,他不慌不忙,哪怕你急得跺脚,他总是站立着,笑呵呵地和你搭腔,既不急着进,又不忙着退,耐心地等待着客人的最后答话"去",或者是"不去"。

她想,不应该再拖延时间了,应当赶紧回答他。于是,巧稚老老实实地告诉他:"我是去上学的,我也不知道到王府井好,还是到东单牌楼好。反正我到协和医学院。"

"好吧,四毛钱,把你送到为止。"他一边说着,一边放下车杠。

巧稚一听,四毛钱,才比上海那次多一毛,那回空手,眼下还有行李,觉得这位车夫不错。她抿嘴朝他微微一笑,表示谢意,但又说不出口,只能以此表示。车夫先见她未答话,以为嫌贵。就在他弯腰抓车的同时,巧稚也弯腰拎起铺盖,转身往他车上放去,他的车已高高翘起,她只好等他重新放下车,眼睛一眨也不眨地盯住他。

"这位小姐,你怎么不说话,去就上车吧。"显然他完全明白了巧稚的意思。

当他再次抓起车杠,转车要走的时候,巧稚突然提出了请求:"你能走这条路吗?"巧稚向他指了那条通往天安门的马路。

车夫回头看了她一眼:"行呀,围城墙绕一圈我都去,你只要给钱就行。"说着他又重新转了车头:"头一回进北平吧?"

巧稚只顾想他前一句话"给钱就行",却没有听见他后一句问她的话,忙不急待地问他:"走这条道要加钱吗?"这样走法,比他原先想走的路到底远多少,巧稚心里一无所知,心中不由得有些后悔,而他已经上路了,再让他回头是不可能的。巧稚不由自主地还是说出了口:"那还照你要走的路线走吧。"

车夫轻轻地哼了一声:"好马不吃回头草,好汉不走回头路。"

真是人不可貌相,这位车夫还有股汉子的气概。

"哎呀,那要加多少钱?"她有些着急了。

车夫半天不理她,只顾一溜小跑。此时,巧稚无心观赏马路两侧的景色,两手扶着车厢帮,抬身想去拉车夫,请他停车。车夫被她冷不防一用劲,车杠往下一沉,他倒没有什么,巧稚差点没有一头栽倒在他背上。说时迟,那时快,车夫只轻轻把车杠往上高高地一抬,她反仰坐在车厢里,往后靠在座背上,两只脚完全使不上劲,想起也起不来了。车夫不慌不忙地回过头:"小姐,坐稳当些。"转过头去,又快步朝天安门方向走去。她成了任他摆布的小孩,急也不是,恼也不是。巧稚仰面朝天躺坐在车厢里,只得听其自然。

不大功夫,天安门城楼已展现在眼前,在她面前横着一条东西马路。车夫侧着头,向她说道:"你好好看看,这一趟能不加钱?"

巧稚真的急了:"那你说呀,加多少?"

车夫憨憨地一笑:"加多少,照说,点着道要车,这一趟少说加四元,你呀?"

她一听说四元,头上沁出了一阵冷汗,几乎把她急哭了。"那要我加多少?"巧稚急忙问他。

车夫放平了车,放缓了脚步,边走边说:"你呀,先看天安门吧!你看够了,看值多少,你就给多少。"

"啊!"巧稚深深地吸了一口气,心想,他是在和我开玩笑吧!又一想,哪能用自己的苦力和一个陌生的姑娘开这个玩笑呢?又追问道:"大爷,你说加多少钱呀!"

没料到他扑哧一声笑了:"哎,姑娘,就冲你叫我一声'大爷',就坐着吧,我一文钱也不用你加了。"原来这样,只叫他一声"大爷",他就改变了对巧稚的态度,不再叫她小姐而是亲切地喊她"姑娘"了,而且还这样慷慨。

巧稚不再去品味加钱多少,只觉得行走在自己眼前的他,不是一个出卖苦力的车夫,倒像是一位为人生价值奋斗的勇士。巧稚由着急变得平静,竟对他产生了敬慕,自觉得羞愧,脸上臊得有些发热,两手捂着一定是发红了的腮。

原以为出几角钱是雇了一个能送她到达目的地的苦力,错了,自己只不过是苦力者眼中幼稚得可笑的孩子,是一个无知的孩子,而他在用尽自己的气力,不惜流着汗,把一个天真无邪的孩子引向要去的目的地。只见他撒开腿,甩开小步,在这条由西向东、宽敞的马路上小跑。

巧稚坐在车上,左右前后观看。眼前的一切,对于她都是新鲜无比的。思考着的神情,被沿途景物拉了过去,脑子来不及去思考别的事情,只是偶尔看一眼和自己始终保持着距离的车夫。他脖子上的汗流到背上,开襟小褂上先是沿脊背显现出一条湿印,慢慢地湿成了一片,良心已使巧稚不忍心再看车夫的脊背。然而,背后湿透的样子却深深地嵌在她的脑子里。

车夫把巧稚送到一座富丽堂皇的宫殿式大院门口,停住车,放下车杠,右手抽出挂在裤带上的手巾,转过身子冲她:"你进门问问。"自己擦着满脸的汗:"不是,我们再走。"

她抬头朝门口一看,门楼的右墙上挂着"私立北平协和医学院"的牌子。巧稚不敢相信,这座宫殿式的大院,竟是自己要找的医学院。不用问,牌子上的字和报到录取通知书上的落款完全相符。

巧稚的心像块落地的石头,踏实了。她看了一眼车夫,微微地向他点头一笑,一个箭步从车上蹦到大门的石阶上,三步并作两步进入铁栅栏的大门:"先生,协和医学院是这里吗?"说着,巧稚已从书包里掏出了录取通知书,递给门房间那位先生。

他,是一位中国人,乍看三十五六岁光景,坐在门房间里,两手托着腮,通过一扇四块十字花格窗子,紧盯着门口的来往行人。巧稚顾不上细打量他,未等他开口,又追问一句:"先生,报到上学是在这里吗?"

只见他朝巧稚上下扫视了一阵,伸手不紧不慢地接过手中盖着红戳子的通知书,打开半截窗,从窗户里往外探出身子,看着门外。

巧稚有点纳闷,此人莫非是哑巴,又不答我话,还向外看,看什么呢? 巧稚顺着他的眼光望去,车夫已把行李从车上搬到了花岗岩的石阶上了。从行李已搬离开车子的事实,更使她坚信无疑,准是这里,没错。巧稚从门房间窗前重新回到车夫跟前:"大爷,要给你多少钱?"说这话时,她的心怦怦地跳着,真不知道这位车夫怎么向自己要价,还能是四块吗?

凭良心说,从她坐他车的时间看,这段路程并不太长,比四角钱多要些无疑得给,谁让自己点着道走呢;真要四块钱,那就太狠了。车夫显然累了,他坐在车上,点燃着一袋烟丝,发出吧嗒吧嗒的声音,烟雾绕过头顶,迅速向四周扩散。巧稚不会吸烟,她父亲也没有吸过烟,没什么切身体会。她想,大概这是车夫劳累之后,用以解乏的最好"佳肴"吧。从他悠然自得的神情中,不难判断,他正处在享受之中,毫不着急等乘客付款。

见巧稚问他,他把烟袋锅往鞋底上磕了几下,又把镶着硬木疙瘩的烟袋嘴送到嘴里,呼呼地往外吹了吹,顺手一抽烟袋,绕了几下,起身转向车厢,掀起车厢座板,往里一塞,盖上座板。这时,他才转身回话:"怎么,你忘了?"

巧稚吃一惊,怎么能忘呢? 先要四毛,上路后,就点着路走要加四块,后来见我急了,又说不加了。她只得规规矩矩地回答他:"没有! 不过……"

"不过什么?"他打断了巧稚的话,"照我说的给。"

"多少?"巧稚不安地说,"让你绕这一圈。"他没有回答,反而嗨嗨嗨地笑了。笑声里隐藏着一种温柔和慈爱。巧稚从书包里提出一个票面一元的硬币,递到他手里。就见他放进腰间穿在皮带上的皮夹里,连看也不再看她。

"坏了,莫非是都收下了?"巧稚心里正犯嘀咕,眼睛紧紧盯住他那双粗糙的大手。只见他又从皮夹的最外一层掏出六个硬币,朝她一伸手:"给!"

林巧稚在大学里。

巧稚接过他手中的钱,一看,正好六角。这时候,巧稚反倒过意不去了,脱口而出:"加你点吧!"

他已弯腰抓起车杠,冲门房间探出半个身子的先生说:"就这儿,没错吧?"他走了。

门房间的先生伸手向他一挥:"是的!"车夫连头也不回,看也不看,便向三巷西头走去。

眼前的车夫,引起了巧稚对上海拉她去考试的车夫的联想。上海、北平,北平、上海,两地都给自己留下了美好的记忆,因为在自己走上人生的征途时,开始,首先得到了他们辛勤的协助。车夫为她赴考出过力,车夫为她报到流过汗,车夫为她参观京都引过路……

十一　豫王府官邸

这座碧绿琉璃瓦宫殿式的医学院,在东单牌楼这一片,招人注目。

东单牌楼内北至米市大街,南到东单巷始,东至干面胡同,西到帅府园,是一片较为繁华的地方。豫王府官邸坐落在东单三巷中段。1916 年七月,美国罗氏驻华医社,相中这块地盘,与北洋政府勾结,投资兴办所谓"慈善事业"。

豫亲王受赐,在三巷兴建官邸一座,耗银巨额,房屋建筑同紫禁城相仿,只是不像紫禁城那么规模宏伟。清朝灭亡后,豫王府邸已传至孙子端镇手中,家境破落,债务缠身,实难支付邸宅的庞大开支。加之罗氏驻华医社通过北平政府官吏,勒逼拨一块供办"慈善事业"的基地,且划地为界。端镇面临内外交困,忍痛把王府一切房屋计东西两院,共有大小房屋四百六十余间(已倒塌的不计在内),一并廉价"卖"给美驻华医社,共付款贰拾肆万元正。

1917 年春末夏初豫王府邸破土动工,雇有劳工,出入都严加搜查。北房拆挖时,都有围墙遮挡,荷枪实弹的士兵守门,只准劳工们穿一条裤衩进出,以防劳工盗出金银器件。多少年后,一位当时参加兴建的劳工小王,逢人便说,北房挖出的金银珠宝、象牙玉器无数,劳工们佯装拉屎,把小块金器塞进肛门,躲避出入门警士兵检查,成为私囊。小王自己也不例外,从肛门里带出的一块金锭,兑换后在朝阳门买地盖了三间砖房。

巧稚来上学,前事已隔五年,豫王府原貌全非,除在府邸东面残存几排下房,其余都已拆光。新建的主体楼群都已完工,配套工程正在继续进行,小礼堂似乎正在刷漆雕花。就在这个时候,林巧稚来到这个陌生豪华的医学院。

1929 年以前,林巧稚于大学里。

在中国,设八年制的医学院校,只有协和医学院一家。

学习分三年预科、五年本科。第一年就增加了许多门巧稚中学里没有学过的课程。物理、化学两门课,别的同学学过,巧稚得从头开始,要从最基本的物理变化、化学反应、分解、化合等基础补起,又要不断接受大学课程的新内容。

一开学,巧稚几乎就与世隔绝了,一头钻到学习里。早晨,多半同学起床后把晨读时间用在外语上,她则把时间消耗在攻读物理和化学上。

自然,这一点时间是不够的。其余时间都是严格的集体行动,唯有午睡时间能为自己所用。开始,她试探着,看看校方先生干涉不干涉。发现中午没人管学生,大家都午睡。以后,巧稚总是很快地吃完午饭,回到宿舍就早早地躺在床上,同宿舍的同学见她已躺下午睡,她们也就不再讲话,都很快午睡了。

等她们睡着后,她悄悄地溜出房间,夏天躲到二号楼的西边,冬天就躲到四号楼的南边,真是冬暖夏凉。她这么做,头年居然没有被同学们发现。大概,一方面大家都来自四面八方,互相不熟悉,不了解,说不上谁关照谁,都各自行事。任教的先生,他们更多的只注意学生们的考分成绩,用什么时间、怎么得来的,他们不须过问。

管理学生是用校务办公室制定的一套制度,从起床到熄灯,都做了明文规定。听课、开会、进食堂,都得列队,男同学穿着一色西服,女同学穿着一色大襟褂、多褶裙。哪怕从院内到对门的小礼堂,中间只隔四五十米宽的道路,也得列队过去。

开始大家极不习惯,慢慢地也就明白了,凡抬脚动步就准备列队。虽然觉得过于形式,但是在那个年代里,就好像在散沙的人群里,生出一支队伍整齐的“青苗”,同学们也觉得有趣,个个都显得精神抖擞,挺着胸膛走路。兴趣一来,还一起唱支英语歌曲。过往行人见学生们这般情景,向他们投去目光,说:“看呀,这群洋娃娃又出来啦! 他们吃洋饭,拉洋屎,放洋屁了,快来看呀。”

每当遇到这种情景,晚上巧稚常常睡不着觉。他们这些生机勃勃的年轻人,为什么要遭到同胞、父老乡亲的鄙视和辱骂,而丝毫不给鼓励和赞赏呢? 由于她只重视学习,可以说几乎完全没有时间关注祖国的前途、人民的命运,对这样一个极为浅显的常识问题,她全然不体会,一直到她毕业也没有做出自己的回答。

开始,她摸不着学院的底细,做什么都很拘束。摸到头绪以后,知道只要掌握课前课后列队不缺席,别的时间是比较随便的。上的年级越高,个人自由支配时间就越多。巧稚熟悉了作息安排之后,很快就打起了自己的小“算盘”,只要不在列队时间之内,她都做了紧凑的安排。星期天更不必说,这一天,巧稚往往不是用来攻读物理和化学,就是用来复习外语。从小父亲就是这么教的,周末把一周学过的外语系统复习一遍。自学外语以来,她就养成了星期天学外语的习惯,星期天不集中一整块时间看外语,心里就不踏实。就像吃糖果饼干那样嗜好外语,看上手就不爱放,为它耽误过多少回吃饭,她从来没有为此后悔过。

　　第一个寒暑假，同学们除家住北平的常来学校外，其余同学都回家了。巧稚克制了思念亲人的感情，没有回鼓浪屿，只托她的同乡白施恩给大哥大嫂、父亲捎个口信。不仅仅是为了节约一点盘缠，主要还是舍不得这段宝贵的时间。不上课、不列队，也无须东躲西藏，可以自由自在地补她缺的物理、化学。四个人住的房间，就剩下她一个。

　　冬天，房间里的暖气足得只能穿件单衬衫，暑期一点都不觉得热。不愁吃，不愁住，一门心思看书，安静极了。大凡一个人有了一个舒适的生活环境就不再想许多杂事了。那时候，她就什么也不想，家里父亲、兄嫂，也顾不得去想，就连自己身上还有多少饭菜票券，够不够吃到开学也不想，饭后把饭菜票券往枕头底下一塞，吃饭时拿了就走。过了吃饭时间，饿一顿就饿一顿，舍不得把时间放在上街买吃的上面，也没有别人知道她究竟吃了没有。论说，这种日子是清贫的，她却常常像发了疯似的，对着物理题笑。时间对谁都是公正的，使用不同的时间，所得的结果也一定是不同的。一年中的午休、星期天、节假、寒暑假，把可以用来舒舒服服睡觉的时间，以及游乐、回家的时间，用在学习上，她的物理、化学两门课才取得了惊人的进展。这种进步又是在别人不知道的情况下实现的。同学们不知道，先生又不摸底。

　　第二年新学年开学后，这两门课她就不那么害怕了。不像一年级时，先生当堂讲，她听不懂，现在能听懂，又能理解了。到第三学年，物理课讲授完了，普通化学改为有机化学，压力轻多了，她的日子好过多了。有时候，一个人躺在床上想：我三年学了六年的化学、物理课，成绩还不坏。是的，一方面，她得感谢父亲从小教她学外语，如今，使她能腾出大量学外语的时间来学习别的；另一方面，还在于自己。世上没有学不会的东西。同班中，有的同学则越学越糟。

　　上三年级时，就不像前两年级那么紧张了，她和同学们也熟了，有心思和大家一起打球、唱歌，参加班级组织的其他娱乐活动了。这时候，她逐渐发现，男同学和女同学的接触渐渐频繁起来。她在班里年岁较大，有些同学大事小事喜欢找她来说长论短的。宿舍里也因为有些女生好评论男同学张三李四，逗得大家哈哈大笑。男生拿女生来品头论足，把女生分成三六九等，女生也是拿男生作话题，说三道四。

The Basketball Team of Medical Girl Students　醫　科　女　學　生　藍　球　隊

1929 年以前,林巧稚在大学篮球队。

The Public Speaking Club　演　説　團

OFFICERS :

夏　聲	HSIA SHENG	President
陳寶書	CHEN PAO-SHU	Vice-President
林巧稚	LIN CHIAO-CHIH	Secretary

1929 年以前,林巧稚在大学演说团。

The Glee Club 歌　咏　團

陈　恒　义　CHEN HENG-I　　　　　　　　President
夏　聲　HSIA SHENG　　　　　　　　Secretary
凌　籔　橫　LING HSIAO-YING　　　　　Treasurer
程　玉　麟　CHEN YU-LING　　　　　　Manager
　　　　　MRS. A. M. DUNLAP　　　　Instructor

1929 年以前,林巧稚在大学歌咏团。

1929 年以前,林巧稚在大学参加话剧表演。

　　巧稚无论如何也没法知道男生背后是怎么议论女生的,她只听到同宿舍的女生议论过男生。她们议论他们有过之而无不及,只不过在实力对比上,女生"寡不敌众"罢了,所以总是秘密的,多半是窃窃私语,绝不会像男生们那样冒失、大胆、狂妄。

　　比如说,女伴们就把男生分为下列几种:一种是相貌平凡,与其相处接触久之,甚觉此人善良、踏实,因为不追求奢华,把精力倾注于自己理想的事业里,外貌、形体无空闲追求;一种乍看相貌美丽,衣冠楚楚,堂堂正正,实则哗众取宠,根底浮浅,腹中无物,只是倚仗靠山,挥金有源,耗资无底,长交之后,原来不如撞钟和尚,轻浮荒唐,遂觉与之言而无趣,见之可憎;又一种见之便留给你较深的印象,无论与男与女相处之中,落落大方,情操高尚,晓之以理,动之以情,不腻不俗,虽不见有超度的智才,然步履坚实,相处中,使人不易忘怀。

老实说,在班里,她也遭别人评论,从她逃避午睡开始,有同学说她跟不上,着急;有人说,还不知怎么考进来的,走大运了;也有人说,莫非是想争个头名状元……无论说好说坏,巧稚采取一个对策:不理睬。时间一长无中生有、瞎说一气的人,也就觉得无趣,议论由背后转入公开,慢慢地便销声匿迹了。巧稚则从来不评论别人,无论男生,还是女生。因为她是一个虔诚的基督教信奉者,心中有个上帝,议论别人,过问别人的私生活,在教徒来说是不允许、不道德的行为,将会受到上帝的惩罚。今生在世,必须多做慈善事业,而施于人类恩爱,将来自己才能得到"幸福"!

不论别人如何评论,巧稚自己知道自己,从小就不爱打扮,也不会打扮,不是渔家女,赛似渔家女,皮肤是海风吹黑的,海水泡黑的,还是生来就是黑的,她不懂,也不知道,反正是黑的。自己学会梳的头发,恐怕得一贯制到老,总梳一个与众不同的高高的短发,爱穿素雅的大褂子和具有闽南特色的中裤,脚上穿一双深圆的呢布鞋。她这身穿着,自己照着镜子,都觉得是个十足的乡巴佬,加之她这副矮小的身材,叫人看了,实在没有一点魅力。在中学时,从来没有对自己的容貌有所思考,更没有想到自己一副长相在未来的生活中会发生什么作用。在家乡,有的姑娘长得比她漂亮,也有的姑娘不如她,要不比她更黑,要不比她更为矮小。可是,大家都相处和谐,从来没有谁讥笑谁的长相。

来到医学院,开头两年,巧稚在学院里,除去吃饭睡觉、拉屎撒尿,其余所能归她用的时间,她都用在学习上。同学中间,从二年级下学期就出现了不公允的评议。在宿舍里,躺到床上还没有闭上眼皮,她便听到:"哼,林巧稚,乡巴佬,她根本不懂生活,就晓得死啃书本。"这种自以为很懂生活的人,一般只在背后斥责她,可她从不往心里去。

　　对于医学院的生活，各有见解，像巧稚这号"死啃书本"的人，见者不多。全班二十五位同学，从衣着日用看，谁家的经济状况都比她家强，要想像别的同学那样宽绰，实难办到，就连工具书只要图书馆有，她就不买，更别说周末逛商店、游公园了。

　　相反，要别的同学像她这样三点两线（教室、饭堂、宿舍）去生活，也很难办到。就说午间在外面学习，几乎没见到过别人。大部分同学功课底蕴厚，不像她缺门少类的，但也有成绩不佳，甚至逐日下降的，这些人总该自己多花点时间吧？不成，他们有他们的想法："本来就不想学医，家里逼的，谁知一学八年，毕业都快成老太婆了，最多再学一两年，否则都快累疯了。"任凭成绩往下滑，回家好给爹妈诉苦："协和医学院功课如何如何难，外国人教课如何如何不容易懂……"瞒着自己不愿努力学习的事实，把后果当作罪责加给任课的外国先生头上。

　　如果这些先生教书真的严格，把所有的本领教给他们就好了。其实不少先生，刚毕业就来任教。他们说："这就够给你们中国学生学一阵子了。"那时候，她嘴里没说，心里何尝不是佩服得五体投地呢，心中不免也说几句打退堂鼓的学生："不争气！"无论如何她也不赞同自己不努力、把责任加给先生的不公正舆论。

　　来自美国和英国的这些先生，都待不长，临走时，往往说："中国的学生厉害，真厉害，不好教。"学问面前是不分人种肤色的，谁有真知灼见，谁就站在上风，无所谓厉害不厉害之说。

　　说来也很好笑，有位教生理的外国先生，他非常喜欢女生向他提问题。开始，上完课好问同学"懂不懂，懂不懂"。有一次，巧稚真的向他提出了三个问题，结果他一个也没有回答出来。从此后，他就再也不找女同学了，见女生，老远就躲着。当过先生的都知道，先生如果败在学生的提问中，他的名声就会在先生群中一落千丈。这位先生在协和医学院终于没留下，前后八个多月就回国了。

　　对学生来说，最紧张的只是在临考试之前。清晨，同学们个个都像小鸟出笼似的落在学院的犄角旮旯里，有的坐在树丛下，有的漫步在花丛中，只听见嗡嗡地读着背着，好一派勤奋学习景象。

但在午间,巧稚感到孤独,担心不知什么时候在自己背后突然冒出个妖魔鬼怪,或者什么行凶作恶的人来,掐住自己脖子。每当害怕时候,她就情不自禁地向上帝祷告,求助上帝对她的保护。祷告之后,就像有个神灵站在她的背后,无论什么凶神恶煞,都会遭到上帝派来的神灵驱除,她的胆子也就大了。

想来想去,像自己这样的生活,要别人接受,怎么可能呢?对于斥责她的人,她不苛求,也不以牙还牙。久而久之,没想到这些同学反而和她更亲了,比原先和她要好的同学还亲近。这样的同学在班里,为数虽然不多,然而变化之大,使巧稚难以忘怀。

生活中,更多的则是同学间互相竞争。二年级下学年一入学不久,校务办公室的先生宣布,八年制的学习要过三关:预科淘汰关,实习淘汰关,毕业分配淘汰关。

"淘汰",顾名思义,同学们都懂,要说真正理解它深刻含意,对每个人一生道路的影响不是全部同学都理解的,至少不是及时地马上理解。

听说参加这届报名的考生四百多名,最后只录取二十五名,这就已经经历了一轮淘汰,这是大家进入预科开学时的数字。两年之后,同学中又出现了差距,不少同学功课真好,有些同学学习明显感到吃力,功课压得这些同学身体一天比一天差。

三年级是预科的最后一年,这一关在巧稚的记忆中淘汰了五六个同学。入学时有五个女同学,毕业时只剩下三个。说是淘汰,实际是改学别科,不再继续学习医本科罢了。在这些同学中,也并非都是功课跟不上的缘故,有的身体不好,继续再学五年很容易把身体累垮;有的是家庭经济发生变化,学校有限的奖学金,只发给班里成绩最好的学生,得不到奖学金的同学,一个学期吃喝杂用,购买书本讲义之类,需要八十至一百元左右,一学年就要花销近二百元,一般经济条件难以支付。指望奖学金,学习成绩又拼不上去,继续再学五年本科,力不从心。改学师范或其他文理工科,或者转入国立学院,有的可以免费,即使不免,再熬一年,多则两年就毕业谋生了。三年预科被淘汰的同学,有的主动提出转科。

协和医学院,那是谁都发怵的学府,没有敢上九天揽月、敢下五洋捉鳖志气的人,就休想走进碧绿琉璃瓦下的大门。

| THE UNISON 1924 |

中文姓名	英文姓名	籍貫	通信處
萬　福　恩	Wan Fu-an	直隸昌平	直隸北京柚分廠
袁　貽　瑾	Yüan I-chin	湖北咸寧	安慶百花亭袁宅

正　科　一　年　級

中文姓名	英文姓名	籍貫	通信處
張　同　和	Chang Tun-ho	山東濰縣	山東濰縣樂道院
陳　恆　義	Ch'en Heng-I	直隸京兆	本校
陳　寶　書	Ch'en Pao-shu	江蘇武進	上海大通路三百八十號
程　玉　麐	Ch'en Yü-Ling	江蘇松江	上海西門方斜路慶安里
齊　大　治	Ch'i Ta-chih	直隸唐山	本校
秦　大　光　燿	Ch'in Kuang-yü	江蘇無錫	江蘇無錫安鎮汪萬和槫水渠里
秦　乃　逸	Ch'in Nai-I	浙江山陰	北京南長街五十七號
黃　克　綱	Huang K'e-kang	江西清江	鎮江薛家巷雙井黃
榮　獨　山	Jung Tu-shan	江蘇無錫	江縣無錫榮巷
關　健　安	Kuan Chien-an	廣東南海	香港堅道四十號
李　方　邕	Li Fang-yung	山西寧武	山西太原首義門外鐵路巡警公所
李　瑞　麟	Lee Jui-ling	河南許州	河南許州共濟大藥房
李　樹　培	Li Shu-p'ei	廣東台山	廣州城河南草坊和悅新街李崇善堂
凌　淑　浩	Ling Shu-hao	廣東番禺	北京東城甘雨胡同
盧　致　德	Lu Chih-te	廣東香山	天津河北二馬路宙緯路
施　毅　軒	Shih I-hsien	江蘇吳縣	蘇州閶門外施培記船廠
孫　增　裕	Sun Tseng-yü	浙江杭縣	北京東城東堂子胡同
湯　漢　志	Tang Han-chih	湖南長沙	粵漢鐵路昰溪站
陳　洗　心	Tansinsin, Manuel	菲律賓	Bulacan, Bulacan, Philippines
董　紫　鶴	Tung Tzu-hao	江蘇南滙	江蘇奉賢城內
王　世　偉	Wang Shih-wei	江蘇無錫	江蘇無錫連元街十三號
王　大　同	Wang Ta-t'ung	山西臨汾	山西臨汾縣東關德昌合槫交
吳　朝　仁	Wu Chao-jen	福建福州	福州東關外
吳　烈　忠	Wu Lieh-chang	福門廈門	廈門泉州縣後街

預　科　三　年　級

中文姓名	英文姓名	籍貫	通信處
張　先　林	Chang Hsin-lin	安徽合肥	安徽蕪湖基督敎青年會槫交
趙　騏	Chao Chi	山東黃縣	山東黃縣西關吉臨街
朱　章　賡	Chu Chang-keng	浙江金華	北京協和醫校
鍾　惠　蘭	Chung Hui-lan	廣東梅縣	汕頭梅縣丙村鍾協昌號
陳　志　潛	Ch'en Chih-ch'ien	四川成都	四川成都少城祠堂街一百七十九號
黎　文　娥	Li Wen-e	廣東香山	鎮江牌灣竹園
林　巧　稚	Lin Chiao-chih	福建思明	福建廈門鼓浪嶼F二百四十六號

159

1923 年,协和医学院学生信息

十二 滑 冰

林巧稚的学习成绩,虽不属淘汰之列,但家庭的经济眼看就要断源。

大哥来信,父亲得了半身不遂,再也不能继续执教。巧稚不知道父亲确切的年岁,大概就是六十五六吧。三十年代,六十岁就算是高寿了。事到家父头上,如果才活六十多岁,那实在太年轻了。

"把自己抚养成这么大,还没有享我的一天福。""不管上不上天堂,总是和我离别了,如像昨天我还趴在他腿上,听他讲神奇的故事,今天就病倒了,岂不遗憾。"巧稚想,如果再医治不愈,女儿远离家门……哎,想到他死,简直太可怕了。她不敢继续往下想,只好在这远隔千山万水的北平,为父亲向上帝祈祷。

她在接到大哥信后的一个星期天,到教堂为父亲做祈祷。这是离别鼓浪屿后第一次求上帝帮助,因为她是真心的、虔诚的,相信上帝一定会驱除父亲身上的病魔。

自从得知父亲患病的消息后,巧稚的情绪一直很坏,不仅仅是经济来源问题,更主要是失去了真正能帮助自己成长的精神支柱。

新学年开始了,同学们在三号楼门前的长廊左右列成两排队伍,并排走下阶梯,进入小礼堂。二十九班级排在前五届同学的后面。无疑,巧稚在班里是排头,个子比其他同学都矮,往后便是协和医学院的本科生了。

开学典礼之后,回班里,同学们寒暄一通,互相问候,同时发现少了几位同学,这就是前面讲的被淘汰了的那几位。

巧稚虽然没被淘汰,但比起淘汰的同学来,她的心情更为不安。三年预科,她是在怎样的情况下熬过来的,有谁知道? 父亲不知道,哥哥嫂子不知道,同学不知道,就连先生也不知道。姑且不说周末、星期天,整整六个寒暑假,北平是怎样一座城,它的轮廓怎样,巧稚没有一点概念。真是"不管天下事,只读'圣贤'书"。

父亲病了以后,她的心不在读书上了,夜间常做噩梦:父亲含笑向她走来,叫啊,喊啊,不理睬她;她向他扑去,快接近他跟前时,突然人不见了……

她越想越觉得征兆不吉利,于是眼泪浸湿了枕巾。思念父亲心切,白天神情恍惚。天天盼着大哥来信,一封封信写回家,石沉大海,杳无音讯,她恨不得长上翅膀飞回老家,立刻站到父亲的面前亲昵一阵。

家里的来信避而不提父亲的身体,就像父亲已经不存在于人世间一样。只是照例收到每月从家里给她寄来的生活费,汇款单的落款处依然写着父亲的名字。就是汇款时间不那么准时了,有时早几天,有时晚几天。四年级上半学期,她就是在思念父亲中度过的,真是度日如年!

她这学期的功课成绩,比预科时差了。前三年里,因为外语占去了整个课时的五分之二。现在,她本该可以比其他同学学得更好些,结果反而落后了。好心的同学为她吃惊,先生感到奇怪,有的则认为"女孩子总归是女孩子"。白施恩、林元英他们都是厦门的老乡,格外地为她操心,大概也只有他们多少晓得一点她父亲病了的消息。每当她愁眉不展的时候,他俩总要问问她:"家里又来信了,父亲好些吗?"巧稚有倔强的脾气,在男同学面前从来不愿意装出一副懦弱的可怜相,总是佯装没事一样回答他们:"没事!"

高年级的同学沈冀瑛,曾和她同过一个宿舍。巧稚四年级时,她已经六年级了。后来分了宿舍,平时总也在一起。她也是同学中最早发现巧稚的情绪不好的,逼着问道:"是不是交上男朋友,遇到麻烦事了?"

巧稚被她激将得没法子,才告诉她:"父亲病了。"

于是,她便经常不断地安慰巧稚,周末还常来陪她解闷。是她出于好心,把巧稚的处境告诉了另外一些同学,却是巧稚最不愿意告诉的那些同学。巧稚不愿意别人分担自己的忧愁。本来一个人的不愉快,就够苦恼了,何必又让别人陪伴自己一起苦恼,叫别人为自己操心呢?

沈姐全然不顾及这些,她把巧稚的不幸统统端给同学。在学期还没有结束,同学们就都知道了,就连先生也知道了。从此,巧稚又成了全班议论的中心人物。什么"可怜"啊,"没爹没娘"啊,"往后怎么办"啊,等等,扰得她常常鼻子一阵阵发酸。

当着同学的面,巧稚没有为自己的不幸掉过一滴眼泪。不是没哭,只是偷偷地哭,一个人,星期天,躲在宿舍里哭。在她考虑自己日后的生计,能不能继续上学,谁来负担今后五年这么昂贵的生活费时,巧稚又怎能不伤心,不着急,不落泪?

父亲一旦死了,没钱继续上学怎么办?预科过去了,转科已经晚了。她是多么希望把这些心思告诉父亲,请他老人家为自己拿主意呀!

这学期,学习成绩差多了,就连历来最拿手的外语,都没有考好。如继续发展下去,今后四年半的学习任务,无论如何是完不成的。她又一次决定,寒假里继续留在学校补补功课,给父亲写了封简信,托白施恩同学捎回家乡。还特地跑到东安市场买了两盒北平特产"茯苓夹饼",为嫂子买了一块头巾,还买了一斤糖块、一包果脯,一并请白兄捎回家去。直到把他送上火车之后,她的心才静了些。似乎白兄已经把她思念父亲的女儿之情带给了父亲,同时他又把父亲对她的教导、希望转达给她了。巧稚只盼望他早早回来,为她带回父亲健康的音讯。

这年寒假,家在广东和四川的几个同学也留在了学校,有时来和她作伴。不知什么时候,他们把巧稚鞋码弄走了。年前的一天,钟惠澜和程志潜背着沉甸甸的书包破门而入。一个身穿紧身服,头带护耳绒线帽;一个身穿小棉袄,披着大氅,头戴礼帽。她正准备给上海的一位同学发信,托他从外文书店买本词典,突然来了两位"不速之客"。

他俩一进门,志潜恭恭敬敬地向巧稚鞠个躬:"巧稚姐,兄弟二人给您拜个早年,恭贺大姐在新的一年里万事如意,吉星高照,喜上加喜。"说罢,两人在她面前一左一右,一手垂地,一声万福:"兄弟有礼了。"

冷不防他俩这副怪相,叫她真假难辨,啼笑皆非。一时,巧稚愣住了,不知还礼好,还是骂他们几句好。没想到他俩不见巧稚回话,弯着的腰不直起,急得她直喊:"哎哟,你们俩今天是干什么呀!"说着她干脆先坐到自己床上,咯咯咯地笑了一阵,也学着长辈的样子:"好了,好了,平身,平身!"他俩这才直起腰来。逗得三个人都哈哈大笑。

巧稚看着他俩扔在桌上的书包,"干什么呀,这么一大包?"没好气地问他们。

志潜活像个小家人,右手往门外一撇:"请大姐一同去什刹海滑冰!"

提起滑冰,她真有点垂涎三尺。脚踏一双冰鞋,在冰面上自由驰骋,左旋右转,快速穿插,像大雁展翅,翱翔在平洁如玉的湖面上,这是多么美好的享受呀!她想一定比在篮球场上更来劲。巧稚高兴极了,从床上跳起来:"真的,太好了,太好了!"

志潜似乎有先见之明:"我就知道巧稚姐爱滑冰,惠澜,怎么样,没错吧?"

"你怎么知道?"她不愿意让别人轻易猜测自己的内心活动。

志潜一手拍打着后脑勺,一手去摸书包:"这,这,哎,这不明摆着的,你我家乡哪里有冰场? 既来到北方,不学会滑冰,岂不枉待几年,机不可失,时不再来吧,对不对?"

看他那副神气相,煞有介事。巧稚在屋里来回踱着,想起了回敬他的词:"那,你一定是我的教练了? 不过,我愿意自己单独去练,或者与女士们一起去滑,二位先生你们看意下如何?"

他俩互相看着,笑了,志潜眨巴眨巴眼睛,慢悠悠地说:"当然可以,男女有别嘛。不过,女子滑冰,只怕已经乱了章法!"

惠澜一心只想让巧稚去和他们滑冰,着急地说:"走吧,走吧,有话上滑冰场说去,胜败冰场上见分晓。"

这一天,他们三人在滑冰场上玩了个痛快,也摔了不少跟斗。快回家时,巧稚已能在冰上小步往前溜了。回到宿舍后,她不管这双冰鞋是他们向谁借的、还是租的,就把它擦干净,暂且放在床铺底下。这一夜腰酸背疼,两条腿抬不动,睡觉觉得床窄了,铺上的褥子也硬了。早晨醒来,不想动弹,浑身哪儿都酸疼,真是自讨苦吃,也埋怨他俩合伙让她去找罪受。与中学打篮球相比,累多了。

一想到打篮球,她倒想起了中学时一位体育先生——篮球队教练的厉害。同学们初次练球,一个个累得浑身湿透了,球都扔不上球框,还要让大家跑三大步投篮。他说练球嘛,就得一鼓作气,连续不间断地天天练习,几天以后就好了。心想滑冰大不了也是同样这个道理。第二天自己强打精神,忍着腿疼胳臂酸,硬是离开了床。胡乱吃了点糕点,提上冰鞋,独自又来到冰场。鞋往脚上一套,不像昨天那么轻松了,两条腿酸疼得一步都不想走,咬着牙才迈开步子。学习最艰难,滑冰何尝容易?看样子,人世间不会有那么容易的事,要想获得点什么,哪怕极其微不足道的进取,不付出艰辛,不流汗水,是绝不可能的。

巧稚就是这么忍着疼痛一鼓作气连续练了四天。这四天里,她多么希望能与惠澜、志潜他们不约而同地在冰场上相见啊!可是一次也没见着,不知他们是因为有别的事,还是疼痛没有缓解过来。

春节后的一天,惠澜、志潜第二次来邀她去滑冰。自然不必再打嘴仗,她欣然应邀。到了什刹海,他们把换下的鞋、大衣放在湖边岸上。志潜求进心切,没走几步,先是摔倒了,惠澜想去拉他,反被他拉倒在冰上。巧稚却右脚一蹬,哧溜一声,滑离他俩,在七八米的地方刹住刀,回头喊着:"快过来,快过来。"他俩还呆呆地坐在冰上,互相对视了一眼,看着巧稚,傻了。

"巧稚姐,你怎么一下就会了?"志潜喊道。

惠澜也嚷着:"你过来,拉我们一把!"

两个大小伙子冲她叫着嚷着,把许多邻近冰上运动员的眼光吸引到她身上,叫她一时怪难为情的。巧稚轻轻地踮了一脚,在离他们不足一米处停住了。志潜不依不饶,非要她讲出窍门。

"你们起不起来?"

志潜把手一伸:"你看,起不来啦!"

惠澜也伸出手:"拉我们一把!"

她脑子里没有想许多,同学在一起玩,不分彼此,毫不犹豫地伸手把他俩拉了起来。志潜真坏,一拉他,站起来就不再撒手:"巧稚姐,你教我们,你是怎么一下子就会的。"

她的脸唰地红了,在这大庭广众之下,要我手拉手教他俩滑冰,这与刚才他俩摔倒了拉起来是两码事。她一时不知如何是好,连忙说:"不行,不行,我自己还没会呢!"可是手并没有抽回来,事实上也抽不回来,被他紧紧地攥着,如果用劲过猛,非摔倒在一起不可。

于是,她撒了个谎:"昨天夜里我做了个梦,在冰场上,上帝派了两个神灵在我左右……"趁他冷不防,她轻轻地抽出手,比画着动作:"你们看!"说着顺着他俩身边,滑了一圈,停住脚:"你们昨夜梦见什么没有?"

志潜反应极快:"啊,我说怎么不会呢,昨夜我就梦见摔倒在冰场,起不来。"说着,故意来个趔趄,又一屁股坐在冰上,两手伸到巧稚跟前:"拉小弟一把!"

她和惠澜咯咯咯地直笑。惠澜刚想弯腰,巧稚一把抓住他胳臂:"你别拉,防备他拉你'下水'。"惠澜抬起身说:"那你拉他起来呀!"

她吸取前面的教训,只伸给他一个指头,既能拉他起来,又便于抽手滑走,却没料到被他一把抓住了手腕。

无奈,她算服他们了,只好来一趟,去一趟,把他们俩放在相隔三十米的地方,带着他俩一步一步地往前滑,一个往后退,一个往前进。大半天的时间,就这样在冰场上度过去了。

几天之后,志潜送来了几张相片,上面拍着她教他们滑冰时的情形。她既高兴,又生气。相片拍得蛮好,留下了她在滑冰场上的生活记录,气他们拍时没有得到她的允许,三个人在一起还好说,把她和惠澜、志潜分别拍在一张照片上,那……这种照片只能留给自己,怎能拿得出手呢? 一个姑娘和一个小伙子拍在一张照片上,手拉着手一起滑冰,在三十年代,谁看了不产生疑问,谁看了能不说闲话呢? 巧稚生气地夺过照片就要撕:"谁叫你拍的?"

志潜见势不好,一个劲央求:"巧稚、巧稚,你要撕,撕这一张,我不在乎,千万别撕你和惠澜在一起的。"他顺手把那张照片夺了过去,还说:"惠澜可把这张照片当宝贝呢!"被他这么一说,巧稚不知如何是好了,只觉得脸上顿时一阵火辣辣的,心跳得嘣嘣的,自言自语:"啊,原来是这样!"

十三 竞 争

开学前几天,白施恩回到北平。他到学校,一反常态,不像往年,一到学校马上来找巧稚。无疑,家里一定有事,他故意回避巧稚,有事不便向她启齿。他越躲巧稚,巧稚越急。一个假期,除了看书学习,还有就在滑冰场几天心情还算愉快外,其余时间无时无刻不在想念父亲。同学中白兄最知道巧稚父女之间的感情。

一天晚饭后,白施恩、林元英、沈冀瑛、钟惠澜、程志潜,还有同宿舍的其他几位女同学,一起云集到巧稚宿舍。巧稚一见白兄,竟忘记周围那么多同学,上去一把拉住他的手:"哎呀,我的白兄,听说你早回来了,我到处找不着你,今天哪阵风把你吹到我这里来了?"

以往,如果遇上这种别后重逢的情景,大家会情不自禁地你一言、他一语,互相戏闹。那天傍晚,同学们都默默地站在她周围,对巧稚这样热情欢迎白兄,竟毫无反应,给人以窒息的感觉。这使巧稚感到适才自己的热情与大家压抑的情绪、气氛太不协调。"白兄,"她摇晃着他的手臂,"你见我父亲了吗?"

白施恩抬手推了推深度的近视眼镜,一言不发。

"快告诉我,快说呀!"她的眼泪已经掉下来了。

瑛姐挤到巧稚身边,把她从白施恩身边拉开,和她一起坐在床沿上。

巧稚全明白了，父亲一定离开了人间。

寝室里死一样的宁静，许久白兄才缓慢地说："你父亲四个月前就病故了。开始是偏瘫，请医生、吃中药，还是没有治好。你大哥怕你分心，信中一直没有提你父亲的事。你父亲过世后，你兄嫂商量好，从这学期开始，你大侄子就休学了，省下钱来，以保你上完大学，只希望你用心学习。"

听着白施恩的话，心里暗暗地为父亲做祈祷，像她父亲这样一个只知道教书的好人，死后还不该上天堂吗？她向上帝祷告着。一听说兄嫂为保自己继续上学，让亲生孩子休学，巧稚再也忍不住感情上的折磨，只觉得眼前一阵天昏地暗，喊了一声"大哥"，便一头扑到被子上，抽搭声压倒了一切。

瑛姐狠命地摇着她的肩膀，巧稚竟像个木头人一样，半天才稍稍缓解。待她略镇静些一看，几位同学已经走了，只有瑛姐还坐在她身边。惠澜不知为什么他也没走，坐在对面床上一言不发。巧稚由于过度的伤感，又趴在瑛姐的肩上抽搭了一阵，瑛姐陪着她一起流着眼泪。惠澜从脸盆架上拿来脸盆，为她打来了一盆水："好了，洗洗脸吧！"对于这种兄妹式的关心，巧稚自然是由衷地感激，但她并没有依他的话，坐着一动不动。还是瑛姐给她拧了一把毛巾，是巧稚自己擦的脸，还是瑛姐为她擦的脸，大家记不得了。

这时候，瑛姐突然想起了什么："哎呀，过点了。"告诉巧稚，谁谁托她办件什么事。巧稚不知道她已经偷偷地爱上吴朝仁，还以为或许她看惠澜不走，借故脱离此地。

不知为什么，巧稚竟说："要么等她们（指同宿舍的女同学）回来，你再走。"瑛姐的机灵，真是巧稚望尘莫及，她不仅没有依她，反而说："惠澜，你多陪一会巧稚，等她们回来再走！"

惠澜像是得了圣旨，连连点头："哎哎，你走吧，你走吧！"

这不是送瑛姐，倒是像在赶瑛姐快走。巧稚虽无心细细琢磨这番细节，但瑛姐出门时向惠澜微微一笑，点了点头，使她感到意外，似乎她和他在演着一出双簧！

这时候，巧稚脑子里突然出现了一张与惠澜手拉着手一起滑冰的相片，自觉得脸上有些发烫，不由得站起身，又拧了一把毛巾，擦着自己的脸，毛巾捂着嘴："你也回去吧！"她还以为这句话他是听不见的，一来她背着他，二则毛巾捂着嘴。

"你为什么赶我?"

这句话问得她哑口无言。

"你不要太难受了,你看,大家都很关心你。人活六十多,算是高寿了。我们今后还不知能不能活这么大年岁。"

不知为什么,他要说这种丧气话。巧稚反驳道:"照你这么说,何必开医院,我们改行得了。"她知道,这种离题的争论,无助于解决自己心中的忧怨。他也不住地辩解:"我是说,人已经死了,过分伤心,岂不坏了自己身体。走吧,我陪你出去走走,散散心。"巧稚居然像着了迷似的,随惠澜走出了学校。

北平的严冬,她没有觉得太冷。她踏着寒冷的大地,阵阵刺骨的干冷像马尾松针横扫着自己的皮肤,浑身鸡皮疙瘩上来了。两手拢在旗袍的小袖笼里,往里伸了又伸,几乎把五脏六腑都快挤出来了,还不觉得暖和,不由得脱口而出:"好冷呀!"

惠澜却是昂着头,似乎想数尽天空中有多少颗繁星,丝毫看不出他有一点寒意。他的西服外面套着件纯毛大衣,脖子里还披着一条长绒围巾,脚上的小圆头皮鞋,在月光下,跨一步闪一闪。巧稚远不比他那样里三层、外三层的。旗袍下,只穿双长筒丝袜,脚上穿一双布鞋,完全室内的装束,怎经得晚间寒冬的侵袭。还没有走完东单机场一边,只好请求:"回去吧,太冷了。"

好粗心的惠澜,这才发现她穿得这样单薄。他赶紧摘下自己的围巾:"给你围上。"

她,一个姑娘家,哪好意思围一个男同学的围巾,宁可挨冻,也绝不会去接他手里的围巾。惠澜见她不接,也不生气,转身就给她围在脖子里。他围巾上的余热还没有散尽,巧稚只觉得一阵暖烘烘的,从自己脖子的皮肤上,迅速传到全身。怪不得人家说,一条围巾抵一件毛衣,真是一点不假。不过,她还是坚持往回走了。

看得出,惠澜是想和她说点什么,显然选择得太不是时机了,也没有选准好天。寒冷除了带给他理智外,就是让她挨了一会冻,使她镇定了许多,其他则是一无所获,因为他们没有一句实质性的对话。还没有到宿舍楼门口,巧稚便打起喷嚏。惠澜有些紧张,忙问:"感冒了吧?"

巧稚只说了两个字："也许!"她顺手摘下围巾递到他手里,头也没回,飞也似的跑进了宿舍。宿舍里仍然是空荡荡的,一个人没有,于是她又重新进入了悲哀!

这一宿,她没能合眼。眼一闭,父亲的影子就站在自己面前,不像小时候见到的那么亲近,使她害怕;眼一睁,人又不见了。

巧稚眼睁睁地想着许多往事,也想着自己的未来,更多地想着大哥大嫂将要为她付出多大的代价。巧稚真怕把他们拖垮了。上学的全部负担落到他们肩上,这怎么行呢?

想来想去还是应该让大侄子上学,自己应当回家做事。哪能弃幼小的侄儿不顾,扣下他的学习费用,供自己消耗呢? 欠下这笔"债",以后又如何向侄子交代?

"大哥呀,大嫂子,我的命苦,你们的命比我更苦呀!"到底怎么办呢? 这些人生道路中的曲折,本不该是一个学生思考的事,巧稚被逼得不能不去想:"回家? 出来学了四年,一张文凭没有,能做什么呢? 不回家? 医学本科刚刚开始,还要熬四年。有什么法子既能减轻大哥的经济负担,又能完成四年的学习,拿到文凭呢? 真的接受同学们的资助吗? 真是进亦难,退亦难。"

直到天蒙蒙亮,巧稚仍然没有想出一个好办法来。她把这一切又归到父亲头上。有人说,宁可没有父亲,不可没有母亲。如今对巧稚来说,深感母亲固然不可少,父亲更不可少。一夜"翻江倒海"的疲劳,最后又加一阵心酸,模模糊糊地进入梦乡。不一会儿,同学们起床的扰动声把她惊醒了。

林巧稚在悲痛中步入了新学期。

一个人悲痛到一定的程度,一旦甩掉了悲痛的"包袱",也就轻装上阵了。

她一心只想到父亲对自己寄托的希望,又想到大哥大嫂为她上学省吃俭用,还想到大侄子为自己弃学从商,自己怎么能不加倍用心呢? 巧稚不得不抑制怀念父亲的悲痛,重新回到一二年级时那种突击物理、化学时的学习劲头。在班里,几乎没有什么笑脸。同学们说她寡言少语。

"我能有什么欢乐,摆在我面前的路,只是坎坷和荆棘。"好心的同学怕她忧愁,怕她得病,空余间,总要拉她出去玩玩,都被她毫不客气地拒绝了。就连节假日,她哪儿也不去。

不久,她的学习成绩与身体都明显地差了。她这才意识到,这样下去将会步入被淘汰的行列。人家是故意的,自己是自找的;人家有雄厚的经济作后盾,自己被淘汰,就断绝了生机。权衡之下,不得不重新回到又蹦又跳的生活中去。

这年暑假,她说什么也要回家。大哥寄来的学杂生活费用,她把能节余的全都节余下来,回家的盘缠足够了。巧稚不能不回去看看父亲的坟地在哪里,不能不和兄嫂好好商量一下,往后三四年怎么办。巧稚把能带回的行李都随身带着,心想,只要大哥一句话,就不再来上学了。没有工作,在家也能做嫂子的一个帮手,省出钱来给大侄子继续上学。她早早就和白施恩、林元英商量好放暑假一路同行。

回到家乡,他俩还特地合送了一幅幛帘,垂挂在巧稚父亲的灵堂前。她还分别被邀到白施恩、林元英两家做了客。在白施恩家结识了他妹妹白和懿。后来,她也上了北平,考入了燕京大学,后面几十年她们一直相处在一起。

巧稚回家乡的一切努力,全成泡影。最终还是被兄嫂"赶"回了学校,她只得死心塌地去完成学业。

三十年代,像巧稚大哥大嫂这么关心她,爱护她,培养她,实在是极为少数。他们为巧稚的成长铺垫了道路,费尽了艰辛。

往后几年的学习,自不必说,无论如何也不能懈怠,她各科成绩在班里一路领先。

班里,也有几位同学学习明显往下跌落。她想,既然已上了本科,大概是不愿意被淘汰的了。这时候,谁也顾不上谁,不会再有笑话学习用心的人,只有人"妒忌"成绩好的同学。不过,这种"妒忌"是一种羡慕和不服。尽管如此,一旦成绩落下来,再赶就难了。天知道,这个医学院把淘汰看作是办学的法宝,手下毫不留情。于是,几位同学不得不各寻门路,有的转到上海,有的转到所在省换张五六年制的毕业文凭。

从入学到毕业,在巧稚班里,大多数同学到八年级已是二十七八岁的人了,个别年岁大的近三十,年岁最小的也有二十四五岁了。能够上这种大学,绝非出生一般清苦贫民之家。像巧稚这种依仗兄嫂勒着裤腰带,扣下儿女的学杂费供妹妹上学的,没有听说第二个。预科被淘汰的,其中就有自觉自愿,甘受家庭摆布的人。记得她中学时的小姊妹双英姐不就是没能上完高中,成婚了吗?双英是当了妈妈之后,抱着鲜花赶到轮船码头上送她上北平的。那年,她才十八九岁。这在家乡已有说闲话的了:"大姑娘,十八九岁,还没个婆家,怎么了得,早嫁丈夫,早得子哦!"

在班上,何况又经过了七八年,男大当婚,女大当嫁,天经地义,这是中国的民族传统。预科有几位同学是家庭的缘故,他们不认为那样是目光短浅,反而觉得实在,再上四五年学,才是不识时务呢。

到了本科,将可能被淘汰的同学,依巧稚之见,更多的则是社会缘故。总有一些"好心人",他们闲着没事,穿梭在男女学生的交往中,非得从中拉起一条滚热的"红线"。

于是,在放学后,周末,班里的同学便无影无踪了。

林元英也是福建人,比巧稚小两岁。他在预科、本科的头几年,学习成绩都不错。他聪明机灵。白白的脸,长长的眉毛,眼珠不大,但有光泽,黑白透明,高高的长鼻梁,匀称地坐落在两角稍往下耷拉的嘴唇上方。高高的圆弧形大脑门,瓜子形的脸,下颌并不平整,也并非尖细,两耳垂过人中,好一副才子福相。加之年轻,面部肌肉丰满,显得格外英俊漂亮。除在特别热的天外,能穿两件衣服的时候,他总穿西服戴领带,红白色交织的皮鞋,擦得红是红,白是白,界限分明,毫不混杂。在班里他的年岁并不算最小,总是一股少年稚气,同学们都喜欢他。巧稚这个被他称作大姐的人,与他不仅口音亲近,又带些乡土之情,要比一般同学跟他更亲近了。就是他,又有谁能想到,刚进实验室,就来事了。

一个星期六晚上,巧稚去洗澡,他站在她寝室门口,足足守了有半个多小时。见她夹着脸盆往回走,他开口就问:"巧稚姐,明天你有事吗?"

她不明白想要她干什么,只顾掏钥匙开门,没有立刻回答他。她让他在门外等一下,先进屋看看,其他同学有没有晾晒什么东西,收拾好,再请他进来。进屋一看,都很整齐,向门外喊了一声:"请进来。"

看着元英进屋后那种拘束劲,就像没有他站、也没有他坐的地方。巧稚不住笑着说:"你坐啊!"

他回头看看床上干干净净的褥单,没有马上坐下来。

她顺手一指自己的床："来,坐我床上。"

"不坐了,我还有事,想请你帮个忙。"他还是站着回话。

"什么要紧事,害你在门外吃这么长时间的闭门羹。"她抱歉地问。

"我在做一个试验,两小时看一次记录。要准时记录反应结果,不能提前,不能拖后。我明天有点急事,想来想去,只有请你帮忙合适。"他微微一笑,接着说,"为你找个安静的看书场所,午饭我请客,到点请人给你送去。"

听他说得既诚恳又俏皮,而且,这个忙非帮不可,如果在别人,一定会问他什么要紧事,非赶在做试验的当口。在她,是不允许的,加入基督教时,规定教徒不得干预别人私事,不得过问别人生活中的事。原打算拆洗被褥,元英登门请她,不能不给面子,于是满口答应他。

元英一听她说"好吧",当场就蹦了起来,一股劲地抬举:"巧稚姐真好,我就知道,找你一定肯帮忙,那我明天早晨八点在试验室等你。"说完,就像小鸟似的走了。

没想到,开了这个头,以后连续几个星期天,回回都来找她替班,这使巧稚产生了疑虑,纳闷:"你怎么每逢星期天总有事?"长此以往,不仅耽误巧稚自己处理生活琐事,还影响她做礼拜。

有一天晚饭后,他又来求她替班,十点关大门他还没回来,十二点就有人来接班了。未经科室主任允许,叫别人代做试验是绝不允许的。事情传到院方,要受处罚的。十一点了,还没见他人影。莫非被什么麻烦事缠住身,走不脱?或在外面出了什么事?要不就忘记了?眼看接班的人就要来了(通常都要提前十五分钟左右来接班),今夜值班不知是谁,能不能为他瞒过院方。巧稚正这么想着,只见他风尘仆仆地闯进了试验室。

"把记录给我,你先快离开,马上就有人来接班了。"他神色慌张地这么催赶她走。

这个阶段,院里根据学生的情况把巧稚安排在临床,把他安排在试验室。经过连续多次帮助他做试验,巧稚额外地学到了试验室的一套工作程序,学会了试剂的调制观察方法。所以,她早把交接班的一切准备工作做妥善了。每次元英都夸巧稚比他做得好,做得细。这种夸奖,不管是不是他为下一次继续请她代班留条路,但事实总还是事实。

有一个晚上，巧稚不饶他了，不问清楚，老这么替他担惊受怕，她可受不了。如此下去，总有一天"大意失荆州"。都快毕业了，弄个处分，划不来。巧稚装作生气的样子："今晚你得给我说说清楚，是怎么回事，我在楼梯下等着你。"说完赶紧离开了试验室。出门刚拐过弯，迎面从楼下上来一位先生。昏暗的灯光下，各自心里有事，只是擦肩而过。等她回头一看，那位先生正向着巧稚来的方向走去。

不大功夫，就听得楼梯上嚓嚓的脚步声。元英下楼，看见巧稚真的等着他，兴奋极了："好险呀，你走不大功夫，接班的就来了。他接过记录本一看，查点了一下试剂情况，大发慈悲，'行了，你去休息吧!'我就来了。"

巧稚心想准是刚才上楼的那位先生。巧稚没好气地责问他："下个星期天，还用我替你值班吗?"

元英天真地一笑，她那满肚子委屈都被他吹跑了。他却无事一样："快了，快了，替不了几次了。"这话，使她越发莫名其妙："什么快了，快了?"她反问他。

他俩正朝门口走着，他突然站住了脚："噢。"说着，他转身站到她面前，几乎是求她："巧稚姐姐，你是我最信得过的大姐，你给我保守秘密，我全告诉你，你答应我好吗，姐姐?"

巧稚先是吃了一惊，他能有什么事呢? 难道他还能做出……想来想去，心想是不可能的，但她总还有点不放心："那你快说呀，究竟什么大不了的事?"

他竟像个大姑娘似的忸怩起来了，站了好大会儿功夫，吞吞吐吐地说："我有了……"又不往下说了。

"有什么呀?"虽然这么追问他，巧稚已明白了几分。为了证实她的估计，还是要他自己说个水落石出。

走廊上的灯光照在他那皮肤细嫩的脸上，他显得分外精神。夜风吹透了他的脸颊，到室内乍一受热，显得更加红润。他见巧稚目不转睛地盯住他，心里明白，她正等待着他的回答。于是他微微地低下了头，双手捂住腮，像是一个少女，不，比少女还要显得羞涩，给人一种可爱的感觉。她心里一阵热乎乎的，心想，要是我有这样一个弟弟该有多好呀。

元英见她要走，急了："姐姐，我告诉你。"他显然怕她下次不给他替班了。巧稚启动的脚步，又重新稳住了。他往前一步："姐姐，人家提出，要我和她暑假成婚。"

啊！终于证实了她的猜想。在为他值班的时候就琢磨过，每个星期天总那么打扮得漂漂亮亮，出去就是一天。出门时喜气洋洋，回来后精疲力尽，同学们都以为他在试验室，这试验室成了他的避风港。他借着巧稚的光，一个个星期天在外满天飞，不是有朋友，谈着恋爱，别的又有什么这么能吸引他呢？

"定下来了吗？我向你祝贺。"

他腼腆地说："你有一半功劳，她将来也会谢恩的。"

在这个班上，这种情形何止元英一人。好在临床和试验室，没有像答考卷那样明显的分数标准。否则，因为生活天平的砝码加重，使学习这一头天平轻轻地浮在上面晃荡，那么公开的"判决"，被淘汰的将是天平浮起的这一头。因此，班里同学们都以极大的忍耐力，坚持在学习时期让个人生活的天平重重地压在下方的一端，至少保持两头平衡。

尽管如此，毕业时，从八年前入学时的二十五名学生，被淘汰了又淘汰，最终仅剩下十三名男生、三名女生，总共十六名学生领到了结业文书。在一张印有孙中山头像和民国旗帜的绛青色纸上印着这样的字：

毕业证书

学生林巧稚系福建思明县人，现年二十六岁。① 在校医学本科修满规定课程，考试成绩及格，合行给予医科学士学位。

此证

私立北京协和医学院

校长　顾　临

教务主任　邓乐普

中华民国十八年六月十二日

————————

① 林巧稚毕业那年实足年龄是二十八岁，在报考协和医学院时，女校长卡林担心她年龄过大，因而给她瞒了两岁。

十四 "文海"奖学金

大学生活的最后一天,是在协和医学院小礼堂度过的。

小礼堂,位于协和医学院正门南侧。礼堂和学院大门中间,有一块长百余米、宽四十余米的广场。东单三巷小马路穿过其间。广场两头建有两座高大的门墩,以此为界控制小马路来往行人。只有佩戴"▽"院牌的人方可出入,院外人员需要绕道行走。遥遥相对的大门,两侧沿墙一排各种五株白杨。白杨树冲天而立,把学院门面装点得颇有气势。

礼堂两边砌着一式青砖的砖墙,它的正面是一排铁栅栏。与礼堂大门并排,竖着八根两人难以合腰抱住的朱红漆柱,支撑着第一层飞檐。往上,伸出六根同样粗实的主柱,架着大屋顶房梁,形成了相叠的双层屋檐。立柱中间砌着半截砖墙,梅花格木窗稳坐在半截墙上,木窗正中镶着长方形的印花玻璃。门脸当中,是两扇高大的装着虎头花纹的铜耳环大门。迎门立着硬木雕刻的"凸"字形屏风。进入门内,抬头可见全木制正方形天花板,棱角分明,漆色柔和,它和内墙的板壁是一色棕色油漆。绕过屏风,打开四扇大门便是礼堂正厅。正厅面积不大,内排七八十张高背长条靠背木椅,可容纳三百五十余人。四周墙壁饰有碗式的玻璃壁灯。弓形舞台不大,左右耳门相衔。在这小舞台上,梅兰芳大师曾登台演出过。巧稚六年级时,与同班其他两位男同学,也曾登上这座"大雅"之堂,演出过活报剧。学院教会也借此组织教徒做过礼拜。

1929 年以前,林巧稚参加京剧表演。

平时,只有外国人、专家教授方可进入,其他人莫想进入礼堂。它和协和医院东南西北四方大门一样,等级分明——外国人、专家教授正南门出入;门诊看病,病员及家属来往,西门通行;工勤人员,走东门;传染病患者,院内垃圾出进,走北门。

还在五六年级,当巧稚彷徨在学院鸡冠花丛中时,就想,我非登上讲台不可,否则称什么有为的人。七年级时,她真的在台上讲演了。

那天,巧稚不知道有要员在场,没想到胡适先生也听了她讲演,且赞不绝口:"这个学生,真是好口才,有为,有为,希望学校好生栽培。"

六月下旬,那一天,太阳刚刚露脸,还没有爬上学院大屋顶,人们已经抖着前襟:"哎呀,今天不得了,这么热。"有的喊道:"早上就热得透不过气来了。"

北平的老人有句俗话:"热在夏至,暑中雨来,秋分正爽,冷在寒中。"

毕业典礼正好过了夏至。阳光穿过树丛,洒在院内大理石地面上。洁白的地面,就像燃烧着无数的炭:似火非火,似烟非烟,在地面缭绕着灼热的光焰。院墙内外树木的叶子,都低垂着,张张无精打采,在热风下摇摇晃晃,就连本能的沙沙声都没有了;动物房的狗,都停止了汪汪的吠叫,吐出长长的红舌头,随着肚子上下鼓动,来回地收缩着,涎水在不住地往地下滴着。

门房间的职员,早晨用皮管子浇在大理石上的自来水,太阳出来不大功夫,都已化为蒸气;就连喷洒在浓密草坪里的水,才一会,被草连"吃"带"吐",也已见不着一滴水珠了;人站在小草跟前,享受不着绿草的清香,送给你的只是一种难以忍耐的热气,谁都不愿在它跟前待着。室内同样不舒服,迎着风扇的人,也在口口声声喊着:"热!"扑到身上的风,像桌椅板凳一样,都是烫的。

学院不管天气如何,像每年一度那样,让这届毕业的学生,穿戴得整整齐齐。头上戴顶长方形平顶黑帽,帽子后檐垂着三根飘带。上身穿着学院发给的黑衣大氅,有人为它取名叫"大袖筒袈裟"(博士服),全襟垂到脚面。整队两行步入礼堂。

学生毕业典礼,是协和医学院的大事。一九二四年第一届毕业生一共才三名,加上第二、三、四、五届,毕业生总共才三十六名。这一届是毕业生最多的一年,一共十六名学生。为此,胡适博士也特地来函祝贺。

1929 年,协和医学院毕业生。

参加毕业典礼的人,来自三个方面:身穿博士服的专家教授,都从南门出入,毕业学生得到优惠了,也从南门进入礼堂;身穿西服的人,都由协和医院西墙绕道来到广场门外,一律从西边进入礼堂;一般护理及职工,以及正上着学的学生,一律从东大门方向进入礼堂。

毕业典礼气氛严肃,程序简单。校务长主持会议,院长训话。尔后,十六位毕业生列队登上讲台,由校长把帽子后檐垂在左肩上的三根飘带,双手捧到右肩,即完成了授予博士学位的仪式。

"博士"们回到座位后,校务长宣布:"林巧稚,成绩优异,获得本届'文海'奖学金,上台领奖。"

这时候,礼堂里爆发出热烈的掌声。巧稚在路过惠澜身边时,就觉得他的巴掌拍得格外响亮。在他有节奏的"啪啪啪"的带领下,礼堂的掌声很快形成了节奏。

1929 年,林巧稚大学毕业。

巧稚第二次走上讲台,用眼睛的余光,扫视了一下台下就座的各位,只觉得无数眼睛一齐盯着自己,不少人抬起身来向台上张望,他们在想:"这么个矮小瘦弱的女生,得了全班第一,这个班的男生都是干什么的?"

是的,考试之前,巧稚也没敢想象,在竞争中,居然获得优胜。当她登上台时,自然觉得心中有一种说不尽的苦涩和甜美。她双手捧着"文海"奖学金,往座席走去的时候,只觉得台下坐着的人,不是陌生的会议参加者,眼前模糊一片,父亲、大哥、大嫂,他们的人影交替出现,兄嫂俩并排着向她微笑,向她伸出欢迎的手:"好妹子,你总算熬出头了,你为林家、为我们爸爸争气了,为我们争光了……"

是呀,她之所以能有今天,哪能忘记兄嫂的恩德。为她,硬是停止了大侄子嘉通的学习。"是你们为我付出了心血,付出了代价。"她多么想马上见到兄嫂,向他们报个喜讯,把得来的奖学金交给嫂子,让她快快给侄子去交纳学费,以补偿因为自己而给孩子造成的损失!

本该是多么高兴的时刻,而她的心反而碎了。止不住的泪水往外涌,牙齿紧紧地咬着嘴唇,没有哭出声来。好不容易忍耐到自己的座位上,再也忍不住了,一头扑倒在同伴的肩上,终于抽搭了。当她镇静下来时,毕业典礼已经结束,只有同学们还围在她的身边。

可是,他们中又有谁了解巧稚内心的痛楚,了解她前几年是怎样度过来的呀!

十五 抉 择

一九二九年七月一日,是应当被记住的日子。这一天,巧稚换上簇新衣服,第一次在领口上佩戴一枚孔雀开屏的别针,兴致勃勃地来到妇产科麦克斯维尔主任办公室门外,轻轻地叩着门。

"谁呀,请进!"麦克斯维尔在办公室向门外招呼着。

巧稚拧开全铜扁圆形的门把手,慢慢地推开门:"主任,您早! 我来向您报到,请分配我工作,今后望多多关照。"

"呀,密斯林,你好! 聪明的姑娘,终于实现了我们的愿望。你知道我是怎样地欢迎你到我妇产科来当医生的吗? 你来,将会为我们增添神奇般的力量。"没想到,麦克斯维尔竟如此热情地欢迎林巧稚。

"请坐,请坐!"他立刻站起身来,为巧稚让座。

巧稚和麦克斯维尔并不陌生。早在八年前,她在家乡任教时,巧稚的校长密斯卡林就告诉过她,向他推荐过林巧稚这个学生。她被协和医学院录取,来报到时,校长还让巧稚转交了一封给他的信。那次见到时,他还是一位英俊的年轻小伙子。现在,他已经是一位妇产科的住院总医师了。和他初次见面,两个人都没有说什么话。临走时,他赞赏她:"你的英语说得真好,真流畅。"

"谢谢你的夸奖,今后还希望多多指点。"出于礼节,巧稚这样客气地回答了他。

从那次分手后，预科学习三年没有和他见面，后来，偶然见着也只是点头而已。他从来没有找过她，她也没有时间，没有什么需要他解决的事。在协和，等级极其严格。学生和老师，一般医师和专家教授，一般职员同院系室的头头，他们中间有着不能随意跨越的沟。不同等级的人，平时没有什么多余的话好说。

真正认识麦克斯维尔是在去年，巧稚进入妇产科实习之后。短短的八年时间，他已登上了妇产科主任的位置。

他命令式地，但又是眉开眼笑地叫她坐在高靠背的木椅上。她好像和他第一次见面似的，从头到脚打量着他。卷曲的头发，杏黄与灰黑交杂在一起，梳整得像编织起来那样齐净，发型还烫有几路波浪，一看就知道是位讲究的人。粉色耳朵又大又厚，贴在胖乎乎的脑袋两侧。宽额头脑门上，鼓起两个玻璃球似的额骨，闪着光亮。又长又宽的鼻梁安在一对蓝眼睛的中间，高高的鼻尖翘在一张大嘴的上方。胡子刮得干干净净。他的脸形给人留下了五大三粗的形象。

他站在巧稚面前，要高出她一个头还多。两手摊在桌上，比伙房卖的"家常饼"还大。不同的是，在这双"家常饼"的背面上，长着一层黑根黄梢的汗毛。那天，和过去见到他的情景一样，上身穿件洁白的大褂，衣兜里插了一把听诊器，贴身的白衬衣硬衣领下，垂着一条玫瑰红的领带。弯曲的膝下，两条裤缝，像两把磨光的刀刃。棕色三节硬头皮鞋，擦得反光耀眼。

巧稚暗暗地想：医生大概就要像他这样干净、整洁、色柔、雅相吧！庆幸自己好在也更换了衣着。如果还是穿着学生时穿的衣裤来报到，说不定一见面就得挨他奚落，更不用说以后怎样在一起共事了。

"密斯林，你知道吗？在你到妇产科实习时，我就对你产生了兴趣，你为何还不愿意到妇产科来呢？"他打破了片刻的安静，接着说，"去年我就向院务行政委员会推荐，希望你这位中国的第一个女学生，能到我们妇产科来工作。"他又遗憾地问："你知道吗？你是协和第一个中国女医生。"

面对他这种友好和热情，巧稚的心一阵温暖。八年寒窗，或者更早些时候，和自己一起相处过的人，都这么说她："巧稚心肠软，人好，当医师最好。"

初次来到这位主任面前,她能说什么呢?何况在聘书上,她已经签了字。

内外科的主任也并非不欢迎她,对她在他们手下实习时,评价都不错。他们在推荐书上写道:"是一位有创造性,有主动性,有能力,聪明的女人……"

然而,最终裁决的院长却说:"内科已经有了几位像样的中国医生,她是位女人,还是到妇产科去。"

这是多么不公正的裁决呀!她知道内科有第一、第二届毕业的同学和湘雅医学院分来的高才生,人员确实不少。但,就因为她是位"女人",就不能到内科去,巧稚心里是不服的。好在听说麦克斯维尔死死地抓住她不放,亲自到院长跟前去要她,这才使她略有些宽慰。

开始,巧稚并没有下决心在妇产科的聘书上签名。她不相信有什么外界的力量使她下了决心。只感觉,这就是命中注定。"谁让我是个女人呢?"院长不是说"是位女人"吗?能留聘在协和已经是令人羡慕的了,谁又把她这个全班每届一个"文海"奖金的获得者放在眼里呢?放在哪一个男人头上,被聘留在大内科是情理之内的事。这不是协和办学的目的之一吗?"为什么我就不被分在内科呢?"

要知道,三十年代初,医学院的科室都是有等级的啊!妇产科的麦克斯维尔要不要是他的事,学院应有学院的安排。巧稚曾经为这件事苦恼不止一天,又没有什么法子。而且,决定她去妇产科不是在她毕业之后,而是毕业考试前的三五月份院务行政会上就决定了,这是天大的不公。

当考完试,巧稚的总分获得全班第一时,院长竟不全相信,居然派人复查了她和前几名同学的全部考卷。在他的眼睛里,女人不能比男人强。查到结果,她还是比第二名多得了一点五分,院长这才罢休。

院长并没有就此改变录用巧稚的计划,还是照他的神圣意志,把她放在妇产科。到妇产科去,即使她的成绩再落后几名,不也同样如此吗?那又何必兴师动众,耗资"五百元"作为"奖金"发给她呢?

五百元,是一笔可观的数字,接近一个助理住院医师一年的总收入。再加上当年实习期间每月发给的十五元补贴,合起来,远远超过了助理住院医师一年六百元的总收入。她不能不想,无非自己就是女人的原因,其他又说明什么呢?

经麦克斯维尔这么一问,她心里产生了异样的感觉:也许是他的感情,也许就是他坏了巧稚的事。巧稚心里知道,真正决定她命运的,不是眼下的他,而是院长。因为只有院长在这医学院里,才有至高无上的权力。甚至就连他的秘书密斯福开森都比麦克斯维尔的权力大。这时候,巧稚反而出现了对麦克斯维尔的同情心。是啊,他只能是推荐、建议。而且,他那里确实没有一个中国的女医生,这对于他这位妇产科主任来说,简直难到不可想象的地步。

这一点,巧稚有深深的体会。还在实习时,有些治病的妇女,她们在医生面前对话,怎么说都可以,一听说要她脱下衣裤,躺在平床上,让一个外国男人为她检查,都跳起身,提着裤子就跑了,宁可死了,也不看病。

你能说,这是病人的愚昧吗?

天哪! 中国是个半殖民地半封建的国家。且不说让女人脱去衣服给外国男人检查,就是让中国男人检查也是宁死不从的。男人们望着逃跑病人的背影,唉声叹气,摇着脑袋。巧稚则认为这是多么好的同胞,多么好的姊妹呀! 因为,她相信:"我如果不进医学院大门,一旦有了妇科病,同样也不会让这些外国男人检查的。"

她联想到自己:给妇女看病应当是女医生。妇产科不能没有女医生。虽然那时她还在实习,但放在她案头上的病历,比哪位先生都多。女人希望有经验的医师为她们看病,更欢迎女医师为她们看病。病人一进诊室,权衡之后,手中的病历自然放在林巧稚的桌面上,不是她们认为她的技术高,她最年轻,看得出像刚出水的"豆芽",而是因为她是女人。对实习阶段门诊时的"兴旺"景象,她感到莫大的安慰。虽然有时候,忙得连解小手的时间都挤不出来,但她的心老是热的。

巧稚知道,找她看病,对病人是件不容易的事。她对每一个病人都认真问,仔细听,详细查。不把病情找个水落石出,不甘心。有时候,同室的男医师见她案头病历压得太多,拿去叫着病人,却没人答应。在他不防备时,病历又转到巧稚的桌上来了。好心的男医师慢慢地也就不再做这种傻事,不到她桌上来挖病历了。

这一切,麦克斯维尔比巧稚知道得更多,更清楚。她万万没想到,实习时的门诊,对她日后的命运竟起到"定音"的效果。

他看巧稚坐着一言不发,一双手在不住地捏着衣襟的衣角。他站起身,走到巧稚的身边,轻轻地拍了一下她的肩膀:"密斯林,应当相信,你一定会成为一个出色的妇产科医生的。"她也随即站起身,往他左边退了几步,仍然一句话没答,只是向他点了点头。

"走吧,我们到病房去。"她随着他离开了办公室。

晨会上,他向妇科病房的全体医护人员宣布:"林巧稚是我的助理住院医师。"并致了简短的欢迎词。林巧稚在一阵热烈的掌声中,迈开了她终身为业的第一步!

1930 年的林巧稚

同学们对林巧稚进协和妇产科舆论哗然。

"太不合理,太不合理!"一时间,大家吵嚷不休。

在同学们看来,全班考分第一的学生,只分到妇产科(那时列为小科),其余同学就不可能分到比她再好的内科(那时列为大科)去了。学院前五届毕业生,都是照成绩分配,把考分最高的聘留在内外科,依次往下排列。既然巧稚是全班第一,照惯例,自然应在内科或者外科。自学院披露留聘巧稚在妇产科的消息后,同学们惊愕万分:"完了,完了,林巧稚都没有能留在内外科,看来今年内外科不再录用人了。"

他们纷纷为自己毕业后的出路担忧,为巧稚抱不平,其实也包含着探听学院对他们自己如何使用的意味。虽说都知道中国奇缺医生,全国哪里都欢迎医生,更何况协和八年制医学院毕业的"洋医生"呢? 失业是不会的,但留在协和则是每个同学的愿望,因为这里的设备、薪金、待遇等等一切,对每个人都有磁铁般的吸引力。

同学们得知她留聘的风声,一时众说纷纭。同学们本意并非对妇产科本身看不起,只是对学院如此做法忧虑。主张她"非内外科不去"的同学,是希望依名次把大家留在协和,也有同学要她"不吃馒头争口气",问问清楚:"为什么不照名次聘在内外科?"何况内外科的主任都写了推荐书。如不行,不如走,离开协和到别处去,哪怕是个人开业。也有的同学认为:"能留下就算万幸,我们还不知道出路何在?"不主张和学院闹翻。

同学们在一起相互议论的事,后来不知被谁捅出去了。学院院长知道了,妇产科主任麦克斯维尔也知道了。因为对十六个学生究竟怎么聘用,还没有收到全部的推荐书,校务行政委员会上没有最后拍板定案,院长自然没法彻底解释。

妇产科主任麦克斯维尔怕学院由此改变主张,劝说内外科主任放弃对林巧稚的使用推荐。外科主任同意了,内科主任坚持不干,要和他争一争,坚持主张要林巧稚,就等校务行政委员会裁决。

于是,麦克斯维尔就在同学中散布有理无据的消息:"学院不会放走大家的,聘林巧稚,纯属我们妇产科的强硬要求。"似乎希望得到同学们的同情支持:"你们想想,妇产科没有一个女医师,尤其是中国的女医生,怎么行呢?除非不要这个科,或者根本就不让中国女人来看病。"逗得大家一阵哈哈大笑。笑声之余,冷静一想,麦克斯维尔的话"有道理"。他告诉大家:"内外科一定会请大家留下的。"这才稍稍安定了同学们的情绪。

结果,麦克斯维尔的话没有如愿以偿。他个人对大家的安慰,并不代表学院办校的意图。从那一年起,学院想把学生逐年分到中国各地,特别是先到各大重要城市。只是,在出去之前,都要在协和临床当一段助理住院医师,有的到了住院医师和总住院医师的阶段,尔后再推荐到全国去。

两年之后,一些同学被推荐到上海,一些同学被推荐到广州,一些同学被推荐到天津。真正留在协和的还是考分在前几名的同学。还有两个同学后来被当时的卫生部要去:张先林,安徽人,当了陈诚的保健医师;卢致德,广东人,当了蒋介石的保健医师。

十六 续聘的深思

一九三〇年五月二十三日,麦克斯维尔把写好的一份续聘推荐书,递到林巧稚手里:"林博士,我将继续推荐你在我的妇产科工作。"由此,她获得了连续两年工作假,为期七周的假日。

"主任,你大概是为我能有七周的假期才……"

"不不不!"他急忙打断了巧稚俏皮的玩笑。

她在说这句话的时候,口气虽然非常柔和,但还是想弄清楚麦克斯维尔留下自己的真正意图。眼下,妇产科的人手不算多。除了主任,还有就是高登厅,中国人就是吴烈忠和她。负责儿科的还有两人。七周假期对巧稚来说可有可无,无须为它努力,更不为它着迷。

在病房的一年(其实只有三分之二时间,三分之一在门诊),林巧稚亲眼见到中国妇女疾病之多,有时心里都感到恐惧。大概是因为医院的缘故,病人都集中到这里来了。巧稚为中国妇女疾病如此之多而忧虑。恨不能一下把病人身上的痛楚一把抓掉,也恨自己对许多疾病无能为力。自己已经是三十岁的人了。住院医师在医院不是八小时的工作,而必须二十四小时的时间坚守在病房里。尽管这样,病人不见减少。医院聘书上这么写着:"任聘期间,凡女子因结婚、怀孕、生育者作自动解除聘约论。"

对这件事,在巧稚的老师、同事、同学中表现出各种各样的意见。

高登厅自升为妇产科的总住院医师后，他对巧稚的殷勤是出乎寻常的，除了没有让她动手术外，其余一切都放手让她做——不，是交给了她。

"只要我不离开妇产科，你就不要产生离开妇产科的念头，否则将是令人痛苦的。"他早就给巧稚下达了挽留令。

瑛姐是最关心巧稚的一位高班同学，是协和医学院第一个女大学生。她是一位身材匀称、健壮的女人，披着一头黑发，柳眉杏眼，长长的睫毛，端正的鼻子，长方形的口形，有条不紊地安排在鸭蛋形的脸盘上。白皙的皮肤，站在谁面前，谁都会实实在在地看她一眼。而她显得颇有教养，报以一笑，笑容中筑起"盆地"式酒窝，更加迷人。她和巧稚走到一起，不需别人说，巧稚自己都觉察出"天壤之别"来。

巧稚毕业前实习期间，在吴朝仁先生的内科里，她深感此人见多识广，诊断敏锐，常与她的暗中判断合拍。而且，吴朝仁先生为人谈吐优雅，举止不俗。据说，他曾竭力为巧稚留在内科向主任多次说情，结果麦克斯维尔取胜。毕业后一年中，凡遇到内科会诊之事，巧稚第一个想到的不是主任，也不是别人，而是他。如果不是由科里安排的话，巧稚将会直接打电话叫他。虽说巧稚完全知道他并非对内科所有疾患都能看透，但她心里存有一种偏见，总觉得他行。对此，他也不会没有察觉的。假如一个星期中没有一次会诊，哪怕在饭桌上，他们也会找个话题，说点什么。瑛姐曾言正词严地追问过她："你为什么偏偏只想到他，想不到比他资历高、经验足的张孝骞先生呀！"

"是呀！"巧稚自己有时也无法自圆其说。当然，对她，巧稚不会理亏词穷："我能随便找谁，只能找同学呗。虽说他比我高两届，总比找先生好说话吧？"

巧稚顾不得她信不信，依然如故。

谁知，事隔不久，在一个晚饭后，瑛姐吊上了吴朝仁胳臂肘。不管他们是有意还是无意，她想不会是做给自己看的，因为他们事先不知道巧稚在身后。

但，事实总归是事实。记得那次在协和东门往东单米市大街去的路上，看到他和她一起走着的时候，巧稚心里不觉一阵激烈的跳动，血一下子涌上了头，脸上一阵火辣辣的，脚步迟缓了。想猛回头跑回宿舍，哪怕是到病房去，也不能继续往前了。

可是她的脚并没有停止，也没有转身，却在继续迈着步子。刹那间，巧稚脑子里不知新生了多少新的脑细胞,杀死了多少陈旧的脑细胞。理智战胜了荒唐。她以极大的毅力和勇气,抬头看着自己正前方一男一女的背影,确信就是瑛姐和吴先生两人:瑛姐她那湖蓝色的毛哔叽裙子,鹅黄色暗花纹短袖小褂,吴先生他那洁白衬衫和浅米黄的凡尔丁西裤,一点没错。

显然,她和他相好了,或者说得更确切些,他们恋爱了。瑛姐比巧稚大些,吴先生确切年岁巧稚不知道,反正比自己和瑛姐都大。他们恋爱,这本该是件好事、美事,也是人之常情的事,巧稚为什么会突然一阵心跳、脸红,甚至想往回走呢?

"大路通天,各走一边",他们走他们的,自己走自己的嘛!

两脚不受指挥地径直往前移动着,也忘记了走上这道路的原意,进入茫茫的沉思:瑛姐和我多么好呀,我对她无话不说,她也从不隐瞒什么,眼前事实是怎么回事,能用古人说的话'知人知面不知心'往瑛姐头上套吗?吴先生又是怎样的一个人呢?我可从来没有听他说过他们在技术上有什么交往。

巧稚与吴先生除了会诊,也开玩笑,可从来没听他提过一句瑛姐的长短呀!是了,人间的私事都是不能公开的,不向第三者泄露的,怨不得《圣经》教我们"不管他人私事",原来是这样。

想起来了,每回请吴先生会诊,完了,巧稚总要在瑛姐面前,滔滔不绝地夸奖一番,起初瑛姐总是和她一唱一和,后来,变了,变得先是问巧稚会诊过程,还想知道会诊的结果和他在临床上的独到见解,末了还追问几句:"完了以后呢?他对你说什么了?"她毫不介意地告诉瑛姐:"没说什么呀!"否则瑛姐会问个没完。

由此可见,瑛姐早就在巧稚面前了解他,监视他,如今占有他了,只是巧稚没有悟出来罢了。她们相识这么多年,瑛姐是真诚地帮助过巧稚,尤其在她父亲去世的那阵子,几乎是瑛姐帮巧稚解脱了思想上的枷锁。她觉得瑛姐比自己好,什么都比自己好。毕业比自己早,长得比自己美,懂事比自己多,经济比自己阔,性格比自己柔……

这时候,巧稚的心似乎平静了许多。她再抬头看他俩走远了的身影,与第一眼见到时,心情完全不同了。她突然想起老人们说过的话"郎才女貌"。把这句话用在吴先生和瑛姐的身上,再合适不过了。她想:"我应当为吴先生和瑛姐祝福,祝愿这对恋人幸福。"

真滑稽,那天傍晚,她完全忘了上街的目的,两天以后才记起来,那是要去买点苹果。

她返回病房,把刚才发生的一切全丢到脑后去了。忙完病人的事情之后,又卷进了是否接受聘留的深思。

巧稚完全相信麦克斯维尔的解释:"在中国这块土地上,没有比协和再好的医疗条件(包括设备)了。"巧稚除了对物质条件上的满意,还为有一个能指导她并与她默契合作的人高登厅而留恋。主任麦克斯维尔对她的信任照顾,也不能不使她这个远离家乡的人,倍感得宠。除了条件苛刻之外,已经没有什么力量能使巧稚离开妇产科。即使签了字,许诺了苛刻的条件,不也就是一年了吗?人家瑛姐、吴先生不也刚刚恋爱,即使他们明天就结婚,一年后,我也还不到他们如今的年龄。

只是惠澜听到她又一年续聘的风声,问她几次。他听了巧稚的如实奉告,独自左右为难。在她面前自言自语:"还要一年。"巧稚不解他的用意。知识分子有个毛病,有事不直截了当,吞吞吐吐,含蓄隐晦,使你难以捉摸。

"一年算什么,我要长久地这么下去,"她带着责备式的发誓口气,"你没见女人的病那么多?只恨自己没长三头六臂。"

于是他又收回了"还要一年"这种感叹式的忧愁,变得蛮有信心的样子:"一年,一年也快,我们一起十个年头了。"

是呀!十年,对一个人的一生来说,是漫长的岁月,这样长的岁月消逝得如此迅猛。轮船码头上,父亲送她的情景历历在目。如今他老人家已在黄泉之下了。他在讲台上站到了不能再站的时刻,是为换得一点薪水供自己上学。巧稚记住父亲的教导:"女孩子从小要养成自立,不倚人,不仗势,要学出点真本事。"巧稚能够告慰父亲的是:"我毕业了,没有被淘汰,渡过了实习关、助理住院医师关,就要当住院医师了。一年又算得了什么!"

看得出,惠澜对她此时此刻的心思不甚了解,她早已察觉出他的一片"好心"。不知是因为学习忙,工作忙,还是什么别的原因,巧稚脑子里总装不进"好心"的美意。有时候也想,是否自己多虑了呢?

巧稚决定继续留在妇产科,是他意料之中的。她没有立即告诉他,是出乎他意料之外的。

"呀,比我提前两个月,就封锁消息啦!"一口酸味地挖苦巧稚。

巧稚不在乎他话中话、言外音。打嘴仗好在不是一回,第一次大概在预科末年下半学期,以后演戏也打过嘴仗。记得两次闹得最凶的:一次是巧稚爬在墙上,示意摘花让他拍照,手指甲都摘疼了,好不容易熬到听见他按相机的咔嚓声,急得她翻身下来想捶他几拳,他见周围没有人,主动跑近来:"好好好,要打要骂随你便,打两拳先解解气。"满肚子火被他惹笑了。再就是几次拍照,他拐弯抹角地要排到巧稚跟前,不是排在她跟前,就是半蹲半跪在跟前。

一起拍照本来是件愉快的事,一生气,一上火,还能拍得好吗?可是他总这么排在她跟前,又何况还有其他人在一起,她又怎么说呢?

"照相师"也故意捉弄人,每当排开这种阵势,口口声声喊:"好,好,好,不要动,坚持一会儿。"这一会儿,却成了永久了。没人的时候,她岂能不责备他,又岂能不想捶他几拳。

可是每到这种时候,她没有一次不败在他手里。一肚子火气,最后都成泄了气的皮球,他也习惯了,不仅不怕和她打嘴仗,而且老在找碴和她打嘴仗。

这一切使巧稚感到,人生活在世界上太复杂了。才当个医生,就遇到这么多麻烦的事,而且女人比男人更加麻烦。她总想能一头钻进妇产科里,除了和生病的妇女打交道外,其他一切人、一切事都离得她远远的。可是一切又都由不得主观的愿望,在协和恐怕更是如此。

就说吴烈忠大夫,是她上届的同学。他精明能干,是个不顾早晚的小伙子。他不知道爱护自己,只干一年,第二年开始不久,他就病了。在他不得不做出告假休息决定的时候,高登厅马上提议缩短巧稚任助理住院医师的工作期限,以住院医师的身份顶替了吴大夫。

高登厅这位英国医学院毕业的澳大利亚人,个子与麦克斯维尔主任不相上下,长长的脸形,深凹着眼睛,像是一副滑稽剧演员的神态。他比巧稚大五六岁,不喜欢来自英国的这位主任,但表面上从来是恭敬麦克斯维尔的。只是对巧稚的使用,他和主任完全是一个调门。因此,巧稚第二年续聘,又比同班毕业的其他同学提前了两个月。这就多亏了主任和高登厅两位先生的提携。

一九三〇年三月四日的会议上，医院行政委员会接受了麦克斯维尔推荐她当住院医师的提议。当麦克斯维尔把批准的推荐书递到她手上的时候，差不多同时高登厅又向院长顾临建议："林博士在代替吴烈忠任住院医师时，应享受吴大夫应有的全部待遇。"还建议把她休假的礼遇，提高到这个位置享受，为她回鼓浪屿提供了二等舱位的条件，支付了一百元的旅费。不像回家为父亲祭灵时那一趟寒酸了，这回诚然是轮船上的贵客。吃喝都有人送到座舱来，不时还要打问："小姐，要点什么吗？"

这一年休假回来后，从一九三一年七月一日开始，巧稚就正式任协和医院妇产科总住院医师了。高登厅休假回来就将是妇产科的副手。医院给了巧稚八百元的年薪。这笔款数，除了扣除在医院工作的人身保险金外，她几乎拿出三分之一到五分之二的数目，寄回老家给大哥大嫂，好让他们支付侄儿侄女们的学习费用，以此为自己赎"罪"，希望侄儿侄女们抓紧学习，快快上进。

显然，这一年经济不再困难了。自从巧稚八年级时，经济上开始好转。那年，每月发给她们实习的学生十五元生活补贴，别的家庭经济富裕的同学不在乎，巧稚可觉得算是一步登天了。当她第一个月拿到生活补贴之后，连夜给哥哥嫂子写了家信，像报喜似的那样高兴。因为再也不用他们为她省吃俭用，勒扣大侄子的上学费用，以补她的不足了。

后来，巧稚还把五百元奖金的相当一部分寄给兄嫂，以解除他们因无钱款供孩子们上学的忧虑。

一九三二年暑期后，在巧稚出国留学前，侄女懿铿考入了北平燕京大学，她又多了一个伴。还有，她同班同学白施恩的妹妹白和懿也在燕京大学。她是白家一位非常漂亮的小姐，洁白的皮肤，粉嫩的脸蛋，匀称的脑门，金丝眼镜架在高高鼻梁上，头发散披在肩上，好一副新女性的模样。她的个头比巧稚略高几分，每到巧稚这里来做客，总是穿戴得整整齐齐，呢子旗袍，半高跟棕色皮鞋；到寒冬，肩上搭条长条绒线花围巾，外套一件中长式格子呢大衣，神气极了，谁见了不喜欢？和人说话，总是柔声细语；遇到高兴的事，咯咯笑不住声。巧稚与她脾气个性不尽相同。巧稚喜欢她的温柔和善，她喜欢巧稚的耿直豪爽。自打她们认识后,每逢周末她都到巧稚这里来。她爱唱歌,会弹琴;巧稚会弹琴,能唱几首歌。她们在一起,真是"情投意合"。因为她比巧稚小,许多事情,都依巧稚。她们从不争论,从不脸红。晚上她在巧稚家玩得迟了,回不了燕京大学,就挤在一个单人床上,睡在一个被窝里。

高兴起来,她就鼓动巧稚:"巧稚姐姐,我要像你这么拿钱,什么也不要,先买架钢琴。将来我拿薪金,头一件事就是买钢琴,你说好吗?"

是的,巧稚虽然比她大十多岁,脑子里和她一样空空荡荡。巧稚就知道看病,就知道读书,没有下气力好好想一想人生的道路怎么走,想也白搭。

巧稚和她虽然在不同的两个院校里,但思想都被一个体系紧箍着。在美国人兴办的学校、医院里,经过长年的教育感染,头脑早已成了一个不问世事的"独立王国"。因此,巧稚毫不犹豫地回答她:"好,你不要着急,我一定买架钢琴。"

她死命地搂着巧稚脖子:"真的,你真的舍得吗? 这太妙了!"她放开手,拉开嗓门,两手模仿着弹钢琴的样子,嘴里唱着歌曲,还转身对她说,"巧稚姐,你看,您就这样子弹,我唱,好快活哟。我们俩永远在一起,永远这样生活下去,你说好吗?"

她又扑到巧稚身上,拉着巧稚一起蹦呀,跳呀,喊着,叫着:"好,我等着您的钢琴,我等着您的钢琴。"

十七　第一例手术

三四十年代,庆祝"元旦",还没有成为中国人的习惯,"元旦"称不上是传统佳节。

协和医院却颇为热闹。早在节日来到之前,"通告栏"内接二连三地贴出学术报告会的通知。用今天的话说,也算是个人一年的总结了。真有成效者,经与会者权威和院执委会评议,尚能获得院方一番奖赏,以资鼓励。凡得宠者,下年七月一日始,再度使用,算有了七分把握。

当然,真正要稳固地留在协和,远不仅如此。遵守院规,不出事故,尊敬主任……有的,有明文规定;有的则凭空一说,毫无标准。

这些犹如缰绳一样,死死地卡住每个中国医生和护士的脖子。稍不留意,只要一句话、一个行为得罪院里的主事,就别想继续留在这片大屋顶下。所以,"元旦",更确切地说是圣诞,在协和医院,对外国人来说是个吉庆;对中国人来说,则是个门槛,是祸是福,过后才能见分晓。

一到"元旦",每个中国医生的心都提到嗓子眼里,等待着医院颁发下一年度留聘的文书。等呀,盼呀,简直是度日如年。如果过了三月,还见不到下年度的聘请通知书,不用问,条文规定:"任聘期一年,无重新任聘,即行无效。"还留下个把月,自己赶紧寻找谋生之道。七月一日前,自动离开协和。

在这向医院顶头上司馈赠节日礼品,设宴请客、托人说情、设法探信的繁忙日子里,巧稚这个实习医师能不能转为住院医师,能不能被协和继续留聘,命运难卜。她除了自己更加小心翼翼工作之外,既不会讨好自己的上司,又不习惯馈赠礼品,更不会做美味佳肴,请客设宴。学术论文报给了主任,是否讨得医院欣赏,能否引起主任的兴趣,原先她一点都没有底。吴先生因为一场肺病,被挤出了协和。主任对她虽然满意,但还要她表示对协和妇产科到底有无献身的诚意。

可是,在实习医师期间,巧稚不过是一个有专业的"护士",还没有获得一次手术的机会,快把自己变成了个接产婆了。凡来医院生孩子的产妇几乎都交给了她,还说:"你们中国女人,都愿意要女医师助产。"明年她究竟如何,高登厅虽然已告知一二,但她毕竟是个妇产科助手。

就在这"元旦"前的一个雪天,西北风呼啸着。一天一夜断断续续的大雪,铺天盖地,白皑皑的雪堆映照在协和长廊两侧的灌木枝上,就像在冰凌上撒满了白糖,里硬外松。太阳依然躲在灰蒙蒙"棉被"的后头,不露一丝脸面。傍晚,风不那么狂暴了,但比咆哮时更令人可怕,尖溜溜地向每个人表露的皮肤咬来,使你感到一阵酸滋滋的刺痛。

人们习惯地翻起能保护脖子的衣领,用一双戴着手套的手捂着自己的脸蛋,有的人则迅速逃脱风的追扑,进到室内来。人们向窗外看去,披满银装的小树,在一阵阵风的摇动下,因为失去了太阳的光辉,没有一点光泽;在阴晦的傍晚,摇头晃脑,装束得活像个怪影,不仅得不到人们对这银装素裹的赞美,反使人觉着一阵阵毛骨悚然。

夜提前悄然无声地来到了,主任和其他大夫都已经回家。深夜,电话铃声把巧稚从沉思中惊醒。急诊室来了一位子宫破裂、流血不止的年轻妇女。巧稚虽然遇到过这种病例,如今,她的权限只能做紧急止血处理,怎么治疗必须要经主任会诊。

心想,上帝呀,病人为什么早不来医院,晚不来医院,偏巧赶在这大雪之夜来呢?她激烈地思考着,怎么请主任让他深更半夜冒风雪严寒来医院呢?她自己……她自己……怎么办呢?

人命关天的事,她不能不马上报告主任。

想到这里,巧稚立即抓起电话,拨主任家的号码,只听对方:"您好!麦克斯维尔。"主任自己答话了。

"主任,晚安,打扰你了。急诊室来了个子宫破裂、流血不止的年轻太太,您看……"她的话还没有说完,就被对方打断了。

"林博士,天明再说吧!"他这么简明地回答她,接着他又说,"你先给她止血,紧急处理一下。"

巧稚焦急担忧,这位太太是否还能等到天明,她恳求主任说:"流血太多,病情危重,恐怕等不到天明了。"

通话声音中断了,他没有马上回答巧稚。她想,他一定在想着什么。但他很快说话了:"如果已经来不及,我去也没有用,那就算了。如果还来得及,你就手术吧!让住院总值班替你选个助手。"

"主任,主任……"显然对方的电话已经挂上了,她手捏话筒,眼泪在眼眶里来回转动。

病人的家属见她手握话筒迟疑地呆站着,明白了是怎样一回事。他走近她面前说:"你是我们中国大夫,求你救救我们吧……"

这种信赖的呼声像钢针一样扎在巧稚的心上。主任方才那些话什么意思呢?"来不及……那就算了……你就手术吧……"这难道是儿戏吗?是救一条人命啊!

做一个医师怎能见死不救啊?哪怕只有百分之一的生存希望,也要用心去夺回那百分九十九的失望啊!

他真的是让她做手术吗?她的情况,他最了解啦。医生第一次拿起手术刀的时候,他的上级医师必须在身旁监护着,随时指点怎样行刀,怎么止血,怎么缝合……学生时期,虽然学过,那只是对尸体的解剖,实验室虽然也做过,那是家兔、白鼠、狗。

如今的手术是一个活生生的人,关系到一个家庭的人命。在这样的事实面前轻率不得,含糊不得。从来还没有让她拿过手术刀,他又不在自己身边,"叫我做这例手术,是真的吗?"一个住院医师有什么权力向住院总值班要助手呢?是信任她?是考察她?还是为难她?

一连串的问号,顿时一起涌上了心头。巧稚那痴呆的眼神凝视着窗外,目光盯着那一簇簇被连绵大雪吞噬了的灌木,她的心就像灌木丛一样,在吼声中来回晃荡。

护士又一次告急:"血压……"家属不断呼喊:"林大夫,求求你,你是我们中国的大夫……"把她从沉思中拉回到病人身上。

是呀,我是一个中国大夫,我怎忍心眼睁睁地看着这个女人可怜地死去?怎能眼瞅着这对夫妻在自己面前永别?如果说想到自己是一个医生,有什么责任的话,倒不如说怜悯和出于同情更符合她那时的心理。

"我要救她,要想一切办法去拯救这条即将枯竭了的生命,把她从死神的手里夺回来。"巧稚在为她向上帝默默地祈祷,求上帝保佑她的生灵。于是她才安静了些。为了病人的生命,巧稚鼓足勇气,重新去触摸不知什么时候扔下的话筒:"手术室吗? 有个急诊,马上做子宫全切手术,请你们准备。"

……

就这样,巧稚做完了第一例手术。

事过之后,不免觉得害怕。一个刚踏进住院医师门槛的女人,没有任何会诊的签署,没有上级大夫在场,竟然做起子宫全切的大手术。万一病人下不了手术台,岂不糟蹋了协和医院的名声。这个责任卸到自己头上,被辞退是小事,要赔偿损失,甚至受到制裁,又找谁去为自己纯洁的良心申诉呀!

同事们问她:"你怎么这么大胆量?"连她自己也觉得奇怪。虽说那是紧急的瞬间,容不得多想,但这一点自信还是有的。

万事开头难,早也难,晚也难,总有一难。或者因为自小养成不甘居后的性格,在她心里逐渐形成了人家能做的事,尤其是男人会做的事,我应该会做。

再说,眼前的病人,止血已经失效,不马上手术,患者等不到天明,及早手术或许能救过来。家属也真心地要求,岂不是天时、地利、人和? 横下一条心,什么后果、责任、辞退等等都抛到一边了,只想救人性命要紧。

第二天,主任跨进病房,巧稚就向他报告,昨天夜里子宫破裂病人的手术情况。他一听,大吃一惊,轻松愉快的脸上立即乌云密布,眉间皱起了一条刀砍似的深沟,从嗓子眼里喷出了令人可怕的声音:"哼!"

巧稚赶忙把连夜书写完了的手术志递到他手里,只见他锁着的眉沟越皱越深,室内气氛紧张得使人窒息。在场的医生没有一人挪动,护士们也都悄悄地躲在门外。只有她心里还算平静,因为她知道,此刻他正看着病人入院检查时记载:患者的血压,低到已拉住了死神的手腕,呼吸虽说没停,脉搏已近乎不见,血色素也低到了不能再低的地步。

只见主任看着看着,脸上紧张的肌肉开始松弛了,眉沟像弹簧似的慢慢地恢复到舒展平整的原状。但他的呼吸加快了,能让人看出他胸脯上下起伏的急促程度。

这反倒使她神情紧张,心想,莫非在患者身上留下了什么后患,手术过程留下了什么破绽?在人体身上,是不能留下一丝一毫破绽的啊,一定糟了!这时候,巧稚顾不得再盯住眼前正在仔细看她手术志的主任,视线模糊了,她狠命追忆自己手术的过程……

不知过了多少分钟,他突然站起来:"啊!"

这一声"啊",不仅把巧稚从回忆中拉回到现场,而且使其他的人也大吃一惊。

不过很快平静了,气氛活跃了。只见他伸出宽大的右手,重重地拍打了一下巧稚的肩膀。这好像是在他们相处以来他第二次对她这么冒昧。她知道,他们的礼节,只有在最满意最兴奋的时候,才会对最友好的朋友这样亲热。

他这一巴掌真够有分量的,使巧稚浑身猛地一震。同时,话又出口了:"林博士,你真了不起,真了不起,你是一个非常果断的女人。手术做得干净、利落,太好了,太好了,总算我没有选错助手。快,我们大家一起先去看看这个病人。"

就这样,巧稚做第一例手术成功的消息不胫而走,为她喊叫得最凶的不是别人,正是主任!因为在他看来,是他请巧稚留在妇产科的,一切成功之点,都是他自豪荣耀的资本。也正因为这样,他也生怕巧稚出一点漏子,内外不好交代,总是小心谨慎地指导她工作,更不轻易让巧稚独立上手术台。对他来说,虽是一片好心;对巧稚而言,被拉着手的人,那是学不到真手艺的!

回想起来,这一例手术的成功,也并不是偶然的。

平常,巧稚每当一次手术助手,回到寝室里都要反复琢磨,有时,还用做针线荷包的办法来训练"皮肤"的缝合方法。她把做成的荷包送给了所喜欢的学生,恐怕他们至今也不知道,林巧稚为什么送一个亲手缝制的荷包给他们！没有那些荷包,怎能救活那条垂危的生命！真是"苍天不负有心人"。

多少个黑夜白日都是为着第一次手术成功。这个事实又一次告诉她,成功在人！所以,这第一步的成功,不单纯是技术上胜利,更重要的是精神上的胜利——一个女人也能上手术台了。

当得知消息的同事们来为她道贺的时候,巧稚的脸上泛起了红晕,嫣然一笑,眉梢闪闪一动,略表对众人的感谢！同时,她也感到,能与病人和家属同享着生命存在的欢乐,真是人间的幸福。

人生有许多难忘的事,牵动着自己理想和前程。因为它像种子,会发芽生根,再结硕果;因为它像星辰,在闪动、发光,照耀着前进的航程。这时候,再来细嚼学医含义,品尝着拯救生命的滋味,才真得其乐无穷。也只有在这个时候,她更自信已经走过的路是对的。她好告慰那九泉之下的妈妈:"你女儿开始为女人们做事了。"想到这里,当然就不悔恨已经付出的青春代价,而且坚定了自己将在协和继续走下去的一颗心。

又一次机遇也是意料之外的。

主任已经很少再做助产的事了。今天,病房里的难产孕妇张太太就要生产了。他要巧稚为这位张太太助产当助手。张太太体质虚弱,加之生理性盆腔狭窄,难产毫无疑义了。有的大夫主张剖宫产。巧稚从主任那里学到这一点:孕妇一般能不做剖宫产的,尽量帮助孕妇自娩。正常情况下,女人完全有能力自娩。这是合乎科学道理的。

经过阵阵宫缩之后,张太太终于娩出了婴儿。但紧急情况出现了,胎盘滞留,不能娩出。必须用手及时取出胎盘。主任为难了,偌大的手掌是无法再去取出胎盘的。当时,巧稚也不知怎么办好,不是因为眼前的孕妇是个有地位的太太,而想到她是一个女人,已经做了母亲的女人,刚刚娩出婴儿的母亲,如丧身于胎盘滞留,这是多么大的遗憾。而这个婴儿就将要成为见不到母亲的孩子,又是何等的痛苦,家庭又将是多大的灾难。当时,容不得巧稚有再多的思索,她看了主任一眼,见他汗水已沁满额头。

巧稚又迟疑了一下,因为她还是第一次遇到这样的产妇,有点不知所措,但又很快做出试试看的决断。

巧稚再次看着主任:"我来试试,行吗?"

"试试"两个字,轻得连她自己都难以听见。她眼神里充满着请求和胆怯,心情是矛盾的,不知主任怎么发话,是行,还是根本不理睬她。所以把话说得含糊得简直让人很难听清。

在这静谧的环境里,他还是听清了:"你来?"

他惊奇地反问巧稚的同时,双眼已从病人的身上移向了她,但很快又挪走了。从他那对蔚蓝色的眼睛里,巧稚明白,他不是责备,没有愤怒,而是一种信任和期待。巧稚的胆子大了。

"好吧!"他终于发话了。

巧稚把一只纤细稚嫩的手伸进子宫。连自己也没有想到,竟是那样顺利地取出了胎盘,就像从衣箱里取出一件衣服那样顺当。

主任见她这样娴熟自如地取出胎盘,似乎有点不相信。在他面前站着这么个瘦弱的女人,就是他亲自选来的学生。他高兴得简直不知怎么办才好,连连地当场称赞:"好,好,好,太好了!"

打这以后,林巧稚的名字从院内传到了院外,传到了外国的驻华使馆!

十八　出国之前

春节后的一天,也就是巧稚做完第一例大手术,病人即将出院的前一天,巧稚跟随麦克斯维尔主任查房结束后,主任当众再次夸奖巧稚:"林博士,你真是一位勇敢而又可爱的女人。"他对着明天就要出院的产妇说:"你们看见了没有,这例手术是林博士做的,我一点都没有帮助她,她缝合的刀口,就像中国姑娘绣的花一样漂亮。"

提起绣花,巧稚心里一热,论做针线活儿,"我恐怕比麦克斯维尔他们男人强"。

这是因为母亲过早去世,是嫂子手把手教会她的。一针一线绣成的翠绿色荷花大叶,颜色配得如同湖里生长着的真荷花一样娇艳,一样纯洁,水灵灵,令人羡慕。临到北平上学前,巧稚还专为嫂子做成了一双绣花鞋。一不小心,手被扎出血来。对一个人的尊敬,难免要付出血汗的代价,巧稚强忍手指疼痛,一针一线把鞋绣好,上好鞋底,像留给母亲一件纪念品一样,把她的心捧给了嫂子:"请嫂嫂收下我的一点点心意吧!"巧稚和嫂子是用五光十色的丝线,把心紧紧地联系在一起。

产妇紧紧地拉着巧稚的手,口口声声"恩人,恩人"地感谢她。

当巧稚学绣花的时候,万万没有想到,以后还会把绣花的手艺用在缝女人的肚皮上。

　　人本来都有一个正常的生理过程,不到万不得已,不到手术和维持生命发生冲突的时刻,医生是不会在女人,不,应当说是在一切人的身上轻易动刀子的。所以对麦克斯维尔这种使人快乐的夸奖,巧稚不喜欢多得。

　　巧稚随他离开产妇后,饶有风趣地感谢:"主任,你过奖了,过奖了! 在女人肚皮上绣花的奖赏,我希望越少越好。"逗得随他查房的医师、护士长一阵捧腹大笑。就连麦克斯维尔这位查房的组织者也哈哈大笑:"嗨,林博士,你真调皮。"但他很快冷静了,"不过,你这种理想很难实现,你们中国女人的疾病太多了。"

　　巧稚冷不防像被蜂子螫了一样,周身顿觉一阵刺痛。

　　麦克斯维尔说的是真话,中国女人的疾病是实在太多了。那么,该怎么办呢? 仅仅两年半的临床,就见到了许许多多稀奇古怪的疾病,实在难以应付。

　　住进医院能够治愈的病人为数不多,死于难产的女人更"叫人心里发怵"。虽然学了八年,不懂的东西,需要解决的疾病比比皆是。难道说,我们的祖国就是这样吗? 女人都这样短命吗? 不知道外国究竟怎么样,站在巧稚面前的这位主任的国家,他们哪里的女人怎么样? 巧稚心里想着,开口问道:"那,你们国家呢?"

　　"好,你问得太好了,我正想为这事找你谈谈。"他高兴地接过话茬,洋洋得意地说,"我们英国女人病也不少。不过,你们中国太穷,太落后,医疗条件没有办法与我们英国相比。"

　　这番话,除了出于对他的信任之外,都是事实,不能不使巧稚相信。要不,他怎么到中国来。

　　"林博士,你要是接受继续在我妇产科的建议,我欢迎你到我们英国去看看。"

　　"真的吗,麦克斯维尔主任?"

　　"当然真的。你到六月三十日就三年了,应该出去走走看看,这也是协和医学院制度规定范围内的事。只要我们继续推荐你留在妇产科,连续第四年的头九个月,提供经费,让你到中国以外的地方去看看,或者学习学习。"麦克斯维尔第一次在巧稚面前,公布了这一公开的秘密。

　　他们已不知不觉地走到了妇产科办公室门口。麦克斯维尔从西装裤袋里掏出一串钥匙,抛向空中,接住后,才选择了一把最长的铜钥匙。在他把钥匙插进锁内的同时,对巧稚说:"林博士,你不要走。"他已轻轻扭动了一下钥匙,随即门就被他顺势推开了。

自然,巧稚是不会走的,随他一起来,就是想听他把刚才在病房里未说完的话说下去。

他则很有礼貌地对巧稚说:"请!"

"主任请!"

就这样,巧稚和他几乎同时进入了办公室。

巧稚不客气地站到他座位对面的椅子前,只要他一发活,她一弯膝盖就可以顺势坐下了。

但他没有马上让巧稚坐下,他自己也没有坐下,独自走到洗手盆前说:"林博士,我们洗洗手吧!"

巧稚想用自己的手绢擦干手上的水,他已把自己的毛巾送到了她手里,转身边走边说:"林博士,我希望你到英国去参观学习,那里有我的老师、同学,还有我的夫人和孩子。"这是巧稚第一次听到他家里的事,自然感兴趣:"主任,你有几个孩子?"

"两个,恐怕都快不认识父亲了。"显然流露了他对孩子和夫人的思念。

不知为什么,当他提到他自己孩子的时候,巧稚却想起了父亲:"丽咪,你将来长大了,到大不列颠去留学,他们那里是个'黄金世界',有我们没有见到过的各种机器,有一幢幢宫殿式豪华的楼房,所以呀,你一定要学好英语,否则连话都不懂,怎么去呀?"耳边回荡着父亲亲切的声音。

在英国开办的教会学堂求学并毕业的父亲,他所获得这个国家的知识仅此而已,他也只能这么来启迪自己的儿女。但他深深知道,教育孩子的目的还是为了家乡,为了民族。他攥着拳头对巧稚说:"你长大了,要把鼓浪屿建设得比大不列颠还好,还要漂亮,盖上比他们更高的大厦。"

如果那时候父亲的话只是幻想,那么,巧稚不应该把它变成现实吗?

可是,究竟什么时候,怎么才能到英国去,看看英国究竟好到什么样子,他们那里怎样富饶,有什么样的洋房,他们那里女人怎么生活,有病怎么治疗……巧稚不亲眼看一看,又怎么能知道呢?漂洋过海,涉洲跨国,巧稚这么个初出茅庐的女人,有这么大本事吗? 她不能不怀疑自己的能力。

当巧稚双眼又一次盯住麦克斯维尔的时候,突然产生了一股强烈的感觉:麦克斯维尔能从英国来到中国,我为什么不能从中国去英国? 他是人,我也是人,都是血肉铸成的人,难道就因为他是男人,我是女人的缘由吗?

巧稚鼓足了勇气,大胆地对主任说:"我是想到贵国去参观学习,你看行吗?"

"行,怎么不行!"麦克斯维尔斩钉截铁地这么回答她。并且为巧稚献策……

离开主任办公室时已快到中午。巧稚在咀嚼着饭菜的同时,回忆着上午和麦克斯维尔的一番对话,不由得喜气洋洋,内心在笑,庆幸碰上这么一位真诚关心自己成长的友人。巧稚再不气他硬把自己留在妇产科的过错,感谢他为自己喜爱的事业铺垫道路。从那天以后,巧稚解除了对他的怨恨,真的把他当成了自己的老师。

过了几天,麦克斯维尔为巧稚出的主意果然见效,巧稚收到了院长顾临和主任合署的回信。顾临首先答复巧稚:"你可以凭助学金到国外去学习,我们将研究你提出来的具体时间。"

巧稚清楚地知道,这封回信一定是麦克斯维尔鼓动的产物。巧稚写给院长的信是请他转交的。

复信中,顾临完全否认了女人在协和没有地位这一事实,他说:"这不是事实。"并且他找出了几个不能说服巧稚的例子来做论据,信中这么写着:"根据过去十年(一九三二年往前推)的经验,已经发生在协和医院的就有两种情况。我们曾经有一次,一年的时间里,女人当主任医生,后来她回自己国家开业了;此外,在外科也还有重要的位置。从那时候起,协和医院的门就向你们女人敞开了,女人还是有出路的。"

幸好这是一封回信,假如是在面对面讲话,巧稚一定会毫不客气地问他一句:"那么,那个女人呢? 为什么她没有留在协和呢? 是否我也只能当到主任医师呢? 与其一年后就被辞退,不如让人早点选择一条道路。"医院当然不会如她希望的去考虑,信上说:"还有一个事实,马格白特在维廉森医院任了职。"

对于巧稚,简直是多余的话,那是在中国以外,不是在协和医院。这例子使巧稚了解这样一个事实:"她在那里结了婚。"信上还使她知道,有位"杨崇瑞女士还到美国留过学"。

"太好了。"巧稚想,"这样的女士,你协和为什么也不留下呢? 无非也因为她是'女人'嘛。至于顾临提出的这些人,在协和以外的天地里做什么工作与你协和有何相干呢? 就连一个外国的女人,你们都没有留,谁把我们一个中国的女人放在眼里?"这封信,如果到此结束,巧稚的疑虑将更无法消除。

幸好信中插进了麦克斯维尔的一段话,才使巧稚清楚一点写这封信究竟是怎么回事:

"让我离开协和,这种谣言是不可信的。哪里来的谣言我不知道。我只希望继续担任妇产科住院医师职务,至少再做一年工作。"

当然,巧稚也并不是因为怕他也离开协和医院妇产科,才给他们写信。那样想,就是天大的误会。因为他走了,高登厅就有可能上来当主任。巧稚相信,高登厅对她的关照绝不会亚于他。他要是继续留下,高登厅就有可能要回英国或回澳大利亚——母亲的怀抱,巧稚是希望他留下的。

诚然,他——麦克斯维尔想得极为周到,我们之间已经开始有了真心信任的语言,不再是官样话和上下级了。要说起高登厅来,巧稚和他接触得更多,他没有像麦克斯维尔那副当官的架子。高登厅性情温柔,看病认真,谈吐诙谐,叫人喜爱,对病人也以病情为重,这些方面,巧稚自然是兴高采烈的。只是他远没有麦克斯维尔那种上下左右逢源的活动能力,长相就留给人憨实的感觉。他的精力放在看病上,快上四十的人了,还没结婚,这在他们外国人中是少有的。

巧稚多少知道点,他心中有一个人。巧稚相信中国的一句古话:"单丝不成线。"

每次巧稚到图书馆去,总看见他稳稳当当地坐在那张靠窗向阳的桌前,不是学,就是看,他很希望巧稚也坐到这张桌子前。但,这种愿望终究没能实现,巧稚每次也坐在习惯的固定的"专座"上。

麦克斯维尔的精力不在图书馆,也不在病房,更多的是放在妇产科的体系和医师的专业安排上。看来,他有个医院组织者的头脑。所以,她如果打算待在妇产科,是不希望麦克斯维尔离开的,也不希望"技术头脑"的高登厅离开。

信上,巧稚只是这样随便提了一句,没想到如此牵动麦克斯维尔的心肝。谣言也好,事实也好,巧稚不听这些,她只想已经做上了妇产科的事,就不能朝三暮四。早知今日,何必当初呢。

因此,巧稚不是再当一年住院医师的问题,更何况这么多的妇女病,她怎能舍此不干呢?麦克斯维尔早已暗示巧稚,只要答应一年,实际上就是两年的时间。懂事的孩子都明白,第四年不留你,何必第三年让你出国呢?于是,巧稚不论自己年岁大小,当然不愿意放弃外出看看、长长见识的机会。巧稚不能不首先答应回来之后,一定还在妇产科。那时候,林巧稚就是三十五岁的女人了。

工作和年龄的问题摆在林巧稚面前,她多么希望把自己的年龄减少十岁,那她可以无忧无虑。唉,协和呀,协和,你为什么要对女人这样残忍,这样苛刻,要对女人增加许多限制人身自由的条文?为什么只对女人,不对男人呢?

想到这些,巧稚的心都要碎了!

怎么办呢?再去问问瑛姐,请她给自己拿拿主意。

可是,自从那天巧稚为她当完傧相至今,人影已很少见。虽然巧稚常常等待着吴朝仁与她们一起会诊,可是她再也没有听见他的“独到见解”了,更多的则是张孝骞对她的指导。大概有三种原因:张先生自有丰富的临床经验;第二,张先生待人谦和,对巧稚这么个女人,凡请他会诊的事,从不拖沓延误,每回又都是与她商量探讨,真是令人口服心服;再次,很有可能吴先生在背后使劲,凡巧稚请内科会诊,他总推举张先生率先,其中奥妙巧稚不得而知,否则为什么他和瑛姐成婚之后,几乎不再到巧稚的病房来了呢?难道说,他们的喜事,把中国妇女所有的疾病都给冲跑了吗?

巧稚又想起了父亲的教诲:他只是要我去大不列颠看看,将来要把鼓浪屿建设得比大不列颠更美丽,而从来没有把我交给大不列颠。父亲在九泉之下,注视着我的一言一行、一举一动,我不能让他再为我受累了。在世就为我吃尽辛苦,死后还能让他不能瞑目吗?不能,万万不能。

记得小时候,父亲对她说过:“老祖宗怕我在南洋不回家,推说父母思儿心切,回到家就让我和你母亲叩头拜堂,从此就在鼓浪屿成家立业。”是呀,父亲疼她,爱她,是要她长大成器。就连双英姐,也叫我不要忘了家乡:"这是家乡的花,只有自己家乡才有的花……"

这一切如同昨日,巧稚岂能做出让老祖宗不放心的事,做出让后人唾弃的事。别说她周围无此先例,就是有,别人是别人,我林巧稚是林巧稚。

后来她才知道,麦克斯维尔和巧稚谈这件事之前,在决定巧稚担任住院医师不久前的一次会上,就做出了让她去英国学习的"备忘录"。那次全面体检并注射伤寒、霍乱等预防针,都是临行前的准备工作。那次体检比别人还要多打预防针,原来如此。

巧稚还没有完成顾临和麦克斯维尔信中说的"郑重考虑",因为兄嫂还没有回信。麦克斯维尔急不可待地又找到她,一见面就兴致勃勃地说:"我的理想终能实现了。"并且神秘地告诉巧稚:"顾临院长批准了我的建议,从二月一日(一九三二年)起,你就是我妇产科的助手了。年薪从两千四百元增加到两千七百元。"他接着说:"如果你去我们英国学习九个月,将会得到一千五百元的助学金。从英国回来后,就让你当协和医学院妇产科学系的助教。"

说到这里,麦克斯维尔长吸一口气,把那双"家常饼"似的手往大腿上一摊:"教学工作量大大地增加了,教程要修改,还要门诊教学,三四年级课时也有可能增加,还准备开设包括节制人口控制生育的门诊。"他看了一本挂历问巧稚:"难道你还没有接到医院的意见书吗?"

"没有!"巧稚摇摇头回答他。

一周之后,密斯福开森才把意见书交到林巧稚手里。内容和麦克斯维尔说的基本一致。同时,巧稚也收到了家里的回信。哥哥嫂子除了为妹妹的年龄着急外,再三嘱咐她:"不要忘记家乡,每年不能不给父亲上坟,一定要回来看看你的侄儿侄女……"

于是,巧稚在四月二十二日,用书面答复了医院:"我欣然接受你们三月三十一日的意见书。"

按照商定的计划,巧稚该回鼓浪屿休假,然后再去英国。

但是,巧稚不能不答应麦克斯维尔第一次向她提出帮助他的请求:"我应该让你正式休假,因为你要去英国,但科里的事实在叫我头疼,太多了。

夏天的病人多,你是知道的。我请求你推迟一周到十天再回厦门,算是我个人的要求,可以吗?"

巧稚自然愉快地应允了。

说句公道话,他对巧稚去英国学习给予那么大的帮助,即使不给她任何帮助,巧稚在他手下工作,要她多做十天工作,还能不从吗?他对巧稚的要求是真诚的,对她的帮助也是真诚的。为此,巧稚把他当作自己走向工作的启蒙者。

麦克斯维尔首先给了巧稚一张他的家庭住址,并附了一封简信。他还说,到了伦敦后,如果生活上发生困难,或者为了省下一点开支,减少支付吃住的费用,那就不必在外面住,可以住到他家里,和他亲爱的女儿住一个卧室,她们一定会非常愉快而又热情地接待巧稚的。因为麦克斯维尔已经收到了夫人表示欢迎林巧稚的回信。

他还给他的老师——博朗教授,写了这样一封信:

博朗博士:

我的助手、住院医师密斯林将去曼彻斯特。两个月后回到伦敦,到您那里去参观学习,看一看你们病房里的工作。她作为我们事业的多年同道者,是中国医学院里的第一个优秀毕业生,回来之后,她就将是我的主任医师了!

她现在正在很有兴趣地研究子宫出血问题,特别是致病的生理原因和不同职业女人的出血状况等问题。这些病在我们这里门诊量很大,而解决的办法又实在是太一般化了。她十分注意盆腔脏器的炎症,如盆腔炎、盆腔结核等病对于生殖系统的影响;此外,细菌学和尿道细菌学,也都是她希望进一步得到的知识。我恳切希望博朗博士在这些方面,能够尽可能地给予她一些帮助……

您的学生 麦克斯维尔

这封介绍信,更使巧稚改变了过去对主任的看法。他对巧稚追求的业务竟这样了如指掌,不能不使巧稚把他的品格上升到与高登厅同等的地位,从心里拜他为师了。

此外,他对巧稚初次外出之行,发挥了组织者的作用,为她向官方提交了在外日程安排的建议书。尽管太呆板,没有一点机动的余地,巧稚却认为是非常必要的。他甚至希望连一天有几小时睡眠也安排得好好的,心里才踏实。

这份建议书交到院部后,遭到了格兰德先生的反对,他对院长顾临说:"这样短期参观式的学习是否有用? 别说她,如果就是我,作为一个比她有经验的人走马观花,旅行参观,收获都不会太大,更何况她这样的年轻人呢?"

巧稚得知格兰德如此非难自己,火不打一处来。时间是学习的基本条件,同样的时间内,有人可以做出惊人的奇迹,有人则可能是一无所获,问题在于本人的心。巧稚知道,九个月中,自己的心应当用在什么地方,什么地方不应当用心。该用心的不用,不该用心的乱用,即使三年五年或一辈子的时间,不同样是一无所获吗?

巧稚气得像门榴弹炮似的,一头射进了麦克斯维尔的办公室,没有见到人就喊:"主任!"

"什么事? 这么慌慌张张,把我吓出病来,我的夫人就饶不了你啦。"看他满不在乎的神情,她更加生气。

"我认为你的建议,是完全理想的,我并不希望拿回一盆蛋糕来。但你可以相信,我一定要拿回蛋糕的配伍来。"巧稚几乎是放到最大的嗓门说这番话。

麦克斯维尔显然被卷入了巧稚的情感之中,在桌上狠狠地捶了一拳,站起身:"不听他的鬼话,顾临如果接受他的意见,那就让他来妇产科干好了。"

巧稚第一次见他发这样大的脾气,看着他涨得绯红的脸,反倒有些后悔了,后悔自己不该来给他增添烦恼。她把满肚子要说的话都咽了回去,抱歉地说:"主任,都是我不好,让你生气了。"

麦克斯维尔没有理睬她,抬手一指:"坐!"他自己也重新坐下,左手拍着桌面:"我已经写好了一份意见。"顺手递给巧稚,脸色恢复了平静。

巧稚接过来,只见上面写着:"作为一个青年医生,我们看准了她是有发展前途的医生,长期在一个地方工作是不能增长知识的。如能有若干月的时间访问、学习,哪怕是开一次眼界,看一看新鲜的东西,对于她,对于妇产科,对于每一个医生,难道不都是必要的吗? 三年临床之后,让她出去,再合适不过了……"

林巧稚不是陶醉于他对自己的夸奖而尊敬他,实在为他对自己的诚挚而感动。面对这位主任,巧稚还能说什么呢? 说什么能使他得到最大的安慰呢?

她沉思着,终于开口了:"主任,我决不会抛下妇产科,丢下有病的女人们,到国外去消磨光阴。本来我还缺乏出国的勇气,格兰德先生的阻挡,反而坚定了我的毅力,我应当谢谢他才是!"

麦克斯维尔拉开抽屉,从里面拿出一叠早已写上名字的信封,推到她的面前:"我给你写了一些'通行证',我想,对你会有用处的。"

巧稚接过一扎厚厚的信,看着,数着:有给曼彻斯特的雪博士的;有给伦敦拉爱特博士和维尔斯小姐的;有给皇家医学院妇科麦克劳医师的;有给大学医院妇产科的;有给蔡尔斯妇科医院的;有给镭放射治疗中心站的;还有访问剑桥大学、牛汉姆大学的;有给控制生育中心妇科医院的;有给妇幼医院屋尔维茨先生的;有给妇婴医院的;还有去爱丁堡和格拉斯哥的;最后一封是介绍她去安德胜医院找伊丽莎白女士的。加上带给博朗博士和他家夫人的信,一共十四封之多。

巧稚捧着这些沉甸甸的信,姑且不说内容如何,仅这许多信封,也足以看出主任是真诚扶助林巧稚到英国去的。否则任何别的解释,都将是对麦克斯维尔名誉和道德的损害,也是良心上所不能容忍的。巧稚感谢上帝为她安排了一个称心如意的好上司。

六月二十三日,麦克斯维尔允许巧稚正式离开北平。她身上除携带了麦克斯维尔给她的便信,还带着医学院六月十三日写给厦门领事馆及沿途各国外交使馆和海关的护身信,踏上了开往南下浦口的火车。尔后,从南京转乘轮船经上海回到了厦门。

福开森接到顾临的信之后,在上海为巧稚订好从香港登船的二等舱票。巧稚在家里只做了短暂的休息,就从家乡第一次单独离开了自己的祖国。

在林巧稚离开北平的前夕,白施恩的妹妹白和懿从燕京大学专程赶来,为她出国做准备。巧稚自己定做了三套三季可穿的旗袍,小白又送了她一件浅湖蓝的纯毛派力司旗袍。她送给巧稚的时候,对巧稚说:"我希望巧稚姐姐永远像天空那样晴朗。"她还陪巧稚到前门大栅栏买了两件绒线外衣,在东安市场买了一件呢子大衣。巧稚没有照学院要求和社会上的习惯去做几身西服,她从小就习惯穿大襟褂子,她父亲也是穿长袍的人。即使盛夏,巧稚宁可穿裙子,上身也不变家乡式的短袖大襟小褂。其他七零八碎的东西,惠澜替她准备得极为齐全,已经超出了她自己的携带能力。

说起惠澜,他多么希望和巧稚一同去英国学习啊!但医院是决定他去美国的。

出国的事,惠澜是第一个从巧稚口里获得消息的人。论道理她也不该隐瞒他。没有谁比他更加关心巧稚了,虽然有时候巧稚觉得过分,甚至表现出讨厌的样子,而他依然如故。他知道巧稚爱花,只要有什么新鲜的花开了,巧稚的花瓶里总不会短缺;他知道巧稚爱吃甜食,每逢一起外出,她总有心满意足的口福;甚至他还知道她早上爱睡懒觉,唯有他,从来不在早上打扰巧稚的睡眠,而晚上可以陪她到很晚很晚。

"巧稚,"他改变了学生时叫她"林小姐"的口气,"我们要能去一个国家学习,那该多好啊!"他埋怨医学院如此不通情达理。也许他内心还会骂一句:"这些人不是心狠,就是瞎了眼睛。"

其实,巧稚早从她的学生叶惠芳那里,知道了惠澜的秘密。他的老家在广东,是在姐姐的资助下上完大学的,和她有同病相怜的命运,是个聪明机灵的男子汉。他被留在协和内科,也不出大家所料。因为是男人,在协和不受结婚与否的限制。表面上,他比巧稚大两岁,实际却是比巧稚小几个月。因为报考协和时,校长密斯卡林为巧稚隐瞒了两周岁。这些,惠澜当然是不得而知的。

他的婚事是他姐姐的一块心病,惠澜还没有来得及把心里的事告诉姐姐,姐姐已在家里为他订下了一门亲,并来信详细地介绍了新媳妇的情况:门当户对自不必说,个头长相总要比原样说得俊秀三分;也是学医的大学生,但毕业后却不会受到像协和那样对女人的限制。姐姐逼他休假回去非成亲不可。他和叶惠芳的老家在一起,没有不透风的墙,事情很快由惠芳传到了巧稚的耳朵里。她知道,他对自己欲去不忍,欲爱不能。而巧稚自己还没有认真分心去想过个人的婚事。

巧稚同他的处境不同,一来学院看不起女人,协和办院以来的历史已有证明,不管顾临怎么花言巧语解释,只要女人成婚,他们会马上让她自动辞职,就连麦克斯维尔也会觉得她对他妇产科没有用了,会成为他的累赘,甚至他会从巧稚手里夺回为她写的十四封信;同时,巧稚不能不想到眼前这么多女人的疾病、痛苦,"谁让我已经跨进妇产科这扇大门呐"。病人着急,巧稚遇上治不好的病人其实比她们更加着急,只是她们用眼泪表示得那样明朗,而她扎在图书馆里,别人不知所以然罢了。

女人的命运告诉她,有家就是累赘,是个无法解脱的累赘。瑛姐不就是吗?她的磨难不仅解除了巧稚对她的怨气,反使巧稚感谢她了,是她为自己敲响了警钟。那年月,在协和,女人结婚、怀孕、生孩子,与事业两者是无法兼得的。所以学院有这条明文规定,就是女人不能像男人一样。他们的道理莫非就在于此!

在一些老同学的眼里,总以为巧稚看不起惠澜。每次请她聚餐,从来没有提起过惠澜。巧稚认为,人应当有各种友人,凡是别人不提的人,她从不多此一举,误会就让它这样天长日久地下去好了。

说心里话,那年寒假惠澜约她去滑冰,就像在她的心海里抛下了一块石头,波浪四起。元英一周一周让她替班,巧稚何尝不希望也能和惠澜到"世外"去走走。

但她克制了这种火花般的闪念,没有让它停留在脑子里。每当她闪着这种念头的时候,父亲就突然站到自己眼前。是的,巧稚不能不想到父亲,不能不想到兄嫂。她能到协和上学,如不是父亲给了自己知识,不是兄嫂供给自己经费,又怎能进入协和的大门,又怎能一学八年之久呀!过去的事,历历在目,总不该忘记。巧稚又怎能不专心致志学习呢!

如今要出国了,抬步就意味着两年。那么两年以后又会是什么情景,她不敢往远处去想象。

惠澜他并不知道,巧稚已经了解了他的家中秘密。他姐姐的愿望是一天也不能再等了,最好明天就给弟弟完成婚事,好让她完了一桩心事。巧稚的嫂子也何尝不是呢？每封来信几乎没有别的内容，第一句话就是"你年岁不小了……"谁又能挡住一天天增长的年岁呀！

她真不明白，难道世界上的男人和女人，非结婚不能成为终生的朋友吗？不是说，人要平等、相爱、相亲，如同兄弟姊妹吗？

离京前几天，巧稚的嘴角几乎天天流油，张先生、谢先生、胡先生、吴先生，他们轮番请她聚餐，为她饯行，不答应谁，都会落下个"看不起人"的罪过，害得她没有一点时间接受惠澜的邀请。直到第二天就要上火车了，才不得不挤出时间好好谈谈。

本该有许多重要的话说，不停地来人，不得不连连中断。偏偏有些人又缺乏眼力见儿，巧稚打着哈欠都赶不走客人。等把最后一批客人送走，时间已经很晚了。

他们从回顾相处的年头开始谈起，一直谈到未来。相识十一年了，心里装着一个人的人，临分别之前怎能无动于衷，只可惜遇上了她这么个"冷酷无情"的人。到了这时候，巧稚必须更加"残忍"，非这样不能拔出感情的泥潭。

"惠澜，我们都要先后暂离东方的世界，到一个陌生的地方去，不知道那里究竟是个什么样的世界？"巧稚首先冲破了窒息的沉闷。

"除了'文明'，还能有什么！我们不是正在领受这种'文明'吗？这里的'文明'不都是从他们那个世界带来的？它使我失去了我想得到的，也是可能得到的东西，而得到了我不想得到的东西。"惠澜出口的是低调门。

巧稚品味着他所说的"一失一得"之含义，心里明白了，但仍然佯装不解，反问他："这么说，你是不准备去美国了。"

"这是两回事，先生并非一切都是先生，学生并非一切都是学生。"

他总爱这么用哲理的词意和巧稚说话。过去，他的话常常堵得巧稚目瞪口呆，现在她的脑子已经很快适应了他的言论，也就不再那么费劲思考了。

"我相信，你是能得到你应该得到的一切，失去的也是必须应该失去的。"巧稚短暂的答复，来源于长时间的思考。这时候表示沉默，那是罪过，是对友人的欺骗。

他激动了:"与其说自由的世界,不如说世界的自由,难道你的灵魂真的自由了吗?"这种逼她表态的发问,使巧稚哑然。

"我只想过世界对于我们女人是冷酷的、残忍的。"

"眼前事实告诉我,世界对于男人比对你们女人更加残忍。"他说出了自己心里的话,道出了男人们的心声。

她知道,任何同情和怜悯,只能更加刺伤他的心。

"惠澜,你说,地位高的女人也罢,地位低的女人也罢,我看她们都是男人的附庸:金钱没有为她争得地位,儿女也没有为她们赢得权利。如果不摆脱对金钱的追逐,不摆脱儿女的绵绵长情,自由的世界还怎么能降临到我们女人的头上?"

"那么,女人还是女人吗?"他这么问她。

这算是问到了巧稚心里。她在第三份任聘协议书上签字时就反问过自己:"我还是女人吗?"但最终还是自己回答了自己:"就因为我是个女人,为了赢得做一个真正女人的资格,我签名了。"不是屈从于协和对女人的苛刻,而是走她女人自己应该走的路。

她把当时的想法如实地在惠澜面前重复着。心想,这样简洁明了的回答,他总应该明白我的内心了吧!

他长长地叹了一口气:"如此痛苦,难道非由你去履行这样的使命吗?"

不否认,连她自己也怀疑,这是否就能赢得女人的自由。巧稚只是想用她的心,用她的手,用她整个人,为女人的自由去做一点点努力。眼前巧稚只求得他对自己人格和良心的理解,不要产生误会,她就心满意足了,也就进入"自由的世界"了。

没想到,他仍然穷追不舍,居然说:"那我愿和你奉陪到底,宁愿为你的'自由'肝脑涂地。"

"惠澜呀,惠澜,你是铁心了,我是心铁了……"

时间一分一秒地过得如此之快。不把话挑开,惠澜大概不会离开的。巧稚这个心直口快的人,也忍不住心底的事:"惠澜,我就要走了。你何时成亲,我能喝盏喜酒吗?"

面对巧稚这种突如其来的攻势,他一时懵了:"巧稚,此话怎讲,奚落我不成?"虽然问得过于冒失,可是,也不能再兜圈子了。他完全沉默了。

巧稚见事已如此,就把知道的一切统统给他说了一遍。他还以为巧稚误会了,再三解释:"没有此事,那是家姐一厢情愿,我从来没有答应。"

尽管巧稚再三奉劝,看得出他还是拖着沉重的脚步,离开了巧稚的家。

十九　大不列颠

　　前门火车站挤满了人,巧稚像是一位被送行的贵宾。惠澜来得最早,为她送来一束鲜花;施恩与他妹妹和懿,为她提着行李;懿铿还带来了一位男同学周华康,人们都来送行了。

　　巧稚吃惊,连自己的侄女都有了男朋友,越发觉得协和的不公。还有几位先生和同学,包括麦克斯维尔、高登厅以及代表顾临的密斯福开森,他们也驱车赶来送行。巧稚在一片热情的祝愿声中,登上了火车,离开了叫人留恋的北平。

　　林巧稚在鼓浪屿度完假,八月三日从厦门登上了开往香港的轮船。八月六日从香港乘上国际海轮,离开了祖国。轮船途经吉隆坡、科伦坡,过红海,穿苏伊士运河,越地中海,驶向巴黎,再由陆路转到英国。九月十六日到达伦敦。

　　没有比伦敦更使人感到模糊的地方了,那潮湿灰蒙的冷雾久久地在空中弥漫着,那些高耸入云的楼房只能现出模糊不清的轮廓,就是整个城市的格调、色彩和情趣也显得极不协调,那维多利亚式的浑圆的褐色建筑物和一排排镶嵌在黑幽幽墙壁上的长条形窗户,使人感到苍劲古老;而海德公园里“〈”形河畔上的树木,用栏杆围起来的草坪,又显得那样翠嫩新鲜。俯瞰全城的教堂钟楼和宏阔的大英博物馆,它们显得那样庄严肃穆;港口和码头上，往来如梭的货船所带来的喧嚣，又使人感到那样混乱、轻狂和沸腾。有的马路很宽广，也有的人行道却很狭窄。带着希望和失意、追逐和挫折、奋斗和疲惫等各种神色的行人，在一片嘈杂声里拥挤着，堵塞着，流动着。这是一座神秘莫测之"岛"，过度繁荣之都，荒谬怪诞之市。它把一切高傲与卑怯、典雅和粗俗、富丽和贫陋、文质彬彬和轻狂无礼都混杂到一起了。

教堂的大钟刚刚敲过七下，巧稚便急匆匆地从屋里走出去，挤进街道上那阵鼎沸的人流里，朝着泰晤士河方向走去。自从来到伦敦之后，她就没有仔细地打量过它，她没法用艺术家那种敏锐的目光和丰富的情感，来观察、剖析、理解这个城市。而麦克斯维尔先生为她安排的计划，又是那样的紧凑，没有一块完整的时间让她去探访这个像是罩了一张迷人之网的地方。

在英国，她第一个阶段主要在剑桥度过。那是位于伦敦北面百十公里的一座小城，是个高等学府的集中地。在那一座座基督教堂式的楼房里，蕴藏着大量的智慧、知识和图书。从那些用荷兰瓦砌成的挡火板上所画出的各种画像中，就可以看出它那缜密的思维和无限丰富的想象力。巧稚不愿意空过一分钟的时间，她紧紧地抓住了知识的杠杆，费尽力气地掏掘着，努力地寻找一切在她看来是有价值的东西。她参观访问了剑桥大学、牛汉姆大学，在控制人口生育的门诊室里待了一段时间，后来又用整整两个月的时间在马利医学院妇产科进修实习。

年底的时候，她又回到了伦敦。这时正是英国最寒冷的季节，风寒雾冷，树木萧瑟，街道和店铺都冻缩在阴冷、凄凉的气流里。那天早晨，巧稚穿上了棉旗袍，领口上别上一枚孔雀开屏的领花，外边套上了一件深灰色呢子大衣，用完早点，便急匆匆地赶往英国皇家医学院去见博朗博士。按照原计划的安排，她希望在博朗博士的指导下进修三个月。

巧稚在实验室里见到了这位英国皇家医学会的会员、医学界中素有名望的老人。他看了看麦克斯维尔先生的推荐信后很高兴地说，他对于自己学生的同事将是毫无保留的。虽然相互之间说着不同的语言，但丝毫不会影响他将自己在科学研究道路上所遇到的挫折和教训，像对自己的学生那样告诫她，提醒她。博朗博士正在同时进行许多项目的科学试验，而巧稚最感兴趣的是其中关于小儿宫内呼吸的课题。博朗博士慷慨地允诺，他将协助巧稚在这个问题上进行深入地探讨研究。

巧稚利用了那里丰富的藏书资料,她几乎用尽了实验室工作之外所有的时间躲到图书馆里。中午的时候也不出去,只把随身带来的一份夹心面包,在没有人注意的地方偷偷地吃下去。后来被好心的图书管理员看到了,便从他自己随身带去的一个小小茶杯里,给她斟上一杯滚烫的热茶。巧稚看书的速度,也使这位图书管理员暗暗吃惊,一个黑眼睛黑头发的中国女人,竟像他们自己人那样,娴熟地翻阅和查找资料,从来没有见到她要借助什么辞典。

为了开阔自己的眼界,巧稚利用这段时间,广泛地参观了伦敦各家医院和科学研究机构。她首先走访了蔡尔斯妇科医院、皇家医学院妇产科学系、伦敦妇幼医院、伦敦妇婴医院等处。

特别引起她兴趣的,是镭放射治疗中心站。还在三十年代初期,这里就已经开始将同位素放射的先进科学技术应用于医学领域,由此可见,人类在人体上的探索如同对天体上的探索一样,还有无限广阔的空间未被认识、未被发现、未被占领。

但是,在这期间,一件使巧稚非常不愉快,也是她最担心的事情终于发生了。

巧稚收到了一份一九三三年二月一日发自北平顾临博士的电报,协和医院中国首席院长刘瑞恒先生,要巧稚回北平后,接替杨崇瑞女士创办的助产士学校工作。杨女士奉命将去南京办第二个助产士学校。顾临根据刘瑞恒的要求,向林巧稚发了电报,要她即刻回电做两种简单回答:(一)不同意;(二)接受。

这件事,巧稚左右为难,对刘院长在她出国前不打个招呼感到气愤。既是院长,为什么还要通过顾临转告,而不直接告诉自己;更气他的是只看到助产士重要的地位,看不见或者说轻视广大女性存在许多亟待治疗的疾病,否则不但不该在她身上打主意,而且更应该用最大的力量辅助她在妇产科治疗上去努力。

这个电文唯一能宽慰她的,就是刘院长心里还有个林巧稚。如果任何别人提出这样的建议,巧稚会毫不在乎地立即回电拒绝。就因为是刘院长的意见,巧稚迟迟不好答复。原想再等等看,有无补充的电函,或有什么同道的信电,结果杳无音讯。

她怕再不回电,生米煮成熟饭,二月十四日赶紧发出了回电。这就完全造成了这样一个事实——顾临可以冠冕堂皇地对刘瑞恒说:"我和麦克斯维尔研究后是同意你建议的,并且发电报告诉了林巧稚,她愿不愿去,你还可以直接和林联系(已经晚了),可她回电报'拒绝接受',这件事非常抱歉。"以后想来,如果那时候回国转入助产士的培训工作,往后的巧稚,自然是另一种生活方式的人了,因为协和的一切制度,再也约束不到林巧稚的头上。

说起杨崇瑞,出国前,她俩见过几次面。她留给巧稚印象很深。她是长得很漂亮的女人,个头比巧稚高,脸形端正,模样大方,实为东方的美女。西方的熏陶,"土""洋"在她身上兼而有之,加之她心灵脑活,知识丰富,颇受当局器重。她善于教学,重视女人的生育,美国留不住她,她坚决回到了灾难的中国。每当谈起这些,她会滔滔不绝。她对巧稚多次谈起要改变接生婆接生法,破伤风死亡率太高了。

巧稚非常赞赏她的想法。巧稚之所以喊她杨先生(老师),除上述原因之外,她还是巧稚的老学长,是协和医学院前身"协和女书院"壬子年四月廿八日的毕业生(即一九一二年六月十三日)。国民政府在民国二十年(即一九三一年)元月二日,任命她为内政部卫生署技正。她在北平兴办的"接生婆讲习所"乃为中国之创业。在此基础上,她呼吁社会及医院重视"造福人群"的事。协和对此不以为然,认为这超出了医院本身职业的范围。

那时候,巧稚还没有担任她们的讲课,直到杨女士离京去宁之后,巧稚才从英国回来,承蒙她多次抬举,勉为其难,讲了一些孕妇临产时的常识课,只希望接生婆认识这是女人生理的本能过程,不能急,也不能疏忽;还讲了一些难产产妇的应急处置方法,并请过其中的一些学生,看过自己的助产过程。

三月下旬,巧稚在博朗博士的指导下,写成了关于小儿宫内呼吸问题的学术论文。论文内容充实,见解独到,受到当时伦敦许多有名望的妇产科专家的好评。博朗博士还决定,将这篇论文推荐给四月九日到二十一日在伯明翰市举行的英国妇产科医学会议。

论文完成之后,巧稚离开伦敦前往曼彻斯特,完成她进修计划中最后一个阶段的任务。在那里巧稚观看了大量的疑难手术。原计划在爱丁堡和格拉斯哥仔细参观学习，但时间不够了，连续接到顾临和麦克斯维尔的电函，催她在六月的第三周末一定要赶回北平。麦克斯维尔希望她参加英国妇产科学术会，但院方没有同意。

在伦敦期间，巧稚曾到麦克斯维尔先生家里去拜访过一次，见到了他的夫人和那个满头金发卷曲的女儿。这个孩子给巧稚留下了极好的印象。她长得那样伶俐可爱，就像巧稚在女子学校读书时大家抢着的那个洋娃娃似的。她有着像她父亲一样明亮有神的大眼睛，但比她父亲的眼睛更显得灵秀，笑的时候两只眼睛里就会荡漾出诗一般的美意来；她的脸圆圆的，肉鼓鼓的，像一轮满月，两个酒窝又深又漂亮，里面像藏着满罐的蜜汁；小鼻子微微地向上翘着，厚厚的嘴唇，鲜艳得像朵玫瑰花。身材也是圆鼓鼓、胖乎乎的，穿一件镶着花边的多褶连衣裙，两只小脚在棕色高腰皮鞋里显得那样平整，鞋口的上部露出二指来高的白色丝线短袜，两条浑圆的小腿像用玉石雕琢出来似的。她只有十一二岁，但却知道很多的东西，见面后不久，她便与巧稚谈得很融洽，大大方方地给巧稚唱了一支歌，又给巧稚讲了"小拇指汤姆和矮妖国国王"的故事。

麦克斯维尔夫人，对于这位远涉重洋来探求知识的中国女人，非常钦佩。她说，像巧稚这样把生活中一切都舍弃了，一心只想到事业的女人是不多见的；而献身于科学，特别是献身于与人类幸福有着密切关系的医学科学，无论什么时候都会使人产生敬意。她们一定要留下巧稚共进晚餐，当巧稚把她当日的紧凑安排——博朗博士在那天晚上就要对她的学术论文提出修改意见告诉她们时，她们只好表示遗憾了。

四月初，巧稚到了英格兰西部的曼彻斯特。这座庞大的纺织工业城，是一个典型的资本主义城市。几百年前，它与自己的近邻利物浦一样，都是一个荒僻的村镇，只是因为靠贩卖黑奴才发展起来的。

现在，这里虽然是烟囱林立，机器轰鸣，生产着运往世界各地的棉纺织品，但是城市的建筑却糟得很，又脏又乱，有的房屋小而陈旧，有的坏得很厉害，早该修理了。街道既狭窄而又凹凸不平；黑洞洞的窗户和粗糙的台阶，给人十分丑陋的感觉；顺着运河开进来的一艘艘运煤的船只，使原已灰暗的天空蒙罩上一层灰色的粉尘。

巧稚在这座"人们可以赚很多钱"的城市里，又住了一个多星期。她拜访了医学院妇产科的谢夫博士，参观了他们医院里所做的许多疑难病症的手术，开阔了眼界，丰富了自己的临床经验和基础理论知识。

她本来打算顺着铁路线，一直向北去格拉斯哥和爱丁堡，因为，她手里还有麦克斯维尔先生推荐她到那里去的几封信。可是未等她动身，就收到了密斯福开森拍来的电报，顾临博士通知她尽早地结束进修的一切安排，要迅速地回到协和来上班。

巧稚接到电报后很着急，感到还有好多项目没有了结，英国妇产科医学会议马上就要开了，起码她要参加完这次会议再回去。她将这个意思写信给麦克斯维尔主任，希望他能够代向校方提出申请，然而不久收到了回电，通知她："乘劳尼帕特号船从巴黎出发，取道苏伊士运河回国。"而且，让她务必在六月份的第三个周末，赶回协和医院。

1934 年，麦克斯维尔主任在妇产科。

那是没有其他的话可说了。顾临博士显然是不愿意再多承担一天她在国外的生活费用,她也只能按照这个严格的时间表来行动了。本来博朗博士还推荐她在返国的途中到芝加哥、纽约等城市去参观,那些地方有他的一些老朋友,都在进行一些很有价值的科学试验。如果她能在那里见识一下,对于提高她的医术无疑是非常有益的。可惜的是,所有这些建议都不会改变顾临博士的决定,他的观念永远是既定的和不可更改的。

　　这样,巧稚便按照顾临博士规定的日期和路线,返回了自己的祖国。

　　巧稚回到妇产科后,在工作上更加受到麦克斯维尔主任的赏识。她除了在本科工作之外,还要作为麦克斯维尔的助手,在协和医学院妇产科学系里兼课,带领学生实习。她的精力显得格外充沛,就像一辆被轮番使用的马车,一刻不停地奔跑,而且,拉得那样起劲,跑得那样欢快。

二十　命中注定

一九三七年一月十一日,医学院行政委员会通过了一项决议:林巧稚由襄教授晋升为副教授。在这次新晋升的学术职称人员中,林巧稚是最年轻的一个。

老实说,这次晋升不能完全归功于麦克斯维尔一个人的努力。巧稚的同仁、老师——张孝骞、谢少文、诸福棠、吴朝仁等,他们都在为她说话。谢教授还同她一起发表了论文《对妊娠母亲试图用破伤风类毒素免疫小生儿》。在他们中,巧稚年龄最小,而且又是一个女人,处处得到他们的照应。

这种摸不到的力量,对院方有一种看不见的威慑;外加麦克斯维尔对巧稚业务和性格的欣赏,在院长面前夸奖多于指责。林巧稚实际上已经解决着妇产科的一些问题,发表了至少五篇有影响的论文,如:

《用造袋术治疗后腹壁囊肿一例》;

《新生儿自发性肺气肿》;

《在协和医院生产的畸形头胎儿》;

《妊娠及非妊娠妇女的阴道酵母样霉菌》;

《对妊娠母亲试用破伤风类毒素免疫小生儿》。

倘若再不研究解决她的晋升问题,将会受到多面夹攻。

那年头,临床上遇到的许多疑难问题,并没有因教授、副教授的增加得到解决,连麦克斯维尔自己都感觉到,协和医院本身没有也不具备解决这些疑难病症的能力。

为了表白他为巧稚晋升做的工作,他告诉她:"晋升你副教授的推荐书,我已经递交了。"

那时,顾临已经离开协和,走得很匆忙。总务长博文,临时代替了顾临的职务。麦克斯维尔亲自把文书送到他手上。平时,巧稚不和博文接触,不知道他不懂医学。对麦克斯维尔的话,巧稚只是淡淡地报以一笑。

麦克斯维尔接着建议:"我希望你,到美国那屋克博士那里学习去,他是一位内分泌专家,你很需要在这方面增长知识。"

"是这样。"巧稚满意地回答他。

巧稚也早意识到,需要在内分泌方面下功夫。谁知他的话只说到这里。不像为巧稚第一次出国那样,早做了周密的安排,拿出一个完整的学习计划。连有没有提交推荐意见书,他都没有说明白。

巧稚要求按规定能再到国外去,口头、书面向科主任几次报告了她的要求。明显使她感到,与其说是他的希望,倒不如说是一种安慰。他的希望是对巧稚要求的一种友好表示,他确实是同意的,还有具体设想,为什么没有具体安排?后来巧稚才知道,主任对医学院已产生了成见。这种成见,哪时起,何时止,巧稚不明白。不过,这绝非是她的感觉,而是事实。

一九三七年七月七日夜里,京西卢沟桥方向传来了撕天裂地的炮声,战争使北平的时局变得混乱不堪。协和医院门诊率陡然下降,住院病人也等不到痊愈,就迫不及待地出院。火车站、飞机场顿时乱成一团。

协和这块天地,依然静悄悄的,看不到街头巷尾那种杂乱和惶恐的样子。但从外国人川流不息、忙忙碌碌的紧张气氛中,能揣摩出他们的紧张心理。

小礼堂的集会增加了,看不见有我们中国人参加,连张先生、林巧稚等也统统被拒之门外。

会散之后,人人脸上都是肃静的,似乎各自都在思考着什么。从同仁们那种深沉寡言的面部表情,可以看出对日本侵略者的仇恨和愤怒的情绪,只是谁也不说。

这天,麦克斯维尔把巧稚叫到他办公室:"林教授,我离家年头太长了,不能总这样下去,应该回去了,这一次真的要和你分别了。"

巧稚很愕然,事先一点都没听他说起过。是学院新来的一些人排斥他?马士顿也一直和他明争暗夺主任的位置。他比麦克斯维尔年轻,一头卷曲的黄发"栽"在大光脑门的顶上,一侧大一侧小,向两面分梳得整整齐齐。个子没有麦克斯维尔高,长得却还匀称。林巧稚没有看出,马士顿对麦克斯维尔能有什么威胁。

"是因为马士顿吗?"巧稚直截了当地问他。

他们已经不再含蓄地说话,巧稚早就看出像她信任他那样,他也是信任巧稚的。自从英国学习回来,医院里发生的事,她和主任之间没有什么不可以谈的。

他这次回国,而且是不再回来了,事先却一点没有给巧稚信息,飞机票都已经买好了。

巧稚本该准备一桌宴席为他饯行,聊表一下她对主任十多年关照的谢意,谁知他连吃一顿饭的时间都没有,只剩两天了,他还要向几位相好朋友辞行。关于巧稚是否还出国学习,他只字不提,他离开中国紧迫的心情,也不知是否与马士顿的关系有关。

"谢谢你,你的情我领了,接受你的宴请就要耽误一个礼拜,或许更长的时间,机票实在紧张极了。"他拒绝了巧稚的邀请。原来他是怕说不准什么时候一颗炸弹会掉到自家的房顶上。这个年头,早早脱离这个环境为好。

"林教授,你来不及和我一起到英国去了。愿意的话,我回去后立即为你安排。我相信,只要你到英国去,一定会为你提供优厚的待遇、实验室、工作室、英镑、别墅……一切都可以得到满足。这些,我负责,我非常欢迎你去。"

巧稚相信,他这一番话是真的。她在他手下工作,没有发觉他对自己有过敌意和邪念,连一句叫人不愉快的秽语都没有。他是一个专家,致力于妇产科的专家,对临床上遇到的难题,有着相当敏锐的洞察力。

"谢谢你,麦克斯维尔主任,我不离开协和。"

"为什么?"他迫不及待地问巧稚。

"因为战争,因为日寇侵占中国领土,我能离开协和吗?"

"哦,战争是可怕的,它不仅会使你失去工作条件,还会威胁到每个人的生命。我看你还是离开协和好!"他很诚恳地劝巧稚。

巧稚很奇怪:"协和不是美国经办的吗? 日军还会打进协和? 再说,这是个医院啊?"

"哈哈哈哈哈……"麦克斯维尔听了巧稚这番话,竟大笑不止。

"你真是善良的女人,虔诚的基督教徒,子弹见你一定会拐弯躲开的。"他这么嘲笑她。

但,不管他怎么说,巧稚决不会答应离开协和去英国的。

"主任,你笑话我?"

"不,不,不。据我们的看法,这场战争是无情的,无论谁胜谁败,都是残忍的。我们已得到允许,先后都要离开这里,你难道愿意半途而废,毁在战争中吗?"

巧稚终于明白了,他让她去英国,不存在任何别的企图。巧稚很快地回顾着与他的相处:多年中他对自己的帮助是真诚的,他和顾临、博文不一样,他是从医疗医术上与巧稚交上的朋友。开始,巧稚总有点怕他,怕他挑挑剔剔,专找她的毛病。和他在一起看病、做手术,巧稚总得小心翼翼,怕他歧视我们中国人。很长时间,从不和他说与职务无关的话。巧稚埋头干她自己的事,只要他不找她,她也从不找他,怕他把自己这个女人不放在眼里。凡临床上没有把握的事,巧稚从不多嘴。

后来,慢慢地从接触中她才知道,他并不是巧稚想象中的那样可怕。自从那天夜里做了个大手术之后,他把巧稚几乎捧到了天上,逢人就夸,巧稚出诊量日趋增加,就是他到处去吹捧的结果。从那以后,巧稚懂得了这样一些事:世界上人和人是不完全一样的,比如他和顾临就是完全不一样的。

当巧稚就要离开主任办公室的时候,一只手背上长满茸毛的大手,再次握住了她的手:"林教授,你再好好考虑一下,我是非常欢迎你的,什么时候都是欢迎你的。"并且说:"如果你不愿去英国,到美国也行,那里的妇产科专家,也一定会欢迎你的。我负责向他们介绍你。"

巧稚对他这种友好和热情给了三个字的报酬:"谢谢你!"

巧稚知道,三十五六岁的人了,这正是出成果的年龄。她多么希望能实现原来的计划,按麦克斯维尔的建议到美国拜内分泌专家那屋克为师,有利于研究妇产科更多的疑难症。但可恶的日寇,已把战火烧到中华民族的国土,让我们民众遭受这场战争灾难。

巧稚的心,像火一样地在燃烧。她生来还没有经历过战争,虽然不懂战争会给民众造成多么大的灾祸,但她想,战争一定会死人,会受伤。她没有加入反抗日寇队伍中去的想法,但同时,也没有因为战争马上离开协和,到外国去,或者躲到没有枪炮声的地方去的闪念。

不少同仁动员过巧稚:"到外地暂且躲躲。"

"不去,看能把我怎么样了!"

"你怎么一股天真的稚气?"

"我叫巧稚,不是幼稚!"

麦克斯维尔离开协和医院,马士顿成了妇产科的权威。他在妇产科,对病房和门诊的病人兴趣不大,几乎是泡在实验室,不知道他在研究什么重要的课题。有空就到外面交际,在不长的时间内结识了许多名流。于是,来候诊的贵夫人日益增多。第一次来的都找马主任,他却很少在诊室迎候他亲自邀来的"贵宾",巧稚诊疗室反倒门庭若市。

来治病的,无论她的身价有多么显贵,面对医生都还气平心顺。如果偶遇出诊,登门为夫人小姐治病,难免就得委屈些了,什么不愿打针啦,药苦啦,粒大呀,这里疼、那里不舒服呀,总得让她撒够了娇,而后才能诊治。三分小病得喊出七分痛苦。

时间一长,巧稚这个医生也就习以为常了。她不能不感谢马士顿,因为他在妇产科,为自己引来许多病人,使她有了充足的临床实践。

马士顿当妇产科主任的时间不长,抗日战争爆发后,就换了惠狄克。

惠狄克完全不像麦克斯维尔那样,欣赏、重视一个医生的技术。他对中国的女病人,常常不屑一顾。从他身上,找不到一点行"慈善"事业的痕迹,巧稚常为此感到心灰意冷。

查房主要工作应是两方面内容:一方面检查医师对病情的诊断处置是否得当;另一方面,指导下级医师发现、解决疑难疾患,防止错诊,克服误诊,避免漏诊,使病人得以及早恢复健康。之外,也要检查、护理病人,组织病房管理等事项。

　　惠狄克主任对此兴趣不大。巧稚不能解决的疾病,他理论上能说,实际上同样都不能解决。不是巧稚看不起他,实在没有看见他能发现下级医生在治疗上的不足之处,并给予一点补益,"是个草包"。

　　开始,巧稚并不苛求他,虽然他年龄不比她小,毕业不比她晚。那年头,协和是讲资历的,但他不怎么把人放在眼里,巧稚有些气不过。他有时还旁敲侧击地指责巧稚不搞研究。有时候,巧稚会毫不客气地和他争论,他总是笑嘻嘻地说:"林教授,我们不必争论了。你应当理解我,我很钦佩你的临床实践。不过,拉拉病人的手,总不能成为一个科学家。"

　　林巧稚虽然不便当众驳他,但也绝不接受他对自己这种轻蔑的态度:"惠主任,一个医生不了解病人的冷暖,怎么治疗病人疾病? 我不能面对那么多的病人弃之不管,去选几个'尖端'的题目,整天埋在实验室。临床上遇到大量的子宫出血和宫颈糜烂的病人,才是我急需研究的重点。怎么能最快最准确地做出诊断,迅速给予治疗,这是最应当考虑的头一件事。"

　　惠狄克对巧稚的心,对一个善良医生的心,一点也不同情。

　　巧稚日夜想着能对孕妇早作产前检查,降低难产率,减少婴儿死亡率;她希望解决的"尖端"问题应当是女人中多见常见危害甚大的妇科病,比如对乳腺癌、子宫癌的治疗。巧稚从大量的统计数字和材料中看出:妇科病占妇女各种其他疾病的三分之二还多。这些疾病就因为仅仅是女人的缘故,那么,女人具有一种什么样的特点呢?

　　生孩子只不过是女人生理机能的表现,它不是诱发疾病的原因。生孩子,首先就要怀孕,那么女人就要有月经,能排卵;一个女人,不能排卵,没有月经,就不能怀孕生育。所以,月经、排卵就是女人生理的基本特点,或叫作基本特征。

　　通常,从临床来看,月经、排卵正常,这个育龄女人的身体就健康。一旦月经、排卵不正常,身体健康就随之发生变化。一个妇产科医生,就必须把这种正常与不正常的前因后果,与造成它们间相互转变过程搞清楚。图书馆里情报资料告诉她,那屋克是位有名的妇科专家,也是一位内分泌专家,巧稚自然朝思暮盼,希望在内分泌课题上拜他为师!

　　一九三九年三月的最后一天,林巧稚再次递交了请求出国学习的申请书。

二十一　豆芽菜胡同

在马士顿没有离开协和之前,凯维博士建议由林巧稚担任妇产科代理主任,林巧稚自己并不知道这件事。五月的一天,有人突然祝贺她:"恭喜恭喜,你高升了!"

"升什么呀?"巧稚莫名其妙地问他。

"你怎么装起糊涂来了,到时候请客,切莫含糊。"这位先生,硬是不信她会不知道这事。

"这个大灾年头,请什么客啊! 你们真有心思吃吗? 再说,我究竟升什么了呀?"

他见她这么一说,收敛起笑脸,长叹了一声:"年头又怎么办呢,还不是国家穷,被人家欺负吗? 慢慢地熬吧!"说罢扭头要走,又想起了什么,转回身,"林教授,你当真不知道,要你当科主任啦!"

"不可能,主任快要来了。院方绝对不会把这种差使轻易给我的,要不,聘书还不写明?"巧稚这么毫不含糊地回答他。

过了不长时间,虽然没有像巧稚的同仁说的那样当科主任,但六月七日娄克斯通知她:"七月始,医院将任命你任代理主任。"

有一天,惠狄克把巧稚叫到原先是麦克斯维尔的办公室,说:"好吧,你晚些时候去一个地方工作,马里兰州吧。我给你介绍哈德曼和斯多德,你在这两位博士指导下工作。"惠狄克沉着一副毫无表情的脸,像对待一个小孩子一样和巧稚谈话,并说:"我建议你把生理学与妇产学的关系,作为这次学习的范围。"

他说的学习范围并不错,要当好一个妇产科医师,首先要了解生理学与妇产科学的关系,只是时间短得可怜,范围大得要命。巧稚已经发现他不喜欢别人当面驳他,她只好点头向他微微一笑。

他似乎看出了巧稚这种笑的意思:"林教授,你笑什么? 我对你抱有很大的希望,你会在生理学与妇产科学的基础理论方面再提高一步。我将要在你走了之后,做一种惊人的试验,等到你回来我们互相交换成果。"说完之后,双手撩开白大褂,手往背带裤腰里一插,往后仰了仰身子,长长的"啊"了一声。

他发出的长声中充满了傲慢和自信。巧稚问道:"主任,你准备做一种什么试验,可以给我透点风吗?"

"现在我还没有寻找到一批合适的对象,等我找到了你们中国的一批合适的对象——那就是说,一批非常非常健康的、生育能力旺盛的、极容易受孕而且又能准确控制排卵周期的这样一批女人,那时候,我再向你披露我的想法。"惠狄克这么慢条斯理、煞有介事地在叙述着他梦幻中的试验。

"哦,主任,你是打算搞人工授精吗?"巧稚真以为这位主任有什么赶超时间的新试验。

如果这样,那么巧稚过去对他的看法就错了。她总觉得这是一个不务正业的人,三个主任,一个不如一个,为此巧稚感到晦气。如今他真的搞人工授精,成功了,不是一场生命的革命吗?

这种超时代的试验,她也想到了。为了做这种试验,巧稚宁可暂且不到外国去,协助他一起做这个有历史意义的试验,巧稚甘愿当他的助手和学生。想到这里,巧稚向他吐露了她的想法。

"不,不,你还是出国学习去吧! 我还不是做试管婴儿,而是要研究一种崭新的生命,哈哈,崭新的生命。"他完全拒绝了林巧稚的满腔热情。

巧稚想,或许是怕我分享他的试验成果吧,那也就没有什么别的可说了。巧稚预祝他:"我祝你试验成功!"

　　他又一次笑了,不过这种笑声使她感到不自在,充满了阴险和奸诈。

　　在笑声中,他从抽屉里取出一封准备发出的信:"林教授,这是我准备寄给哈德曼和斯多德博士的信,你看看。"

　　巧稚接过信,上面这样评价:"……林巧稚博士,大部分时间在临床,没有搞什么研究,能接受她在你那里学习,无疑对她个人和对协和医院都是有好处的……"

　　他用一句话,居然概括了林巧稚十多年的工作,实在使人遗憾。不过,巧稚不爱计较任何人对自己工作了解的深浅。一个人的工作,不是任凭谁说一句话,就能定音的。要紧的,是在解决民众问题上,到底发挥了多大能量,让民众受益了多少。不过对他所说的"好处",巧稚打心底里感到别扭。

　　记得麦克斯维尔推荐林巧稚出国时,也提到过"好处",那时巧稚由衷地觉得顺耳,而惠狄克将要给她的"好处",字里行间散发着"图利"的气味,而且说:"这两位博士,也只有我去信,他们多少能给个面子。换别人介绍去,恐怕不容易接受。"换句话说,这种"好处"首先要归功于他,要感谢他的"恩赐"了。他可真没有选好学生,巧稚从来也不会在任何人面前,做低三下四的事。对于这件事,巧稚也只是道了声:"谢谢。"

　　最后,他还提了一句:"另外,克德姆也是很有名望的博士,我希望你也能得到他的指导。他已经快到退休年龄了。"

　　巧稚很希望他能介绍更多的人供她去学习,他并没有像麦克斯维尔那样,为她提供方便,充实她一年的进修。上面的三个人,就算是巧稚一年学习的去向所在。

　　豆芽菜胡同五号的会客厅里,协和医学院执行委员会的全体成员依次席坐,主席柯柏坐在椭圆形会议桌的首席。会议在研究了聘请年度医护人员议程之后,主席先生宣读了惠狄克的建议书。

　　据说,会上无一人提出异议。他们并不自愧失信誉,欠了林巧稚一次出国学习的债。虽然有人说:"早该让林博士到美国学习去了。"但主席还是否定了这种遗憾:"这不是我们协和医院的过错,是战争,是日本和中国的战争。现在提交委员会研究她的出国学习访问,为时不晚。"

　　柯柏停住了话音,伸手端起茶杯喝了一口水,把脸转向刘瑞恒,抬了一下眼皮,接着说:"这也要看你们中国政府当局,能否再让你们的人到国外去哦!"

会上一阵短暂而轻微的骚动之后,刘瑞恒说:"我想困难不会太大,只要贵国接受,其余事宜一概好说,好说。"

就这样,一九三九年五月十五日的执行委员会通过了林巧稚第二次出国的决议。

　　妇产科学系的副教授林巧稚博士,经协和医院董事会执行委员会决定,从一九三九年十月二十四日离开协和去美国学习参观,为期十个月。

　　时至,从上海出发到旧金山来往旅费定为三百六十元,预支三百元。学习实验费用,部分将由自己本人负担。执委会意见,待学习期满,返回来后给予一千二百元的实验用具费补贴。

执委会　柯柏

总务长　博文

这种进修学习,使林巧稚进退两难。要去,就得硬着头皮自己掏一笔钱。去了,未必能得到满足自己希望获得的研究课题。惠狄克主任给哈德曼博士的信,就为林巧稚做了限制。信上他这么写的。

　　马里兰州

　　哈德曼博士:

　　我想推荐一个人到你那里去学习,只需要简单说明情况,相信你一定会欢迎的。

　　我的妇产科(包括儿科在内)一共已经有五十六张床位了。我对科内的人员做了合理的安排,恶性肿瘤如阴道癌瘤,已有人学习了,妇科病理学、生物学、内分泌学也安排好了学习的人。现在我很希望有人学习繁殖的生理学方面的工作,以协助我开展这项有意义的研究。

　　假如你不反对、真诚支持我的话,我将派人到你那里去。八月

一日即可以离开北平，九月一日就能在你那里开始工作了。如同
意的话，就答复我。

　　要派去的人你猜会是谁呢？就是协和的第一个被留下的中国
女学生，我的妇产科的第一个中国女医生。这样，不说她的名字你
就知道了，她是一位受所有在北平各国使馆夫人欢迎信赖的
人——林巧稚博士。而且，她是一个众所周知的活泼果断的女人，
相信她一定会和你配合得很好的。

　　……

　　九月初出国，学院已把大体时间给巧稚定下了。她想做些出国前的准
备，比如各种妇科病的史料，产科方面，畸形胎儿的研究及其他，等等。

　　但是，医院因为日军侵略中国，一片乱糟糟的。妇产科门诊量显著减
少。病人惶惶不安，有病早不敢来，病得严重时才来医院。为这件事，林巧
稚找过惠狄克。他说："我们是基督教信奉者，相信人是慈善的。"

　　"人是慈善的，但是，日军为什么要打到中国的领土上来？"

　　惠狄克没有正面回答："啊，上帝，这是很复杂的问题，需要你们政府回
答才是。"

　　政府谁又来回答这些呢？她已经发现，在自己的同仁中，他们都比自己
年轻，有着一支抗日救亡的力量在活动，在奋斗。她想，医院里也看到了这
支力量。只是这股力量在每年一度的聘雇中发生着变化。这所医院里，是
不允许我们中国医师参与学院以外的一切政治活动的。哪个医师在社会上
有什么"越轨行为"，第二年准定被解雇。协和医院是一个完整的独立王国，
从抗日战争起，就给人们形成了这种印象。

　　抗日战争爆发以后，妇科的住院病人少了，只是特别门诊和高级病房的
病人多了。惠狄克很少去门诊。巧稚发现，他对许多妇科疾病诊断不准，或
者说简直不懂，病房里也只是偶尔见到他，大查房巡诊的规定已流于形式，
急诊的病人日趋增多。他多半让科里其他助手上阵，像他这样当主任，刚毕
业的学生也能干。

　　战争并没有减少生育，产科任务依然繁重。大概是因为生活失去了正

常规律,要不就是顺产妇不来医院,难产孕妇比战前有所增加。在这种年头,巧稚能在医院为女人助产治病,实在是一种安慰。门诊来多少病人,巧稚看多少病人,因此常常误了吃饭时间,挨候诊室值班护士背后的谩骂。她骂她的,我干我的。

其实,如果每个诊室抓紧一点,都对病人好点,就不会让她一个人拖延诊疗时间了。惠狄克的病人,由于他来得晚,走得早,都压到巧稚这里来了,其他几个外国医师,与他研究课题关系不大的病人,也推到巧稚这里来。他们看病不是为了治病,而是为了研究。巧稚案头上总是堆着各种病案,怎能不拖时间呢?

一天,巧稚终于病倒了,完全是因生活失去规律的缘由。这是她参加工作以后第一次生病。好端端的一个人,生病躺在床上,真痛苦。巧稚能为病人手术、剖腹,自己却害怕打针,也不愿吃药。药一到嘴里,往下咽,嗓子眼里的阀门就挡住了。病房护士待巧稚都很亲热,一来她是这里的医生,二来巧稚常对病人很亲热。所以,她们待巧稚就像哄小孩似的喂她吃药。只有在自己病了的时候,才能真正体会到病人的痛苦和需要。

二十八天的病假,没有引起多少麻烦。如果发生在住院医师的身上,医院就有可能辞退她了。现在不一样了,她是个副教授,又是科里的代理主任,医院没有扣巧稚的月薪,仅自己支付了一笔治疗住院费用。另外,原定的出国时间,不得不往后推迟了两个月。

二十二 根

十月二十四日,巧稚踏上了由上海开往旧金山的"K总统"号海轮。抵达旧金山以后,驱车转到纽约,很快就到芝加哥大学。一路上,花了一个月零一个星期的时间。

芝加哥大学妇产科学系的博士爱帝尔,热情地接待了她。林巧稚第一次来到这块陌生的土地,由于语言交流不成问题,还能适应那里的环境。稍加休整,很快就去拜访了惠狄克指定要拜访的几个教授,而后钻进了爱帝尔的实验室。

为了熟悉他实验室的一套工作程序,巧稚早去晚归,给爱帝尔当助手。他们相处得还好,研究着两人共同感兴趣的课题。巧稚千里迢迢到芝加哥进修,事情再多,也比不上病房里那么累。

爱帝尔是位有名望的妇产科专家,他在研究生理、妇科肿瘤、内分泌、畸形胎儿等许多新的课题。他见巧稚到来,伸出双手像见到久别重逢的故友一样:"一听说来学习的是林巧稚,我心里就非常高兴。我们见面了,欢迎,欢迎!"

巧稚一接触他,就觉得比惠狄克顺心。他没有故弄玄虚的架势,性格开朗、真诚,说起话来总是夹着笑声,不住地打着手势比画着。她猜想:"他是怕她听不懂他的话,借助手势帮她理解。"当巧稚在思考着他的话,缓慢地回答他时,他很快就蹙起眉头,显得无可奈何的样子:"试验前必须把准备工作做好,你懂吗?"

这时,他们共同进入试验室。他向林巧稚提出的第一个要求,唯恐巧稚不懂,用不同语气连续说了三次。当他发现巧稚的英语,无论口语、写作都很熟练时,才如释重负,高兴得一个劲夸奖:"林大夫,谁教你的英语?你学得这样好!了不起,了不起。"

"跟父亲学的。"巧稚很自然地回答他。

"啊,你父亲?那他一定是位美国通?"他惊叹、好奇地问她。

"不,他是一位英文教员。从小就生活在南洋和英国,还有你们国家,和学生们生活、学习在一起。"

他知道了巧稚的一些情况之后,再也不问她"懂不懂"了。可以说,他们彼此对答如流,他常常感叹不已:"啊,你真了不起,真了不起!"

二月的一天,爱帝尔一进试验室,就从西装上衣内兜里,掏出一封信。"林教授,"他也这么尊敬地称呼巧稚,"惠狄克先生来信了。"原来是惠狄克在信上夸奖他:"……在你的帮助下,林巧稚能独立操作试验室工作,是非常令人鼓舞的。"

林巧稚发现,爱帝尔并不高兴,表情淡漠;双手往西装上衣大口袋里一插,头稍微耷拉着,半天才说话:"我真不明白,惠狄克为什么要这样说话。八年制毕业的协和医学院学生,又工作了十年,独立操作试验室还要指导?只要熟悉之后,谁还不会?"

他看了巧稚一眼,见她微笑着听他谈话,又补了一句:"林教授,你不要生他气。他这个人,我知道,常常会说一些使人极不愉快的话。"

"啊,没有关系,他是为了感谢你对我的帮助。"巧稚毫不在意信中的这些虚话,真正往心里想去的倒是这件事:"爱帝尔博士,冬季的试验费用,希望尽可能做到控制在最低限度。因为这笔费用将由林巧稚自己支付。"

这次和巧稚第一次去英国大不相同。试验费虽然可以做出预算,但这是无底的开支。作为试验者,多么希望能尽量有充裕的试验材料,以满足试验的需要。试验材料与费用是成正比的,提供试验的动物和试剂都是非常昂贵的,完全靠自己负担,对于巧稚这样的出国进修生是有很大的困难。

协和医院竟不打算支付这笔费用,理由是:研究、观察所需费用,应按美国大学规定,自己要负担一定数量。在试验进入高峰阶段,每月试验费用高达五十至六十元的开支。医院能提供给她个人支配的是个人一年进修费,包括日用生活及居住耗资,而这笔钱使用后所剩无几。真的这样下去,一年的学习进修很难见成效。

巧稚自来到芝加哥之后,几乎不去繁华的大街,节省可节省的每一笔开支,不乱花一块钱。惠狄克就想故意刁难林巧稚。她知道,作为协和派往美国的进修生,试验费用是能周旋的,而现在却要巧稚自己掏钱。如果是麦克斯维尔当主任,他说什么也会为林巧稚或者找总务长增加进修费用,或者设法请芝加哥大学解决。这次本该给林巧稚足够的经费,结果给了一张支票,作内部结算,给巧稚规定了使用消耗的范围和最高的限额。让巧稚把冬季的试验费降到最低限度,正好与巧稚设想的方案不同,巧稚因此很生气:早知这样,我何不在国内过了冬季再来,还好为自己的同胞多治病。

这封来信,使巧稚不得不给惠狄克回信,向他报告在芝加哥大学进修时的实际开支。巧稚把回信内容毫不隐瞒地告诉了爱帝尔,他也完全赞同巧稚意见:"协和应当承担一定的试验经费。"为了证实这里开支昂贵,爱帝尔追加一信:"我个人给她一点帮助,我经济比较困难,没法多给她帮助。"

事实正是这样,巧稚在芝加哥进修期间,爱帝尔不仅从技术上,也在经济上资助了巧稚。他们密切配合,取得了"令人满意"的成果。

给惠狄克的信产生了效果。惠狄克很快复信,转达了院方意见:"在你进修期间,为试验购买动物的笼子、使用的仪器,由院方承担,因为这是属于学系的财产,我们已和芝加哥大学商妥。"并且还明确地告诉巧稚:"总务长已同意支付试验经费,已经汇出,大约七月初即可汇到。"

巧稚总算松了一口气:"啊！这就好了!"

爱帝尔得知消息之后,似乎比巧稚还更高兴,马上向她提出:"你的学习应再往后延长到十一月一日。"并且要她接受他的提议,允许他立即向惠狄克写信。

巧稚并不希望在芝加哥大学待更长的时间,还想到马里兰州妇产科研究所去拜访哈德曼、那屋克。但当时盛情难却,不便马上回绝他。

爱帝尔见巧稚有些犹豫,紧逼一句:"如果你觉得我们的合作是有益的话,我向大学推荐,聘请你留在我们的妇产科。"

"谢谢,谢谢!"

他以为巧稚这么感谢他是表示答应了,简直欣喜若狂:"那么,你答应了?"

这时候,巧稚脑子里,突然出现了与麦克斯维尔合作时的情景:有一次在他的办公室里,他们在一起研究一个课题;他为选择课题而征求巧稚的意见。最后,他向巧稚提出:"林大夫,我希望你献身于协和医院的妇产科。如果我没有看错人的话,我这个作为第一任主任,就算是选中你了。"

当时被他这席话打动了心的巧稚,确实有些激动。因为,那时候比现在年轻,亲身体会到妇产科在一个医院实在不可缺少,女人、孩子,甚至一个家庭,她们的命运掌握在一个妇产科医生的手里。林巧稚也有在妇产科永远工作下去的决心。经他这么一说,更坚定了巧稚的想法。当然巧稚把他当作自己的良师和知音。没想到,就这次谈话,他们几乎吵了起来。这是因为他向林巧稚提出:"我希望你这一生不要结婚、建立家庭了。"这席话使巧稚的脸唰地红了。

巧稚非常生气,限制结婚的住院医师阶段已经过了,巧稚也正处在生活道路选择的交叉口,结婚还是不结婚,是她交替着的矛盾心理,有时候前者战胜后者,有时候后者战胜前者。而且,基督教很重要的一个道德准则,就是不得干预他人的生活,干预他人生活是不道德的。眼前的主任,是我素来尊敬而又信赖的麦克斯维尔,他居然毫不留情地干预我自己的私事。上帝呀,我如果轻易地忍受他这种干预,简直是罪过。

于是她火了,大概是记忆中第一次发这么大的脾气,周身的血就像加压似的在奔腾,心猛烈地跳着,嗓子憋不住了,终于冲出口:"你这是不道德的!你无权干涉我的私事。结婚不结婚你管不着,我能受你管的是工作,而不是我个人的私事。"一边说着,一边眼泪夺眶而出。这不是软弱的泪水,而是激动和不愿受屈辱的愤怒泪水。

麦克斯维尔像是遭了一个闷雷。他傻了,他绝没想到一句话,会导致他们感情如此破裂。他赤红着脸,盯着看她,解释也不是,不解释也不是。最后,还是他忍耐了,因为他垂下脑袋没有再说一句话。

巧稚也渐渐地冷静了。与其说恢复了平静,不如说恢复了理智。她慢慢地转过身,又看了主任一眼。他见巧稚挪动身子,也正朝她看着,四目相对,都是怀着一种遗憾歉意的心情,谁也没说一句话,巧稚离开了他的办公室。

爱帝尔凝视着巧稚,一直等待着她的回答。他哪里知道,站在他面前的林巧稚,思想早飞到多少年前的追忆中了。

“林教授,怎么样?”他这一声喊声,使巧稚完全清醒了过来,她心里嘀咕着:“我想到哪儿去了!”于是迅速回答他:“爱帝尔博士,我已经离不开协和了,学习结束,我就立刻回去。”

“啊,那里有什么使你这么留恋的?你是一位聪明而又有魄力的女人,性格又那么爽朗,我个人是非常欢迎你的。再说,你们国内现在很乱,正在打仗,是不是就不要回去了。我们这里,很需要你这样热情善良、医术精湛的大夫。”

巧稚想,麦克斯维尔干涉我个人权力范围内的私事,是令人气愤的,但他希望我献身协和在当时是我能够接受的。所以她很干脆地回答爱帝尔:“谢谢你的好意,我来学习,是为了回去办好协和妇产科。我留恋我们的女人和孩子,国内很多病人,期待着妇产科医生为她们驱除病魔。许多疑难病,我回去要和惠狄克和我的同仁们研究解决。我已经写信告诉他们,准时回国。战争我不害怕。来时,海轮经过日本,就那么一个小小的岛国,要想吞掉整个中国,那是不可能的,战争征服不了中国。”

“哦,战争征服不了中国,中国人都那么想吗?”他吃惊地问她。

“不知道。”巧稚实实在在地回答他。因为来美国之前,巧稚没有做过民间调查,她只知道在她的同仁中,没有一个人不恨日军侵略者的。不过,巧稚告诉他:“中国人的脾气不大好,就比如打架,从来没有一方服输。”巧稚问他:“你知道中国有句古话吗?叫作‘宁为玉碎,不为瓦全’。”同时告诉他:“我看日军不太了解我们中国民众的脾气,他们准定失败的!”

巧稚说这番话是很随便的。

没想到,他听了这番话,反问巧稚:“林教授,你莫非信什么主义?”

“我不信什么主义,也不知道有什么主义。”巧稚坦然地回答他。在协和上学八年,没有一位先生和她谈过“主义”。她不禁自言自语地祷告起来了:

"天啊,我的上帝,愿主保佑我,不要让'主义'的邪念入侵我的灵魂。"完了,巧稚向他声明:"都快一年了,你不知我信基督教?"

"是的,是的。啊!你真是一个了不起的女人。"看得出,这是他内心真实的感叹。

巧稚正准备离开试验室时,技术员递给了她一封发自上海的信。非常熟悉的字体,一眼就看出了这是高登厅博士写的。

林教授:

您的来信我收到后,立即给贺登博士发了电报,请他一并转告惠狄克主任——你按原定计划返京不变。

不过,我很希望您能在美国多住些日子。因为我马上就要去美国了。我们分别时间不短了,你的音容笑貌,早就渗入到我的灵魂里。您一定明白,是渗入,不,简直是占有了我的灵魂。为什么世界对我老是那样无情,就连保佑我们一起长久地共事的机遇都不给,其他则更是不可想象了。我们都在向半百的年岁迈进了,上帝并没有怜悯我们的孤单……

她不愿在这位尊师面前继续看这信件,更不愿意轻易流露自己的感情,只扫一眼下文,折好信签,塞进信封,急匆匆地告辞了。

高登厅的来信告诉巧稚,惠狄克要她途经日本,在那儿接他的来信,并取得一份寄给巧稚的身份证明。告诉她:"中国人在自己国土上的行动,已经受到日军的全面盘查,每人都要持伪政府发给的一个派司,也叫身份证或良民证。凡盘查时,拿不出合格地段性的这种证明,就会受到怀疑,被当作抗日的赤色分子被扣留,轻则打骂,重则丧生。"

看到这里,巧稚想起了一九三七年发给她的一张特别通行证。

一天,因为市长夫人临产,城防司令部给林巧稚送来了特别通行证。那时,巧稚自觉得有点自豪,不是自豪她取得了一张通行证,而是市政府和日本宪兵司令部对她无奈。他们都有妻子、儿女,都要看病。到处戒严,上医院又怕不安全,就非要她出诊,可没有通行证寸步难行。医院才为她拟了个报告。

　　这个申请报告因为是上面叫拟的,报上去三天,就给林巧稚发下了一个盖着戳子的证明书。巧稚借助它的威力,可以到大街小巷平民百姓家里去看病人。可惜,如今没有带在身上,信上所说,是否就是这种证明呢?

　　此时,巧稚的心,简直像浇上了盐卤一样揪心的难受。天哪,这么说来,堂堂的中华民族,千百万炎黄子孙,好端端地在自己家里,过个太平日子都不能了,连做人的自由都没有了。总觉得脑子嗡嗡作响,眼前一片金花缭乱,头昏目眩。

　　她想,这难道是上帝安排的命运吗?为什么要给我们中国人安排这样的命运呢?巧稚回家的心情更急迫了。因为她要知道中国女人们的命运,孩子们的命运,病人的命运,妇产科的命运。

　　不知为什么,这时候,突然掠过一丝爱帝尔挽留她的情景,但终究像弧光一样立即熄灭了,继而是一腔愤怒:我在胡想什么?当母亲受人凌辱时,一个女儿能逃之夭夭,躲在外面去过那本不属于她的生活吗?弃母亲于水深火热之中不顾吗?

　　这哪里是人啊,哪里还是母亲的骨肉啊!当她用双手去抓胸膛时,那温暖、柔松的衣料被攥在了手心,低头一看,啊,旗袍!自己称为“国服”的旗袍!也只有在这个时候、这种场合才体验到“国服”的价值。它提醒自己不要忘记“我是个中国人”!它告诉自己这是中国人特有的服装,它仿佛在说:“穿着这种庄重、大方、美观、合体的服装,就要记住,这是千万年来炎黄子孙沿袭下来的中华民族特有的美,只有中国女人的身材,才最适合穿着的服装,在任何场合都不要忘记自己的……”

　　巧稚再也按捺不住内心的焦急,收点行囊,立刻去买票,恨不得插翅飞进北平,回到协和医院妇产科。

　　林巧稚迎着阴晦的朔风,来到轮船售票厅,谁知四天以后的船票都预售一空。从早上等到中午,从中午等到晚上,空手而回。

　　巧稚不甘心,第二天又去售票厅,终于等到了一张到香港的退票。她高兴极了,因为有了它,就能回到母亲的怀抱,就能回到妇产科,回到病人的身边。等票的急切和满腹愁云,顿时化为乌有。

一九四〇年十一月二十八日，一声汽笛的长鸣，轮船徐徐地开进了日本的客岸码头。对这陌生奇异的岛，她那疑虑、仇恨、愤怒交织在一起的复杂心理，油然而生。

巧稚的心情就像海的浪潮一样，前推后涌，无法平静。要不是为取惠狄克的信和给她的身份证明，她是决意不踏进这个入侵祖国领土的岛国，即使上得岸去，也要踩它几脚，以解心头之恨。

所以，林巧稚第一次来到这个国度时，头脑里，掠过眼前的，是扛着长枪、刺刀挑着钢盔的日军在中国土地上的肆虐，是吹胡子瞪眼睛的官兵在呵斥我同胞的情景。街道上人们的嬉笑声，传到她耳朵里变成了枪声和炮声……

巧稚凭借出国护照，顺利地来到美国驻日本使馆。惠狄克的信提前到达，正等着她来取走。

信上惠狄克对巧稚回国的态度是友好的："欢迎你回来，你回协和，对我将有很大的帮助。"

但巧稚没有发现信中夹有什么身份证明。当巧稚看完之后，才清楚，原来他从高登厅那已知道巧稚取道香港返京，所以他写着："证明已寄往香港，怕到日本丢失。"还说："日本对美在华人员很不友善。"并用事实证明他说的道理："为此，我的两个孩子让他们回家了，不知你在美国见到他们没有？"因为回国心切，时间紧迫，巧稚只给他家里打了个电话，也没想起来问他孩子的事，谢绝了他家人要上码头送行的盛情，所以没有见到他的孩子。

轮船将在日本海岸过夜，添水加油，巧稚无心出门上街。下榻后，正好用中转的时间，给惠狄克写了回信，信是这么写的。

　　贺登博士，
　　惠狄克主任：
　　我经过十几天海涛的颠簸，现已来到日本并收到了主任的来信，谢谢！
　　在海洋里，不少先生小姐和贵客们极不适应，我却像是在天堂里那样快活，生活得非常愉快。要不是已走上了行医的职业道路，我非选择与大海为伴不可。在它的宏大怀抱里，纵然有无限的忧

愁和伤感，它都能为你冲刷殆尽。无限的感慨，我的秃笔实在难以
描写。

　　明天就要从日本海岸发船，我的票只到香港。这并非故意如
此。饱尝了两天等票的辛劳，才得到的一张退票，几乎还被别人争
去，能有到香港的票，我无论如何也不能放弃。既然到达香港，那
里有我一位姐夫，我们有六年左右没有见了。据传话人说，他的身
体极为不佳，再说还有我儿时一起长大的姐姐，总不能不去看望一
面。最多只用一两天时间。这条船不到北平，也不到上海，我想转
船坐到塘沽，从那里回家，特此奉告。余下的事情，待会面详谈。

　　谨此祝安！

林巧稚

一九四〇年十一月二十八日于日本

二十三　创建妇产科

　　日寇的铁蹄践踏着祖国的山河,东北、华北沦陷了,同胞们处在水深火热之中。古老的北平城里,就连协和医院这么一块小小的地方,日寇也不放过。

　　太平洋战争爆发的那天,即一九四一年十二月八日,协和医院连同校舍,全部被日本军队侵占了。这是协和所有同仁终生不会忘记的日子。因为这是遭受凌辱和灾难的日子。

　　冬天的严寒,加之国土沦亡,满目疮痍,一派凄凉,天在恸哭,人在悲哀。就连马路上灯光都压抑不住屈辱的悲愤,一盏盏都闭上了眼睛。只有赤条条的树枝,迎风发出吱吱的呐喊声。除了马路两侧金鸡独立式的楼房里,向黑夜长空吐着灰黄色的光线外,大街小巷却是一片漆黑,人们分不清哪是道路,哪是小巷。

　　碧绿琉璃瓦大屋顶覆盖下的病房里,突然见不到一盏灯光。一夜之间,这块六万多平方米的空间成了活人的坟墓,死一样的沉静。阴森、恐惧笼罩了协和医院。

　　凡能走动的病人,无论男女老少,有的闻声逃回家去,有的被轰出了病房。那些危重病人,有的死在已经滴空的输液针下;有的带着氧气鼻管,闭上了双眼。喊声、哭声、呼叫救命声、器械的碰击声、瓶瓶罐罐的破碎声,混杂在一起。它已经不再是治病的医院,而是成了摧残中国民众的"监狱"!

随着阵阵皮靴触及水磨石地板发出急促的咯噔声，一批批日本士兵从四面冲进了协和医院大楼。刹那间，过道、拐弯处、病房门口被严严地封锁住了。正在为病人诊断、治疗的医生、护士，统统被吆喝到通向大门的走廊里，像驱赶牲口一样，把他们撵向东西南北大门外。四边大门口，早已布上了荷枪实弹的日本哨兵。有的医生、护士，不忍心抛下他们亲手治疗的病人，搭着手，扶着肩，把他们一同挽出协和医院大门。

"我到哪里去?"这是林巧稚有生以来第一次这样不安。

"医生"在巧稚心目中是一个神圣美妙、善良而毫无政治色彩的字眼。她已经为之奋斗了近二十年，这时候才感到做一个医生离不开自己的民族、自己的国家。国家遭殃，民众涂炭，医生得到的同样是灾难!

可是，令巧稚奇怪，如此强大的美国，竟也会遭到日本岛国的袭击。连美国在中国国土上的一个"慈善"医院，日本军队都不放过，美国竟然也毫无办法。

没过多久，听说司徒雷登先生在那一天里，束手就擒，成了日本国的囚犯，这更使她感到茫然。

"我和同仁们的命运如何?"也只有在这个时候，巧稚才体会到同仁们相互友爱的情谊。内外妇儿等各科的同仁，平日里各自忙于事务，除会诊或学术讨论时有接触外，难得相聚，但在这国家灾难的岁月里，同仁们出现了少有的团结。民族受辱感，占据了她和同仁们的心。蒋介石政府节节败退，退到连这些医生的饭碗都丢了，可是官僚们却依然花天酒地。

摆在大家面前要解决的两个问题是:"中国何处去?""我们何处去?"巧稚在给张学良将军的太太于凤至看病的时候，两人议论过。她问巧稚:"你们医务界，对日本军的态度怎么样?"

巧稚对她说:"我不懂政治，我只知道这么大个中华民族，不能当日本国的亡国奴。"同时她还补了一句:"你说，假如一个医生不能给人治病，病人不骂他是个废物吗?"

张太太非常聪明，一定要巧稚见见张将军。巧稚说:"等治好你的病，才有脸去见。"

中国何处去，不是医生能左右的事，在于政府。而巧稚自己呢? 她得到过多方关照。太平洋战争爆发前夕，美国使馆、协和的美国医师就动员巧稚去他们国家。去学习可以，长期待在他们国家，巧稚想都没想过。

因此，他们又重复着三十年代对巧稚的评价："你真是个可怕的女人。"

巧稚不承认，她说："我是个善良的女人，多情的女人。"

他们笑着摇着头。后来他们想用宴请吃饭，给她高薪，给她地位，组织舞会诱惑巧稚。对这些，她却又都非常无情。饭她也吃，舞她也跳，但到他们国家去，巧稚不愿意。在同仁中，思想也极为混乱，有的人离开了国土。

嗨！他们是在国家灾难时离开的呀！人各有志，巧稚对此只能痛心，别无他法。只是当他们动员巧稚也走的时候，巧稚给他们一个难堪："不去，这么大个国家，难道无我林巧稚立锥之地！"于是，巧稚同这些同仁原来很好的关系，就此一疏千里！这不能不是遗憾的事。

也有的同仁知道她脾气倔强，婉转地说："我们是否同道暂且回故乡或外地避避风险，等到太平些再回来？"回故乡她虽说同意，但想到那里同样也是日寇统治，走到哪里也是这种命运。

外地同学也来信："据悉协和已被日军占为兵营，倘若在京谋生有难，欢迎速来我处，理当同甘共苦，熬过困难……"

在这沦亡痛苦之中，同仁们如此互相关心，她倍觉心中温暖，这是过去不曾有的。

巧稚立身在协和，为妇产科奋斗的志向，被日本的侵略战争化作乌有，自不必说内心的痛楚，最现实的大事是，必须立即解决居住问题。职业没有了，连在北极阁的住房，也限她数日内必须搬离。这在日军来说，算是对她这个名流的"宽恕"了。

到哪里去找房子呢？这时候巧稚才体会到，一个孤零零女人在社会上生活的艰难。自从离开家门，考入协和，吃、穿、用、住都由医学院统一安排，除了学习、工作，诸事不必操心。如今，要自己安排生活，尤其要解决住房，真难为死了巧稚。眼前就是有空房，她也不懂究竟如何交涉才能归己所用，更何况是战乱年头。

幸好，巧稚已有了个好友，这就是未成亲的侄女婿周华康。他是中央卫生署周贻春署长的公子。一九三二年秋考入燕京医预科，一九三五年进入本科到协和念书。在燕京时，他和巧稚侄女懿铿相识，现已由秘密恋爱转向公开。

当懿铿第一次把周华康带到巧稚家里来时,她见了就非常喜欢。不仅觉得他年少英俊,相貌端庄,而且学习非常用功,成绩总排在前头。一九四〇年毕业时,他也考得全班第一,获得了"文海"奖学金,被留在协和医院儿科当实习医师。

懿铿与他的亲事,巧稚自然满意。懿铿来京学习,一则是兄嫂的厚意,让三姑娘在京与巧稚作伴,另外,她的生活也一概由巧稚负担。巧稚能替她父母做主,同意了这门亲事,她父母也就不会反对了。原打算毕业后成婚,如今协和被日军占领,华康与巧稚同病相怜,都面临就业的艰难。他本可以找家父安排个工作,但为照顾懿铿与巧稚,同时也希望协和能有朝一日收复,他们合计哪里也不去,由他承办"外交",先找住房,有了房子便可自己开业。

那时候,巧稚手头多少有点积蓄,可以开个小的诊疗所。经周先生多日奔波,在同仁们的帮衬下,租下了钱秘书新买的东堂子胡同十号的一个四合院。这里有北房七间、南房八间、西房三间,月租一百多元。在那里他们办了两件大事:一挂出了"林巧稚诊疗所"的牌子;二为懿铿和华康举办了婚礼。

不久,钟惠澜特意来约巧稚:"有了,有了,有你大显身手的去处了。"

中和医院,坐落于西四牌楼的西北角,它原是一个法国医生开办的小医院,民国政府接管后定名为"中央医院"。院长姓曹,他有病就找钟惠澜,很佩服钟惠澜的医术。曹院长得知钟先生等全部被赶出了协和,就有意让钟先生到中央医院当院长,自己则退居,任医院的董事长。钟先生想:在这战乱年代,如能把协和的人聚集在一起,不使他们失散,对于社会也算尽到了自己的一份责任。于是,他欣然接受了这个职位。

钟惠澜大事小事依然总想到林巧稚。他自成家后,与巧稚相处一直很好。如今巧稚依然一人,他常说她太古怪,并为之遗憾,而他的小家庭过得和谐美满。他结婚后,夫人知道巧稚和丈夫是同班好友,对巧稚非常亲热,时有往来。

钟先生一上任,就想在中央医院大干一场,想干出个协和的样子。可是中央医院设备、条件远不及协和,科室不健全,也没有技术力量。

钟先生打着董事长曹院长的招牌,第一个找到林巧稚,他风趣地说:"好了,有指望了,我为你安排了'葬身'之地。"

　　巧稚不解地问:"你又想出什么花招了?"

　　他兴致勃勃地说:"不是花招,是真招。告诉你,我当院长啦!"

　　起初,巧稚不知怎么回事:"当幼稚园园长吧。"因为他已经有几个孩子了。

　　"不是'幼稚园',是'中和园'。"

　　于是就把他接受曹院长委任的事告诉了林巧稚。那时候,曹院长主动出面很难将中央医院办起来。钟先生是怎么估计时局的,林巧稚不懂,她只想有医院能办妇产科就行。

　　钟先生非常乐观,他想用这个医院稳住协和的技术力量,迅速办起一所像样的医院。为避免招致日本及其他外国人的干涉,把中央医院改名为"中和医院"。他来,就是请巧稚马上到中和医院助他一臂之力,建立一个妇产科。

　　巧稚听着他的叙述,暗暗地为他祝贺。当他说到建立妇产科时,巧稚的精神全上来了,当场就答应他:"好呀,那里办起妇产科,我的诊疗所就停业(那时,林巧稚已办起了私人诊所)。"

　　当巧稚问他,到中和还要办什么手续时,他便滔滔不绝地又讲起了她搭救人的故事……

　　提起这事,巧稚心里颇有点不安。她不知道上帝许不许这么做。巧稚想到这么个美丽漂亮的二小姐遭此不幸,都因为是年轻幼稚,受了感情的欺骗。巧稚作为妇产科医生,道德不允许她随便给一个孕妇堕胎,但当她想到这是个年轻的姑娘,不堕胎就将会遭到社会的唾弃时,感情迫使她伸手去拉她一把。

　　好在这件事,除了那个男人知道、二小姐家庭知道之外,恐怕就是林巧稚了,她满足了他们的要求。作为一个妇产科医生,人格只允许她为这些人保密罢了,多半是出于对女人的怜悯,为把她们从死亡的绝境,拉回到生存的路上而已。

　　女人呀,女人,苦命的女人!她不全明白非法孕妇与社会制度的关系,她只是无可奈何地为女人叫苦。她呼吁社会应当保护妇女,最起码的人格应得到男人和社会的尊重。不因为自己是女人,而是从她的职业角度出发,同情女人的处境。结果完全使她丧失了信心。政府不抵抗日寇,官僚腐化,不顾民众死活,使大家成了亡国奴,女人的地位更是每况愈下。

　　林巧稚和上层人物的往来,仅仅保持医生和病人的联系,她不问政治地位、思想倾向、经济状况,只管病人的治疗。她不问政治的名声,也就从此出了名。

　　钟惠澜认为林巧稚在中和对同仁有影响,能把协和的原套人马聚集一部分,否则散落各地,将会是个重大损失。钟惠澜把设想和盘托出,要在中和医院成立妇产科、儿科、泌尿科、传染病科、血液病科、放射科等。他把谢元福、谢志光、关松涛请到中和,又接收吴阶平、曾宪九、胡懋华、冯传宜到中和做实习医师。巧稚一听有这么多人都聚到中和,心里踏实了。心想,这么多人干起来,中和能办好。巧稚半开玩笑地夸奖他:"你倒像是个社会活动家。"

　　巧稚一进中和,就把自己开的诊疗所由全日改为半日。半天到中和医院去看病,半天在诊疗所看病。

　　到中和之后,巧稚自然较别人有更得天独厚的条件,曹董事长出于交情留下了话,只要林巧稚办妇产科,遇到困难定给予资助,将尽力满足之。钟先生多少也有些偏爱妇产科,又从协和妇产科的原班中找了两名得力的护士,中和医院的妇产科就这样办起来了。

1946 年,林巧稚创建妇产科。

　　妇产科挂牌,林巧稚医师在那里的消息,很快就在西城传开了,去医院看病的人络绎不绝。自协和关门,东城看病的人发生了困难,虽然还有几个医院,但妇产科几乎没有,林巧稚私人诊所一开,也是忙得很。巧稚只想办起一个协和式的妇产科来,一年之后,下决心关闭诊疗所,让看病的人统统到中和就诊,全力建立中和妇产科。不久,林巧稚又相继接收了王文彬、葛秦生和刘炽明医师,妇科、产科各有侧重,妇产科越办越兴旺。

　　来中和医院看病的人,同到协和医院去看病的人不大一样。到协和看病的,一是政府要员、官僚豪绅、外交官吏等上层人物;二是疑难病患者,经多方医治无效,不得不耗资来投奔高等医学学府。普通病人、中下层职员不到万不得已,不轻易到协和就诊。自然,一是付不起昂贵的费用;二是担忧有来无回。即使遇上疑难病,入院还要有两个负责交费的签押保人。

　　不知内情的人,夸奖协和的人道精神,对实在困难的病人,不仅免费,还为陪伴病人的亲属提供免费的食宿。但很少有人知道,凡此病人,不达医生目的是休想出院的。就连医院的中国医生也不清楚。直到一九五二年以后,大家才知道,美国的不少医生用中国的病人做过各种试验。救济补助,只不过是他们试验全部计划的组成部分。

　　中和医院大不一样,来看病的什么人都有,天天都很挤,但同仁们却很认真。中和有一套不同于协和的收费办法,挂号费一个价目,医院只收住院及在院期间给予治疗和使用的药品费。凡医生治疗的手续费、手术费,一律归医生个人所有,收费标准也比协和的低。平民百姓都来中和看病,有人则把中和称为"贫民医院",所以没有引起日军的特别注意。

　　军政的显要人员有病,不愿到这种又脏又乱的"贫民医院"来看,而北平的地下工作人员反倒有了安全治病的地方。林巧稚如同往常一样,无论什么党派、团体,凡来看病的人,她都一律认真对待,只是在收费上有高低之分。对于自命阔绰的人,她收费稍高些;对于贫苦人家,收费稍低些。

　　对穷人,林巧稚甚至不收手续费、手术费。一个剖宫产的孕妇,在中和住院二十多天,临出院前一结账,支付不起,着急出不了院,担心累加费用,哭哭啼啼回到病房。林巧稚知道了,一打听是因为没钱出院。住院治疗费巧稚无权过问,这笔钱归医院收入,但手术费归林巧稚自己收入。这笔费用约占全部费用的一半。巧稚给她写了一张条:"×××的手术费,我同意免收。"产妇家里的人拿着条子到账房一结算,可以少付一半钱,高高兴兴地出了院。

在中和医院的医生们,同时还接管了北大医院,兼任北大医学院不少科系的主任,林巧稚就兼任北大妇产科系主任。中和医院成了这两个医院的技术大本营。那时候,主持北大医院日常工作的有刘士兰、马文钊、李涛等。他们把兼任北大所得的薪金由部分到全部都捐献出来,给北大医学院做奖学金,希望像协和那样培养更多的学生。

林巧稚和同仁们在中和一直待到一九四八年协和恢复为止。这六年多的日子,是不应当忘记的,特别不应当忘记钟惠澜先生。如果不是他出面把同仁们聚集到中和,一九四八年恢复协和时,就不容易找回这么多骨干,也就不容易有以后的技术现状。

另外,在沦陷时期,有这么个技术雄厚的医院为同胞们治病,使许多病人免受了灾难。同时,他们还摆脱了外国人的操纵,亲手在北平办起了许多科室,妇产科、泌尿科、放射科都是那时候建起来的。后来,吴阶平成了我国著名的泌尿科专家,曾宪九成了著名的外科专家,胡懋华成了我国放射科专家,他们不会忘记中和医院是他们创业的基地。

二十四　"林巧稚诊疗所"

经过一番紧张的筹备,没有费太大的劲,"林巧稚诊疗所"就开起来了。

一九四二年,北平虽然沉沦在日寇的欺凌之下,但民众反抗日军侵略的情绪日益高涨。在这满目凋零的北平城里,四月的一天,上午九点,正值天气晴朗,风和日丽,太阳刚刚爬上屋顶,这时候东堂子胡同十号大院门口"噼噼啪啪"地响起了鞭炮声,在鞭炮齐鸣声中挂出了"林巧稚诊疗所"的牌子。

这个诊所挂名是林巧稚,实际是林巧稚和周华康两人协作。林医师看妇产科的病,周医师看小儿科的病。林巧稚又把协和妇产科的樊护士请来做她的助手,又让大哥的四女儿来为诊所管账。这孩子精明干练,会写会算,是个很好的"内当家"。她把账目管得井井有条。因此,这诊所实际上是四人合开的诊疗所。

诊所一开业,就诊的人就排了长队。为尽力满足病人的愿望,不论早晚,总要把当天挂上号的病人看完为止,深得患者称赞。夜间出急诊,凡请者一概不拒。

自从开了诊所,林巧稚和周华康就没能再过上消闲的日子,也很少有个通宵的睡眠,生活颇觉紧张。白天巧稚看妇科病居多,华康出诊不少。那些豪门贵族,闻得华康博士协和医学院毕业又留学美国,他们的公子小姐一有咳嗽感冒、闹肚子、积食等病症,就来电话请周华康。他们总怕自己抱孩子出门，夏天太阳晒着，冬天寒气冻着，华康只好左一趟、右一趟上门去治疗。巧稚也无例外地要出诊为那些贵夫人看病。每到夜间不是产妇的急诊，就是儿科的急诊，二十四小时，没有清闲自在的时候。

民众愿到林巧稚诊所就诊，是对林巧稚的信任。林巧稚更视病人如姐妹，从未因病人多而嫌弃，并且和华康商议，把挂号费由伍角改为最低价三角，以满足贫苦百姓看病的愿望。

北平不少妇产科诊疗所，挂号费少则五角，多则几块不等。林巧稚诊疗所定三角挂号费，家里家外都有过议论。家里人认为太低了，难以维持开销，仅房租百余元，就是全家整月开支的四分之一；外面抨击："这个林巧稚真不像话，她这个专家收三角挂号费，我们怎么收费啊！不是存心挤我们吗？"她不管内外评论，说三角就是三角。为此，有人甚至出来说话："林医师，你们的挂号费是不是能再提高一点？"

"老百姓拿不出那么多钱，半袋面粉看一回病，够高的了。"对叫她提高收费的人，林巧稚劝说道，"我说你们降低些吧！"

可见，那个世道漫天要价可以，少收百姓的钱反受非议，这叫什么世道！这与她信奉的基督教不一样，她没有什么"全心全意为人民服务"的思想，只有"仁慈""博爱"的想法，只觉得多收病人的钱是罪过，只能施舍、拯救，别无其他考虑。

政界、医界都知道林巧稚信基督教，他们拿她无奈，有些人便在背后说她的不是，但不肯公开；有些人还要把病人"推荐"到她这里来，来的病人多数是看不了、看不好的。其实，巧稚心里明白，这些人是要让她在病人面前难堪，等于说："哼，看你有多大能耐！"所以，对从别人诊所推出门的病人，巧稚不能不更加精心。她想："我不是用少收费来维持诊所门面，而要靠别人治不了、治不好的病，我能治好，得以立足群诊之上。"

日久天长，同行的人不能不心服口服，有的人也只好把挂号费降到三角。林巧稚知道了非常高兴，而且把一些普通的妇科病人，又推荐到他们诊所，让病人就近治疗，一来免得病人来回周折费时费钱，再则也减轻了她门诊的压力。尽管如此，林巧稚仍然应接不暇，出诊的任务也越来越重，远近三五里、十几里都有患者找上门来。

　　为把诊所办下去，巧稚包了一辆人力车。拉车工人薛先生，是个勤劳肯干、能吃苦的好人，无论刮风下雨，四季如一，只要巧稚出诊，随叫随到，不曾含糊过。哪怕他自己家人有病，亦不耽误林巧稚出诊。他见林巧稚出入于贫苦百姓中，出车尤为卖力。他说："我们林大夫是少有的好人，心慈人好！"

　　林巧稚感谢薛先生在百姓中为她当义务宣传员。车每到一户就诊，他往车上一坐，就引来了一群人。他不拿架子，和人们说长道短拉家常。每到一地，从他嘴里说出来的话，都被那里看过病的人家得到证实，是真的。林巧稚的名字就像风一样，在平民百姓中由东城传到西城，由城内传到城外，由北平传向外地。

　　林巧稚对薛先生十分尊敬，从没有因为他是拉洋车的，当做低她一等的佣人，总认为他是自己的得力助手。只可惜自己不会关心人，就像不会安排自己日常生活一样，不体会一个家庭的需要，虽说工钱一文不少，但这是不够的。她本应当关心他的太太、孩子乃至全家，而林巧稚没有问津，这不能不使她自己深感内疚。她只知道，肚子饿了，心想薛先生的肚子也一定该饿了，于是就在出诊回来的路口上买个热气腾腾的烤白薯。买一个，掰一半给他；买两个，一人一个。至于说，他是否也爱吃，给他的量够不够，他吃白薯时脑子里又怎么想着家里的太太和孩子们，巧稚都没往心里去。

　　在兵荒马乱的年月，她还能为北平的民众看病。到中和医院后，每个医生都持有签着曹先生名字的特别通行证，出入方便，但如果没有薛先生这种老黄牛式的人帮衬，想去的地方也无能为力。

　　林巧稚认为，做人不能只看到自己有多大本领，还应当认识到帮你忙的人在发挥着无法估量的作用。她的交通助手薛先生，十年如一日，默默无闻地为她拉车，病家只感谢她，又有谁想起过他呢？如果她得不到他无穷尽的力量，也就无法起步了。有了他，巧稚毫无后顾之忧，无论路途远近，时间早晚，寒暑风雨，他送她去，拉她回来，真是"出诊四方贫民处，只缘前出铁脚人"。如不是这么个忠厚老实、勤恳敬业之人，许多急症如何能及时赶到救治？岂不有许多生命窒息于无医的境地？

　　一个夏末初秋的深夜，巧稚忙碌了一天，晚饭后整理了一下当日就诊的病历，倍觉疲劳。刚刚躺下，门铃响了，不多时家人叩她房门，说门外有一车夫求她出诊。

巧稚一听说是个拉车的人,顿时脑子里出现了初到上海、首进北平时看到的拉着洋车的人,莫非是他们中的哪位太太?

她赶紧穿衣下床,随家人来到大门口,只见那位先生半敞着怀,足见是一路小跑来的,雨水夹着汗水,浑身湿淋淋的,正在擦着头。

他一见巧稚,躬身就要下跪叩头,求巧稚救他女人一条命。这时,外边的雨越下越大。说来奇怪,那一天,巧稚真动心,就觉得站在面前的人,不是陌生人,就像是上海轮船码头上拉她上考场的人,又像是前门火车站拉她上协和医学院的人,更像是天天伴随自己出诊的薛先生。

林巧稚赶紧对他说:"不用急,你等等,我去拿个包就走!"家人都为她发愁,太晚了,雨大了,薛先生又不在,单独跟这位先生去,实在不放心,路上又不安全。再说,家人总有点担心巧稚的出诊包,怕半夜三更让坏人抢走了。

提起出诊包,不少人都知道,林巧稚的包里不同于别人,里面除了药品器械,还有现钞。看病中常遇到一些贫苦百姓,家里一贫如洗。别说吃的,真有穷得穿不上裤子轮着下炕的。但,这些人没有因为穷而失去生活信心,他们还顽强地生活着,乞求老天爷有朝一日恩赐。求生的欲望让人可敬可佩,又使人可悲可叹。

林巧稚找不出为何社会如此不公的答案,面对"朱门酒肉臭,路有冻死骨"的现实,深感自己仅仅治好女人的病,帮助她们生下孩子是不够的,还要尽力给她们资助,让她们能活下去。

有人说林大夫这是宗教的"施舍",而她是从一个做女人的良心上这么做的。如果一个穷人,知道她包里有钱要抢走的话,她可以慷慨地告诉他:"你不用抢,把钱给你,其余东西对你无用,我却用它去救人,说不上哪一天也会救你的太太。"所以,她从不担心出诊包被人抢。有些医师包里存有不少"债条",病家暂时付不起钱,写个欠条,到时凭欠条上门收款。

林巧稚从来没有带过一张欠条,病人有经济能力多给的,多收;少给的,少收;不给的,道声谢,她就领情,不收了。太穷的,巧稚就给他一点,多少不等,以示自己的心意。

那天夜里,巧稚随那位先生来到他家里。未曾进门就见老翁老妇迎出门来，口口声声称："菩萨来了，菩萨来了。"

老太太说："活菩萨，你行行好，救救我那苦命的儿媳妇吧。"边说边向她作揖。

很清楚，她是产妇的婆婆。

"家里至今还没有'香火'，你看，这是第三胎了，前两个都是这么'走'的。"拉车的先生紧接他母亲的话，急切地向林巧稚诉说着他太太的"命苦"。

社会的现实告诉人们，旧中国家庭没有孩子、女人生不了孩子的艰难处境。巧稚怕延误抢救时间，顾不上与产妇家人搭话，赶忙为产妇检查，发现胎儿斜躺在孕妇腹腔中，产妇患盆腔生理性狭窄，体质虚弱，营养明显不良。对女人的同情心支配了林巧稚的行为，凭能听到的微弱胎音，迅速进行抢救。只要不出现意外的并发症，相信自己有能力至少保住孕妇的安全。

于是安慰全家："不用着急，孩子能生下来，还来得及。"

其实，她也很着急，孕妇胎膜已破，羊水已经外溢；顾不上像在医院那样严格消毒，再说这个家里也没有消毒条件，就连一张能供坐的凳子都没有。她膝顶着炕，半弯着腰，快速地为她扶正胎位，帮助孕妇生下了孩子。

当母亲听到婴儿的哭声，疑是在梦里，就连林巧稚也不敢相信，这样垂危的产妇，有这样强的自娩能力。她终于相信人能自娩，这也是科学。生命是脆弱的，但又是顽强的。他们自己说不准产程是从什么时间开始的，只说请了两位接生婆都说没办法，甩手走了。

巧稚也只想能保住产妇的生命，尽量不使这个家庭绝望，而产妇却说："大夫，你来了，我怕不行了，我就随它去了，只指望您给这个家留条根。"短短的一席话，多么叫人辛酸，又多么令人可敬呀！

这是林巧稚从来没有听到过的肺腑之言，深深打动了她的心。这也是符合她理想中的女性，为别人宁肯舍弃自己，死而无怨。担忧无后的想法，虽然不尽全对，但在那个时代，广大女人能做的贡献不就如此吗？林巧稚深深地同情她，也从心里崇敬她。

落地的孩子终于啼哭了，产妇和她的家人不会知道，巧稚此时此刻的心情是多么高兴。产妇在丈夫告诉她"你生了，平安了"之后，才舒展开忧愁憔悴的面容，从心里迸出一句"谢谢你，大夫！"之后慢慢地进入了睡梦。

一切收拾妥当,即将返回时,孩子的父亲直搓双手,叫着"林大夫,林大夫⋯⋯"

林巧稚心里全明白了,这样的家庭,怎忍心再收他的出诊手续费呢。巧稚对那位先生说:"她太辛苦了,累得有点虚脱,好好睡一觉,缓过来吃点东西补一补就好了。"

她真后悔,话说得过分了,这样的家境,能拿出什么来补养产妇呢? 除了睡觉就是挨饿。林巧稚想:"我应当留下一点钱。"又嘱咐:"有事抓紧再来找我,千万不要耽误,白天到中和医院去找,夜间到家里去找。"

有人说,世上的人都是贪得无厌的。林巧稚认为:"我看不是所有人都这样,这个穷人家就不是这样,虽然没有受过什么教育,说不上有多大的教养,但竟如此通情达理。"

老大爷一定是产妇的公公,他说:"这个世道,救活两条人命,正是医生高升发财的机会。有钱才能有命。我家遇上了救命恩人,我就是倾家荡产,也报答不了你救两条人命这份情呀!"急出泪水,也不收林巧稚给他的钱,硬把钱塞进了林巧稚的出诊包。

林巧稚这个人古怪,"一言既出,驷马难追",既然诚意给了,不收她反而不高兴,生气地说:"算我付的车马费吧!"孩子的父亲拗不过,颤颤抖抖地捧着钱,泪水淌成了串。

这类事一多,"林大夫有求必应"的声誉,越传越远,在同仁中,慢慢地也就知道了,林巧稚她有个特殊的"出诊包"。

自钟惠澜把她请到中和医院,又为妇产科专盖了一栋楼,巧稚方觉"脚踩两条船"实在力不从心。医院做完手术的人,巧稚不忍离开,需二十四小时守护。她因为不能回家,使诊所得不到保证,加之出诊随诊手术的人数骤增,也不能保证日日开诊,反而延误指望来她诊所就诊的病人,所以打算停办诊疗所。

虽然,有病可去中和医院就诊,但总有少数百姓,偏偏愿意上诊疗所来,巧稚又不忍心把病人拒之门外。尤其东城一片,尚无妇产医院,不得不顺应百姓要求,于是把全日诊所改成半日诊所,以兼顾两头百姓之需。

凡诊疗所有条件诊治的病,就地治疗,其余的动员去中和治疗,并开给预约条,持条者到中和优先就诊,随到随治。

由于不会顾此失彼,转入到两头兼顾,使诊疗所一直维持到一九四八年五月,即协和医院恢复前夕。不足六年时间,中和医院看病和出诊的不计在内,仅诊所就诊者,林巧稚尚存的病历,即可见 8887 的顺序编号。

二十五　重返协和医院

在一张发黄的纸上,记录着这样的历史:"一九四一年,因太平洋战争爆发,本院(指协和医院)遂于十二月八日停止。一九四二年一月二十八日,医科及护士科教学工作完全停止。各住院病人亦于是日全被日军强迫迁出。自此时起,本院即完全停办,所有设备及建筑则由日军改作军医及血清研究所之用。"

抗日战争,在中国共产党领导的抗日民族统一战线的共同努力下,经八年浴血奋战,夺取了全面的胜利。

胜利后的协和医学院,由前协和医学院的总务长博文代表董事会接收了校产,并饬令日本军人迁出,开始清理工作。

还在抗战由相持转入全面反攻的时候,美国看到日本败局已显现,已经着手研究协和医学院的恢复。一九四四年,他们打着"中华医学促进会"的牌子,由福克纳出面,以协和护士科的名义(护士科由北平迁到成都),把李宗恩叫到成都去开会,要李宗恩就将来如何恢复协和医学院写个备忘录。

李宗恩在成都表示:"只有美国替中国办教育和训练人才才有办法。"并且,抨击了顾临在协和医学院时,委以刘瑞恒办协和医学院时期教育制度、教学方法上的"缺点",他希望:"要办成一个,应该和我心目中的教育家司徒雷登所办的燕京大学看齐的学院。不应只看重技术教育,而不重视周围的社会情况,这样会影响美国办校的成果。"李宗恩的见解,得到了美国公共卫生科创始人之一、国民党内政部名誉顾问兰安生博士的赞赏。这就很快得到了罗斯基金社成员的赏识。

于是,李宗恩的名字就在罗斯基金社的备忘录上记录在案。加之抗战前协和医院内科主任、顾临的高参狄瑞德也十分赏识李宗恩的办事能力:"如果由李宗恩先生当院长,我想协和是绝对不会闹革命的。"

一九四六年春,罗斯基金社派医学教育组组长桥来克、哈佛大学教务长波为尔及娄克斯进行调查,正式确认:协和医学院有复校的必要,继续扩大它的影响;规定了复校标准,即八年制,含三年基础课的训练;天才教育(淘汰制);办大学程度的护士学校。提出了经费标准,每年为六十万美金。

同年七月,设在成都的护士科首先迁回北平。七月十二日正式授命李宗恩为协和医学院院长。李宗恩上任后,立即着手招收新生,聘请医教人员,修葺校舍。于十月二十日,招收的一年级新生开始上课。

林巧稚并不热心于协和医学院的恢复,因为她已在中和医院办起了一个规模像样的妇产科,并且在北京大学医学院妇产科系任教。胡正详聘请她回协和,经过两次商谈,协和最终同意于七月一日聘林巧稚为妇产科教授;于七月五日聘她为妇产科主任,任期一年,同时选她为招生委员会委员。还商妥,月薪为伪法币七百元;并言明,月薪随物价跌涨波动就高不就低,随时调整。也明确,头几个月,因半日用以中和医院、北京大学医学院的工作,协和只发给半薪,待移交工作完毕,全日就任,即发全薪。协和医院于一九四七年五月一日始开诊。

林巧稚回到协和半日工作,或门诊、或手术、或查房、或会诊,忙不迭手,直到把中和医院和北京大学医学院妇产科系的工作移交之后,才到协和上全班。那已经是一九四八年底的事了。

为了就近协和医院上班,减少生活支出,她和周华康退还了东堂子胡同的租房,重新租借张博先生马将庙二号的小四合院,租资减少了三分之二。私人诊疗所也就此闭业。只是个别病人,又尾随到家里治疗。只要林巧稚在家,凡登门者,来者不拒,除个别外,绝大部分都免费治疗。这样对病人算是有始有终,病人当然也感恩戴德。

协和复诊不久,傅作义夫人来院生产。对这位要人的太太来协和医院生孩子,自然是非同小可的大事。傅先生和他太太希望有妇产科专家名医助产,而一般大夫也不敢轻易接待。在中和医院,巧稚的学生王文彬、葛秦生、宋鸿钊、叶惠芳、刘炽明等虽都一起带回协和,他们自不会轻举妄动,推给了主任林巧稚。

这样,林巧稚便认识了这位傅太太。林巧稚对这位产妇,如同其他产妇一样,照例精心仔细地做产前检查,向这位年轻的贵夫人介绍分娩常识。傅太太得到这种姐姐般的关心体贴,对林大夫产生了好感,数日之后,她们之间无拘无束。

林巧稚喜欢这位温柔直爽的年轻产妇,不像以往遇到讲究丈夫地位的贵夫人和依仗权势的娇小姐,那些人住院,实在难以侍候,来早了嫌讨厌,来晚了怪怠慢,不知何时治疗确当!

协和医院刚恢复,林巧稚刚调回协和,就遇到傅太太,不免心中略有胆怯。这位太太进了病房不久,巧稚发现她与医生护士相处不错,不轻易麻烦他人,林巧稚也就松了一口气。

八月十四日,傅太太生下一男孩。虽非难产,也不顺利。林巧稚亲临助产,母子安然无恙。傅将军喜得一子,心中高兴自不必说。这时候的北平一片瘫痪,街头不时听到"美军滚出中国去""反对美国干涉中国内政,反对美国侵略政策"的口号。

林巧稚嘴里没说,心里在盘算:"中国又要乱了,协和又要完了。"只要美国人一撤走,国民党政府连市场的物价都难以稳定,休想把协和办下去。国民党反动政府的腐败,贵族豪门的颓废,军政要人的骄奢淫逸,使林巧稚的心凉了:"好不容易摆脱了亡国奴的苦难,希望有一个国富民强的社会,盼来的却是一个腐败无能的政府,要它何用?"她百思不解:"中国的文化、教育、卫生怎么办?"她想:"如果是这样的社会政治,让我的技术远远地离开政治为好。"

在崎岖的生活道路上,这位以"爱人"为崇高生活目标的基督教信奉者,脑海里时而出现一些含混的概念,是不足为怪的。什么是政治?虽然她从来不去注意它,也不想深入去了解它,但是旧社会那种少数人对广大劳苦大众的剥削与统治，欺骗与压榨，达官贵人与穷人在经济和生活上的天壤之别，男人与女人的不平等，她是清楚的。

她虽已为之奋斗了几十年，想尽力所能及的办法，采用悬殊的收费，毫无报酬地为贫苦女人治病，尽她一个医生、一个女人的良心，为穷苦的女人奉献她微薄之力。可是无法计算的母亲、儿童，她这样一个势单力薄的女人，怎么能让她们一个个都跳出人间的地狱、生活的火坑啊！

南小街一个摆小摊的姑娘，因为身子长得不成比例，父亲辟个小店铺让她单过。父亲店堂的伙计因为常来为她送货干活，劳动中他们慢慢地产生了爱慕之情，即遭到了姑娘父亲的阻挠，说什么长得再丑也是老板的女儿，怎能门不当、户不对地和伙计成亲，还成什么体统。

姑娘就是爱上了小伙计，她怀孕了，家里勒逼她流产。

一天，林巧稚出诊经过她摊前，姑娘大胆上前截阻："你就是协和医院的林大夫吗？"

林巧稚上下打量这个身材不成比例，然而眉清目秀、五官端正的矮姑娘："你找我有什么事吗？"

姑娘硬把林大夫请到摊铺屋里，一五一十地诉说了她的不幸，请求林大夫为她未结婚的丈夫，留下一个后代。从此，林大夫多了一个额外的出诊孕妇，她定期上门为她检查，亲自为她助产，却从来没有向这对"非法"的夫妻收过分文。

林巧稚不是口头上，而是在行动上，向着一切不平等的旧制度抗争、鸣不平。一张张住院证，从她手里发给病人和产妇，但总不能如数见到那些病人和产妇入院。于是她逢人便说："这样下去，当女人的就更受罪了。"而当她得不到从道义上给予妇女起码的平等权利时，挥笔写信呼吁同班的老同学："希望你，为拯救我们苦难的女人做点好事吧！"

可是，得到的复信是"林教授，你在协和工作若不称心，是否来我处？""林教授，时局难卜，如愿来宁，我可向委员长建议，蒋夫人一定欢迎你这样的保健大夫"等等。傅太太也热情相邀："北平时局吃紧，司令让我携家小先离开北平，可去太原或重庆，欢迎你同往……"

林巧稚思量着封封来信，思考着傅太太的真心诚意。就在这个时候，侄儿嘉通来到家里。他从燕京大学毕业之后就留在学校,后来成了燕京大学教务长。校长司徒雷登奉命离开中国,嘉通闻讯心中不安,生怕共产党来了之后,抓不到校长司徒雷登,便拿他这个教务长治罪。司徒雷登也一再动员:"走吧,我欢迎你到美国去,共产党是决不会轻饶我们的,我们使馆也将请你姑妈林巧稚一起去美国。"嘉通正是为了此事来同林巧稚商议的。

"三姑,三十六计走为上计,一走百了。司徒雷登博士非常欢迎我去美国,也希望你去美国。"林巧稚不满意嘉通这样慌张的情绪:"你怕什么,你做了多少坏事,那么害怕共产党?"

"我看中国指望不大,到处传说,共产党无恶不作,他们既恨日军,也恨美国。美国帮蒋介石打他们,共产党来了,能轻饶美国吗? 我们这些人,他(指华康)是卫生署长的儿子,我与司徒雷登一起共事,你又是在美国办的协和医院,岂不拿我们开刀?"嘉通竟如此担惊受怕地动员林巧稚立即离开北平,全家一起到美国去。

林巧稚长长地叹着气:"是呀,谁也没见过共产党,谁知这个党派究竟是什么样子的? 不过我倒在想,如果共产党真的杀人放火,他们怎么能打败蒋介石呢? 华康,你说怎么办好?"

嘉通接过话:"还是一起离开北平,躲躲为好。"

"是呀,谁知共产党究竟怎么对待我们这些医生? 医院总还要吧,依我看,等等再说。"

林巧稚站起身,走到窗户前深沉地说:"现在的国民党,不像中山先生那时候的样子,这一二十年,一天不如一天,为老百姓办过几件好事? 把整个国家糟蹋成什么样子? 挥金如土,荒淫无度,军阀割据,日寇侵略,两党交战,唉,那么多女人有病,这么高的死亡率,哪个国家像我们啊! 我们这些当医生的往哪儿走哇?"

一阵沉闷之后,林巧稚接着说:"嘉通,你说躲什么? 既和国民党无亲,又和共产党无仇,谁来我都是医生,人有病,我就看,管它这个党、那个党的。我反正不想走,好不容易把协和的妇产科拢起来,我一走还不得散架子?"

嘉通依然有他自己的看法:"三姑,我们先不说共产党到底好不好,单为美国人做事这一条,就轻饶不了我们。还是以走为好。"

"你说什么？我怎么为人家做事？是人家美国帮助我们开办的医院，钱是人家的，医疗仪器设备是人家的，医生是人家培养的，病人是我们自己的，我为多少同胞姊妹看病，大楼顶上(指病案室)都记着，是人家办慈善事业，怎么能说我为人家办事呢？不讲理的党能坐住天下那才怪哩。"

两位夫人——嘉通夫人戴克范、华康夫人林懿铿，愁眉不展地不知怎么办好。这两位夫人都是燕京大学的学生。自打结婚后，就没做什么事。她们是林巧稚的侄媳和侄女，都还听姑妈林巧稚的话。林巧稚也很尊重她们："两位太太，你们说怎么办好呢？"

"当医生和嘉通不一样，无官一身轻，嘉通是教务长，就怕……"

林巧稚打断了戴克范的话："就怕被共产党抓起来，杀了？我看不那么简单。唉，那你们就走吧！走也好，省得都捆在一起。懿铿，你说呢？"

"暂时避一下也好，省得添麻烦，合适就都回来，不合适就都走！"

"既然你们都想走，也好，就走吧！不过国外还是不去好，要去国外，我何必拖到现在？你们先去鼓浪屿吧，免得到时候拖儿带女的来不及。"

"这么说，你不走？"华康问林巧稚。

"我，还是那句老话，协和一天不关门，我一天不走。爱说我给谁干事都可以，反正我是医生，只看病，不管政治，政治有专门管政治的人去管，我管不着它，它也管不着我！"

"三姑，今天怎么尽讲些离奇的话，你不管它，它可是放不了你哦！"嘉通继续劝说三姑一起离开北平。

"我知道，硬让她甩下病人，那是要她的命。三姑生活的基本支点是病人，要她离开病人，就好像要她离开生活。我看这样吧，你们都走吧，我和三姑留在北平。"

华康这番话，说到了林巧稚心里去。她也想让华康留下，就怕他自己不愿意，又怕懿铿不同意。华康自己不愿走，那是再好不过了。

"你看吧，阿铿?"她有时候这么称呼懿铿。

懿铿说："也好，华康和三姑一起留下，我们放心些，我们要走就早点动身！"

商妥之后，第二天，他们请陈秘书设法买了经上海的飞机票。嘉通带着全家，懿铿带着孩子，从北平东单机场，乘上开往上海的飞机。

亲人离别，依恋不舍。林巧稚再一次抱起她的侄孙、侄孙女，亲吻后，走到嘉通面前："留不住你不勉强，走吧！只是要记住，走到哪里，都不要忘了家乡，要为同胞开拓生路，做人要留下正气。"

"三姑，我一定记住你的话。唉，教育、科学都没能救国，我太无知了，你一定要多保重。"

他们并肩走向机场入口处，林巧稚不能再送了，姑侄俩握着手："嘉通，科学可以无国界，科学家不能无祖国呀！你们都知道，你奶奶虽然不想要我这个女孩子，可是我从来也没有恨过妈妈，因为她是我的母亲呀。后来，妈妈也变了，她对我比对谁都好，难道这么多人的中国，就不会好起来吗？一定会好起来的，那时候……"

铃声打断了他们的谈话，懿铿又为华康整理一下衣领："自己多当心，保重身体，照顾好三姑，只要能回来，赶紧给我来信。"

华康："你们放心吧！孩子小，多保重！"

"毛毛，再见了！你们记住，不要为我安排，我是不会离开协和的！"

1946 年，林巧稚主任在妇产科。

二十六 变

国民党蒋介石撕毁《双十协定》和政协五项决议以后,不顾人民呼吁和平、民主,发动了内战。一场声势浩大的人民解放战争,也就全面展开了。

蒋介石政治上已失去民心,再唱假民主,也挽回不了已经形成的败局:军事上,打东北、攻延安、夺张家口、进犯苏北,虽曾猖狂一时,但也很快败退下来;经济上,美货充斥,通货膨胀,生产停滞,民生凋敝,已处于崩溃的状态。国民党统治区的人民,在物价高涨中生活艰难,人们愤怒呼喊出"反饥饿、反内战、反迫害"的口号。想走第三条道路的人,也多数觉悟过来,丢掉幻想,准备斗争。各民主党派和进步人士聚到了香港,进一步团结起来,蒋介石政权在走向灭亡。中国人民解放军一定要把革命进行到底,已成为人们一致的信念,这种信念已在变为现实。

一九四九年一月十五日上午十时,中国人民解放军进军天津,炮声震撼了华北,震惊了北平。解放军仅用两小时就攻进了天津市内。十六日下午一时半,解放军完全占领天津这座华北最大的工商业城市,全歼守敌,总共只用二十七个半小时便结束了战斗。

天津一经解放,蒋介石就休想再控制北平了。驻守在北平的傅作义,也就不敢再和共产党周旋了。

为了保障全体人民的生命财产,维护社会安宁,确立革命秩序,人民解放军在北平城郊东至通州,西至门头沟,南至黄村,西南至长辛店,北至沙河的辖区内,实行军事管制,成立中国人民解放军平津前线司令部指挥之下的北平军事管制委员会。叶剑英为北平军事管制委员会主任。

傅作义见到一月十四日发布的《中共中央毛泽东主席关于时局的声明》之后,一方面表示要与共产党接触谈判;一方面拖延时间,等待救援,总想到自己有二十多万军队在手。

天津闪电式的解放给了傅作义当头一击。如不接受解放军的要求,迅速率部投降,只有等着做俘虏了。

傅作义在这进退维谷之时,做了逃离北平的打算。傅太太得子不足半年,更是进退两难。她忽然想起协和医院的林巧稚:"我要离开北平,何不请她同行? 一来免得她落入共产党之手;二来她又是个著名医生,不仅对自己有个照顾,还可办起个妇产科医院来,也好继续做点事情。"

傅太太的好意,巧稚没有领情,她婉言谢绝了。其一,职业使林巧稚接触到北平几乎所有国民党军政要员的太太。巧稚厌恶她们的生活方式,憎恨国民党的腐败无能,她丧失了对国民党的信心。巧稚的同学卢致德是蒋介石的保健医生,他出面请她到南京去,她都坚决不去,何况别处呢! 其二,她暂时还没办法相信共产党,因为共产党对广大民众,对妇女和儿童能带来多大好处,她不知道;另外,巧稚对高喊"美军滚出中国去,反对美国干涉中国内政,反对美国侵略政策"的口号不理解。

林巧稚想:"这些事太复杂了,我不懂,也不想懂。我就是我,我是个医生,国外我不去,国民党我不跟,就留在这里。"她把自己活动的圈子缩到最小的范围,"堵起耳朵走我自己的路"。

一月三十一日,解放军先头部队开进北平,北平和平解放。无数头戴红五星帽徽的士兵,犹如神兵天降,威武雄壮,一日内布满了大街小巷。他们一路歌声一路行:

"解放区的天是明朗的天,解放区的人民好喜欢……"

"没有共产党就没有新中国……"

协和医学院大门外,小礼堂门前的停车场上,约有一连的士兵列队坐在背包上,怀中还抱着武器。

礼堂铁门前的石阶上,站着一位英俊士兵,正挥动双手指挥着队伍唱歌。

林巧稚由东单拐入三条胡同,歌声随着风,断断续续地送进了她的耳朵:

"三大纪律,八项注意……"

"……不拿群众一针线"

"公买公卖不许称霸道……"

林巧稚顺着歌声抬头望去,明晃晃的刺刀闪着寒光。她愣住了,不由得放慢了脚步,想回头,又想看个究竟,心想:"坏了,协和又第二次被占领了(日本侵略军为第一次占领),这怎么好,真是灾难啊,灾难!"

林巧稚的身边不断闪过大人、小孩,他们都一齐涌向协和医学院门前看热闹。她不由自主地加快了步伐。

歌声刚一停止,就响起了噼里啪啦的竹板声,从队伍中站起了一个手拿竹板的青年士兵,走到队伍前,向四周围的群众深深地鞠了个躬。

"同志们,乡亲们:我给大家说段快板,《夸夸傅司令》!"说着甩开膀子。

"竹板一打啪啦啦响,今个儿不把旁人说,单把傅总司令来夸奖。

"北平有个傅先生,诸位听官甭小看,他带有队伍二十万,扼守北平城防许多年,华北地区赫赫有名的'剿总'司令……"

林巧稚一听心里就明白,说的准是傅作义将军。她心想,这么个年纪轻轻的战士,他还能知道傅作义的事,我倒要听听,他能说些什么。

"……我解放大军要进城,他疲疲沓沓不吭声,'要接触,该谈判',嗨,他拖着时间等救兵。你听他,'我二十万军队守着城,你解放军,纵有天大的本领,插翅也难进我大门'。"

林巧稚一脚跨在协和医学院大门台阶上,好奇地想知道:"那你们这些当兵的究竟是怎么入的城?"她自己一走神,快板书已说下去了好几句,就听见:

"傅先生,开始的表现真糟糕,观望、等待、敷衍还想逃跑!"

听到这里,林巧稚心里一惊,心想:"这么机密的事,共产党也知道,傅太太给我打的电话……"

"只听枪炮一声响,两天一夜,天津的伪军乖乖地缴了枪,生俘顽抗到底的天津司令,早晚等着上班房!

"傅先生也未料到,他的直系王牌主力溃不成军往回跑。

"报,报告司令——不,不得了,解放,解放军主力……不好,不好……

"傅司令一听慌了神:'什么,你给我守住,守住!快滚,守不住要你的脑袋……'

"诸位看官你们听,排山倒海的解放军,威武雄壮如猛虎,前进路上谁阻拦,打得蒋军头破血流无处躲。

"王牌师、精锐旅,官兵厌战,士气消沉,个个都像丢了魂。傅司令,你二十万军队是不少,可知,兵败如山——倒——!"

噼里啪,噼里啪……

"嗨,嗨,毛主席发号召,八项和平条件就是好,不算低来不算高,是和是打两条道!"

道白:"傅司令,你就随便挑呗!"

引起了在场听众一阵哄笑。林巧稚强忍住笑,清高地转了一下头。

"傅先生他开了腔:'共产党、毛泽东,我算是输了,我服你们了——唉!'"

噼里啪,噼里啪啦噼里啪……

"哎,哎!

"傅先生思前想后,左思右虑他开了窍,他铺开协议提起笔,规规矩矩签上了名字——傅作义!"

林巧稚听到这里,深深地吸了一口气,紧张的情绪松弛了,但她不想马上离开,又听得:

"不打枪,没放炮,二十万军队拉到城外等改造(整编)。

"诸位乡亲听我说,傅作义,不算赖,思想弯子转得好,将功折罪觉悟快。"

只见那位战士,双手甩动手腕,竹板越打越响,嘴里越说越快。

"各位听官都知道,古都北平皆是宝",说到这里,他举手一指协和医院大楼,坐着站着的人不约而同地回头顺他手指的方向,看见那碧绿琉璃瓦大屋顶的中华民族古式建筑,又很快被那战士甩响的竹板声拉回来了。

"要知道——

"枪炮一响不得了,不是我们怕打枪,并非我们没有炮,为民族,为国家,和平解放实在好。傅司令想顽抗,真动干戈罪难逃,放下武器不发炮,国泰民安就是好!

"傅司令,过去有罪是过去,北平和平解放做得好,全国人民都知道,北平的人民一定忘不了,忘不了……"

战士收住了快板,听众一阵喝彩,掌声中夹着"好,好——"

林巧稚没有鼓掌,没有喝彩,也没有喊好。她怀着极为复杂的心情,转身向院内走去。

一阵寒风向林巧稚迎面扑来,她奔腾的血液在寒风的突然刺激下,似乎缓慢了流速,嗡嗡作响的大脑也觉得平静了,她拉了拉衣领,埋头快步跨上了三号楼台阶,冲进了温暖如春的大楼里。

北风连日呼啸,气温骤然下降,冰凌长长地垂在檐下。长期在铁蹄下受蹂躏的北平人民,早已忘却了何时有过阳春、夏暖与秋香,他们习惯了一年四季的"严寒"。

这一天,一九四九年二月三日,天气格外寒冷,成群结队的工人、学生、市民,都早早地奔向邻近的大街巷口,冒着凛冽刺骨的寒风,向着一个方向眺望。

人们的劲头那样大,兴致那样浓,心里那样热,似乎都在对寒风说:"风呀,你吹吧,使劲地吹吧!你把'严寒'吹进大海,使它永不复还。"

是呀,只有度过严冬的人,才更能体会到"春天"的温暖!他们都眼巴巴地等着,要看一看中国人民解放军的军威,看看中国人民解放军的入城仪式,盼着由此而带来的巨变。

三辆装甲车和扎有毛泽东、朱德肖像的彩车为前导,由永定门进入北平城,后面是机械化部队、摩托化部队,以及汽车曳引的炮兵部队,轻、中、重型坦克的坦克部队,骑兵和步兵。队伍经正阳门大街、东交民巷、崇文门、东四牌楼、鼓楼、地安门大街、西四牌楼、西长安街、和平门、骡马市大街,最后由广安门出城。

沿途轰动了家家户户、机关、商店、企业、工厂;大人小孩、男男女女都挤满街道巷口两侧,此起彼伏的掌声、欢呼声连成一片;锣鼓声、歌唱声响彻云霄;唢呐队、秧歌队、高跷队纵情地吹呀,扭呀,跳呀,经久不息;欢迎的人群和进城的大军互相爆发出阵阵的口号:

"热烈庆祝北平和平解放!"

"欢迎中国人民解放军!"

"人民万岁!"

"中国人民解放军万岁!"

"中国共产党万岁!"

就在这天翻地覆的日子里,协和医院这块"世外桃源"依然静悄悄的。林巧稚静静地坐在办公室里,并把门窗关得紧紧的。她在胸前握着手,虔诚地向上帝祷告,祈求上帝保佑她安静、平安。她忧心忡忡,只想与世隔绝,太太平平地躲在大屋顶下,做她的医生。其他一切,让它们离得我远远的。她打定主意不牵涉政治。

但是,医院不是真空,各种行业的人都要到医院看病,住院,打针,吃药。病人的喜怒哀乐,求治的各种疾病,病人的欲望,提出的要求,这一切都是社会现象的缩影。

林巧稚想离开政治,政治偏偏向她靠拢,她每为一个病人看病,问长道短,了解病史,询问起因,自然就涉及病人家庭、生活、经济。病人都愿意向医生坦露一切。于是病人便滔滔不绝地向她介绍,从个人谈到家庭,从家庭谈到社会,谈到昨天的灾难,谈到今天的曙光。

"秀才不出门,便知天下事。"巧稚从众多的病人口里了解了天下大事。她听啊,听啊,就觉得,怎么病人都变了。人变了,心情也变了,脑筋也都变了。

"林主任,哎唷,那些当兵的真好哦,那么冷的天,硬是不进民宅。"

"林主任,这个军队不像过去的,好客气,连我家二妞都不怕他们。"

"林主任,你知道吗? 洋面的价钱稳住啦。"

"林主任……"

林巧稚听着、想着,想着、听着,一天天度着解放军进城后的时光,脑子里出现了一个个问题:

为什么这支军队风餐露宿不进民宅? 不是说共产党"杀人放火""共产共妻"吗? 为什么老百姓拥护共产党,欢迎解放军? 他们究竟会建立一个什么样的政府? 有平等、自由、幸福吗? 有男女平等吗? 协和会被他们占领吗? ……

林巧稚常常带着这些理不清、数不尽的问题,从一个夜梦进入到另一个夜梦。

严冬已经过去,花絮挂满了白杨树的枝头,牡丹枝叶正茂,月季含苞欲放,满城春意盎然。

林巧稚手持一份红色烫金的请柬,照例穿着旗袍,素雅文静,落落大方地来到北平饭店。接待员把她引进了宴会大厅。她忐忑不安地选了一个僻静的雅席落座,既不与人问候,也不与人招呼。在这全市知名人士代表的招待会上,她全然不顾会场的气氛,独自一人呆呆地坐在那里。对会上一个接一个代表的慷慨陈词,她压根儿没听进去,耳朵里就像堵着一道不可逾越的墙,脑子里照例想着她自己的事,不时抬手看看表:

那个李太太临产时间该到了!

上午手术的张小姐不知怎样了?

……

巧稚不知会上一个接一个发言的是谁,他们讲些什么,她也没听见。只是抬头看了一眼主持会议的人。从此,林巧稚记住了他——叶剑英!

这是巧稚参加七个小时活动的最大收获!

丰盛的晚宴开始了,巧稚被邀请到指定的餐桌上,她只顾吃她自己喜爱的菜肴。有时候对热闹场面报以嘿嘿一笑,不过她很快便平静了,没有想说一番言词激奋的话,只喝着、吃着。

有人为她介绍:这是我们医学界的代表,妇产科专家。而她只向周围的来宾点点头,就连领导前来碰杯、祝酒,她都往后闪着、躲着。如不是祝酒的人热情地向她伸出酒杯,她决意不会首先举起酒杯的。一阵热闹的祝酒之后,她又进入了更深的思考,只是不断地被互相敬酒、相互让菜的热烈气氛所冲断。

晚宴之后,巧稚和大家一起观看了反映解放区生活的电影,看电影是她喜爱的娱乐活动。新中国成立之前,偶遇无聊之时,就拉着她的学生,有时独自一人去看场电影。如在报上见到好的电影广告,哪怕路途遥远,没有车坐,步行也要去看。那天晚上,要不是会议中预告——晚餐后有电影,她或许连晚宴都不参加,推故病人等着手术,早早离席而归。后来,一则想看看共产党带来的电影;二则出于礼貌,硬着头皮留了下来。注重礼节又出于好奇,使她下定决心,坚持到最后,坚持到散场。

电影放映了,她很快被银幕上的人物吸引了,她心潮起伏,与影中人一起苦,一起乐,一起愁,一起欢。只在这个时候,她才忘却了一切,中止了对许许多多"疑问"的思考。

电影结束之后,巧稚如惊弓之鸟,几乎是一溜小跑离开了北平饭店。当她双腿刚刚迈出饭店大门,迎着凉风深深地吸了一口气:"啊,可算是出来啦!"

于是,巧稚急匆匆地回到了妇产科,又穿上了白大褂。这时候,她的心似乎才踏实下来,但懒懒地不想离开办公室,一屁股坐在躺椅上,又进入了宴席桌上的深思:

这是个什么性质的会啊?这样的会为什么叫我去呢?这就是政治吗?共产党是想把我拉进他们政治的圈子?我参加了他们的会,吃了他们的饭,看了他们招待的电影,会后又将要我做什么呢?……

协和医学院是共产党早就关注的一个单位。新中国成立前,北平的地下党、协和医学院支部就开始了解林巧稚,关心林巧稚。

那时候,只能是秘密的,也是林巧稚本人所不能知道的。地下党组织分析过她:林巧稚是一位热爱国家、热爱民族、热爱人民的医生。解放前夕,国家一片混乱,人心涣散,不少人听信反动派的谣传,纷纷离开了北平,离开了协和。有的去美国,有的逃往外地。林巧稚她虽然不了解共产党,同样也听到了对共产党的种种谣传,"共产共妻""杀人放火""无恶不作";国民党将领的夫人们需要她的医术,美国需要她的才干和影响,并且都为她准备好飞机票;家庭也希望她暂时离开北平,到老家去躲一躲,看看形势再说。但是,林巧稚相信:"我是个医生,我从来不做坏事""我与国民党无亲,我与共产党无仇""我是个中国人,我哪里也不去""我相信共产党不会把我怎么样""你们要走你们走,反正我不走"。

地下党支部派人暗示她:"林主任,你要自己拿定主意,不要听信谣言。新社会是欢迎你的,人民非常需要你。"她会意地点点头:"你说得有道理!"

在那抉择的关头,她留下了,和她的侄女婿华康一起留下了。共产党真心诚意欢迎林巧稚这样一位热爱人民、忠于职守、有真才实学的老专家。共产党也谅解林巧稚对新社会的不了解,不责怪她对共产党的怀疑,热情地邀请她参加知名人士座谈会,给她接触新社会的机会,为她铺设通往新生活的大道。

一九四九年十月一日,这是中国人民永远难忘的日子。

毛泽东主席在天安门城楼,庄严向全世界宣布:"中国人民从此站起来了……"共产党发给了林巧稚请柬,邀请她参加中华人民共和国的开国大典。

然而,这位饱尝旧社会辛酸的人,哪里享受过如此崇高的礼遇?她害怕,她怀疑,她不知所措,手捧请柬,泪水盈眶。回忆自己过去了的半个世纪的漫长岁月,长长地叹息道:"政治是危险的,不能草率,不能冲动,让我的技术离它远远的……"

想到这里,她庄重地把请柬放进了自己的办公室,又一次关上了门,不声不响地坐在办公室里,没有亲身去体验那壮丽场景,却留下了终身的遗憾!

这就是林巧稚当时的信仰。

信仰本来就是一种无形的精神支柱,神圣的化身,不随环境的变化而改变。当那汹涌的波涛向她拍击而来的时候,巧稚本能地保护精神支柱不被巨浪冲垮。在林巧稚的心中,她的信仰不是抽象的,而是具体的,那就是:"医生就是医生,医生就是给病人看病,其他则都是抽象的。对于抽象的信条,任凭它千变万化,与我没有内在的联系。"所以,她最终没有参加这震撼寰宇的新中国的开国大典,没有看一眼那宏伟壮观、令人终生难忘的场面!

就在同一天,自建起协和医院起就担任名为秘书、实掌大权的福美龄,被撵出了协和医院,逃离北京。

就在会后的当月下旬,一个震惊医务界的消息从外地传到北京。

十月二十七日,北京接到鼠疫疫情报告。这在一年之前是并不稀奇的事。半封建半殖民地的旧中国,人间的瘟疫何止鼠疫一种,多少百姓被瘟疫夺去了生命!多少次瘟疫侵吞了整个村庄,蔓延到全国各地。统治阶级只要保住自己,有谁真正过问过人间的疫情?新政府,则把能否预防好这次鼠疫作为对新中国医药卫生工作的严峻考验,立即号召要打一场消灭鼠疫的围歼战,决不让鼠疫流行到北京。

林巧稚在已经过去的二十年中,曾为妇女的健康呼吁过,为女人的权力呐喊过,当她得不到妇女权利上的平等时,她产生了对政治上不平等的厌恶,反问自己:"难道国家就是这样吗?"巧稚朦胧地想着,希望有一个她所理想的社会。我只求这个社会给我们女人做人的权利,我只希望让她们健康地繁衍健壮的子孙。到那时候,人们身体都强壮了,不再是"东亚病夫"了,祖国也就光明了,民众也就幸福了。所以,在那世俗混浊的社会里,林巧稚把自己活动的圈子缩小到最窄最窄的境地:图书馆、病房、宿舍和食堂。林巧稚拒绝官场上无聊的宴请,鄙视官场上那套金钱、倾轧、吹捧、剽窃的往来,既不奢想功名利禄,也不受人摆布利用;既不寻找后台老板,也不随波逐流。她谨慎地观察着社会的变革,严格地规范自己的生活,寻找着她心中的理想!

林巧稚没想到,新政府竟那样重视一次鼠疫的预防。当消息传到北京的当天,下午就全市动员:必须立即采取紧急措施。真比十万火急还急,市政府第二天就成立了市防疫委员会,层层建立预防组织,建立防疫封锁线,设立检疫站和隔离所,动员医院一切力量担任预防注射、检疫和广泛的宣传工作。

这一切,林巧稚亲耳听到了,亲眼看到了,亲身参加了。她陡然年轻了许多,和人们一起紧张地投入防疫工作。白天她紧张地工作,到了深夜,躺在床上之后,兴奋继续驱赶着疲劳,巧稚想呀想:哪里见过"无恶不作""杀人放火"的共产党? 新政府这样重视鼠疫的预防和治疗,这样真心实意地关心民众的身体健康的政府以前哪有过? ……

经过四十天的奋战,一场人间鼠疫的传染,得到了完全的控制。林巧稚向新政府微笑了:"嗨嗨,要不是今天,中国不知又要死多少人!"

不仅如此,政府又要求医务界在规定时间,为全体百姓广泛接种牛痘。协和医学院的广场上停着一辆辆草绿色帆布车,车上印着白圈红十字,还插着一面面红十字小旗。政府出动了军警维护秩序,"强迫"人们必须接种牛痘——为了自己和他人,为了家庭幸福和美满。这和国民党军队抄家抢掠是多么鲜明的对照呀! 紧接着又为市民注射伤寒霍乱混合疫苗、霍乱疫苗,并严格规定为六个月至八周岁的儿童打白喉预防针。

这一切,慢慢地拨开了林巧稚心中的迷雾。她脸上的愁云舒展了,发自内心地说:"新政府看来是代表人民的政府!"她的嘴角时而露出了笑容。

她冲着那牙牙学语的孩子说:"一年前没影的事,全叫你们赶上了。这个社会是为你们建立的,我为你们祝福。哦,你高兴了,你笑了,你们的父母也都在笑呢。笑吧,笑吧,尽情地笑吧!"

二十七　科学与公断

进启者兹准某市(青岛)卫生局函闻连××诉郝等伤害一案……兹将原函附件送上,敬请

查照审查,并提供意见……此致中华医学会妇产科学会

中华医学会

一九五〇年×月×日

林巧稚已经不止一次地接到类似的关于医疗纠纷案的信函。

她新鲜,好奇,纳闷,不解,心想:"过去没有的事,人民政府怎么都有,我还能解决医疗纠纷,说了话能算数?"

事情由不得她,一宗接一宗,接踵而至。

此案只是一个小学教员向法院控告"彻查责任并依法处理(山大)医院妇产科某些大夫治病中,对病人生命安全不负责任的错误态度及应采取措施"。

控诉人连××因患子宫病症,于七月十二日下午到山大医院住院。妇产科施行手术后病人流血过多。在这危险情况下,十三日上午七时半又进行手术,由妇产科主任施行手术。十一时多抬回病房,出血甚微,基本没有什么感觉。手术实施者,拟在下午九时撤换纱布,但下午七时左右,当班牛、顾两位医生即将术者纱布撤出,并未另换药及纱布。约至八时左右,流血甚

多，又经住院医生用纱布塞压；约九时左右，纱布被血冲出，血流不止，患者昏迷过去。同房病人见状叫护士，约半小时找来了总住院医生，其仍用纱布塞压，流血减轻。二十四日晚约六时，又经主任把伤口用线缝好，至此流血才算停止。

由于流血过多，以后虽经连续打针补救，但身体健康已受到严重的损害。

对此，患者认为在技术上是有错误的。

第一次撤去纱布后，置之不理，以后两次的填充，显然由于技术的不当都未起大作用，以致因流血过多而造成昏迷。这种在技术上并不太难，但又发生错误的现象，表明了对病人生命安全不负责任及藐视人民政府法令的错误态度。

故患者请求处理：

为维护政府法纪并保障病人生命安全起见，特呈请贵院对此事件予以彻底查究，弄清责任，请予以处理。

林巧稚接到此函，摇头叹息："哎，又是一起纠纷案。"巧稚又详细审阅一遍原件，沉思半晌："这个案件怎么处理是好呢？"

已进行的讨论及分析，认为确定的手术目的，采取的步骤和方法，没有原则错误。术后使用塞压止血法，所得的效果，较缝合、电灼法是不产生其续发症的。用塞压法经过八小时以上，并无血流出阴道外，证明主任用此法是完全有效的。当班者在术后八小时，取出纱布唯恐发生腐败也是对的。半小时许发现有少量血液流出，报告总住院医生，即应将栓塞很慎重地压迫到位（子宫颈内），但做了一些自相矛盾的处置。当纱布被血冲出后，第二次处置对出血点置之不理，并违背了医学原则和医生道德，使患者再次大量出血。

结论认为：

既身为总住院医生，发现情况，应迅速报告主任。如果自认为学术理论不够，应当让他到学校重新学起，不能使此庸医继续伤人；但并非理论经验不足，而是有意识的此种行为，是国家法律所不许的，希严加追究其思想根源，加以惩罚。

另外，对造成病人的损失应负完全责任。

林巧稚接到此案粗粗一看，大吃一惊。心想，如果真的这样，这位总住院医生完了！她急不可待地又仔细审阅案卷全部内容，额头上冒出了汗，站起身来，狠狠地敲了一拳桌子："这叫什么鉴定纠纷，完全是一种不负责任的推卸！结论如此不公。"

说完，她又重新坐下，左手托着脑袋，右手在材料上打着问号。本想对案例分析不再愿意发表意见；再说，提出建议也未必有用。又一想，既然已构成案例，为真正对病人家属负责，不让病人遭此不白之痛苦，对医护人员负责，应弄清各自应当承担的责任。她在参看了北大医学院妇产科的意见之后，做出了如下分析：

"任何一个事故的发生，应当首先考察一下整体的状况如何，尤其是人的生命。医院是一个整体，他们在各部门密切配合之下，病人才能得以治疗，恢复身体健康，所以必须尊重客观事实，科学地、不带感情地分析事故的始末。"

之后，林巧稚打开抽屉，顺手从白大褂的小衣袋里拔出笔，写道：

关于患者控告案，简单答复：(1)患者方面显系因手术后出血过多，身体健康受到损失而感到不满，这是情理所容的；(2)山大医院的报告及探讨——所施行的手术，系是一例宫颈纤维肌瘤截除术。因现场详情不明，按过去的经验，此种瘤肿截除后，剩下之根或蒂处，如面积不大时，又无继续大量出血现象，可以电灼止血，或纱布填塞数小时后即行取出。但面积较大之蒂处仍以缝线结扎，并将粗糙面缝合为最安全。是否宜用纱布塞压止血，当以截瘤大小而定。

此例术后一再出血，总量达800cc，数次纱布填塞不能止血时，最后仍需缝合，说明蒂处之出血点，并非以纱布填塞即能完全制止。手术时或第一次发现出血时即应将出血处缝合，可免损失800cc的血，由此引起了昏迷，所以在技术上不能说完全没有错误。

住院医师发现出血时，未能将当时的情形立即报告上级，以致延误了治疗，表现出不负责任的态度。从中也可见到科内制度不够严格。

但，施行手术的医生不仅对手术本身需要负责，术前术后更需对病人关心照料。同时，科内一切工作应主动负责督导，与各级医生取得密切之联系,更何况是自己手术的病人,应自始至终负全部责任。所以在工作制度上、工作精神上也需要详加检查,树立正确的为人民服务的观点。

林巧稚搁下笔,又从头至尾看了一遍她自己写的分析。没有马上发出,把它塞进了抽屉。

为什么写好的分析不马上发出呢?

林巧稚对自己处理的事,常常因为生气动肝火怕把事弄错了,总要等自己的情绪平定之后,再重新审查一次,才作为最后的结论。对这一宗医疗纠纷案的分析至少在一两天内不要发出。

这样的医疗纠纷案,一宗接一宗,政府部门的、人民法院的、地方卫生局的、卫生部的,真多,占据了她许多时间。她在想,新中国成立前,怎么没有那么多医疗纠纷;解放了,怎么会有这么多的医疗纠纷呢?

中华人民共和国成立前,医疗事故也有,构成纠纷的那是极为少数的事。本来治不了、治不好的病,死于医院,倒成了纠纷;而真正的责任事故,从来不成为纠纷。能够借题发挥,寻找短处,借死人向医院勒索费用的,这些不是通常的平民百姓可做的,几乎全部出在权贵财势人家。林巧稚遇此纠纷,只好以"情况不明""报告不详""才疏学浅,另请高明""难以准确断决"作搪塞!

新中国成立以后,林巧稚从接触的医疗纠纷案中,见到了人民政府之一斑。巧稚看着一份份医疗纠纷,起初又以为是什么权势人物的,结果宗宗都是普通百姓的,有农民的,有工人的,有马车夫的,还有店员的,等等。她怀疑过,这是真的吗?但总被法院的一份份判决书所证实,有文有号有大印,明明白白写着姓名和详情,这使她大为惊奇。

开始,她接到医疗纠纷案卷,立即把它塞进抽屉,偷偷地等到夜深人静时才拿出来,从不当众审阅,她一怕介入到政府的政治中去;二怕被捅到同行的耳朵里去;三怕引起麻烦。更何况自己不能件件事事都了解治疗的现场,自己生来就不会讲瞎话。

一九五〇年夏末秋初,某市法院受理了一桩被告人不尽职责,致使孕妇及其胎儿先后死亡的案件,做出处被告人监禁两年的判决,并把此案转到中央人民政府最高人民法院。

原告人是死者的丈夫,赶车的马车夫。

最高人民法院又将函件转卫生部卫生计划检查局,并为此开了座谈会,决定组成调查小组进行调查。同时还把函件寄两份给了林巧稚:"特请您对该案提供具体意见,希望以科学的态度、为人民生命负责的精神,客观地分析材料,将意见提出来,对病人之死与医疗制度、工作人员思想作风、责任心、技术等的关系,从院长一直到有关人员,谁应负什么责任,理由何在? 请明确地提出,写成书面材料,从速寄回本局,以供研究参考为感!"

林巧稚双手捧着这份公函,激动无比。她自己出生在贫寒家庭,深深知道旧社会劳苦大众的生活处境,深深懂得他们,特别是女人们生命的价值。在过去,一个马车夫妻子的死算得了什么! 对于主人来说,马车夫的妻子不如他自家的马呀!

如今,且不说会不会构成什么医疗纠纷案件,就这种直上最高法院的事,就着实够令人深思的了。倘若在解放以前,别说一个、十个、一百个……有谁见到过政府去为马车夫的妻子论公说理? 那时候,也有法院,何时听说过为死了贫民百姓医生监禁处之罪的。

人民政府如此重视人民的生命,市法院断了还不行,上到最高人民法院,又转到卫生部,还成立调查组,还要把死了人与医疗制度、工作人员思想作风、责任心、技术,从院长一直到有关人员都联系起来审查,林巧稚浮想联翩,自言自语地说:"穷苦人终于是人了,是人了! 这才真不愧叫'人民政府',实实在在为人民的政府,为人民说话、替人民办事的政府。"

林巧稚认认真真地分析审阅着长达万字的《调查材料汇报》,边看边打钩、边划圈,写着批语。一遍,两遍,三遍,夜深了,人静了,鸡鸣了,而林巧稚却毫无睡意,一直到把批语写完。黑夜已经消逝,东方已经出现了曙光。

重新看《调查材料汇报》时,她笑了:"看看,我胡说八道什么呀? 我怎么管起人家医院的行政管理来了,政府不是要我用科学断案吗?"她突然收敛了笑容,闭了不大功夫的眼睛,再次从头到尾看那材料。对医术上的问题一一做了分析,并由此想到了一些新的问题:"对人民的健康负责和对医务人员负责矛盾吗？如果我分析有误，错怪了医务人员，那又有谁来保护人民的健康，谁还敢大胆治疗，去探知人体健康上存在的未知数呢？"

她瞪大着眼睛，看着那不足一米远的墙壁，在她眼前就像突然出现了无数白衣战士，他们齐声向自己疾呼："你是专家，你说的话举足轻重，你可千万不能要求过高，脱离我们一般医生的实际……"

"喔，喔，喔"的鸡鸣声，又把她从沉思中拉回到眼前的材料上。她脑子似乎比原来冷静了，又仔细地一页一页地看着，一口气把材料看完，然后又加上了如下建议：

> 此种案例，地方法院判决不甚妥当，应当维护病人利益，也要通盘考虑医院的复杂情况，刑事警诫处分似乎也高了一点，倘是以其服务态度处分是可以的。
>
> 今后，请法院考虑，对一般医疗事故是否可以通过医务工作者学术团体或行政部门分别研究，予以教育或行政处分，进行解释，以免一有事故即予受理审查，引起一般医务工作者不必要之思想波动。
>
> 因为病家对医学不可能完全明了，死了人时，会有误解。处理不当，就会妨碍医务工作，造成执行工作时的顾虑，医生也无法大胆负责工作，这同样会让人民健康失去保障的……"

事隔不久，为解决经常遇到的复杂的医疗纠纷，北京市人民政府很快批复北京市卫生局，决定成立市医疗纠纷鉴定委员会，由北京市医药卫生联合会承担组织任务。

八月二十七日，在东单三条四号，医科医师会的会议室内，召开医疗纠纷技术鉴定委员会成立会。在成立会上，经全体与会人员选定，林巧稚为妇产专题委员会委员。

林巧稚站起身，拱手向与会者表示谢意，也表示自己欣然接受众人委托，博得了阵阵掌声。她全不像那次收到请柬要去天安门观礼台那样心情不安、犹豫不决。有个医疗技术纠纷鉴定的社会团体真好。她早就希望有更多的人投入这项工作。直到成立会之前,她自己手里还有好几份纠纷案没有处理完毕呢!

妇产专题委员会接的医疗纠纷,比内外科和别的科多,一份没有完一份又来了。

鉴定委员会成立之后,接的纠纷案多了,但林巧稚从不敷衍了事,姑息祖护,份份都做详细答复。她说:"分析的案例要经得起历史的再分析,科学就是科学,不是感情的私交,也不是随意玩弄的愚物!"

专题委员会开始工作,她就收到了法院函案一宗"子宫颈癌症医疗过失纠纷案",函中要求专题委员会答复如下问题:

"患者术前症状是属早期还是晚期?"

"第一期的癌是否能延至两年多的时间?"

"是否适合动手术?"

"术后为什么加重,而且时间又快,产生黑利尼亚症是什么原因?"

林巧稚很清楚,当时国内子宫颈癌症的患者,一般医院是不愿意接收的,认识能力、设备条件都还不具备。偏僻地区,治疗条件更差。林巧稚接案后,本想就案例说一下情况,把写完的鉴定意见又收起来,组织了鉴定会,请专题委员会成员共同分析讨论,自己则做准备解答大家提出的问题。

会上,经过反复讨论,她答复了下列问题:

"第一,根据病历描述,当时情况应诊断为第一期子宫颈癌。

"第二,癌症的发展是非常没有规律的。当初的认识,在不同的条件下可以很快,可以很慢,一般在一年半至两年达到三四期。

"第三,各国专家对治疗癌症的方法,还是不完全一致的。各地经验与统计的结果也有不同。宫颈癌,一种主张子宫体尚活动时,施行手术治疗;另一种主张放射治疗。但,一般同意第一期可以施行手术治疗。

"第四,应用子宫体全部截除术,以后配合放射治疗。

"第五,治疗结果,现在还无人敢做肯定好或坏的结论。

"妊娠期间或近妊娠期发现的子宫颈癌,发展是特别快的,扩散比非妊娠期迅速,这是临床医生所应该知道的。

"黑利尼亚是手术后的一个并发症,特别是手术有感染时更易发生。"

说到这里，林巧稚站起来欠了欠身子，略露一丝微笑地说：

"以上，是我个人，针对提出的问题发表的意见，因为没有看见过患者，所以是很片面的，只供参考，千万不能当作结论，否则往后我就不好发表意见了，敬请其他专家发表高见。"

说完，她正准备坐下，忽然又想起了什么："噢，想起来了，我再补充两句话！"

"如果单纯用手术疗法，不做广泛性子宫体全部截除及两侧淋巴腺消除（根治手术），如只做子宫截除术，则应在术后配合放射疗法。

"这种手术的感染率，比一般手术高，但术前如有充分的准备，感染机会是可以减少的。

"谢谢大家！"

林巧稚要讲的话，讲完了。

她对这宗案子，虽然没有明确提出责任问题，但这种科学的分析，已把问题说得再明白不过了。与会者无一不佩服林巧稚这种丰富的临床实践和求实的科学态度。她把疑难的病例放到特定的时间、环境、条件中去考察，放到主观应该做到而没有做到、应该注意而没有注意到的种种可能性与现实性中，毫无保留地把自己的认识提交会议讨论。

如果遇到无法参加的医疗纠纷鉴定会，林巧稚不仅要详细阅读鉴定分析及病历，还要把大家在鉴定会上的讨论意见、发言记录统统看完，自己才做解答。

在回答"莫子蓉一案"时，她要来了病理解剖报告和病历记录，然后才回答了下述问题。

法院提出："肺、肝、脾、子宫属病变在临床上能否查出或应否查出？"

林巧稚一看，涉及别的科了，不是妇产科一家可做判断的，肺、肝、脾显然属内科的事。是直接转内科，写上妇产科的意见，还是征求内科意见，在自己手上有始有终地完成呢？

下班后，她拖着疲倦的身子，登门拜访张孝骞教授：

"张老，我来打扰你啦！"

"欢迎，欢迎！"

"我是无事不登三宝殿，遇事便来求神仙！"林巧稚说着，便毫不客气地把解剖报告及病历递给了张老。

其实，林巧稚早已有了自己的看法，但她从来不自以为是。只要超出妇产科的范围，她都有事必问，尽管一次次会签的意见完全一致，她也从来不认为这就是自己的看法，而认为科学必须看法一致；而且，她认为妇产科专家必须懂得各科知识，这是份内的，但对涉及其他科的事，在做结论的时候，只有权对本科断案，无权超越本科。

张教授看完报告和病历之后，客气地说："林教授，您先说说。"

"张老您就别客气了，这就耽误您事了。"

张孝骞一听这话："哦，这不是我的事吗？那好，既然不是我的事，我们就谈到这里吧！"

默契合作多年的两位医学家，在探讨学术见解中，不免加点饶头，以渲染亲密无间的气氛。

结果他们得出一致的看法：

"轻度粟粒性结核，一般是早期结核，除有显著临床症状，如咳嗽、高度发热、吐血等外，临床很难查出，甚至 X 光照相也难以发现子宫内膜结核，偶而在做刮宫或内膜活体采样时有可能发现。"

"谢谢您，张老，我走了！"林巧稚完事之后，一刻也不多留，起身告辞。张老也不挽留："好，您走吧，我还有事！"

似乎不近人情，而这正是科学家们交往中的人情，谁要是无故地聚集一起，海阔天空地高谈阔论，无聊地寒暄，那才真正是不近人情。科学家最珍贵的就是时间。你珍惜他的时间，就像珍惜了他的生命。

法院提出的第二个问题是："通气手术是否适应？因通气手术而引起空气栓塞，有无技术上的错误？"

林巧稚从病历知道，这位妇女已三十岁，十三年不育，无急性盆器发炎现象；手术时间也在正常月经周期后的第七天，时间选择适当；通气压力只在150—200mmHg，没有超过 200mmHg，这是按照一般常规进行的通气术。

由此看来，处理上没有不适于子宫输卵管通气手术之禁忌，也无技术上的错误。这例的空气栓塞死亡，是子宫输卵管通气术的偶然并发症。这类通气术并发症的空气栓塞死亡，尚属罕见，但并非绝无仅有，不过一般人还

不知道。于是林巧稚想借此机会,把这一还不为普遍认识的问题告诉大家,不仅有利于鉴定,还有利于开阔妇产医生的眼界。她说:

"盆器结核,特别是子宫内膜结核在子宫输卵管通气时,可能引起空气栓塞而致死亡。这种死亡,国内目前知道的不多,国外也只在个别文献上曾经提到过。以后倘再遇这种病例,可以考虑它实际存在的可能性。也供鉴定参考之用。"

林巧稚正准备把这份《鉴定意见书》送走,来了一位衣冠楚楚的中年男子。他一边叩门,一边叫着:"林主任是在这儿吗?"

林巧稚开门一看,想不起来是否见过面,问道:"你找谁?"

"我找林巧稚专家。"来人有些不安地回答。

"找她做什么事?"林巧稚上下打量这位来访者,接着说,"有什么事,你就说吧!"

来客机警得很,自信自己的眼力,眼前一定就是林巧稚,显得有些激动:"你就是林教授吧?"说着把早已准备好的一份控告书交给了林巧稚,并说:"林教授,请你在百忙中,一定看看。"接着就滔滔不绝地诉说自己老婆到妇幼保健院生孩子,做手术。医院应该做的,没做;不该做的,他们做了。结果自己老婆死在手术台上。

"林教授,您是妇产科的专家、权威。您要为老百姓说话,今天我是专程来求您的。"他边哭边说,一口气把失去妻子的苦水全倒出来了。

林巧稚没有把这位控告者拒之门外,客气地请他坐下,对这位先生的不幸遭遇深表同情,静静地听着,直到他把要说的话说完。中间插话问了些细节,明显是为了弄清问题,而不是阻止他继续讲话。直到全部听完情况,林巧稚热情地安慰他:"您的控告,我个人一定认真对待,您信得过我,我一定认真为大家办事。照科学的道理办事。我对这桩案子的分析完了,你还可以再请别的专家去看,我有错,我负责。既要对你们家属负责,也要对医生、对科学负责,请你放心;另外,你妻子死了是件叫人悲痛的事,我也很同情,希望你自己不要过于悲伤,死了的人不能再活,活着的人不要去为死人损害自己和别人。活着不是为了死去的人,而是为了使活着的人活得更好! 请你把控告书寄到四号鉴定委员会,我们规定个人不允许直接受理纠纷案件,那里会转给我的。"

类似情况,林巧稚已经历过多例。每次遇到,她总是把自己变成两个人。既为病人着想,也为医生负责。她在科里、在鉴定委员会里,把自己如何变成"两个人"作为经验之谈:"我体会,当医生的,不能过分强调设备条件,先要想到如果病在自己身上,死了的不是别人,而是自己的妻子儿女、亲朋好友,自己的心情将会怎样? 如果死的原因又不那么清楚,会不会找医生的麻烦? 前面我已经提到过,我的一位好朋友三十年代时,她自己在生孩子前和生孩子后,对产妇的认识大不一样。她生孩子时疼得她说'这不是人能忍受得了的'。她这位内科医生硬要找我这个妇产科医生算账。我是知道的,生孩子是人的生理现象,不会所有人都那么疼,她算赶上了疼的,又是疼得厉害的,找我算账没用,我那时还是个住院医师。她从那以后,对病人感情就不一样了,一听说产妇的痛苦,马上就联想到自己生孩子时的情景。她还想方设法帮助我去为产妇减轻痛苦,她还对我说'你一辈子能把这个问题解决了,就是不可磨灭的功劳'。如果当一个家庭因为生孩子死了人,可以想象,该是多么悲惨痛苦啊! 家还成其为家吗? 再留下几个孩子,失去了母亲,能不痛苦吗? 我是深感失去母亲痛苦滋味的,所以我想,作为一个医生,我们要特别重视自己的工作,不能马虎。"

一次,林巧稚问一位住院医师:"你说说产科与别的科有什么不同,有什么特点?"那位住院医师只回答了问题的一半:"我们夜里的工作比白天紧张,生孩子夜间多于白天,还有,还有……"

林巧稚告诉大家:"其他任何一科的病人来住院,都是生了病才来的,谁好好的不在家待着,住到医院里来呢? 凡是入院的病人,都有治好、治不好的问题。恢复健康出院了,叫作把病治好了;没有恢复健康,人死了,那叫作不治之症,或者就说治晚了,治不好了。唯有产妇绝大多数都是健康的人,她来住院不是治什么病,是到你这里来生孩子,生完孩子,恢复一下体力就出院回家休养去了。可是偏偏就在这生孩子的过程中,常常会发生瞬息万变的情况,好端端的人,自己甩着膀子走进你医院,谁能料到有来无回呢? 孩子没活,大人也死了,现在有了代表人民的政府,死者家属能不找你要人吗? 所以我说妇产科不同于其他科,责任很重,关系的不是一条人命,是两条人命的事!"

　　林巧稚特别提出:"妇产科工作从来都是二十四小时制的,无论什么季节,不管什么天气,不管白天黑夜,一年三百六十五天,所有时间都有生孩子的机会。妇产科医生就要比别科医生辛苦,妇产科医生不好当,主要是辛苦,不容易当,当好更难,自我献身精神要强!"

二十八　治病与救命

一九五〇年五月,协和医院与往年大不一样,这是北京解放的第二个五月,是中华人民共和国成立后的头一个五月,也是协和医院工会成立一周年的五月。

为了迎接夏令到来,中央人民政府号召:"全民动员,立即掀起爱国卫生运动的新高潮!"北京到处挂出红布横幅标语;墙上、柱子上、车站上贴着各式红黄蓝绿的标语。

林巧稚见到这一切,觉得无比新鲜,也觉得十分有趣。在她脑子里,搞卫生从来都是清洁夫的事,如今要人人动手,掀起高潮,还搞群众运动。标语上还写着,要"家喻户晓""人人动手"。半辈子没见过的事,她怎能不感到新鲜、好奇呢?

如今,人民政府一号召,工会首先响应,医院的院长、医生、护士等职员都一齐动手了。一个宁静幽雅的医院,顿时出现了生气勃勃的景象,林巧稚被这热闹气氛深深吸引。

她在科里向大家说:"上面说了,政府号召要大搞卫生,事后区里还要派人来检查。"巧稚在查完病房之后,也投入了这有史以来的第一次自己动手大搞卫生运动。在过去,想搞卫生也不是随便的,院里规定你擦桌子,就无权擦玻璃;叫你扫地,就休想铺床。这一回在全民动员大搞卫生的口号下,医生护士们想怎么干就怎么干。

在产房里,林巧稚接过孕妇董莉递过来的抹布,边擦玻璃边问:"关太太,你门诊看过多少次,还记得吗?"

"嗨嗨,我也记不清了。林主任,您可别叫我关太太,怪不好意思的。您往后就叫我小董,或者叫关嫂吧!"

"你花了不少钱吧?"巧稚又把擦脏的抹布递到董莉手里,"给,请你再涮涮。"

董莉把涮洗干净的抹布转身递给林巧稚:"给,林主任。"

"怎么样,明天手术还有什么顾虑吗?"林主任关切地问董莉。

"主任,有您,我什么也不怕!"

"那好,看情况还是比较乐观的,明天我给你手术,慢慢地,不叫你疼痛。"林主任像哄孩子似的安慰明天就要剖宫产的董莉,还问她,"你先生明天来吗?"

"哪能不来。"董莉略带羞涩地低垂着头答话。

董莉的丈夫关君蔚,是一位留日学生,立志研究农业。他是东北满族人,毕业后分到北京,不久便与二十四岁的董莉成婚,组成了一个亲热和睦的新家庭。

旧社会的女子,孝敬公婆、侍候丈夫是她们的天职,谋业倒是次要的,这叫"女子无才便是德"。然而,也正因为这样,她们经济上得不到独立,政治上失去了平等,女人就成了男人的附庸。她们唯一的权力就是为丈夫生儿育女。

董莉他们婚后两年,公婆开始提醒:"你们也该要个孩子了吧!"

婆母以为这小夫妻俩自己不想要孩子,就这么告诉儿子、媳妇:"你们就要吧,趁我身子骨硬朗,也好帮莉子媳妇带带孩子,省得手里没着没落的闲着难过。"

其实,婚后一年,他们自己就盼着怀个孩子。可就是一直没有。两口子嘀咕了:"怎么回事呀?"好在关先生好学上进,总想干番事业,没把要孩子的事太往心里去。董莉尽顾操持家务,侍候公婆,体贴丈夫,也顾不上去想到底为什么不能怀孕。后来,她自己心里暗暗地着急,也悄悄地与丈夫说。当她隐约知道没有孩子怕是自己不能怀孕时,每当婆母再提到这事时,她只好扭头躲进自己的房间,留下丈夫一人去忍受婆母的数落,而她从此偷偷地流了不知多少眼泪。

第三年,婆母更着急了:"他莉嫂子,你怎么还不要孩子,结婚都三年了,二十七八岁的媳妇还不生孩子,熬什么啊?"又问她儿子:"君蔚,你们想的什么心思啊,是你们不想要,还是没有呀?"

"妈妈,你不要急吧!"君蔚总是耐心地劝慰母亲。

"什么,不着急,还不着急,过门三年多了,咱家可就你一个儿子,不能叫你媳妇给断了香火。"

董莉听到婆母这番话,浑身像浇了一盆凉水,从头寒到脚。她何尝不着急呢,为什么三年还不怀孕呢? 还能不能怀孕呢?

那年头,年过花甲的婆母,浓厚宗桃观念并非她一人才有。谁家婆媳不是为了传宗接代,光宗耀祖。小两口子商量,求医吧。婆母也在为他们求神拜佛,乞求老天保佑了。

到了第四年仍然没有怀孕。董莉过门时享受到的那种家庭温暖、婆媳亲热的感情慢慢地淡薄了,代之而来的是愁眉苦脸。婆母当面背后地劝儿子:"君蔚,不能让你婆娘绝了咱家的后,娘为你再娶一房吧!"

要说君蔚可是个好丈夫:"娘,不能这样,咱娶媳妇就是为了生孩子吗?咱俩过得好不就得了,我可不娶了。"

老人的传统观念是不易克服的,有时认准一条道非走到黑不可,说什么也不容这个不能生娃子的媳妇待下去,由怒颜变得见面就骂骂咧咧了:"现在,还不如早一点死了干净!""你这个丧门星,当婆娘生不出孩子,还活着做什么?"

董莉是个逞强好胜的女人。凡是女人能做的事,她没有做不了的,没有她不会的家务活计,缝补浆洗,啥样不行? 啥样不会? 除了没能怀孕生娃子,其他方面,婆母无可挑剔。谁知,那时女人的命运不是以能做多少家务活计来论身价的,而是以能否生孩子来论短长。

董莉终于明白了,这个世界没有不能生孩子的女人的立锥之地,她渐渐地失去了生活的勇气,连自己都觉得,这样活在世上实在是"多余""不如早点死了",免得"活着受罪""还是死了干净"。

北京虽说已经解放，国家百废待兴，还来不及颁布一夫一妻制的法规。男人不许娶妾，不许任意休妻，虽说还没有颁发一个字据，舆论上都已经谈到了。

婆母要为君蔚再娶一房，小董虽然不能容忍，但她想，如果不能为君蔚生儿育女，自己又有什么权利不准呢？如果真的娶进家门，自己还怎么过日子？还不如早点死了干净。

她还想到："总不能因为我，害得君蔚一辈子真的没儿没女，我怎么对得起君蔚呀，我要是早点死了，也好让他另娶他人，为他生下个把男女，我死也瞑目了，更免得他承担护妻之罪名，也省得婆母着急，再引起口角。"正如她婆母所说："关家是害在你姓董的手里了，你死了，我们这一家就好了。"

是啊，婆母骂得没有道理吗？谁让自己不能生育呢？这不都是怨自己吗？就此，她下定了此一生的决心。

董莉终于想方设法，托亲拜友买到了鸦片。听人说吃了过量鸦片，不疼不难受，就能像睡着觉那样，安安静静地死去。一天，她终于双手捧起了鸦片，泪水模糊了眼睛，回想着婚后六年来的夫妻生活，自打过得门来，和君蔚一起，两口子互相体贴，自己百般地依顺丈夫，对丈夫知疼知热，问饥问寒，丈夫从来没有不满意自己的时候，知情达理，整天像吃了蜜甜滋滋的。丈夫对自己完全不是封建式的旧套，总和自己平起平坐，处处为自己分忧解愁。

六年不孕，他没有怨过妻子一句，总是劝自己妈妈："这事不能单怪莉子一个，这是两个人的事，你怎么不怪你儿子呢？"他总是在公婆面前庇护妻子。当明白不能怀孕就是妻子的病症时，他又安慰："莉莉，我们结婚可不单是为了要孩子，结婚时，我都没有那么想……"当发现自己妻子情绪反常时，他送她上医院治病，陪着她一起落泪："莉莉，你不能胡思乱想，我不能没有你……"

董莉越想这些，越想自尽，她喃喃地叨唠："我活着多余，只有早死才对得起君蔚。"就这样，她横下心，颤抖的双手一起捂到嘴里，吞下了毒品。

鸦片毒性正在发生效用的时候，她的丈夫君蔚正好回到家里。一见自己的妻子躺倒在地，慌忙俯身去扶她，不管他怎么叫："莉莉，莉莉！"而董莉已经不能再答应他了。

丈夫立即把她送进了医院,经过解毒急救,把她从死神的手里夺了回来。当她完全清醒时,奇怪自己怎么躺在洁白的病床上,理智告诉她,这是医院,不是在家里,不是在吞食鸦片的窗前。丈夫已坐在她的床前,在亲热含情地呼叫着:"莉莉,莉莉,你醒过来了,醒过来了!"温柔的大手为她拨开散贴在脸上的青丝。她痊愈之后,更加感激自己丈夫的救命之恩,夫妻的恩爱真可谓如胶似漆。

一九四九年十月,一天,董莉突然对着君蔚耳朵,悄悄地问他:"你记得我上月什么时候来的例假吗?"好粗心的关君蔚,自打新中国成立以后,他的心全放到如何为新中国开发林业资源、发展农业生产上去了,哪里顾上妻子什么时候来不来例假,也没有想妻子为什么向他提出这么一个本来不属于他过问的事情。

自从莉莉服毒被救活之后,他便更加约束自己:"千万不能触动妻子最伤心的事,不给妻子制造什么精神刺激。"因此,对妻子每月的例假他也就不再过问了,他已经暗中下定了决心,哪怕她永远生不了孩子,也要白头到老。

可是,这时候,妻子突然问起自己"记不记得"。他说知道,的确说不上时间;他说不知道,又怕妻子责怪。有文化的人到底是有文化的人,脑筋走得真快,马上乐呵呵地回答她:"啊呀,你可没交给我这个任务,我的好莉莉,你思想也开通了。如果你要让我记,从下月开始,我一定为你记准的。"

就这样,又过了一个月。

婚后的女人,最敏感的莫过于自己生理上的细微变化。尤其像董莉,六年不孕,例假每月基本上都是正常的。近两个月突然不来月经,怎能不引起她内心的震动。

她月月盼,年年盼,就盼这一天! 没有文化,不了解医学的人都懂,正常健康的女人停止来月经,标志着什么,除了生病,不就是怀孕,还能有别的什么呢? 更何况她有文化,是一个上过中学的人。

夜深人静之后,她又一次悄悄地对着君蔚耳朵,手还不停地拍着他,似乎怕别人盗走她的秘密,紧紧地贴住她丈夫:"你记住了吗? 又一个月了!"君蔚自然很清楚自己妻子说的是什么!"记住了,我也正想告诉你呢!"

"恐怕有了,那就是两个月了!"君蔚非常明白,她是在说自己怀孕了,关君蔚是个粗中有细的人。上月夜里妻子问了自己之后,他也留神观察妻子生理上是否发生了什么可喜的变化。结婚头几年没有孩子,不当回事,日子长了,他何尝不希望自己也有个孩子呢,他并没有去想什么"传宗接代",只觉得是生活中不可缺少的乐趣。

为了治疗妻子的不育症,他俩已经跑了好些医院,总不见效,一个医院一个说法,谁说的乍一听都是理,谁也没能治好她的病。他对自己原来的希望抱着无所谓的态度。他也不相信女人不来例假就是怀孕,这在育龄妇女身上表现的绝对是真理。他担心或许是她不育症的发展,或者还有没被发现的什么病。明明知道自己妻子两个多月不来月经,总不愿贸然地问她。

他想,有就有,更好,不问也不会掉,只要多加关照;万一不是,问清楚了,更增加她的绝望情绪。与其挑明,倒不如暗暗地注视、关心着她,假装不知。经妻子自己这么一挑明,两口子自然高兴得不知如何是好。董莉激动得泪水像激流一样从眼眶里往外涌。君蔚索性打开灯,一看妻子泪流满面,赶紧为她擦去。这一夜,可以说是他们婚后最愉快、最舒畅、最幸福的一夜。

第二天,君蔚陪着妻子来到协和医院,经妇产科门诊检查,刘医师确认,"你是怀孕了,不过发现你的子宫口上长了一个东西,需要抓紧做进一步检查。请你在星期五来,请林主任为你复查诊断。"

经过几次检查,临床表现为子宫颈乳突病变;病理切片化验,发现了异样细胞,是属宫颈癌病变细胞,初步印象:恶性肿瘤。

关君蔚一家刚刚升起的新生活的熊熊之火,又被泼上了一盆冷水。

完了,完了,这一下子全完了。

良性肿瘤尚可摘除瘤子,取出胎儿,大人还可有救。偏偏又长了恶性肿瘤,连大人都有生命危险。三次化验的结果报告,都是一个结果:恶性细胞瘤。

董莉的床前围满了专家教授,传阅着她的病历,阅读着一份份病理报告。然后,又回到了办公室,病理专家胡正详说:"这类病变细胞,发展的可能趋势和检查这种细胞的正确程度,从现有文献资料看,通常是向恶性肿瘤发展。我们现在的检查设备、使用的药剂也是国内最先进的了,可靠性和准确性还是可信赖的。"参加会诊的外科主任娄克斯急忙插话:"我们当然应当相信病理切片化验的结果,任何其他的怀疑和诊断都是不科学的。"

　　娄克斯是留下的为数不多的外国人之一。他并没有实在本领,是政客人物,但他是外科主任,科里的同事不主张让他参加会诊,林巧稚劝说大家:"还是请他来吧,为了病人,万一有好意见,对病人有好处。没有好意见,听着就完了。"然而,他却总以外科专家权威自居。

　　参加会诊的人你一言他一语:"恶性肿瘤无可非议了。""既然如此,趁病变早期发现,早动手术为宜。""这个手术非动不可,恐怕要做子宫全切考虑。""现在的问题,妇产科要尽早拿出具体手术方案。"……

　　林巧稚接触这位病人,时间还不算太长,当她复查发现子宫口乳突样病变临床症状时,已经多次考虑子宫全切的可能性,但她对切除育龄妇女子宫是极为慎重的。她是从关君蔚和病人婆母那里知道了董莉的情况,她对这个多灾多难、从死里逃生的女人,产生了极大的同情,才决定让董莉住院检查,组织会诊。现在到了这位慈母般心肠人拍板断案的时候了:什么时候手术,怎么做手术?

　　在这样一个众多专家教授参加的会诊会上,林巧稚洗耳恭听各位与会者的分析,直到大家把话说完,不知哪位心急的先生冒出一句:"是不是请林教授给我们指导指导!"

　　林巧稚扫视了会上先生们一眼,向大家微微一笑:"不能说指导,我是接受先生们指导的,各位专家教授对董莉的病情,发表了极为宝贵的意见,分析都非常有道理,我首先感谢大家从繁忙中挤时间来会诊,指导我们妇产科的工作。"会场上一阵轻微的骚动:"林主任,什么时候都是那么客气,我们是来向林主任学习的。"……

　　"接触这位太太,使我想到了这样一个问题,也是我当医生以来,一直想着的而又比较麻烦的问题,这就是医生与病人,治病与救命的关系问题。"

　　在座的先生们互相你看他,他看你,哑然无声,争相发言的气氛骤然寂静,不知道林主任要说出如何解决这个问题的道道来。

　　林巧稚放低了声音:"我接触这位太太,慢慢地了解到她是一位受封建思想宗族观念压迫深重的女人。婚后六年不孕,婆母怕她绝了关家的后,早就要为她儿子再娶一房妾。太太也觉得做女人不生孩子,不能为丈夫传宗接代活着没有意思,曾经服毒自尽,都亏丈夫发现,得以及时抢救。现在妊娠已近三个多月,又发现子宫颈口有乳突病变,可以想象这位太太此刻的心情了。"

她随手从桌上拿起了董莉的病历,接着往下说:

"我赞同先生们的见解,要及早手术,摘除子宫,中断恶性肿瘤发展,保全董莉本人。不过,我又想,她如果就此失去了子宫,从此不能再受孕生育,彻底断绝了丈夫家的后,那么,她是否还能在这个家庭里,继续生活下去?我们妇产科的医生,不能不为女人考虑这样的问题。请大家来会诊,除了希望先生们帮助我们做出准确的判断,同时还希望诸位帮助我们想想,即使这是恶性病变,还有没有能保住子宫的其他治疗方案?"

会上再次骚动了,"呀,原来这样。""我看不能,没有什么别的办法。""烤镭?那同样也不能怀孕;这太危险啦,责任太大了。"……

林巧稚没有等大家公开发表完意见,继续说:"我问过她丈夫,这是一位有文化有教养的先生,他只请求我们能保住他的太太,并说'我的生活不能没有她',可见这位太太是我们女人中贤惠的妻子。也正因为如此,太太真怕就因为自己,使独苗的丈夫绝后,她求我们为她先生着想'我自己死都无怨'。可见,大人要保,孩子也要保。只保大人,不保孩子,即使手术百分之百的成功,但要切除了关太太的子宫,那她也必死无疑。先生们,为此,我真的吃不下饭,睡不着觉。我们医生的责任是只考虑治她的病,还是要考虑救她的命?最后,我这么想,与其做了一次成功的手术之后,由她去寻死,不如在手术前医生多承担些风险,把治她的病与救她的命统一起来。"

说到这里,林巧稚站起身来:"各位先生,这就是我这些天来,在这个病人身上产生的想法!"

轻易不爱激动的专家教授们,听了这番话,竟然鼓起掌来。唯有娄克斯愤愤地离开了会场,边走边说:"不要忘了科学,科学,不可思议!"

会后有人劝说:"林主任,你说的道理是这样,那病理切片……还是早动手术好,一旦转移就来不及了,何必为这么个女人冒这样大的风险呢?"

是啊,按说,林巧稚早已闻名全国,她的学术地位、名望早已令人注目。林巧稚为了这么一个普普通通的妇女,不顾专家会诊的意见,弃之"科学的道理"不用,自己凭着同情去做,你说救命,却延误了治病的良机,到时候,有谁理解你是为了救命,又有谁承担死人的责任? 你跳进黄河也洗不清,就是有十八张嘴,你也有口难辩,何苦自找麻烦,自毁声誉!

林巧稚的想法,没有被多数专家通过,没有获得与会者的同意。

刘炽明医生照会诊的意见,做出了全切子宫的手术方案。

已经是夜晚十点钟了,护士长刚让董莉服完安眠药,希望她睡一夜好觉,明天好有充沛的精力迎接手术。

忙碌了一天的林主任又来到董莉的床前。

"关太太,你对我们的治疗还有什么想法和要求吗?"

董莉虽然吃下了安眠药,但心里翻腾着,睡不着觉,她想了很多,想了许久,想到自己的家庭、婆母、丈夫;想到六年不孕,和怀孕后的兴奋心情;想到医院、林主任;还想到"解放了,妇女翻身,人民当家做主人";最后想到明天手术,切除子宫。她伤心透了,泪水像串珠从耳边流向发根,滚落到枕头上。她没有想到林主任这时候还会来病房看她,一见林主任立即侧身起来,林巧稚忙上前把她按下:"你躺下不要动,躺着说吧。"

"林主任,这么晚了,你还来看我?"

"睡不着啊!"主任边给她掖被头,边回答。

"主任,你请这么多专家来为我会诊,我信得过你,我把我的病交给您,您看着治好啦,到什么时候也不会有怨言。"

林巧稚把董莉的手,握在自己两个手心里,抚摸着,对她说:"我当了二十年医生,头一回碰到你这样的病,真把我头发都愁白了。"

这是多么深切的话啊! 哪里是一个医生和素不相识病人的关系,完全是家庭式的长辈对待孩子一样,多么真实,多么诚挚,多么亲切呀! 一股暖流涌入董莉的心。

董莉紧紧拉着林主任的手:"主任,我总算遇上救命恩人啦,您比我婆母、亲妈还亲。不知怎的,在你身边我就不想死,就觉得有活头,有指望。"

"关太太,你做什么要想死呀! 不想想你死了,你先生怎么办,不负了他这么多年对你的恩情吗? 我想为你留下孩子,就是太冒险了。如果为了保留孩子不动手术,万一瘤子大出血,孩子活不了,连你的命也危险,你知道吗? 我肩负着你和你孩子两条生命的责任啊!"

她接着说："说动手术，一刀下去，一两个小时就完事了。我和科里医生商量过，病理切片化验只是一种发展可能，也还有另一种可能。胡医生也对我说，进口的试剂和现有设备对瘤细胞只能分析到这个水平；临床观察不见发展，你的子宫软而又有弹性，与正常妊娠妇女有相同的特点。所以，我想明天不做手术了。"

董莉听到林主任这番话，眼前顿然像见到了光明，一下子坐起来，使劲抓住林巧稚的手："真的，真的不开刀啦？"

林巧稚却不那么激动，她知道这个决定的分量，严肃冷静地回答她："真的！"接着向她提出了要求：

"不过，你一定要和我配合好，有什么不舒服，或者一旦发现出血，无论什么天气，不管白天夜里，必须立即来医院，就直接找我。"

这几句肺腑之言，董莉听得心里热乎乎的，再也忍耐不住感激的心情，一头栽倒在林巧稚的怀里，真像女儿受了委屈获得了母亲的爱怜那样，呜呜地抽搭："林主任，你真是我的好妈妈，我们关家的大恩人，我们世世代代，也不会忘记你！"

关先生空着两手，忧心忡忡地来到病房，准备送妻子动手术。董莉早早已把东西收拾停当，就等丈夫来，好接她出院。

董莉出院后，按照林巧稚的医嘱，每逢星期五来协和医院妇产科门诊检查一次。就这样一周、二周……周周不落，林巧稚周周都为她检查，为她注射必要的药物，一直坚持了四个多月。当胎儿长到七个月时，为了预防后患，林巧稚决定为她剖腹取胎，终止妊娠。

"怎么样，明天手术还有什么顾虑吗？"林巧稚在为董莉做剖宫产前，又一次来到病房了解产妇的情况，安定董莉的情绪。

这时节，正逢北京的五月。

五月的协和医院，经过全员动手打扫卫生，面貌焕然一新。院内鲜花盛开，绿草成茵。柔和的阳光洒落在医院的庭院里，病人们呼吸着新鲜的空气，三三两两信步在后花园的葡萄架下……

手术室里，医生、护士们正密切注视着林巧稚的双手。

这台手术开始之前，医生护士们还像是一锅沸腾的粥：

"唉,林主任真是自找麻烦,病理切片、会诊,明明白白都说是宫颈癌,她硬是拖了四个来月。"

"哼,取出来的不知是孩子,还是瘤子。"

"哎,要是万一大出血,下不了手术台,主任的名声……真是!"

"得啦,得啦,快准备吧,"麻醉师制止着大家,"不要瞎吵吵,林主任从来不做没有把握的事,那些外国人做的手术我最担心,唯有林主任做的手术,我最踏实。还没有遇见你们说的'下不了手术台'的手术。"边说还边比画着:"林主任那双小巧玲珑的手,每个指头上都像长了眼睛。你们见过千眼佛手吗? 那是假的,她那手才是真的千眼佛手,缝合的刀口,你都找不见疤痕在哪里!"过分的形容,逗得大家一阵哈哈大笑。

其实,这些形容,还远不及林巧稚的工作那么精心仔细!

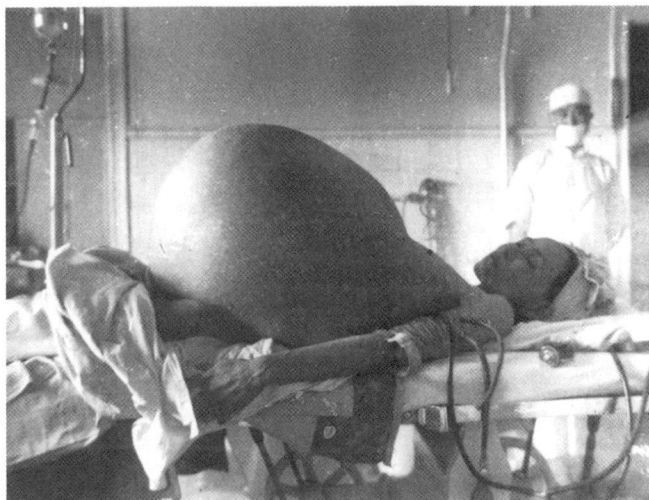

1970 年,林巧稚在切除良性肿瘤。

林巧稚很快从董莉腹中取出一个婴儿,又白又胖,可仔细一看,是个女孩子。她长长地叹了一口气,双手迟疑在病人的腹腔上方,环顾了一眼在场的助手刘医师和其他人:"你们看,费了这么大劲,要是个男孩,她该有多高兴呀!"

就在那短促的一瞬间,林巧稚当机立断:"刘医师,改变第一套方案,按第二套方案继续做下去。"

刘医师用迟疑的眼光看着林巧稚,心里在想,还能保住子宫吗?

林巧稚心里也明白,刘医师的思想还有点不通,用严峻的眼光回敬了她,并向周围的医生护士扫视一眼。

刘医师还是说了一句:"不达目的,主任是决不罢休的。"

林巧稚认真地点点头。

关闭腹腔的器械迅速递到主任手里,林巧稚简短地说着:"一刀下去,了此妊娠,不是她的意愿,要允许她继续怀孕,一定让她再怀个儿子!"

短短的一席话,竟成了教育她学生的内容。医生护士们都用敬佩的目光互相对视着,她们虽然没说一句话,但内心都迸发着同一种感情:"多好的主任呀,多么理解女人的心呀!"

为使大家明确她的诊断意图,林巧稚指着宫颈口的乳突状物:"你们看,她的子宫,除了这一点以外,其他与正常人子宫没有区别,这个肿块四个多月没有发展,也无变化,四周光滑,我看是妊娠的一种反应。你们都看一下,记住这种临床现象。"

说完,她就像是战场上的一位将领、指挥官,又是一位冲锋陷阵的战斗员,毫不犹豫地对刘医师说:"记住,你负责到底,以后长期随访。"

说时迟,那时快,她该说的话说完了,手术也完成了。她又走到董莉头前,轻声细语地说:"费这么大劲,还是个女孩子,子宫为你留下了,一定想办法再给你留下个男孩。"

董莉听到林巧稚这番贴心的言语,忘记了自己是在手术台上,也忘记了半身麻醉还没有恢复,高兴得竟想使劲翻身起来,好好感谢感谢主任。在场的人们都为之激动得无言可说,真是"此时无声胜有声"!

关先生为自己未足月的女儿起名叫"念林"。他要让这幼小的心灵,从小刻下怀念林巧稚主任的烙印。

妇产科的同仁们更加百倍地关怀这位小念林的成长,她们用暖箱保护着这未足月、还没有饱尝够母亲体内营养和温暖的婴儿,使她加倍享受新生活的抚育,好快快地成长壮大。

董莉的瘤子并没有因为结束妊娠而发展,一切都照着林巧稚预测的那样顺利发展。身体痊愈之后,一个完整无缺的董莉,欢天喜地、精神焕发地带着小念林回家了。

　　三年之后,林巧稚的愿望终于实现了,董莉果然第二次怀孕了,全家都喜出望外。林巧稚和她的学生刘医师始终随访着她,从未中断。最后还是在林主任和刘医师及其他医护人员的精心护理下,自然顺产了第二胎,生出了一个很胖的男婴。原先会诊的所谓"恶性瘤子"也没有见到继续发展变化。林巧稚主任就像对待自己女儿似的,高兴地对董莉说:"这回好了,祝贺你,有儿子了,总算了却我一桩心事。"

　　医生和病人并没有就此了却关系。董莉像回娘家一样,定期要回协和医院复查,林巧稚密切观察"瘤子"有无发展变化。这个检查一直坚持到"文化大革命"开始以后,林巧稚靠边站时,才被迫中断。林巧稚为这样一个平常的妇女随访、检查、治病竟达二十年之久。这是何等的艰巨任务!可是又何止董莉她一人呀!那么究竟有多少这样的"董莉"呢,妇产科的每一个同人,谁也算不清楚。

　　这是多么平凡的劳动啊!岂知在这无声无息的劳动中,拯救了多少妇女和婴儿啊!难道这不是一种神圣的劳动吗?如果她没有对这种平凡的工作产生出神圣不可多得的感情,那她是永远也不可能如此仔细、耐心、诚恳、负责地去完成这种神圣的工作。

　　林巧稚不仅治疗了董莉的病,还拯救了董莉的命。

二十九　周总理的报告

在全国召开的卫生工作会议上,听了周恩来总理作的关于《抗美援朝,保家卫国》的报告,林巧稚受到很大震动。

原先,在林巧稚的心目中,美国最自由,美国是世界科学的中心。当她看到马路边张贴"抗美援朝"的标语时就感到"刺眼"。听完周恩来总理的报告,林巧稚心里好像明白了些,因为这是国家总理的报告,自然是国家的大事,但又不明白,这些难道是真的吗?

这时候,中共北京市委派出张大中同志,来到协和医学院开展思想教育工作。

一九五〇年十二月二十九日,中央人民政府政务院通过了《关于处理接受美国津贴的文化教育救济机关及宗教团体的方针的决定》。根据这一决定,中央人民政府于一九五一年一月二十日正式接管了协和医学院(包括附属协和医院)。在这之前,协和医学院大权是由外科主任娄克斯操纵的。台上当权的校长是李宗恩,秘书主任是孙邦藻,院长是李克鸿。娄克斯又分别在窦维廉、福美龄、博文、海斯典的操纵下,执行罗斯基金社的办学方针。

娄克斯一直挨到美国侵朝战争开始,于一九五〇年六月二十八日,才匆匆离开了协和医学院。

所以要进行思想教育运动,目的在于进行反帝爱国教育,肃清美帝文化侵略影响,改造旧协和,建设新协和,为祖国的伟大建设开辟广阔的道路。

张大中告诉人们:"一定要本着'团结、争取、教育、改造'的基本方针,开展这个运动,既不允许不团结,也不应当不改造。这是祖国的需要,是六亿人民对卫生事业的要求。"

对此,林巧稚不很理解,她彷徨,恐惧,也很抵触:"哼!我是个医生,医生有什么好改造的。"她盘算着,思考着,吃不下,睡不着。她明显地消瘦了。

太阳升起之后,岂能一下子照亮背阴的"角落"。要帮助协和的知识分子分清是非,把颠倒的认识重新颠倒过来,不能不花费加倍的功夫,应用高超的"艺术"。

新中国成立后的第一个春天,政府组织西北访问团,这本是了解少数民族妇幼保健工作的极好机会,可惜林巧稚只能后悔:"我错过了。"

不久,时任卫生部副部长傅连暲受中华全国妇女联合会之托邀请林巧稚参加宴会,林巧稚踌躇难言,心想:"短短时间,人民政府对我这样热情,什么事都把我想在心里,什么事都有我一份,我自己又做了些什么呢?像当家做主人的样子吗?"

林巧稚觉得不好意思坐到宴席桌上。她心潮翻滚,思绪万千,回忆着一桩桩往事:"政府出兵抗美援朝,我则认为'爱管闲事';卫生部提出来,有一家医院向协和医院借两百张床位,为军干病人用,李校长气愤地抗拒'协和不能不考虑到它的统一性,否则医院不好管理,既然借这么多床位,政府为什么不全部接收呢',我也跟着他嘀咕;政府号召学习苏联,自己思想不通,高干病人请会诊,只要苏联专家在场,我就不来参加,故意抬高架子,拖延时间,心想'你们不是有苏联专家吗,那又何必请我呢?'"

林巧稚想着想着,她的心竟然发慌了,攥着请帖的手不知不觉地垂下了:"唉,这种'社交'还是……算了吧!"她晃悠悠地走进办公室,操起电话:"李校长,这几天重病人多,还要手术,妇联的宴会我去不了。"

她不说自己不去了,却说"去不了"。没等李校长回话,林巧稚既不想得到可否的允诺,也不想听他对宴会表示什么"感想",把她自己要说的话说完之后,急忙挂上了电话。心里似乎平静了,但心里反而觉得更加不好受了,就好像欠下了一笔难以偿还的"债"!

一天,林巧稚正在找碴发火,她的秘书陈先生拿了一份外文资料递到她手里,没想到她一眼没看,接过来就扔到地上。陈秘书冲她嗨嗨一笑,正弯腰去捡,她抢先又捡起来了。

这样的无名火,已经发了多次。直到她的一位学生提醒大家:"主任年龄正是爱发脾气的时候,一遇不称心的事,就来火,过一年半载就好了。"其实不像她学生分析的那样,是生理现象,自从抗美援朝爆发后,她的脾气越来越大,与社会上的事格格不入。十几年的事,一天哪能马上变成另一个人。

林巧稚正在门诊,院里发下个通知,定于某月某日下午三点,到清华大学听周恩来总理报告。

要说听别的报告,林巧稚她准会找军管会,摆出一大堆困难。一听说是周恩来总理的报告,她忙叫陈秘书:"陈先生,你问问去,都是什么人去,有没有妇产科的名额?"林巧稚不好意思问"有没有我",而拐了个弯,问"有没有妇产科名额"。

正好张大中来到她的办公室,他说:"不用去问了,有,哪能没有你们妇产科的名额,以后说我不重视半边天工作,那可吃不消哦!"他走进办公室,接着说:"协和医院除了张孝骞,还有谁比你更老些?"一席话把林巧稚说得怪不好意思的,她连忙招呼:"张组长,请坐,请坐。"一面为张大中让座,一面忙要为他倒水。

林巧稚对张大中印象不错,常在她的学生面前夸:"这个张组长,别看他年纪轻,知情达理,见他还有话好说。他也不耍官腔,向他放几炮,也不见外。"

林巧稚的学生都知道,林主任,脚闲不住,手闲不住,嘴也闲不住。中午,她不是在门诊继续接待上午看不完的病人,就准在病房陪着值班医生护士。只要她脑子没有想病人的事,就完全不像主任。为一件小事,她能与医生护士争得面红耳赤,用她自己话说"我只是休息,随便调节精神"。直到巧稚自己意识到,再多说一句就会影响病人休息,才赶紧"噗、噗"地制止她自己和对手,使争论的事就此不了了之。等下次遇有机会,继续再争。

清华大学的礼堂里,云集了在京的高级知识分子。

突然间,一阵热烈掌声!

周恩来已经健步走上了讲台。

林巧稚早就盼望能再看到周总理,仔仔细细看一看。因为头一回在怀仁堂里开会,一切都是那么新鲜,她眼睛瞪得大大的,伸长着脖子,认真地看着台上,连眼睛都不眨。

看着看着,她的脸上露出了笑容,看清楚了,看清楚了:好魁梧的身材,满面笑容的脸上,一双浓眉大眼,闪着熠熠的光芒,显出温暖而又庄严的神采。微笑着,挥动着手,他不是在作什么报告,而是在和大家谈心。每句话,每个字听得那么入耳,那么诚恳,那么亲切。"我看清楚了,听清楚了,他就是人民政府的总理,就是那位病人的先生。我问问他,为什么没有保护好你们的儿子,到底又为了什么,让邓女士落下了这身病?"

林巧稚想起了那一天,一位身穿灰布列宁服的中年妇女来到协和医院妇产科门诊。林巧稚为她做了例行妇科检查,在攀谈中结下了情意。当时,林巧稚不知道自己面前病人的身份,先知道了她失去心爱儿子的经过,顾不上治病,打仗延误了治疗时间,她付出了健康的身体,牺牲了做母亲的权利。林巧稚无比尊敬这样一位无私的女性,暗暗地想,虽不能挽回她生育的年龄,但一定要治好她的病。

在林巧稚还是第一次接触这位病人时,曾毫不留情地批评过:"你为什么要挂门诊特约号? 挂普通号,同样也是我看病(新中国成立前,协和医院门诊分特约号、二等号、普通号三种。协和医院没有接管之前,挂号制度没有改革,特约号比普通号要多十倍钱)。"这是多么中肯、多么温暖的"批评"。林巧稚希望老百姓少花钱,同样能看病!

后来,人们问她:"你知道那位身穿灰布列宁服的病人是谁吗?"

"知道,她是一位共产党的干部,是一位了不起的女性,为解放人民,丧失了做母亲的权力!"好粗心而又仔细的大夫! 林巧稚以为都了解了,哪知,她还不了解这位病人的身份。

人们告诉林巧稚:"那是周恩来总理的夫人邓颖超大姐。"

林巧稚居然不相信:"不像,不像,她是共产党的干部,没有一点官太太的样子。"

是呀,在林巧稚的印象中,一切官太太,都有一副太太、夫人的架势。过去,林巧稚曾为许许多多贵夫人官太太看过病,从来没有遇到过一个官太太像这位邓大姐那样。别说外表朴素，说话谦恭，平等友善，又有谁像她这样为别人，为解放，自己落下病根，牺牲了做母亲的权力？林巧稚心里冉冉升起了敬意。就这样，林巧稚在不知情的情况下，接触、认识了邓颖超。

夏季的一天，林巧稚接到去中南海怀仁堂开会的通知，时间定于下午三点。

那一天，林巧稚抱着试试看的心情，"百闻不如一见"。到了怀仁堂，在她对号入座不久，刚定下神来时，主席台上传出了铿锵洪亮的声音："请大家坐好，现在宣布开会。"

林巧稚先顾不上抬头看一眼主席台上说话的是谁，赶忙抬手看表，林巧稚服了：正三点。顿时一股暖流涌上心头，不由自主地脱口而出："好，守时间，说话算数，信得过，有希望。"旁若无人自言自语的说话声，引起了与会者的笑声，她猛然省悟……会议开始了。这时她才抬头向主席台望去，只见主席台上站着的，就是画像上见到的周恩来总理，那位邓大姐的先生。

会场上鸦雀无声，只有那洪钟般略带江苏的口音，在礼堂四面八方回荡。林巧稚聚精会神地聆听着，竟忘记手中的笔记本。一阵暴雨般的掌声，把她从凝神中惊醒，她下意识地跟着鼓掌。直到感觉两手不自在，低头一看，却一手握着笔，一手拿着笔记本，本子上连一个字都没写。又看看左右两边的人，她的脸唰地红了。这时候，林巧稚再也顾不上鼓掌了，赶紧追记着总理前面已经讲过的内容，只见她在那自己装订的小本子上曲曲弯弯地画着，几乎全是英文字母，中间插着写些中文。她外文记录的速度是惊人的，只要是她能听懂、明白内容意思的，都能立即如实地反映在文字上。

林巧稚在笔记上记下了周总理向大家报告的八个方面的问题：

人民政府希望在为新社会服务的科学家、学者、专家、教授、工程技术人员、教师都应当努力学习，在学习中自觉地改造自己。这种改造的过程是长期的、艰苦的。要在长期革命斗争中不断地学习，从成功失败的经验教训中学习。在学习中努力改造自己，使自己的思想适应新的形势。

政府要求知识分子站稳立场，这就是国家的立场，人民的立场。中国知识分子曾经历了三个阶段——民族压迫的结果，产生了民族思想；由民族立场进一步建立了人民的立场，因为广大人民是受民族压迫的；由人民的立场，进一步站在工人阶级的立场。中国历史发展证明了其他阶级不可能领导革命取得胜利,是由工人阶级先锋队、无产阶级政党——中国共产党领导下的全国各族人民的团结奋战,取得了中国革命的胜利。可见,怀疑工人阶级能否领导革命胜利,能否领导社会主义建设的思想是不能站住脚的。

要认清形势,分清敌我,表明态度。允许怀疑,不允许对立;允许观察,不允许旁观;允许同情,不允许阴谋。

要解决好为谁服务的问题。人民政府镇压反革命,土改,是为广大人民服务,不是为了哪一个人和哪一个家庭,各行各业各条战线,都要想着自己怎样为人民服务。

思想上应当反对庸俗的思想自由——即批判资产阶级的形式主义的自由,反对空想的脱离实际、不从实际出发的自由。

正确认识知识的内容,就是阶级斗争的知识和自然斗争的知识两种知识。是否真有知识,要经过实践的检验,要善于把感性与理性知识相结合起来……

关于民主问题,要区分好资本主义、封建主义社会、个人独裁与新社会阶级专政的关系。我们要发扬的民主就是要在人民根本利益一致下的民主,要有利于解除束缚,发挥智力,为人民服务。

批评与自我批评,在任何时候都是改造我们自己的武器。正确的批评与自我批评,应当是与人为善,治病救人。要多看自己的缺点,多看别人的长处,取长补短,共同进步;应当防止空谈,要从实际出发,要戒骄戒躁,虚心诚恳,稳步前进。

…………

宣布散会之后,人们簇拥着离开,林巧稚迟迟舍不得离开席位,痴痴地盯着讲台。

后来,林巧稚告诉科里的人:"这是我听的所有报告中最认真听的一个,周总理说了那么多新思想、新内容、新名词,许多话过去从来没有听到过,好新鲜哦! 我是得重新好好想想问题了。"

报告之后,紧接着又发下了学习参考书目,林巧稚一看有马克思、恩格斯的《共产党宣言》;列宁的《青年团的任务》《论党的纪律与知识分子的无纪律性》;毛泽东的《改造我们的学习》《在延安文艺座谈会上的讲话》;刘少奇的《论人的阶级性》;等等。

与此同时,还为大家提示了学习重点,发了讨论题。林巧稚一看,这些都是过去没有想过、没有遇到的新鲜事。

这么多要学的书籍,这么多要讨论的问题,要看,要读,要谈,把二三十年来一直埋头钻研技术的林巧稚引到了一个新的"王国"。林巧稚感到生活丰富了,内容充实了。林巧稚不是不爱学习的人,过去所有的学习,不仅是勤奋的,而且是扎实的,只要"老师"规定的内容,她都出色地完成。只是从来没有人指引她学习这些内容的书。现在可接触到了,还必须要学好,要求联系自己的思想,这本身就是多么新鲜的事啊!林巧稚发愁的是这么多内容,在规定时间内看不完。她好奇,想一口气把那些书都读完,也好知道知道共产党为什么要让看这些书,他们究竟主张什么思想,到底是什么意识形态。

原来,每逢星期天,她都早早地起床,拎上一个包包,买些五花八门好吃的东西回来,为伴随她而发誓不嫁人一辈子不结婚的几个伴侣叶惠芳、白和懿,做上一顿丰盛的佳肴,而且一切都是自己动手。倘若小叶要动手帮助一下,她便说:"你一边坐着去,少给我添乱。呶,我那里有本新来的杂志,你看看,有点新名堂。"

林巧稚总是这样,把别人支开,自己就像位家庭主妇一般,心甘情愿地为她的学生改善伙食。她的学生也盼星期天早早到来,恨不得一周有两个星期天,常常还没到星期三,就掰着手指算了:"上周是五香咖喱鸡,这周该是辣子肉丁了吧!下周恐怕要红烧鳝鱼了!"

林巧稚听到这些议论,不免要瞪她学生一眼:"大冬天,哪来黄鳝? 你找土地爷买去,馋嘴!"引得大家哈哈一笑。

"那没有红烧鳝鱼,就来个虾酱豆腐吧!"

"好,好,等我买到虾酱再说!"

林巧稚能做这么多好吃的佳肴,谁不盼过星期天呀!

每年冬季,十二月二十三日那一天,林巧稚总要亲手做几小锅家乡的"甜茶"——什么桂圆、红枣、莲子、花生之类的,熬成似粥不粘、似汤有料的食物。凡来向她祝寿的,无论什么人,必要喝一碗甜茶,否则谁也休想走脱。这么好的"甜茶"谁也不愿错过机会,只怕去晚了。

　　周末,逢年过节,林巧稚比平日上班还要忙,查房照例不变,外加这许多事,让那些女伴吃饱了吃好了。就连收拾碗具都不让插手,全是林巧稚主任一个人的活:"你们别管,不知道我东西怎么放,下回要用,不顺手,叫我着急,让我骂你们是吗?"听听,多自然,多亲切,多么疼爱她的学生。这种亲热与家庭式的温暖,有什么区别?

　　近来,她变了,突然变了:"惠芳,明天我没功夫上菜市场了,我们吃食堂吧!"简直像个孩子在乞求。

　　"那我来做吧!"

　　"不行,你也不要为吃饭花时间。"

　　林巧稚自己不做,也不让她学生动手,对她学生的要求回答得那样坚决,那样干脆,那样果断:"那些书都还没看完,你们也应当看看,脑子才开窍。你们看,这些书我不看完,大家讨论我说什么,怎么归纳,哪还有心思做吃的。一汇报,人家一串串的理论,谁怎么怎么说,谁发言好,好在哪里,谁没有接触脑子,都说得头头是道。我满脑子还尽装着产钳,刀啊,针啊,线啊,药啊,汇报会上说不上来,我丢脸,也给大家丢脸。这不行。明天好歹你管买饭,有什么,吃什么,管不好饭,可小心点!"

三十　红澄澄的螃蟹

　　一期学习计划刚刚完,第二期学习安排又接着来了。周总理的报告,才嚼出点味,接着就组织听北京市政府领导的报告。作报告的是北京市市长彭真。

　　林巧稚已在中秋节见过彭市长了,那是在市长家里,这回报告是在中南海里。

　　想起在市长家里那天,正是秋高气爽的日子,夕阳的余晖照着古都的天空,红霞伴随着金黄色的琉璃瓦,向满城的上空放射着万道光芒。阵阵轻风微拂着马路两侧的树枝,不时发出令人陶醉的沙沙声。应曾经受林巧稚治疗过的病人张洁清的邀请,她跨进了一辆黑色的小卧车,穿过长安街,驶进了北京市人民政府的宿舍大院,在一幢红平房的门口停住了。

　　林巧稚多少年来已养成了习惯,只要病人需要,一声招呼,她是从来不推辞的。更何况,今天到医院上门来请,岂有不去之理! 在这之前,因为张洁清曾来协和住过几天院,病情好转较快,不几天出院了。但是,病因究竟是什么,林巧稚总觉得自己并没有弄得十分清楚。她们虽然相识了,然而林巧稚只知病人是市政府一位干部的太太。林巧稚她已习惯了,不多问一句与病情病因无关的话。

　　既然丈夫的地位与太太患病毫无关系,自然是不列入了解情况之列的,更何况各类干部夫人来看病的每天都有。所以,林巧稚也不知道眼前的病人竟是市长的夫人。直到车停之后，她跨出车门，只见张洁清和一位身材魁梧的先生迎候在门口，更没想到卫生部副部长傅连暲也在这里一起迎候自己。没等主人开口讲话，傅连障副部长抢先做了介绍。林巧稚就是这样在张洁清家里认识了市长，也才明白，前不久住过院的张洁清就是市长夫人！

林巧稚自从当医生开始，就和女性打交道，她遇到过各式各样的女性，惟让她最敬佩的是那些专为大家不惜牺牲自己的人，惟让她最喜欢的是慈母心肠温柔而谦恭的人。

凡来请她看过病的女人，那些矫揉造作、妖艳风骚、盛气凌人的女人，不管她们有多大资产，多高地位，林巧稚只当作弹指一挥间。她鄙夷这些女人，甚至说："我都看不出这些太太还有什么人格。"林巧稚与她们的关系只是医生和病人。

多少这样的"病人"都曾向林巧稚伸出过手，想把她往上层提携一把，却被林巧稚嗤之以鼻，不屑一顾。林巧稚一眼看穿了，与其说提携，不如说想利用，结果她回答两个字"谢谢"或者说"不去！"

而这位也被林巧稚称为"太太"的张洁清，她们只接触几次，"病人"那彬彬有礼、谈吐风雅、教养有素的气质，使林巧稚和她竟一见如故。这位事不隔夜的直肠人，话早像机关枪一样"哒哒哒哒"都出了"枪膛"，她特别关照下级医生："你们和这位太太说话，态度要好点，你听人家说出来的话，这样贤惠、知理，我真少见。"她还暗暗地夸着，娶上这位太太的先生算他有眼力，有福气！今天才恍然大悟。哎呀，原来她就是北京市人民政府市长的太太！

会客厅的餐桌上，没有几碗几碟山珍海味，只在中间放着一个特大号的盘子，里面全是红橙橙的螃蟹。张洁清非要林巧稚坐在上席，说是今天我请大夫，妇女的天下，家里没有长不长的。她拉着林巧稚一同入座，并请傅连暲坐左侧，留下对面，自然是市长的席位了。

林巧稚早被这一盘螃蟹吸引住了。她看了一眼张洁清，眼睛里流露出疑问：奇怪，她怎么知道我爱吃螃蟹呢？

这原是张洁清"调查研究"得来的。要说情报，还是林巧稚本人提供的，她说时无心，听者有意。未曾动筷之前，林巧稚终于憋不住了："哎呀，你们掌握了我秘密情报，先得说说清楚！"

"照规定,首先恐怕要追查泄露秘密的人吧?"彭市长接过了话题,在笑声中举手碰杯。

这真是家庭便宴,毫无拘束,像是一对久别重逢的姐妹。偌大的河螃蟹,加上甜酒助兴,不多时,林巧稚按捺不住内心的感慨:"中国全像是你们这样的干部?"林巧稚不知是称赞还是怀疑:"真不一样,不一样! 人家把你们说得比魔鬼还可怕,笑话,笑话。唉,真是耳闻为虚,眼见为实!"

林巧稚打开了话匣子就难以收住,何况一来有酒助兴,二来她喜欢这位"病人"的性格。"傅部长,你说我们这些医生还会让人家看不起吗? 哼,看不起也没有什么关系。过去那些太太和官家看不起我们医生,我还看不惯他们。"

说到这里,林巧稚突然话题一转:"要不是身临其境,说什么我也不相信邓大姐就是六亿人口国家总理的夫人,一身灰布列宁装。"一转头,冲彭真夫人:"洁清,那一天,我太冒失了,太冒失了,我只想到挂三等号也是我看病,何必叫一位穿灰布服的人多花十倍的钱呢? 要在过去,人没到,先把身份抬出来了,听着都叫你心颤。如今,共产党一个大市长的夫人,就连总理的夫人看完病我还不知是谁? 真的变了! 我相信,天下真的变了!"林巧稚越说感慨越多,显然有些激动了。

市长和傅部长听着,不住地交换眼神,他们赞赏林巧稚这样爽直的性格,他们满意林巧稚那种实事求是的精神。彭市长不住地说:"小张,快请林主任吃螃蟹呀!"

傅部长也风趣地说:"我今天来是为了沾光享受的,可不是来听报告的!"

一提吃螃蟹,林巧稚接过话题:"我的爱好终究被市长知道了,这使我相信,还是你们的本事大呀!"

彭市长也饶有风趣地说:"共产党是无神论,但不能忘记'民以食为天'呀!"

家庭便宴的亲热情景,像在昨天一样。今天彭市长又在为大家作关于"三大运动"的动员报告了。林巧稚听着听着报告,脑子又走神了,旧时的影子又一幕幕从眼前掠过:第一个,第二个,第三个,第四个,呀! 自从工作以来,已经连续为四个市长的太太看过病了。新中国成立前的三任市长,没有一个把这么多知识名流请到一起,听他作个什么报告,不是为谁祝寿,就是为谁娶妾设宴,要不就是训词,再不是庆贺谁谁的任免,哪有一个像如今彭市长这样凛然正气,站在台上给这么多人作报告的? 共产党领导下的人民政府,总理接触民众,市长也接触民众! 难道说,共产党的干部个个都这样? 林巧稚又想,如果都这样,国家准能兴旺,民族准有希望。

…………

这次报告会之后,林巧稚居然向领导提出来:想个什么法子,再给补补课。林巧稚似乎听见了什么,似乎又没听见什么。

医院满足了林巧稚和大家的一致要求,给每个科室发了一份《报告提纲》。上面有:抗美援朝的事;土地改革的事;镇压反革命的事。

为帮大家理解这些问题,还发了参考材料。

林巧稚有了一份《报告提纲》,又有了参考材料,说:"我近来真开动脑筋了,越想越觉得有道理。"她对人民政府的感情在变化着。后来协和医院又举办了揭发控诉会。

有一天,林巧稚问工作组长张大中:"你怎么会知道协和医院这么多事呀?"

"我知道得不多,这些都浮在面上的事,依靠群众,归拢归拢就是了。"

林巧稚心想,他还够谦虚的。这么一件件、一桩桩残杀中国人民血淋淋的事实,自己怎么一点都感觉不出来呢? 她好像知道,又好像不知道,就是因为把技术与政治分开的缘故,对一些明明用中国人的鲜血和生命换取的"论文""报告""学术成果",由于自己视而不见,听而不闻,凭它从身边、眼皮下滑了过去。到头来,他们还美其名曰"为中国办慈善事业"。就连自己的学生一个个都认清了:"手中的科学原来是为统治阶级服务的,在三等病房做实验,提高了技术,再用到一、二等病房去医疗,而他们是谁呢? 军阀、地主、官僚、买办与资本家。"

回头再看看今天,林巧稚心潮起伏! 就说邓大姐,自从为她看病相识之后,妇联常有人转达邓大姐对自己的问候,有时候大姐还亲自来看望,与自己促膝谈心,了解自己平素有没有别的爱好。

林巧稚喜欢各种鲜花,邓大姐也爱花,她总是把国际友人送给她的最好、最名贵、最鲜艳的花不时转赠给林巧稚,林巧稚每当捧着邓大姐送来的鲜花,就显得年轻了几岁。邓大姐还把她请到家里做客,也为林巧稚准备最喜欢吃的河螃蟹。

与邓大姐在一起，就像姊妹一样亲密。有时候带了许许多多问题，林巧稚想要请教邓大姐，可是一见面，这些问题就全忘了。真诚平等，亲密友谊，林巧稚真的感觉到天下变了，就连自己也变了，变得真正有人格有身份了。再也不是无足轻重的女子，是一个国家的主人了，呼吸到了平等的空气，享受到了自由和幸福！这一切都是社会变化之后带来的。"看来，我过去的想法是错了，我的立场应当转变……"

北京市委领导听说林巧稚教授决心清理一下三十多年的思想，像是得了金豆子那样高兴。主管文教卫生工作的吴晗副市长，立即亲自来看望林巧稚，热情地祝贺她在思想教育运动中取得的可喜收获！

"吴晗副市长，我想写一写自己的思想是怎样转变的，你看，一来工作忙，不能丢下工作光顾自己。再说，"林巧稚不好意思地笑了，"嗨嗨，我的中文没学好！"

吴副市长竟然自告奋勇："好，你说，我替你执笔。"

林巧稚激动得热泪夺眶而出，这真是做梦也不敢想，有劳一位副市长的大驾，为自己写思想小结。她不相信自己的耳朵，然而结果说明自己耳朵是灵敏的。一百多页的小结，硬是吴副市长给林巧稚写成啦！

林巧稚思想转变、提高了认识的消息，不胫而走，传到了剧作家曹禺的耳朵里。他"剧兴"大振，在短暂的时间内写成了一出《明朗的天》，由刁光谭导演排成了话剧。

正巧，这时候，国际科学委员会完成了调查美帝在朝鲜和中国进行细菌战的事实。林巧稚的好友、老同学、传染病学专家钟惠澜教授，作为专家联络员，也加入了调查组。八月上旬返回国后，钟惠澜首先想着告诉林巧稚，向她介绍了耳闻目睹的事实。林巧稚愤怒了："如果说，拿中国人做医学试验，是个别人的事，那么在战场上试用灭绝人性的细菌战，这难道也是个别人的事吗？"打破了她一辈子相信美国不会侵略别国的错误想法。

林巧稚原以为，自己从来不穿外国衣裳、外国皮鞋，就是热爱自己民族，热爱自己祖国。对于政治，那是搞政治的人的事，自己是超脱的。只是对过去培养过自己的人，觉得不能"过河拆桥"。原来，林巧稚把对政府的立场与个人交往混同在一起了,从个人的"道德"出发,去想国家的事,怎会有正确的立场?

　　林巧稚说:"就让我从'拆桥'开始吧!"

三十一　生命的青春

　　雷鸣夹着狂风,电光闪闪,砂石滚滚,乌云像脱缰的野马,时而拥成一团摩肩接踵,时而拉散成带,"马头"顶着"马尾",它们嘶叫着朝一个方向急驰。

　　协和医学院的专家、教授、医生、护士代表,还有职工代表,他们迎着雨后的晨曦,迈着轻松愉快的步子,带着新奇疑惑的心情,从四面八方,朝协和医学院小礼堂蜂拥而来。

　　这座小礼堂坐落在东单三条小马路中段,位于协和医院正门之南。门前有一块东西长近百米、南北宽约二十米的停车场,足够横停二十余辆小轿车。礼堂三面由涂着绿色油漆的铁栅栏包围着,礼堂的环境显得森严而不寒瑟,朱漆圆柱支撑着门脸,森严之外又使人感到喜气。

　　走进围墙的铁门,蹬上正门石阶,拉开铜耳环的大门,一眼可见,礼堂前厅被八根朱红圆柱稳稳当当地擎住,抬头可见四方格全木制的天花板,棱角分明,它与内墙的半壁板,用一色棕漆油刷,至今仍亮铮透明。礼堂正厅大门,由一扇古老的"凸"字形木雕屏风遮面。绕过屏风,打开铜角相嵌的四扇厚厚的硬木大门,便是小礼堂。

　　新中国成立前,中国人民得以充分发挥这一小礼堂的作用,是在一九二五年。

　　中国人民的革命先驱孙中山先生,为中国革命,抱病从南方来到北京。

一月二十五日中山先生的病势忽然转剧,即于二十六日上午十一时,由北京饭店转住协和医院治疗。当日下午五点,即施行手术,医生诊断为肝癌,认为是不治之症,非常危险。术后第三天移住铁狮子胡同行辕。

但,病势发展迅速,三月十一日上午病势危殆,到十二日上午,孙先生在床上辗转反侧,现出情状不安的样子,喉中哼哼作声,在隐约中仍听到中山先生口中不时发出"和平""奋斗""救中国"的呼声。九时三十分,中国人民伟大的革命先驱便停止了呼吸,溘然长逝了!接着遗体被护送至协和医院,经做过防腐手术大殓之后,决定于三月十九日举行移灵,并在协和医院小礼堂举行移灵追悼会。

这一天,古老的北京,刮起了凛冽的朔风,灰暗的乌云压得低沉低沉的。中国各界代表人士,以无比悲痛和崇敬的心情,云集到这座中国人民从未使用过的小礼堂,在这里为中山先生开追悼会。小礼堂第一次挤满了中国人。那时,林巧稚还是一位四年级的学生,她未能站到中山先生的遗像前三鞠躬,只是站在内院的台阶上与同学们一起,肃立等待移灵开始,直至送走灵柩。

孙中山的灵柩就是从协和医院移往社稷坛的。这一天,东单三条马路、帅府园的交通完全断绝,王府井人山人海,挤得水泄不通。人们肃立在道路两旁,默默地目送着孙中山先生的灵柩。

自此之后,中国人民又失去了进协和小礼堂的权利,直到解放。

中国人民自由出入礼堂的日子到来了!

那一天,礼堂布置得分外新颖。台前上方悬挂了红布横幅——"大会发言",左右耳门的前缘安上了高音喇叭。讲台上放着两只话筒,主席台桌上铺着洁白的台布,桌布上放着一排六个茶杯。

台下熙熙攘攘,不大工夫已经挤满了人。这一天与往常大不相同,过去开会往后蹭,往边靠,今天来人都往前挤,向中间拢。礼堂早已远远超过了负荷,就连前厅也挤满人。专家教授,医生护士,工友干部,凡能离开工作岗位的都来了,还有护士学校的学生也来了。听说林巧稚主任要在大会上发言,都争相要来看一番究竟,听一听所以。

那天的会议由张主任主持,当他宣布"下面由妇产科主任林巧稚教授发言"后,会场上随着一阵骚动,立刻响起了一片掌声。

掌声未息，林巧稚已从容不迫地走上了讲台。她哪里像是从未登过"大雅之堂"讲话的"新秀"，倒像是一位常征战"沙场"上的老将。她站到讲台前，向到会的人深深地鞠一个躬："各位领导，诸位先生、女士，各位同志。"说完这一串与会者的身份，便慷慨激昂地进入了正题：

"一九二一年，我怀着青年的一股热情和'不为良相，当为良医'的愿望，以及对协和——'国际标准'的羡慕，不顾一切困难，离开家乡厦门，考进协和。到了北方，从踏进这琉璃瓦大屋顶的门槛第一天起，就担惊受怕被刷掉，拼死命地读书，唯一的目的就是要每年考试及格，毕业后好成为一名高级的医学家。

"一九二九年毕业后，我留下了。在协和的制度下，我不知不觉地走上了学校安排好的道路，崇拜美国的学术，羡慕美国的民主，处处用美国的'标准'来衡量，看不见祖国的伟大，看不到中国人民的力量。

"'七七'事变爆发了，多少爱国志士为了抗日，不惜抛弃一切，而我依然坚持在协和，我把它看成是唯一的'小世界'，一个完全不依赖于他人的'小国家'。可是，我从美国进修回国不久，一九四二年的十二月八日，协和这个'小世界'，不存在了，被日寇完全侵占了。我们留在协和的人走投无路，从而尝到了亡国奴的滋味，才感到个人的生活离不开国家。

"我心里多么盼望抗战早日胜利呀，好早日回到祖国的怀抱里。这一天终于实现了，抗日战争胜利消息传来，我欢欣鼓舞。心想，为祖国服务的热情，可以变为现实了。可是，在短短的时间内，我的心又凉了，国民党政府的腐败，官场上的骄奢淫逸使我难以忍受，完全打消了我一腔爱国的热情，使我对这样的政府完全失去信心，对祖国的复兴灰心失望。

"一九四八年恢复协和时，我已经失去了以往那种热情，只想好歹有个工作做做就行了，只要能把妇产科工作坚持做下去，或许就是我的幸运，也是精神空虚的慰藉。所以，我回协和后，更加一心一意地坚持在岗位上，看病，教学；对与此无关的一切，对政治，我完全丧失了热情，丧失了信心，不闻也不问。离家到全国解放，过去了整整三十年。在这漫长的黑夜里，我是从协和窗户内看祖国的，外国枪炮声愈响，我把窗户关得愈紧，愈严。因为我饱尝了黑暗社会的辛酸苦涩。

"想想自己,一个女人,从协和医学院毕业,留到妇产科,人家是多么羡慕,而我内心却有自己的痛楚,我是不得已才进妇产科的。不久还想叫我改行,女人能站住脚实属不容易,我含着苦涩的果子硬在妇产科站住脚。三年实习,跑腿、打杂、查房、替班,把命全扑在妇产科里了,小心翼翼地听从主任的使唤,为的是一把'刀',可是'刀'权在人家外国人手里,遇巧我才做了两例手术。

"一晃十五年过去了,什么青春,什么爱情,什么家庭、幸福、温暖,我怎么能不拿出这些作全部的代价,换取我在协和的事业?尽心尽职替医院工作,只要有一点违反外国人的意愿,他们就不顾一切地反对我。什么聘期合约,不过是用来对付我们中国人的。

"一切大权都在他们外国人手里;三十年过去了,生长在祖国大地上的协和妇产科到底有多大发展呢?妇女儿童得了多少好处呢?健康、幸福、平等、自由,同样属于中国的广大女人;事业和家庭二者真的不可兼得吗?我和别的妇女不都是一样同等的吗?我们中国的女人也是人哪!

"为了试验一种药物,作为妇产科主任,一个外国人,竟敢准备收两百名健康强壮的青年妇女,去做动物精液的受孕试验,却瞒过了我们这些妇产科里的中国大夫,这就是帝国主义的'慈善'!

"讲'仁慈'的'文明'国家,竟在朝鲜战场上,使用了大量的细菌弹,残害无辜的百姓,一边又在别国还要办什么'仁慈'的事业。"

林巧稚越说越气愤,已经无法抑制住自己愤怒的感情了。她嗓子哽噎了,理智使她勒住了喷喷欲出的悲愤。发言停顿了一下,她喝了一口水,深深地吸了一口气。

会场上站着的、坐着的、挤得水泄不通的与会者,深深受到她发言的熏染。整个礼堂安静极了,都凝神静气地听着林巧稚的讲话,不,是听着她的控诉。

在肃静的气氛中,只听林巧稚突然放大了嗓门。

"我感谢毛主席把革命的大学搬进了协和,"说完这句话,她突然沉下脸,接着说,

"可是,我的认识那样迟缓啊!"她像在做着忏悔一样真诚。

　　"新中国成立以后,这么长时间,我对人民政府采取怀疑、观望的态度。认为哪一个政府都是一样,换换门面而已。反正我不与政治相干,我当我的医生,离政治远远的,切莫沾边。从小又听到过一派胡言,什么'共产党杀人放火'等等,又加自己亲美、崇美的思想,对这些反动宣传信以为真。还听说共产党没有自由,一举一动有人监视,只有集体生活,没有个人生活,没有家庭,只有国家,实在可怕极了。

　　"可是每当我从'协和'窗户里悄悄地往外看时,看到解放军纪律严明,他们真爱祖国,爱人民,能吃苦耐劳;我再打开窗户往外看,老百姓欣喜物价平稳,交通恢复正常,到处在清理环境卫生,号召我们要防病治病;再走出门去仔仔细细一看,北京到处都在建设。

　　"就说健康福利,从一九五一年九月开始逐步实行公费医疗,前一年还公布了《关于改善各级学生健康状况的决定》;去年又召开了脑炎专门委员会;今年,对白喉、回归热、斑疹伤寒等都加强了治疗;明年一月还要召开第二次卫生行政会议,会上要研究解决以麻疹、痢疾、流行性乙型脑炎等三种疾病为重点的防治工作。北京闻名的龙须沟修建成下水道,使天桥一带垃圾污水的汇集地,变成了垂柳成行、空气新鲜的林荫道。

　　"这一桩桩、一件件、一串串的事实,使我开始认识到这个政府与从前的政府不同,这是真正为人民做事的政府。我对人民政府的政治'严冰'慢慢地消融了,与政府的隔膜一层层剥脱了。

　　"尽管如此,对全国蒸蒸日上的发展形势和祖国日新月异变化的面貌,我并不是满腔热情地欢呼。而只是看见了,听到了,知道了,不再持怀疑的冷冰冰的态度。

　　"从被动地参加学习,到主动地参加学习,参加运动。读了许多书和文件,听了领导的报告。看了毛主席著作,深到《实践论》《矛盾论》,浅到《关心群众生活,注意工作方法》。我体会到,书里没有一个观念脱离人民大众的利益,第一次体会到人民领袖伟大之所在!

　　"要说思想教育运动,要我改造,心里想不通。心想,你们要改造我,换我的脑筋,我偏不换。我就对领导说,为什么要对我改造,我有什么好改造的? 直到听了领导的报告,我才明白这是一场'反帝爱国'运动。对于我们人民,那是内部的事,主要是批判旧思想,肃清思想上的毒害,是团结、改造、分清敌我。这对我来说,我一向认为美国是自由国家,是世界上科学最发达的国家,是世界科学中心,从来都把它当作我们中国的朋友,要我划清界限,是多么不容易的事呀!

"通过学习、讨论、揭发、控诉、展览会等思想教育活动,在铁的事实面前,我才认识到帝国主义在协和进行文化侵略的阴谋,明白了我受蒙骗的原因。美帝细菌战的展览会,使我终于彻底认清了它们侵略的野心,暴露了帝国主义的真相,显出了他们腐朽没落的本质。

"在座谈会上,广大师生热情地希望我站在人民的立场,站在工人阶级的立场上,运用批评与自我批评的武器,使自己稳步前进。当我拿起了这个正确的武器,不再抵触而热情使用时,浑身就有说不出的力量。

"今天,我感到眼前的云雾散了,雨过天晴了,红彤彤的太阳升起了。新出来的太阳比什么都好,我沐浴在阳光下,呼吸到了新鲜空气。我的觉悟,证明了这场运动的胜利,这种胜利的秘方就是在于启发群众的觉悟,依靠群众的力量。就是因为这样的真理感动了我,唤醒了我。此时,我的情感浸透了最神圣、最令人心旷神怡的芬芳。

"当我打开了这三十多年紧闭着的心灵上的'窗户',捧着火热的心,伸出头去听到'歌唱我们亲爱的祖国,从今走向繁荣富强……'这首歌时,我真正感受到祖国的伟大,我感到多么的自豪与幸福!"

…………

林巧稚她那热情洋溢的言语,像奔腾的江河,急流倾泻。一阵阵掌声,为那奔泻的江涛增添明快的节拍。会场上,人们怀着信赖与崇敬的心情,望着台上这位头发斑白的林巧稚,深深地感到,她真正获得了解放,获得了精神上的完全解放。

此时此刻,林巧稚确实沉浸在"解放"的欢乐愉快之中。她陡然间年轻了,就像步入了生命的青春,双手捋了一下由于颤动而散落下的几丝头发,把它重新掖在耳根上方,鞠了一个躬,飞也似的向舞台右耳门冲去。

几乎就在她挪动身子的瞬间,台下年轻的医务人员已经挤向台前,迎面把林巧稚高高地擎起,就像祝贺一名为祖国荣誉夺得桂冠的使者,把她擎在人群中,举过人头顶。不知谁在人群中喊了一声:"向林主任学习!"

会场上,顿时响彻此起彼伏的高呼声:"向林主任学习!"随着阵阵声浪,人们竟把林巧稚抛向空中。

她的学生们挤呀钻呀,终于挨近了林巧稚老师的身边,把一束鲜艳的花双手捧到她的胸前。

剧作家曹禺也特地赶来参加了这个大会,他也从人群中拼力挤到林巧稚跟前,伸出热情的手,祝贺她的解放:"你胜利了!"

林巧稚不知如何是好,只一个劲地向大家挥动花束,高呼:"谢谢大家,我们都胜利啦,真正解放了!"

五十多岁的林巧稚,半辈子哪里经历过这样热烈亲切的场面。她按捺不住内心激动的感情,热泪模糊了视线,只是双手举着花束,向欢呼的人们挥动,挥动,挥动!

三十二　学无止境

过去一年多时间里,林巧稚的思想像大海的浪涛,汹涌澎湃,极不平静。

吴晗副市长还没有帮助林巧稚把思想小结写完,这家报社要林巧稚写文章,那家报纸等林巧稚谈感想,忙得林巧稚几乎快要脱离临床工作了。好在有了个聪明能干的吴涤华秘书,为林巧稚解脱了不少必须应付的事。林巧稚对小吴说:"吴小姐,这个新社会与旧社会是不一样,什么事都有我们女人的份了。"

一九五二年夏天,《人民日报》发表介绍无痛分娩的文章之前,中华医学会就已经召开了专家小型座谈会,提出了学习苏联科学家巴甫洛夫学说,开展无痛分娩法工作。

消除产妇分娩的痛苦,是林巧稚工作二十多年来一直关心着的问题,但始终没有得到解决。如今卫生部号召学习苏联医学科学,把无痛分娩法用于我国妇产科临床。开始,林巧稚是怀疑的。她认为:"苏联的医学科学有什么,与英美相比差距太远。要说在别的医院开展学习,还多少有点道理。要让协和医院,我的妇产科向苏联学习,实在有点⋯⋯"

林巧稚似乎还感到了一种医学科学以外的什么力量,在一个非常恰当的场合,长长地叹出一口气:"哎——,医院是治病救人的,最好不要和政治绞合在一起! 这也学习苏联,那也学习苏联,这是政治上的事。医学上是不是也要学习,那,还要看有无可学的东西。"

　　林巧稚的这种认识,在当时知识分子中并非少数。因为他们对苏联并不了解,中国又经历过沙俄的侵略,尤其北方,民族自尊心没有得到真正恢复之前,伤感的隔阂,难免会遗传给后代。何况,不少人不了解,在英美之外还有一个苏联,而且是一个与中国制度相同、正在真诚帮助我们的国家,对于刚刚取得政权的中国来说,"工业、交通、国防等要学习苏联,医学科学同样也要学习苏联"。

　　一九五四年早秋的一个下午,林巧稚在办公室里告诉记者:"无痛分娩法,是建筑在苏联科学家巴甫洛夫学说基础上的一项光辉成就,我考虑在妇产科里进行试验。"

　　消息从记者那里传出之后,不少医生护士都拭目以待。他们不相信这是事实。人们甚至公开说:"脑子里灌满了英美派学术思想的林巧稚,她能接受苏联的无痛分娩法?她脑子里溢出来的,都够她学生们用的,等着瞧吧!"

　　吴秘书却正儿八经地告诉了挂号处、急诊室。科内同时安排了每天负责无痛分娩的医生,除了葛秦生身体欠佳以外,其他能上阵的都做了安排。林巧稚亲自做了动员:"凡能使用无痛分娩法生产的产妇,一律要用无痛分娩法。"

　　早会上,林巧稚郑重其事地动员大家:

　　"诸位,噢,同志们,

　　"因为我的思想不通,入夏以来,在全市各大医院,凡有妇产科的医院、门诊所,都开展了无痛分娩,我们落后了。这是我的原因,没有认真学习苏联巴甫洛夫学说,不信任他的无痛分娩法。"

　　巧稚接着说:"既然分娩是人正常的生理现象,医生为什么坚持'分娩必痛'的道理呢?"她认为二十多年来,产科工作,最苦恼的就是每当她看到产妇在分娩过程中的痛苦,使她非常难过。总觉得,这个疼痛一天不解决,她这个妇产科医生,就有愧于产妇们一天。所以,林巧稚说:"每助产一个孩子之后,一闭上眼睛,马上就出现一幅痛苦、哀叫的景象,时间越长,各种哀叫越多,脑子里出现了各种形象的痛苦的链条。不少同志都知道,就说我的老朋友吴太太,她自己也是个医生,她生孩子,疼痛把她折磨了一天一夜。后来她告诉我'这种痛苦实在不是人所能忍受的'。吴太太希望我'你要想法子解决产妇的痛苦,至少要减轻我们这些女人的痛苦’。你们想想,一个产科医生听到这番话,心里是什么滋味?"

林巧稚要求:"从今天起,我们产科一定要采用无痛分娩法助产。这个任务很艰难,大家就要多辛苦了,疲劳、家务、睡眠都会来争夺你们的……"

散会之后,病房里、办公室里、走廊里就像飞进了一群喜鹊,喳喳不停,互相议论着、争辩着。有说这是科学的方法,有说这不是科学,而是精神胜利法,等等等等。

林巧稚,当她思想通了之后,自己要做的事,十条老牛也拉不回来。

一天,她叫吴秘书:"涤华,你到书店找几本俄语读本,把耳朵放长点,听听哪里有没有俄语进修班。我要学俄语了,看看巴甫洛夫学说到底讲些什么。你再打听打听卫生部,搞不搞俄语学习班,什么样的人才够格学习,替我要个名额。"

吴秘书听着,应着,笑着,又突然沉默了。五十开外的林主任,为了了解巴甫洛夫学说,决定学习俄语,难道不令人肃然起敬,为之动情吗?

从此后,林巧稚早上、中午、晚上,利用一切时间学习俄语,又获得了短期集训的机会,半年时间她就学会了第二门外语。

通过试验,林巧稚心服了,她说:"无痛分娩是巴甫洛夫学说在医学上的一次成功应用,它对解除妇女分娩产生的精神上的威胁很有效用。我们都承认,孕妇生产受一定程度的精神支配,以前指导孕妇吸气、下沉;在精神上安慰她,不用害怕,一咬牙,一使劲孩子就下来了;也伴随用一些镇静药、麻醉剂,安定情绪,减轻疼痛。实际上,我们已经都在自觉不自觉地使用了巴甫洛夫学说,只是大家没有把过去做过的事进行科学总结。"

接着又说:"嗨,过去,我们做了不少蠢事,心里总想为姊妹们解除疼痛,可是反把分娩不疼不痛看作是例外,忽视了从科学道理上,去认真研究分娩到底应不应该疼痛。前天出院的王太太,给我的启发很大。"林巧稚告诉大家,王太太是个四十岁出头的初产妇。年过四十的女人初产,在医院实属少见,凡这种偶然的产妇,多用剖宫产。王太太入院后,自己也要求医院为她做剖宫产。若在一年前,林巧稚也决然认为,这是最适宜最安全的做法。

当时正逢协和医院处于施行无痛分娩法助产热潮中,医生祝贺她:"你赶上了,算你幸运,省挨一刀的痛苦。"林主任说:"我们要用无痛分娩法为你助产。"

王太太急了:"什么,不开刀了,害怕死了,这么大岁数,还生得下来吗?你们不为我剖宫产,我宁愿跳楼去死,也不情愿活受那份罪。"

林巧稚听王太太说宁死也要剖宫产,她像个老大姐一样反复动员她、安慰她,医生护士轮着班陪着她,让她在说说笑笑、高高兴兴中迎来了产程。产程一开始,便由不得她自己了,为她助产的医生继续指导她,使她在愉快松弛的精神状态中生了孩子。事后,她自己都感到可笑:"林主任,多亏您了,没生之前,听人说得太可怕了,'生孩子是女人过鬼门关,不死也得掉层皮',可玄乎啦,原来就这么简单,只觉得有一阵子下坠感,没觉着什么疼痛。"这位产妇生孩子就连会阴一点都没有被撕裂,妇产科医生们都觉得是个罕见的奇迹。

产妇的高兴劲,说明了一个道理:无痛分娩法是切实可行的科学事实。随着一个接一个无痛分娩法的成功,产房里迸发出了笑语和欢乐。

当时的成功率(即不疼痛)达到92.8%,尚有7.2%的产妇还是有程度不同的疼痛反应。

林巧稚的理想很快成了现实。

卫生部和北京市委的领导,很快告诉林巧稚:"林主任,你很有福气,明年上半年要请你去奥地利,参加一个世界医学会议。这是国务院领导的意见。会后,还要到苏联去看看。"

不久,被证明是事实之后,林巧稚的心不平静了。我这么个女大夫,有权代表国家参加世界医学会议?忽然感到,自己好像变了,当今的林巧稚与新中国成立前的林巧稚,成了两个人。如今,有资格代表国家,参加世界国际会议。她感慨无比:"啊,男女平等了,妇女解放了,自己也是一个顶天立地的人了!"

家里懿铿、华康的孩子们,发现三姑婆近日来情绪饱满,笑容可掬,准是有了什么喜事,孩子沉不住气了:"三姑婆,这几天,你怎么这么高兴啊?"

"哦,高兴,当然高兴,哪还有不高兴的呀!"林巧稚一连串说了好几个"高兴",却没有说出为什么高兴。

孩子们不依不饶:"那你快说呀,为什么呀,为什么呀?"

"这个嘛,暂时保密。"林巧稚兴奋、神秘地回答孩子们,引得全家哄堂大笑。

林巧稚出国的事,唯有对她的学生叶惠芳不保密。

叶惠芳自一九四八年来到协和医院,当上了妇产科恢复后的第一位住院总医师。和叶大夫相继来协和妇产科的还有王文彬、葛秦生。他们一起帮助林巧稚建立了新的科室。林巧稚喜欢叶大夫细致柔和的性格,叶大夫尊敬林主任,好学上进。在与林巧稚主任的接触中,深深地被林主任那种不顾牺牲个人一切、孜孜不倦的工作精神感染。

叶大夫白天黑夜都陪伴着林主任,无论中午门诊,晚上巡查,只要林主任不离开诊室,不走出病房,她就无声无语地陪伴着林巧稚。她山盟海誓地保证:"主任,我永远不离开你。等我有了房子,你就和我住到一起,再买一架钢琴。工作之余,我们弹琴唱歌,让你永远不觉得孤单。"她还认真地说:"我也要像你一样,一辈子不结婚。"

"你尽说傻话,我是历史造成的。你还年轻,不能走我的路。我相信,你是不会永远陪伴我的,也不会永远不结婚的。"林巧稚深沉的情感,使年轻的叶大夫感到可怕。

叶惠芳没有遇到自己主任那么多人生道路上的坎坷。幼稚和纯洁总是伴随共存的,叶大夫说这番话如水晶一般纯真。她听到主任说"你是不会永远陪伴我的"话后,她哭了,像一个孩子似的哭了。她感到主任太辛苦了,应该有人疼她,有人爱她,世界对她实在太不公平了。

但是,林巧稚并不在乎,过去的一切,就让它过去吧,她说:"好了,你睡吧,我再去病房里看看!"说完她便快步离开了叶惠芳。

她们都没有想到,幸福来得这样迅猛,真是从天而降。差不多还在同一个时间,同一个地方,她俩又聚到一起,这回是林巧稚找叶惠芳:"小叶,告诉你一件喜事。"

小叶猛然一惊,心想有什么事,主任这么高兴,这么神秘呀。林巧稚在说这话时,还特意把门关上。她不敢胡猜,不敢乱想,对这位年过半百的老人,怎能随意猜测呢?用小叶自己的话说,"我像对待母亲一样虔诚地尊敬她"。

林巧稚对这位天真无邪的姑娘,也是百般地爱护,从不捉弄戏谑她。

"我要出国了,要参加世界医学会议,会后还要到苏联去。"林巧稚把喜事告诉了她,又叮嘱说,"你要替我保密。"

那时候,批准一个人出国,是非同小可的事。

小叶像孩子似的,高兴得跳起来:"真的,太好了。共产党相信你了,你真幸福!"小叶为自己主任能得到新社会的信任,激动得热泪盈眶,使劲地摇着主任的胳膊说:"太好了,太让人高兴了!"

"你说,为什么把这事告诉你?"林巧稚故意问叶惠芳。

"那还用说,选衣料,做衣服。你放心,我那里有的是纯毛料,保你满意!"说到这里,小叶突然压低了嗓门,说,"谁知你领不领情呢?"

"好,好,这次破例。只要满意,我就收下,不满意,那别怪我了!"

"保你满意,嗳,到哪家去做呢?"

林巧稚早已想好了:"就到王府井东口便服店去做。"

"做便服?"

"对,做便服,做旗袍!"

"什么,到欧洲西方去,穿旗袍?"小叶有点不解地问。

"是呀,到欧洲去穿旗袍,才说明我是亚洲人,从中国去的。旗袍是中国的民族服装,出国不穿自己民族的服装,那还穿什么呢?"

…………

一九五三年五月十三日,中国医学代表团在团长方石珊、副团长宫乃泉、专家白希清带领下,一行十七人,飞赴奥地利,参加三十二个国家共同举行的世界医学会议。

会议结束后,五月二十七日,代表团全体成员应苏联保健部邀请,直抵莫斯科,进行为期一个月的参观、学习、访问。

中华人民共和国成立不久,就派出这样一支由全国著名医学科学家组成的第一个代表团,到苏联去参观、学习、访问,苏联是非常高兴的,保健部副部长亲自到场表示欢迎。

在短短的时间里,代表团了解了苏联的医学科学工作,得到了苏联专家的耐心指导,开阔了眼界,收获很多。

回国后,林巧稚就她自己关心和感兴趣的医学科学工作,介绍了自己的认识。

　　她说："我看到,无痛分娩法是体现巴甫洛夫学说最成功、最突出的方法之一。苏联几万个产妇实行生理无痛分娩法,婴儿很好娩出,大多数产妇没有发生任何并发症。"这时候,林巧稚更加相信:"疼痛对生产不是必要的,相反,它是错误理论下进行的一般性生育,是生理的生产过程受到了毁坏。产妇的激动、恐惧及其他不良情绪,是由于皮层下中枢神经过度兴奋所引起,而不良情绪常使皮层下中枢神经活动不正常。因此,子宫的阵缩也表现不规则,正是这种不规则的阵缩,使产妇疲劳,减弱了生产活动能力,使之产生了疼痛。"

　　林巧稚认为:"精神预防性无痛分娩法,一是消除孕妇生产前的恐惧观念,它特别重视人类第二信号——语言文字所引起的客观的重要作用,在一定的条件下,语言不但会影响人的行为,而且会影响机体各个器官系统的活动;二是要造成孕妇对分娩产生正确、愉快的情绪。"

　　苏联的研究表明,分娩时期,大脑皮层兴奋性易于降低,皮层下兴奋性易于增高。如果建立一个很强烈的刺激,形成皮层上需要的兴奋灶,使大脑皮层保持这个兴奋灶,那么,到分娩时,如果不使之消失,就可以掩盖、减弱,甚至完全压制住疼痛的感觉,并可以继续调节皮下中枢的活动,从而达到可以无痛分娩的目的。

　　这次参观学习,林巧稚感到非常愉快:"这一个月没有白过,很有价值。"她体会、启发之深,收益之大,远不是大学可比的,也是这许多年来没有获得过的。

　　在协和医院妇产科生过孩子的妇女,都公认林主任对病人体贴入微,无微不至。

　　任何时候,任何情况下,都不允许用言语来刺激病人和产妇。这只是从"爱",从人道上提出来的要求。林巧稚教育她的学生:"病人本来就很痛苦,医生怎么还能去伤她们的心呢? 对病人任何刺激,都是医生道德所不允许的。"

　　学习了巴甫洛夫学说之后,林巧稚对自己过去的言行有了科学的认识,有了从生理上做解释的坚实基础。刺激病人之所以不道德,不再是一种单纯的道义行为,而是一种会引起生理物质改变的行为。她的认识发生了质的变化:"哎呀,一个科学家,学习的任务,学习科学的任务,实在是无止境的。"林巧稚还感到："对待科学，不能凭自己的好恶，不能掺杂任何色彩或杂质，用感情取舍科学是有害的。只有尊重科学，从中汲取知识，才能成为一个真正的科学家，才能探知科学的未来。"

在苏联莫斯科、圣彼得堡，林巧稚访问了医学科学院，参观了克里姆林宫，瞻仰了纪念碑，游览了科学宫，观摩了孩子们热情的体育演习和业余表演，出席了医生和病人一起参加的座谈会，接受了献来的一束束鲜花，知道了苏联社会主义的性质，了解了人民的生活、医药卫生的状况，她的收获很大。

中华医学会认为，五年来，我们无论在卫生防疫措施方面、医学教育改革方面、医疗制度以及许多先进临床治疗方法方面都取得了一定的成绩，收到了优良的效果。对此，林巧稚认为，这样的估计基本是正确的，只是感到自己做得不够，而且是很不够。她想，要说我们最大收获或许就是转变了认识，其中包括接受了无痛分娩法的科学道理。想到这里，就觉得自己的脸有些发烧。啊，我这个不落后的人，看来人不可能一辈子样样都不落后，也不可能事事都能做到不落后。不学习外国，眼前我就落后了。

林巧稚回顾参观莫斯科中央结核病研究所的情形时，便解答了自己提出来的问题。

英美和苏联对待结核病灶的认识，正好说明一种偏见的归宿。

英美的医学家认为，肺结核病灶，经 X 光检查，在肺部有了明显的阴影显露出来，才认作是肺结核病早期发现的时候。

莫斯科中央结核病研究所的医学专家则认为，肺部未发现病灶之前，结核菌已侵入人的身体，在机体自身免疫之斗争到一定程度之后，结核菌侵入了人体免疫力薄弱的部位，或肺部，或骨、关节，或盆腔，或淋巴部位。试验证明了他们的认识是正确的。结核在初期虽无明显症状，然从病理、细菌、临床等检查，是可以得到诊断的。如果诊断及时，控制发展，及时治疗，经过一定年限，是可以消灭结核的。

实验资料证明，当结核菌侵入人体，体内产生抵抗力，大脑皮层及皮下层发生病理变化，若干天之后，大脑病理切片证明了此点。虽然结核菌仍在体内，但大脑已经适应。当结核从体内某一部位显现出来，已不是局部症状,而是全身症状之后了。所以该所对结核的治疗,注重对全身的治疗,根据巴甫洛夫学说的医理,特重视对中枢神经的治疗,而不是孤立地治疗某一局部器官而已。

研究所向中国代表团介绍了一位运动员(中学生),一年半前,该女生自觉疲倦、背酸,无其他症状可见,经医生一般全身检查及普通 X 线摄影,没有发现任何症状。结果经分层 X 线摄影,发现在某一脊椎骨,有一早期结核病灶,经过该所疗养院睡板床及一般空气、阳光及营养的治疗,这位女学生的骨结核遂告痊愈。假如一直等到从临床上发现结核后才做早期治疗,那就晚了,这个孩子的骨结核能否治愈,就很难预测了。

由此可见,医学科学家对待疾病的认识有着两种不同的思想方法:一些医学家,他们只承认"看到了结核病灶之后,才承认这是结核";对于没有看到的客观已经存在的结核病,则不去发现,不去认识,也就无从谈起治疗了。一些医学家却与之相反,对结核的研究,不依你认识与否去研究它是否存在,而是从客观存在中去认识它。这种认识需要通过一个由浅入深、由表及里、由现象到本质的过程。苏联的结核病研究所就是通过小女孩疲倦、背酸的现象,去探索认识了骨结核存在的事实,并不失时机地给予治疗,及时恢复了女孩子的身体健康。

一九五五年十月,应中华人民共和国卫生部邀请,苏联派出了以克洛特澜夫为团长的医学科学家代表团,前来我国访问及讲学。他们于当月三十日下午六时二十分乘火车到达北京,林巧稚前去北京车站欢迎。见到了在莫斯科、圣彼得堡(以前的列宁格勒)时相识的老朋友,她兴致勃勃地用俄语表示欢迎。当代表团去中国各地访问,于十二月二十一日上午再次来到首都时,林巧稚以主人的身份又去车站迎接了他们。

她没有想到,不久"老大哥"竟把"小弟弟"抛弃了。无论林巧稚对苏联驻华使馆夫人治病怎样卖力,那些夫人又是多么感激林巧稚教授的帮助,但医学科学上的往来还是暂时中断了!

三十三　护士的职责

频繁的人事更换犹如韭菜,一茬一茬,好几茬了。

林巧稚犹如一株参天的青松,屹立在中国的医学界。随她一起工作的护士们,就像庄稼,熟了一茬又一茬,谁也无法说清,到底换了多少茬。

就算聂毓禅校长,是协和的最早的护校生,或者更具体地说,小薛是妇产科的第一个女护士,但是,她们也都早已离开了协和。现在,人们只要提到同行的先驱,无不把林巧稚和她们联系在一起。

张护士长比林巧稚小二十八岁,是位山东姑娘。她从天津济华护士学校毕业后,分配到协和医院妇产科。二十出头的年轻姑娘,怀着对护士工作的美好憧憬,远离家乡,风尘仆仆地来到了北京。

小张心里乐滋滋的,盼望早早穿上一身洁白的大褂,穿梭在病人间,好为他们送药、打针、护理,亲自接进一个个萎靡不振、情感懊丧的患者,又亲手送走一批批康复了的满面春风、生气勃勃的病人。这一天终于来到了。

协和医院恢复时,原来的医生绝大部分都回院了,原先的护士请回来的要比失散的多。那一天,林巧稚高兴地告诉自己的学生,告诉科里的护士长:"我们科要来个年轻的护士,是从天津济华毕业的。听介绍说,性情柔和,学得扎实,手脚灵巧。她就要来了,你们大伙说好不好?"没等大家回答,林巧稚接着说,"人家内科跟我抢着要,哼,这时候,多亏我是个女的,都不好意思和我撕破脸皮，就这么要来了。"

经过三年护校严格训练的小张浑身散发着使不完的劲，只要护理办公室红灯一亮，数秒钟内，她便笑容可掬地来到病人床前。黑夜里，她熟练地俯耳轻问："您怎么不舒服啦？需要什么吗？是想喝水吧？是要便盆吗？……"白天更是一溜小跑："大娘，您有事吗？大嫂，刀口疼是吗？我找医生说说，给你打个止疼针，给你吃点止痛药……"只要她在班上，整个病房就像水珠滴进热油里——炸了锅。每逢接班之前，张护士早早来到病房，巡回一周，先挨个地看一遍病人，看看哪些人已经走了，谁又来了，医生初步诊断她是什么病，有无哪个重病号要特别照顾的，或者有无病危的。经过自己询查，对每个病人她都心中有数，等当班医生组织晨查时，张护士已把要报告的事全都准备好了，就等大夫下达治疗方案，自己执行了。

热情、周到、和蔼，对于一个护士来说，要都能做到，本不是一件容易的事，张护士常受病人的夸奖："这可是个好姑娘，多勤快啊！""张小姐，心肠好……"

一天，她们在护士休息室里，不知哪个机灵鬼听到了什么，几个人一咬耳朵，呼啦一下全向小张扑来，她们都一个个伸出了手："快说，什么时候给吃糖，说不说？"小张被伙伴们闹得丈二和尚摸不着脑袋心想，好端端的吃什么糖啊，连声央求："别胡闹，别胡闹，吃什么糖呀？"未等她把话说完，几个姑娘一哄而上，挠小张胳肢窝。小张前仰后合，哭笑不得，一个劲在床上打滚……

一场笑仗平息之后，小张还蒙在鼓里。原来她自己确实不知道，这一群年轻人从老护士长那里得来的情报，说小张要当护士长了，为了这件事而懵里懵懂地遭受了一场"劫难"。

护士有她们自己的欢乐，二十岁左右的姑娘们整天在一起，怎能避免打打闹闹呢？旧协和是绝对禁止的；现在姑娘们不再是雇佣，而是主人了。尽管她们整天是打针、发药、铺床、拖地、送水、端盆……但这只是社会的分工，护士从不厌倦自己的工作。她们说："我们这样重复地工作，是在用双手驱赶着死神的降临，用双手抹去一个又一个病人的疼痛，一人辛苦能换来万人欢乐。"

林巧稚是这样教护士们的，她告诉大家："哪个病人都有心理活动，都是人嘛！有害的心理因素可以使病情恶化，有益的心理因素可以使疾病好转。护理工作就是要让病人有一个良好的心理状态，促进病人早日康复。"对于刺激病人的护士，林主任是绝不容忍的。

产科病房里，一位产妇肚子疼叫护士。护士来到产妇床前，劈头盖脸地说："谁叫你结婚的！结婚就要生孩子，生孩子就要疼，结婚光想图快活。"说完扬长而去。这位护士不仅没有解决产妇肚子疼的痛苦，一席话噎得产妇就想起身回家，无奈已近临产，只得暗自流泪叫苦。事情很快传到林巧稚耳朵，林大夫先找产妇核实，产妇起初不敢说实话："林主任，没有那回事，护士年轻，细想想她说的也在理。哎，谁知道，生孩子这么难，早知这么受罪，真不该当初了。"林巧稚全明白了，她把护士拉到产妇面前，要她重复自己说的话，再向产妇赔礼道歉。

妇产科的护士除了有严格的技术训练，还要接受林巧稚严格的品质熏陶。

张护士长如今虽已老了，还没有离开护理岗位。她说："我要带着年轻的护士，让她们都记着林主任这么个理，一个人的一生，在人类社会历史上，只是哗啦一瞬间，怎样把自己这短暂的生命融化在人民之中，这是我们医生、护士生活的共同目的所在。医生的职责就是对病人要一丝不苟；护理的对象是有病的人，不仅仅是对每个躯体的护理，更重要的是对病人的心理护理。我们只有使病人处在接受治疗的最好心理状态，才能取得良好的治疗效果。"

这一朴实的职业道德，老一代护士们记到如今，又被当今新一代护士们继承下来了。现在的护士长，她们就是用这个思想领导着妇产科护士们的工作。秦护士长说："我们大家要记住林主任说过的话，尽管我们的工作是琐碎复杂重复的，但要想到自己能为妇女解除痛苦，为多少家庭解除忧愁，就会感到自己工作真正的意义所在。我们真诚地用自己的心血浇灌生命和健康之花，就像一个艺术家成功地完成一件作品一样，精神上会得到最大的满足，还有什么比这样的满足更值得留恋的呢？"

林巧稚的思想不仅仅如此，她还特别提醒护士们："对病人高度负责精神，体现在她有无熟练的专门科学知识和护理技术。我要的护士，不是机械性执行医嘱，更不是简单的打针、发药、治疗、护理；而希望你们成为医疗工作中的'侦察兵'。因为我们的科学知识和技术水平，或者我们工作中的任何疏忽,都可能给病人带来不可挽回的损失。"她用产科病房抱错婴儿施行割包皮手术事故教育大家:"手术做得很好。但被割包皮的婴儿家长,并不满意。虽说没有出现意外,总还是不负责任的事故吧?"

小张晋升护士长,已成事实。

一天,林巧稚把她叫到办公室:"小张你坐。"张护士不知什么缘由,忐忑不安地看着林主任,莫非又发生什么事了吗?可是,不像。小张急了,莫非自己妹妹的病情……再一想,不会,主任不会知道我的妹妹,正是她现在手中的病人。那么究竟为什么?

就在小张想这些事的同时,林巧稚上下打量着这位年轻的护士,突然问道:"你来协和四年了吧?"小张依然上牙咬着下嘴唇,一言不发,只是朝主任点了点头。

林巧稚伸过手:"快坐下,我想问你个问题。"边说,边拉她坐在自己身边。小张人虽然落座了,仍然没有开口,只是从鼻腔里往外"嗯"了一声。

"你能告诉我,现在妇科病房里每个病人的家庭和她们的经济情况吗?"巧稚打着手势,"比如说,谁家缺钱,谁想要个儿子,哪个人在家日子好过,哪个人在家日子不好过,为什么?你能知道个大概吗?"

林主任这番话真把小张问哑了,脸一下子全红了。虽说自己也做了不少调查研究,晓得一些,但没有这么细,更不知道当护士的,为什么还要知道这些。其实小张在走向主任办公室时,就琢磨:不知是谁还是自己出了什么过错?所以,一进门就站在主任面前发愣,不知将会发生什么。

没料到,林主任会提这一串自己从来没有想、也没有去做的事,只觉得心跳得砰砰的。小张要说不知道,怕主任寒心,自己又不会说谎;要说知道,怕主任刨根追源,又怕自己说不清楚。她抬了一下眼皮,偷偷地看了主任一眼,谁知主任那双炯炯有神的眼睛正盯着自己。小张眼皮一抬,正好四目相撞,她赶紧垂下了脑门,一个劲地摇头。连她自己也莫名其妙,是后悔不该抬头,还是没问病人家庭情况。林主任一见小张这副窘相,咯咯地笑了。

林巧稚收敛了笑容,向小张介绍了她自己了解到的病人情况。说完,要求小张:"过去不能怪你,往后你带个头。"接着林巧稚向她宣布:"决定调你到产科,那里缺个护士长。你一定要了解每一个产妇的情况,不要以为来生孩子都是喜事,有的怕生孩子遭罪;有的为要男孩都想疯了,偏偏又是一个女孩;有的嫌男孩淘气,还希望要个姑娘。什么样的事都有。总之,你要了解产妇的家庭、社会地位、经济情况、职业、文化程度各方面的情况,在产前做好工作,对产后稳定情绪、恢复健康、及时出院都有好处。"

林主任还嘱咐:"农村来的产妇,生了孩子,你和她谈孩子怎么喂养;城里来的,你同她谈营养,什么牛奶、鸡蛋呀。别颠倒了。颠倒了,你说的办法再好,也听不进去,农民舍不得牛奶鸡蛋。办不到的事,你让她办,她重视你的话,思想会有压力。"

小张听了林主任这番教导,真是茅塞顿开。当个护士,还有这么多学问!几十年来,她牢牢记着林主任这番教导。那一天,林主任最后对小张说:"大家都说你工作不错,你这个护士长是新中国成立后产科病房的第一任护士长,希望你把头带好,把大家带领好……"

小张的脸又一次红了,这也是她今天来主任这里事先没有想到的。她简短地表完态,正想离开主任办公室。

"等一等,我还有事要问你。"林主任这种少有带责备的语气,倒把小张吓一跳。她刚迈出门的脚步停住了,不敢问什么事,也不知主任要说什么事,像木桩似的钉在门口,准备挨批评。"我问你,自己妹妹病到这个程度,为什么不早告诉我?"

啊,多好的主任啊,她全知道了!小张顿时流下了眼泪。

小张妹妹张珍,从青岛考进了北京医学院公卫系。入学不久,出现月经不调。很快发现长了东西,那年她才十九岁。

医学院校的学生对自己身上的病尤为敏感。突然又长点什么,更加焦急,本院一看,临床症状又那么明显,自然想通过姐姐请专家林巧稚亲自做个诊断。

小张对妹妹说:"林主任向来忌讳利用关系,主任从来不因为有关系的病人是一种待遇,没有关系的病人又是另眼看待。相反,她对那些无依无靠的病人更为关心,她有她的道理:这些人不到万不得已,不会花钱看病的,等非要来看不可的时候,就已经很重了。我给你挂上号,你就直接请林主任看好了,她一定会使你满意的。"

张珍半信半疑:"好吧,试试看!"

一个星期五的下午,张珍坐在林主任面前叙说着病情,经林主任一检查,立刻开了住院证,亲自询问住院处,决定收张珍住院。林巧稚为这个年轻的大学生,煞费苦心。眼前这位年轻姑娘,没有结婚,得了子宫颈癌,切不切除子宫呢? 切除的话,将来还结不结婚,能不能找到对象;不切,癌瘤又要转移。她把自己的想法反复同她的学生们商量。最后还是决定在患者没有对自己终身定下一个坚定的想法之前,先做局部处理,保留住子宫,在为她治疗的同时,开导她的思想。

五十年代初,子宫癌是不治之症,不仅在国内,在国外治愈率同样很低。学医的学生是非常清楚的。张珍经过及时治疗,病灶有所稳定,出院了。但她知道这是无能为力的,并且预感到自己生命的时间不长了,给林巧稚写了一封长长的信。主任接信后,立即亲笔给她回信,鼓励她:

> 人活着,一生会遇到各种困难,愿把终身献给医疗事业的人,哪怕是得了癌症,甚至更绝望的病,也不应当产生'让它自己死吧'的念头。年轻的人还没挑一天建设祖国的担子,怎么能厌世呢? 我年轻时,是个健康的人,我选择的这条道路和你所说的"没有爱情还有什么生活意义"的想法不太一样(当然,你所想的并不是错的)。人活着的意义在于向别人提供,而不是索取。如果我能用自己的双手,抓去你身上的疾病,为你提供健康,难道还有比这更有意义的吗? 医学生就应当立志把自己献给医学事业。我已经五十多岁了,再过二十年,你还没有我今天这么大。我老了,不正需要你吗? 我会想尽一切办法治你病的,但绝不仅仅是为了让你得到你信中所说的那种幸福,是希望你将来有个健康的身体去为更多的人谋取幸福。难道,那时候,你的幸福不在其中吗? 我想,你只要回答一个问题就全清楚了。你说,我现在是幸福,还是不幸福? 生活得有意义,还是没有意义? 好吧! 匆匆一信。最后,我告诉你,接信就来办理住院,床位已经给你留下了。

………………

　　决定与林巧稚信上一别的张珍姑娘,被这封来信深深打动。好主任啊,我们年轻人太不了解你啦,只知道你是一位赫赫有名的妇产科专家,有多少人能知道你还是一位青年的知音,是一个思想教育专家啊! 张珍重新振作精神,第二次住进了协和医院妇科病房。

　　当林巧稚把六十元钱悄悄塞到张珍枕头底下的时候,巧稚还不知道这个年轻美丽的姑娘,就是身边小张护士长的妹妹。张珍反倒纳闷了,姐姐不让我挑明关系,她怎么反倒告诉林主任了呢? 那为什么平白无故给我六十元钱呢?

　　张护士知道后,说:"林主任既然给你,你就先收下吧。一切由姐姐解决,你就配合治疗。"她知道,妹妹的生命为时不长了,一定是林主任念病人花了不少钱,给病人一些救济。

　　当林主任知道张珍就是小张妹妹的时候,张珍的健康已危在旦夕了,所以她生气地叫住了张护士长!

　　张珍终因治疗无效,刚刚迈进人生的历程,便匆匆地告别了人世。姐姐张护士长极度悲痛,这时科里的医生护士们才恍然大悟。妹妹死后,张护士长几次执意要还林主任六十元钱。林主任生气地说:"我要你还干什么,我是看一个刚上学的学生,年龄太轻,生命这么短暂。我上五年级时,也病过,一般的感冒发烧,就很痛苦。我这个被人家称作妇产科专家的人,应当治愈她的病,没能如愿。钱是给她的,不是给你的。我在给她的时候,不知道她是你妹妹,要你还什么钱!"

　　林巧稚解囊相助的不仅仅只是一个张珍,护士邵林母亲患宫颈癌,林巧稚不也破费了吗? 在妇产科的医生护士,只要谁有病,林巧稚总要给予周详的照顾,就连小陈护士感冒,休息两天,第三天上班迎面碰见林巧稚,主任一见就问:"你不是感冒了吗? 才两天就好了吗? 不行,回去休息!"

　　在医生中,假如发现有人轻视护士的劳动,主任的批评是无情的。一位医生不慎把钢笔水滴在病案本上,她毫不留情地指出,一张表格要留下几十年,如果都弄脏了,病案留下还有什么用? 有的医生把查肛用完的手套,不照规定存放,林巧稚听了护士们的反映,组织召开现场会,严肃地指出:"我们妇产科要遵守规章制度,医生要带头保持清洁卫生。我请问,医生把用脏的手套随便乱扔,谁为你收拾,是护士吗? 她们有她们的工作,一定要尊重护士的劳动!"

三十四 园 丁

　　大凡人们都知道林巧稚是一生从事临床工作的医学家,无论男女老少,都亲切地叫她"林医生、林大夫!"医学界称呼林巧稚"林老师""林主任""林教授"。林巧稚毕业后,工作五十余年,兼任医学教育就有四十余年。自从第一次去英国学习回来不久,她就不再是协和医院的住院医师了,而被聘任为协和医学院妇产学系襄教授了。

　　林巧稚对讲台,她不陌生。早在鼓浪屿上女学时,她就养成了从容不迫地与人对话的习惯,上台讲话也不怯场。交谈对话,成了林巧稚习惯的讲学方式。

　　听过林巧稚讲课的学生总是这样谈感受的:"听林老师的课,轻松、愉快,总像做了一个不会忘记的梦,入情入景。"要实现林巧稚她自己一套启发式的教学方法,也非常人能办到的。别人用八比一的备课时间,她就得加倍。课堂上可以证实,林巧稚的那双灿灿闪光的眼睛,全不在讲稿上,而是在同学们的眼神里。她的讲稿就像液体融在她的眼神里,同学们从林老师的眼睛里就可以判断哪些是要点,应当了解;哪些是重点,必须掌握。

　　半小时的教学,林巧稚事先都要做三次以上的示教。从她留下的不多的示教教案中,仅看一份胎儿位置说明,生产见习的第二次示教教案,就可以知道她是怎样当教师的了。

教案左上角清楚地写着：

　　　日期：九月二十日下午
　　　地点：10-223
　　　时间：三十分钟

右上角写着：

　　　胎儿模型
　　　母体模型
　　　内容：
　　　第一部胎儿位置说明
　　　1.利用图表及模型说明胎儿之各种位置。
　　　…………

　　林巧稚在讲这堂课时，既像说故事，又像做示范，用她自制的模型边说边比画。同学们一听就能记住，一看就能明白。学生记住了生产时胎儿可能存在的各种胎位；明白遇到这些胎位中的哪一种，应当如何处置，可能会出现什么危险，怎么排险最为合理。

　　她所采取的教学方法，八年制大学生不觉得浅；在北京郊区、湖南湘阴训练农民助产士，她们不觉得深，都是看得见、摸得着的实在内容。在湘阴，林巧稚只是换了一个模型，因陋就简，用马粪纸卷成个盆腔，抓把稻草包裹成个婴儿，用这种教具收到了同样的教学效果。

　　林巧稚组织的"生产见习示教"更清楚地看出她的教学水平。临床经验十分丰富的教授，见习示教，本不需要做特别的准备，但林教授不然，说："教学要有条理，要有严密的逻辑思维，在有限时间内，抓住带提携性的内容。"说着，她两手一摊："不做充分准备怎么行呢？还要留下给同学们提出问题的机会。噢，像吃水果糖一样，不管红白黄绿，剥去纸塞进嘴就吃，反正都是水果糖呗！这不行！生产是生理现象，瞬息万变，牵连着两条人命！"

她从来不轻视见习的备课,她曾经写过一份"生产见习"教案,就能清楚地说明问题。

1.见习目的:结合理论见习生产过程,对生产经过有一些具体概念。

2.见习时间:下午七至十时;下午二至四时;上午十至十二时。

3.见习地点:×××产房。

4.见习组织:同学,三至四人一组,每组设组长一人,负责与值班医师联系;有见习内容时,随即通知全组;见习完成后,通知下组做好准备,依次轮回见习。

教员,当日值班主治医师负责示教,或说明。由值班医师按照见习名单顺序,通知组长召集全体。

5.注意事项:

(1)见召当及时到达;

(2)进入产房前必须戴好口罩及帽子,见习完毕时,交还产房;

(3)在产房内勿触及接产桌和产妇身上所铺的消毒巾等;

(4)检查产妇或婴儿时,应先取得值班医师同意;

(5)对产妇定要表示关切同情,但勿做不必要的谈话;

(6)记住,为了我们的学习,产妇增加了一定的负担,因此必须努力学习,抓住每一个学习机会。

6.见习要点:

(1)阅读病历,进入产房后,应是将产妇病历阅读一遍。

注意:

①产妇姓名;

②年龄;

⑧妊娠次;

④产次;

⑤末次月经;

⑥预产期;

⑦过去产历；

⑧产前检查结果；

⑨入院主诉；

⑩有无并发症。

(2)产科检查(可与值班医师同做)。

①学习听取血压；

②注意子宫大小；

③学习测定胎位；

④学习听取胎心；

⑤观察宫缩情况及产程进展(阅读产程记录)。

(3)临产见习。

①注意临产时的准备,包括接生人员的准备,产妇的准备(会阴清洁),接生器械的准备。

②注意胎儿娩出机转与经过:胎头的娩出,胎身的娩出。

③注意胎儿的情况:胎儿大小、皮肤颜色、呼吸、哭声、大小便、脐带及其结扎法。

④注意胎盘的娩出及其形态:注意胎盘的娩出方法,胎盘的形状大小、重量,胎儿面及母体面,脐带的长度,胎膜的裂口等。

⑤注意产后的处理。

甲产妇的处理。

注意会阴的情况:宫顶高度、流血情况;一般护理。

乙婴儿的处理。

眼睛的处理；

脐带的处理；

皮肤的处理；

体重身长的测量方法；

头颈的测量。

…………

　　辛勤的园丁，必然收获丰硕的成果。无论八年制毕业的学生，还是短期培训的卫生助产人员，经过林巧稚训练的人，人们用四个字即"多（人数多）、广（知识面广）、实（临床技术扎实）、佳（对病人、产妇服务周到、医德佳）"来概括他们。虽不说她的学生遍及全国，然二十九个省市自治区都有她的"弟子"，任妇产医院院长、妇产科学系主任、专家教授者，不计其数。国外许多知名的妇产科专家都以能做林巧稚的学生为荣。俞霭峰、严仁瑛都敬重地称林巧稚为林老师，并非出于礼节，她们一个在讲台上，一个在讲台下，曾多时共过一个教室。

　　早在一九五〇年，林巧稚为新中国担任教学工作，为社会主义培养人才的工作就开始了。

　　在长期战争废墟上建立起来的中华人民共和国，百业待举。医院和医护人员远不能满足新社会的需要。培养大批中高级医药护理人员，已成为卫生工作的首要任务。新中国成立后不久，卫生部根据旧中国妇女和婴儿死亡率的状况，及时举办了卫生行政干部训练班，专聘林巧稚讲授"产褥热、子痫的诊断与预防"课程。

　　与此同时，卫生部开始了审编教材的工作。

　　卫生部教材编审委员会托给林巧稚第一项任务：

　　　　兹送上阴毓璋先生编著的高级医校用的《妇科学大纲》提纲一份。即希

　　　　惠于审阅，提出意见，于十二月五日以前见复。并将原稿送还本会为荷！

　　　　此致

　　　　林巧稚教授

　　　　（附阴毓璋先生著《妇科学大纲》稿一份）

　　　　　　　　　　　　　　　　　　中央卫生部教材编审委员会

　　　　　　　　　　　　　　　　　　一九五一年十二月一日

　　刚刚解放，林巧稚对新中国的疑云还没有完全消失。开会，她不发言；

观礼,她拒绝去。但对此任务,她欣然接受。手捧《妇科学大纲》稿件,心中阵阵发热:人民政府真重用我的医学知识啊!她严肃认真地审阅稿件,逐章逐节做了修改,提出了中肯的意见。

一份如此冗长的《妇科学大纲》,林巧稚于十二月三日收到,十二月五日就把书面意见提出,并连同《妇科学大纲》一起交还编委会,还附信一封。

> 阴先生编著的高级医校《妇科学大纲》一份,本人已详细审阅。关于高级医校妇产科学习用书有以下建议:
>
> 本人觉得在目前人力物力不十分充裕之时,编写高级妇产科学教材,最好集中精力专写一本全国采用,不必将性质相同之教本编成数种。目前,可供高级医学校应用者已有柯医生主编的《妇产科学》,其第一篇《产科生理》已于数月前出版,内容与取材尚称完善;第二篇《病理篇》已定于一九五二年六月底出版;第三篇为《妇科学》。二、三篇均由国之名医学院妇产科同人编写。阴大夫所编著之《大纲》与柯氏大同小异,亦拟请同一班妇产科学同人编写,所以本人认为目前可以采用柯氏《妇产科学》为高级医校教材之用,而建议请阴先生主编一种可供妇产科进修生临床参考之用的。既节省了有限的人力物力,又多了一种进一步且非常需要的教材,实为适应目前我国情形事半功倍之举,刍见是否有当,祈斟酌是幸。
>
> 本院近来加紧学习,七日召开之会,因本人要同本院全体同人一起学习,恐不能参加,今先提此建议,希加以考虑,
>
> 专此,即复。
>
> 此致
> 中央卫生部教材编审委员会
>
> 林巧稚谨上
> 一九五一年十二月五日

后来,编委会接受巧稚的意见。她高兴地对她学生说:"这回和我的想法一致了,当务之急,更需'雪中送炭'之材,无此不能减轻我等工作压力,又

如何腾出手来去'锦上添花'呢?"

临床和卫生预防、消灭各种烈性传染病等大量工作,急需卫生工作人员。林巧稚夜以继日地工作,还抽出时间审阅中高级教材,亲自进行细致的修改。

中国妇产科学起始虽晚,但进展神速,正因为有了这样一位奠基者——林巧稚。是她,在那里默默无闻拼命地工作,才在短时间内为新中国填补了妇产科学教材之空白。这些教材无一不是她用根根乌发染成,而它不知不觉变成了银丝。正是用她那标志着耗尽心血的满头白发,筑成了妇产科的桃李之林。在那科学的长河里,流进了妇产科学一支小小的涓溪,一支无论如何不可缺少的涓溪。

林巧稚的学生说得好:"只有烹调技术高超的厨师,才能掌握各种菜肴的火候。我们的老师——林巧稚就是一位娴熟的产科'火候'专家。"在她的职业史上,记不清有多少个新生命问世,砍断过多少条死神的魔爪。新生命的安全坠地,从死亡线上获得的新生,无不蕴藏着林巧稚的篇篇论文的科学力量。她科学的智慧,不仅寓于病案之中,而且撒播在她无数的学生之中。

林巧稚病了,她的工作反而抓得更紧了。积毕生经验,深感妇科肿瘤已成为妇女健康的主要"大敌"。"大敌"不除,妇女安得太平,死又怎能瞑目?她身患重病,仍领导她的学生,用四年多时间,分析总结了协和医院妇产科自新中国成立以来的三千九百余份病历,参阅近千篇主要文献,坚持根据本国实际和自己的经验,完成了《妇科肿瘤》全书初稿。她抱病一章一节审查,句句推敲再三,不放过一个不确切的诊断,不滑过一个模棱两可的字词。终于在她长眠之前,把她主编的《妇科肿瘤》奉献给了医学界,这是她献给中国人民乃至世界妇产科学界的一颗心!

林巧稚,这位用心血和生命搭成梯子的人,将这一梯子架设在妇产科大厦的基石上。每到关键时候,她便大声招手:"上啊,同学们,愿攀妇产科高峰的人,不要怕踩疼老师的肩膀!"

绒癌终于被她的学生突破,不正是这样?!

三十五　人大代表

连日来,协和医学院像开了的锅,满院沸腾。人们三三两两、三五成群地议论。专家教授们交头接耳,医生们互相谈论,年青的护士躲在一边窃窃私语,门诊部、住院处、药房、挂号室、化验间、病房、宿舍、食堂,有人的地方,所到之处,都在谈,都在议论,一片热气腾腾。谁也不避讳:"你们讨论了吗?"

"我们正在酝酿。"有的细声细语,有的互相争辩。气氛热烈,一股强劲的春风吹进了协和医学院。

——就要召开中华人民共和国第一届全国人民代表大会了。

协和医学院要选出自己的人民代表,出席北京市第一届人民代表大会,再由北京市人民代表大会选出参加全国人民代表大会的代表。

中华人民共和国将由这样一个全国人民代表大会最高的国家权力机构来决策全国的大事。选举好掌握国家权力的代表,是关系着中华民族兴旺发达的大事,是关系到千家万户的大事,是关系到每一个公民切身利益的大事。

内科的第一个会下午三点开始,一口气开了七个小时,直到晚上十点,才提出一个人民代表候选人名单的初步意见;外科会议开到晚饭时分,大家决意中间不再休会,忍点饿,一鼓作气把会开完;妇产科从下午班后开始,一直讨论到深夜;生理组同寄生虫组围绕两位大夫,到底选谁当代表出席会议,相持不下,各说各的道理,各摆被推选人的优点。

多少年以来，妇产科的人都不曾忘记当时的情景。

代表不能没有女的！

"过去看不起女人，歧视女人，新社会妇女翻身了，政治上翻身了，人民代表就应当有代表妇女讲话的人！"

"对，对，这个意见好。"一阵喝彩，满屋子同意，就连参加会议的几位男医生，也得跟着喊："对，对，我也同意。"

护理部的人在嘟哝：

"女代表必须有，但不能光在妇产科或在女医生中打主意，护士占全院人数三分之一，护理部应该有代表，我们提议候选……"

自觉的主人翁精神，充满了协和医学院，协和沉浸在欢乐、热烈的气氛中。

1956 年以前的林巧稚

北京市第一届人民代表大会第一次会议隆重开幕了。会场中间坐着一位身穿乌绒底、菊花图案旗袍的老人，远远看去旗袍上的金黄色菊花闪闪发光,犹如万紫丛中一颗晶亮的明珠闪烁着。谁又能想象到这是一位熬过了艰难曲折岁月,历经多少坎坷道路,迎来了新生的人啊! 然而她的心就像田野中的团菊,无论祖国有多么大的灾难,她总紧贴在祖国母亲的身边,一刻也不离开,过去是,现在是,将来也永远是祖国人民的一朵菊花,向祖国人民奉献一颗纯洁的晶莹般的心。

这位两鬓已经斑白的老人,头上梳着一个髻,领口佩一个五星套圈的纯银别针,以此表达她一颗忠于祖国、忠于人民的赤子之心。这位含笑而又严肃地端坐在十二排三号席位上的老人,就是协和医学院妇产科系教授兼主任林巧稚。

会上,当她听到《歌唱祖国》的乐曲时,辛酸和幸福的情感交织在一起,一齐涌上了心头:

五十多年的岁月,对自然界是半个多世纪,对人是大半辈子啊! 漫长而黑暗的道路,她历经了人间的沧桑。

她在父亲、兄嫂的抚养下,走上了社会,用自己的青春,在协和换得了一席立足之地。从此,她领教了帝国主义藐视中国人民的痛苦,饱尝了沦陷、亡国的耻辱,看穿了国民党反动派的腐朽无能,因而失去了对国家前途命运的信心,自己把自己关在协和的小圈子里,与世隔绝。社会越黑暗,她就把自己的大门关得越紧。就这样,在这黑夜茫茫不见天日的社会里,度过了自己前半生。

解放了!

什么叫"解放"?

她当初想,不过是"改朝换代"罢了!

终于,她从协和的窗户里,看到外面的急骤变化。事实和理智使她懂得,就是因为"解放",一切都在发生着天翻地覆的变化,她自己身临其境:"今天的医药卫生事业,已经不再是为少数有钱人服务了,而是为广大群众、为劳动人民服务了。一所所妇幼保健院、产科医院、接生站的出现,显著地降低了产妇、婴儿的死亡率……一桩桩、一件件变化的事实,动摇了她原来的信念,这不是梦吧?"

不是梦,是事实!

"这些在旧社会梦寐以求的幻想,就因为'解放',都已变成事实!"

因为"解放"!林巧稚看到翻身的妇女,成为一支建设祖国的伟大力量。涌现出的女生产能手,有工程师、优秀教师、飞行员、拖拉机手、火车司机、医生……

她们都能和男子同样地参加劳动,同样地参加祖国的社会主义建设,男女真正平等了!

林巧稚已经尝到了平等的滋味,当上全国民主妇女联合会执行委员、北京市民主妇女联合会的副主席。林巧稚不再仅仅是个妇产科医生,而是为全国妇女谋取幸福的代表。

她坐在北京市人民代表的席位上,回首五十年的往事。

人民代表意味着什么呢?林巧稚懂得,有权讨论宪法草案,宪法是国家的根本大法。还要研究国家在过渡时期的总任务,讨论人民自己的权利和义务,制订五年计划,真正是当家理财做主人啦!

光荣永远属于忠诚于人民的公仆。林巧稚又被北京市推选为出席全国人民代表大会的代表。当她接过人民发给她的当选证时,更加按捺不住内心的激动,她热泪盈眶。在她双手去接那当选证书的同时,严肃认真地说:"我衷心地感谢人民给予我的光荣,感谢人民对我的信任和委托,我决不辜负党和毛主席对我的教育和人民对我的信任。我要充分认识肩上责任的重大,尽自己最大的努力,为保卫母亲和儿童的健康做更多有益的工作。要虚心地向中医学习,和他们团结一道,努力发扬祖国的医学遗产,忠诚地完成全国人民代表大会代表的神圣任务。"

在全国人民代表大会第一次会议上,她见到党和国家所有的领导人,她高兴极了:"啊,终于都见到了!"

想到这里,就觉得心突然一阵猛烈地跳动,脸颊顿时一阵发热。"哎,多么后悔啊,开国大典为什么我不去参加呢?为什么把新社会对自己的信赖,看作是不屑一顾的'社交'呢?毛主席、刘副主席、朱总司令、周总理他们都知道这件事吗?会上要问起我来'林医生,你为什么不参加新中国的开国大典啊?是对共产党有看法,抱成见吗?'那该怎么办呢?"她想到这些,脸怎能不红,心怎能不慌,简直如坐针毡!心想,多丢人呀!"我这样的人有什么资格坐在人民代表的席位上呀!"

林巧稚心里想着,眼睛直愣愣地望着主席台。她忽然感到台上还少一位什么人似的,是的,就是没有坐在台上,少一位林巧稚崇敬的人——邓颖超!

邓大姐呢? 她怎么不在台上,她来了吗,又在哪里呢? 她挺起腰板,满会场寻视她要找的人:"唉,我要找到邓大姐就好了,总理见我和邓大姐在一起,也就不便再'审问'我了,别的领导要问起来,有邓大姐在,我就有主心骨了。她那慈祥善良的心,她对我这个旧社会过了近五十多年的人是知心知肺的,她一定会给我出主意,一定会为我解围的。"可是,费了很大的劲,眼睛看酸了,脖子挺累了,也没有找到,邓大姐此时究竟在哪里?

一阵劳累,反使她平静了,心跳得似乎平稳了,发烫的脸也恢复正常了,她重新垂下头思考着:"我自己的事,为什么要找别人呢? 要问我,就老老实实地回答'那是因为人家讲你们很坏,我不了解,到底是好是坏,要看一看;心里也有点怕。再说,谁让你们不早点来解放我呢?'对,就这样!"想到这里,脸上微露了笑容,又取得了一场胜利,得到了自我安慰。

具有历史意义的中华人民共和国第一届全国人民代表大会第一次全体会议胜利闭幕了,林巧稚满载大会的丰硕成果,满载着胜利和荣誉,满面春风地回到了协和医学院。妇产科召开庆祝大会,向胜利的使者——自己的主任——林巧稚,献上一束最美丽的花。

林巧稚则浮想联翩:

在半殖民地半封建的社会里,在鄙视妇女的旧社会,当林巧稚才呱呱落地的时候,母亲就痛苦地叹息:"唉,又是一个女孩,要了有啥用吗?"父亲把她抚养长大;要进学校了,人们又嘲笑:"女孩子干吗念那么多书?"学医当了大夫,遇到的还是冷水浇头:"嘿,改做公共卫生吧!""谁相信女医生能开刀哇!"在协和就得把"家庭"和"事业"对立起来。为了争一口气:"哼,我只得放弃建立家庭生活的幸福,把自己全部精力融化在做医生,从事医学科学的事业里。当时,虽憎恨旧社会的黑暗,不合理,不平等,不自由,但是,找不到一条新的出路,于是,离政治远远的,把自己紧紧地关在大门里,愿上帝来作证,我是洁身自好的医生!"

杜鹃花红似火,月季四时怒放,菊花娇艳争妍,蜡梅挺霜傲雪。花呀,成千上万种花呀,万紫千红的花呀,芳香飘拂的花呀,每当人们想起花、思念花、见到花的时候,就想起那火红的幸福生活、忠贞不渝的爱情、团结协作的战斗、不屈不挠的意志、生命不朽的活力……

　　林巧稚,她就像是中国妇女中一朵永不凋谢的花。她吸吮着祖国的乳汁,向着人民四季开放,永无休止地吐着芬芳。

三十六　新生儿溶血症

正当人们纷纷议论秋游的时候,林巧稚收到了一封发自内蒙古的来信。这是一封用泪水写成的信。一位青年妇女,一连怀了五胎,头胎夭折在腹中;出腹的后三胎,在一天、三天、四天后皆因全身发黄都夭折了。如今正怀着的是第五胎。这对夫妇,怕几个月后就要出生的婴儿遭此同样的命运,慕名给林巧稚写了信。

> 林巧稚主任:
>
> 　　大家都知道您是全中国有名的妇产科专家。我和我爱人,我们全家向你求救。我是怀了第五胎的人了,前四胎都没成活,其中的后三胎,都是出生后发黄夭折的。求你拯救这还没有出生的第五胎,求你伸出热情的手,千方百计地救救我这腹中的婴儿。
>
> 　　·············

来信内容,给医生一个初步的概念:新生儿溶血症。在协和医院还没有治愈溶血儿的先例,国内也没有什么好的方法。不好治,治不了。

林巧稚读着这位妇女的来信,心激烈地跳着,眼前立刻出现了一位孕妇连续死去婴儿的悲惨情景。想着这位孕妇伏案给她写信时的心情,她感到信上的每句话、每个字，都像是十二磅重锤，敲在她的心头。林巧稚不由自主地打开抽屉，取出图书证，离开了办公室。

从图书馆的书架上，在那知识的海洋里寻觅着治疗新生儿溶血症的资料。有的国家用静脉换血的方法治疗过，但失败了；有的国家换血成功了，只是延缓了婴儿生命的时间，不久还是死亡了；有的国家在给溶血儿换血过程中没把血换完，婴儿就死亡了……

从书案上一本本资料看，只得以叹气而自慰："唉，没有好办法！"

就这样，她在图书馆里看着看着，想着看着，不知不觉到了下班时间。清馆的同志已在她身边站了多时，见她聚精会神地在阅读资料，不忍心打乱她的思路。她却一点也没有发觉，直到管理员喊："林主任，你该休息休息了。"她这才如梦初醒："噢，对不起，我耽误你下班了吧？"

管理员客气地抱歉道："看你那样入神，不应该打扰你，实在是因为要锁门了。"

林巧稚不得已，拖着沉重的步履离开了图书馆。

餐桌上，她埋头吃着晚饭，似乎她是一个孤独的人，不和满桌的家人搭话，眼神紧盯着菜碗跟前的空桌上。华康和懿铿看出三姑心里有事，向孩子们做着手势，示意让孩子不要说话。华康全家摸透了林巧稚的脾气，只要见三姑闷声不吭，准知道她心里在想着什么没有解决的疑难病症。遇到这种情景，他们从不轻易打问，生怕打乱了她的思路，总是想方设法为她提供一个更为幽静的环境，让她更好地去思考。天长日久，孩子们慢慢地都懂得了三姑婆的情绪。这一晚，全家又吃了一顿哑巴饭。

林巧稚本来饭量不大，这天三口并着两口，囫囵吞枣似的吃完晚饭，就到书架前，继续寻找资料，可始终没有找到可供借鉴的内容。

因为实在没有什么方法能够解决新生儿溶血症，这位从来讲究实效、对人民高度负责的鬓白老人，只得赶紧给人家回信。她想免得从内蒙古赶到北京，花那么多盘缠，又救不活孩子，落个人财两空的后果。

说起回信，她有时候感到简直是一大"灾难"，又感到非同小可。尽管党组织为她配了一位秘书，一般来信秘书可以处理了，但那些要求治病的，她不能不看，不能没有答复。

自从她当选了全国人大代表以后,尤其是成了全国第一位女学部委员之后,林巧稚的名声由北京传播到全国。这一下子不得了,人民群众的来信,一天多似一天;问病的,求医的,要治不孕症的,要避孕的,发表学术论文征求意见的,编辑部要求审稿的,甚至医疗纠纷打官司的,还有要求通过她向毛主席、朱委员长、周总理等中央领导转递信件的,诸如此类的事,从一年几封信增加到几十封信。全国除了台湾地区没有通信外,其余所有的省市,从南到北,从东到西,都有人民来信。

那些要求治病的同志,有的信上把病情介绍得比较清楚,从中可以做出判断,能够做出及时回信的处理。有的信中说得含糊其词,叫你无法做出明确判断,只能提供一些解决问题的线索。还有的信,内容写得很不清楚,其中也有的不属疑难大病,只因为病人求治心切,希望缩短治疗时间,要求来协和看病;又有一些疑难病症,从信中就能明显看出,目前的手段无法治愈,如五六十年代对中晚期宫颈癌,没有什么特殊手段,只好请病人当地就医,来协和也是白白浪费钱。

林巧稚每接到一封信,深深感到自己肩上担子的重大。工作再繁忙,她对人民来信从不草率处置。每封回信都非常慎重,因为京外的妇产科医生,许许多多是她的学生,自然都非常尊重自己的老师。只要看到签署林巧稚的来信,人们总要加一番渲染:林巧稚专家怎么怎么说的,外地的医生很容易依此办理。

林巧稚也常常叮嘱她的秘书:"从我这里写出的信,千万要小心,它常常关系着两条人命的事。"对那些目前国内还不具备治愈能力的疾病,如晚期的宫颈癌,既不便告诉病人实情,以免增加思想负担,加速病情恶化,妨碍治疗单位同志们所做的努力,也应想到无论在什么条件下,医生是不会见死不救,让危重病人坐以待毙的,他们一定会做出有效的努力。对于自己不是耳闻目睹的病人,无论如何,不能信口开河,乱写回信,以免贻误大事。

还有一些信,同志们出于真情,都寄给她,并写上"林巧稚亲启",这一来反倒糟了,科里哪位同志都没法拆阅,这是她的私人信件呀!谁拆了,便是侵犯了她通信自由的权力呀!往往遇到她出差、会诊、学术活动等情况,人不在医院,一拖就是几个星期,几个月,甚至半年,等她再一看信,有不少早已无回信的意义了。虽然也尽量争取回封信。但凡此不少来信,她也只好作罢……

几十年来,成千上万封来信,自然她是无法一一答复的。对此,她常觉得不安。每当人们夸奖她医术的时候,她就说:"我是个不称职的医生,是一个欠'债'的医生。哪怕直到我死后,那些没有收到我只字片纸回信的病人家属,他们一定会感到非常遗憾的,我要站在给我来过信的千万同志们一边,责骂我自己一句'该死'!"

她的学生们为此受到教育,也为她开脱:"主任,你不能这么说。如果光回信,恐怕占你一半以上工作时间,那你还看不看病,带不带我们这些学生?"

林巧稚不那么想,她进而说:"不能回所有人的信,这是个现象,真正的弱点,还在于自己在妇产科这个领域里研究得太浅,远不能解决我们国家妇女常见病、多发病治疗上的需要。这才是我终身的憾事!"

不过,她没有停留在遗憾上止步不前,而更多地,把精力移向培养新的妇产科医疗能手的工作上。在妇产科的学术讨论会上,她很少谈及自己,总是说:"只有大家都兢兢业业,发奋图强,不断探索新的未知领域,妇女们才会得到更多的福音。"

对内蒙古那位用泪水写成的来信,林巧稚犹豫不决,眼下的情况实在是"爱莫能助",她回信了:"请你就地生产,就地设法治疗为好。"

时隔不久,又连连收到她的来信:"林主任,请求你拯救这个生命,'死马当作活马医'。治好了更好,治不好也尽到了医生的责任。"林巧稚知道,写信人是一位医务工作者,一位普通的医务工作者。信中这番话多么发人深省啊!信上这番话,完全表达了人民对一个医生的起码的要求,说出了他们的肺腑之言和对一个妇产科专家由衷的信任,也提出了一个医生的基本道德。

林巧稚看着这封信,心中不能平静,她自问自答:"我尽到一个'医生的责任'了吗?"她几乎翻遍了几十本资料。除了门诊、查房以外,其余所有的时间,都在想着溶血症怎么治疗的事。

她也想过:"技术条件,认识能力达不到,就是没有尽到'医生的责任'吗?"最后还是自己解决了自己的思想问题:"我不能再拒这个孕妇于门外了,不能跟人家后面爬行。别人不会做,我也甘心不会。别人治不了的病,我也不去触它?"

　　这天夜里,她失眠了,她想到自己第一次做剖宫产手术时的情景,外国人说"不行了",她出于怜悯之心,毫无顾忌地坚持自己动手。当她完成这例手术之后,并不相信是自己的力量,而相信是上帝保佑才成功的。又想着如今,自己年逾花甲的人了,一辈子为什么呢?不就是为了妇女和儿童的生命健康和广大人民群众的家庭美满吗?又想到毛主席、周总理他们对自己的厚待和教导。还想到人民交给自己的使命,为什么连续选自己当人大代表,不就是因为自己能维护妇女和儿童的利益,更具体地说,就是能为广大妇女治病吗?这样回信"爱莫能助",爱在哪里?助她什么?

　　"林巧稚呀,林巧稚,你想过没有,这对夫妇接到回信,将会发生什么样的事呢?"想到这里,她突然害怕了。新中国成立前不少妇女因为不能生育,自寻短见的悲惨景象像电影一样掠过眼前,她会不会也……

　　她不敢往下深想了,只觉得自己身上出了一身冷汗,一骨碌翻身坐起来:"哎呀,我不是在宣判这个未来的婴儿连同这位母亲的死刑吗?来信的人可是把我当作全国妇产科的权威啊,真是'盛名之下,其实难副',一个医生,怎能轻易让一位孕妇感到绝望呢?这不是叫她重蹈新中国成立前妇女自寻短见的覆辙吗?不是要让这个丈夫落个家破人亡的惨局吗?啊,我原来就是这样的一个医生,毫不顾及别人安危的庸庸之辈?"想到这里,她竟内疚得泪水湿润了眼眶。

　　第二天,她到医院上班,医生护士们都吃惊地问道:"主任,你怎么啦,身体不舒服吧,脸色这么不好?"

　　林巧稚自己心里明白,一夜,只是快天明才进入朦胧状态。她笑笑,回答大家:"没有什么。昨晚睡得不好,没有什么别的,请大家放心好了。"

　　她来到办公室,想把这件事再同她的学生姜梅商量一次,她的电话铃响了。

　　原来正是姜梅找她:"主任,我想告诉你,内蒙古的那位孕妇,是不是让她来,好好检查一下。即使活不了这个,或许对今后总有用处。既然连续来信,总不能不管。只要您下决心,我愿意当你助手。"

　　她从自己的学生身上,也获得了力量。姜梅和她完全想到一起去了,精神上得到的安慰和鼓舞,莫过自己培养的后起之秀,在困难的时候挺身而出,勇敢地去接受艰巨的任务。

"真的,太好了,我正想找你们商量商量。"林巧稚高兴得像个孩子,简直蹦起来了,激动得颤抖的手,仍然紧紧握着话筒,"姜医生,有空吗? 能上我这里来一下吗?"

"能!"

对方的电话挂断了,而林巧稚还在那里出神。

那是一九四五年秋,一位方脑门大脸盘的女学生,肩上背着一个蜡染粗布书包,走进了中和医院妇产科办公室。胆怯害羞的脸盘,逢人首先微微一笑,进门就问:"您是林主任吗?"头又很快地低下了,最好能躲进衣领里去,眼睛却向上翻着,透过上睫毛的缝隙,偷偷地看着端庄地坐在办公桌前的林巧稚。

"你就是姜梅小姐?"林巧稚已经站起身,站到她的身边,亲切地问她。

从此,林主任就成了姜梅的启蒙老师。姜梅非常热爱自己的老师:"三十多年来与林主任朝夕相处,她的一举一动,一言一行,永远是我学习的榜样,终生也学不完,有些甚至是我望尘莫及的。她专心致志于事业,只要对妇女、儿童有利的事情,无论在什么场合,遇到怎样的情况,她不仅自己敢说,也欢迎有见识的人说,她是我遇到的女性中最体贴妇女的人。"正因为如此,她才敢大胆地向主任建议,要治小儿溶血症。

她们很快地得出了结果,并决定把自己的想法告诉党支部孙书记。为了尽量说得透彻些,绕了一个大圈:"孙书记,这种病我们妇产科总是要去碰它的。"林巧稚这么说,是担心书记不同意接收这种没有条件治疗的疾患,首先做番解释。接着,讲她和姜梅一起研究的想法:"我们想,人民需要的正是我们应该解决的,如果只能治疗常见的多发病,手到擒来,不去探索未知领域的病,我这个被人家称为专家的人也就没有存在的价值了。"这样说,她是想让书记的思想顺她的思路转,好全力支持她。

"林主任,好呀,你想得很好,我支持你的想法。新生儿溶血症治好治不好,都应该去研究它。我相信科里其他同志也会支持你这种敢想敢干精神的,到时候还可以组织大会诊嘛!"

就这样,林巧稚写成了第三封回信。这是一封出自肺腑的真诚的信,也是她对前两封回信做自我批评的检查信。

　　×××同志：

　　　你的第三封来信前天下班后收到。连续来信对我震动很大，信中'救救孩子'的呼救声像重锤一样敲在我的心上，使我彻夜难眠。我把一夜的思考同一些医生商量了，并向领导做了汇报，得到了领导和大家的坚决支持。这更使我认识到，前两封回给你们的信是很不应该的，不能说不负责任，至少可以说是思想方法上的错误，也可以说是缺乏深厚的阶级感情，或者说是无所作为的思想作祟。

　　　承蒙全国各地对我工作的支持和信赖，你们也是抱有这种希望，相信我能治疗"黄疸"婴儿(这种新生儿溶血症)才给我来信的。实际上这就是人民交给我的任务。我作为一个医生，对这种情理之中的事，没有深思熟虑就回绝了你的要求，是多么不应该呀！可以想象，前两封回信，一定为你们家庭增添了思想负担。为此，我向你们全家表示歉意。

　　　如今，我收回以前'爱莫能助'的片面想法，考虑接收你来我们这里生产。希望你收到信后，做好来京前的准备工作。最好在足月前，适当提前一点来我们医院办理住院手续，预防途中早产，措手不及。具体治疗方法还需等你来后，经过详细检查，再与你共同商讨制定。望多保重。

　　　此致

　　　敬礼

　　　　　　　　　　　　　　　　　　　　　林巧稚　即日

　　十二月的北京，还不是最寒冷的日子，内蒙古的大地早已冰天雪地了，暴风雪早已封锁了草原。

　　就在这寒冷的季节里，一位怀里只揣一封职工医院介绍信的中年妇女，离开了冰封的家乡，来到了初雪的北京。

　　她特意穿上并不合体的崭新的藏蓝大衣，北风不时掀起大衣的下角，滩羊毛在皑皑白雪的映衬下,迎着太阳一步一闪地发光。下身穿得有些臃肿,纯毛哔叽的裤子罩在厚厚的棉裤外面,裤线已被撑平了。中等偏矮的个头,结实健壮,红红的脸上布满了蝴蝶斑。脸部肌肉虽然丰满,额头上还是生出了深深的皱纹。头上、脖子里绕上一条黄色厚厚的绒线围巾。当她由车站向协和医院走来的时候,那种充满信心而又惶惶不安的神情弥漫着她,希望和忧虑充满在她眉间的皱纹里。她找到了协和门诊挂号室,从皮大衣里面的衣袋里掏出一封林巧稚给她的回信和一封职工医院的介绍信,操着一口山西口音:"同志,俺找林主任,俺从内蒙古来的。"说着把信和公函一起递给了挂号室。

妇产科正忙碌着等候内蒙古的孕妇到来,经过大家共同献计献策,已经做了一些应急抢救的准备工作。当大家得知她已经安全到了协和医院,并且收进了产科病房时,同志们才长长地松了一口气:"阿弥陀佛,总算路上没有出事!"

通过了解她的产史,更清楚地知道了这是一位多灾多难的妇女。在五十年代中期,婚后很快怀孕了,妊娠五个月上,因为搬家劳累,头胎就小产了。事隔一年,又第二次怀孕,七个月早产。地方医院诊断为前置胎盘,剖宫产挨了一刀,取出的婴儿半小时后就死了。又隔两年怀上了第三胎,总算足月分娩,顺产一男孩。全家盼子心切,幸得一子。夫妇高兴得见面就笑,谁知笑容未收,不幸接踵而至,只三天,婴儿全身变黄,精神一时不如一时,浑身布满了出血点。医生早从孩子生下来后不久就发现,一直进行抢救治疗,已经忙了四天,到第五天,想把孩子转儿童医院加强治疗,还没有来得及抢救,孩子已经死了。又隔一年怀了第四胎,仍然是足月顺产,婴儿出世后的第二天即出现黄疸,第三天全身出现紫红斑,死于鼻出血不止。当地医院诊断,新生儿有核红细胞增多症。

孕妇痛苦的心情自不必说。来到协和,她就问:"生出来好好的孩子,为什么那么快就会出现黄疸,很快死亡呢?"

林巧稚平静地说:"这个现象应该告诉大家,这是一个很复杂、又很简单的道理。比如说吧,我们每个人体内的血里都有因子组成,用医学科学用语说,就是血的组成成分。"

"这与我孩子发生的黄疸有什么关系呢?"孕妇不解地问林大夫。

"有关系。"林巧稚一边点头,一边回答她。

孕妇想要详细知道内中究竟:"林主任,为什么别人家生的孩子没有这种事,偏偏出现在我生的孩子身上呢?"

"你这个问题提得很好。如果许多孩子都出现这种溶血症,那就糟了。这种情况是很少见的,至今我们医院还没有碰到过,其他地方有过。"林巧稚很理解这位妇女的焦急心情和善良的愿望,于是就坐在她的床沿上同她聊起来了。林巧稚亲切地问她:"你在医院做什么工作呀?"

"我是个会计。"

"噢,你知道吗,每个人的血全都有自己的血因子? 截至目前,医学上已经掌握了人的血因子有四十九种之多。每一种都是不同的因子。"

孕妇聚精会神地听着林主任的介绍,她似乎要想学点什么,又追问道:"那这种不同的因子怎么形成的呢?"

"不同的因子多数是遗传造成的。"林主任极其简洁而又十分肯定地回答她。

林巧稚又补充告诉孕妇:"正因为有这么多种不同的因子,问题才复杂了。有的人血中的因子能与别人血中的因子相容,有的人血中的因子则不能与别人血中的因子相容。这种相容与不相容的两对夫妇产生的后代,结果就不一样了。相容的一对夫妇产生的后代,自然就不会出现溶血症;不相容的一对夫妇产生的后代,就如你以前的两个孩子那样,出现溶血而无法生存下去。"

孕妇点点头:"这么看来,就是我丈夫的血因子和我的血因子不相容?"

"是的,"林主任肯定了她的回答,又补充告诉她,"理论上是这么个道理,但不是那么一句话就把问题都说清楚的。"她接着说:"就拿我们输血来说,为什么要事先检查血型呢? 就是为了准确地输给缺血者能够与之相容的血液。"

孕妇皱着眉头:"林主任,我老是怀疑,我们夫妻总有一方存在什么不可思议的病。"

为了打消这位孕妇的顾虑,林巧稚感到有责任把问题进一步说清楚,以免影响他们夫妇之间的感情："一般来说,新生儿溶血症,多出于父母双方血液不合,两人不相溶的血因子形成的胎儿,从你们上一胎看,当地医生检查说你和你丈夫血型都是'A'型,小孩血是'O'型。"

正说到这里,正巧孕妇血型化验报告送到林巧稚手里。林巧稚接过报告一看,由忧转喜,高兴地说:"你看,你的血型是'B',如果这样,你丈夫血型是'A',上一个孩子的血是'O',那么'ABO'致成溶血的可能性不大呀,怎么会是溶血儿呢?"她兴奋地拉着孕妇的手:"你再好好想想,有没有把你们的血型记错了?"

"没有记错,我和他(指丈夫)常唠叨血型。"

林巧稚心想,难道说是医院搞错了吗?她怀疑自己这种想法,作为医院把血型弄错的可能性实在太小了。即使化验条件再差,也不能简陋到分不清血型的地步,记错的可能会大于弄错的可能。

而孕妇则坚持:"是的,林大夫,我没有记错。"

如果凭空相信孕妇的记忆,就意味着即将问世的婴儿不会出现溶血症。因此,弄清他们夫妇的血型成了在她分娩前的当务之急。林巧稚当机立断:"照你这么说,你们地方查你的血是'A'型,我们检查为'B'型,当然你好办,我们还可以复查。那你爱人的血型我们必须检查才行,请你在分娩前务必通知你爱人来,需要复查他的血型,弄清到底是什么型。"

孕妇有些为难,她嘀咕:"不知能不能把孩子救活,又要多花一个人的车旅费。唉,有什么法子呢?"想了想又说:"只要医生需要他来,不能来也得来呀!"

林巧稚毫不犹豫地告诉她:"必须要来!"并告诉她:"不仅为了查清你和他的血型需要来,还要弄清他的血液中是否含有 Rh 阳性,就是说你和他的血液里是否有一种叫做'大 D'的血因子。"

孕妇不解地问:"有又怎么样?"

"如果谁的血液里含有 Rh 阳性,就是'大 D'因子;谁血液里含有 Rh 阴性,血中就没有'大 D'因子。从你转来的病历看,你过去生的孩子血中有 Rh 抗体,这说明你们夫妻双方,一定有一方的血中含有 Rh 阳性。"林大夫边说边指给她看化验报告,"你看,我们查你的血,没有发现 Rh 抗体,表现为阴性,那么必须检查你丈夫的血是不是有 Rh 抗体;否则,前两个孩子怎么会有溶血症呢,又怎么准备救你们将要出世的孩子呢?"

"那怎么办呢,等他赶到了,还来得及吗?"孕妇显得有些着急了。

"是呀,最好能赶在你分娩之前。越早越好。这样我们可以把治疗方案制订得更实际些,把我们现在推测的结论建立在可靠的科学根据上。"

孕妇是个好商量的爽快女子,看样子也是在丈夫面前有"权威"的妻子。她说:"那好,我这就写信催他来。"想了想,又补充说:"我告诉他,如果你不想要孩子,可以不来。哪怕晚来一天,后果都是难以预料的。"

这位孕妇和林巧稚想到一起了。巧稚高兴地鼓励孕妇:"很好,我们合作的第一步就很成功。往后,我们一定能配合好的。"

林巧稚又对主管她的姜梅医生说:"你再给她爱人单位去封信,说明请他来的理由,便于他得到单位的支持。"

为了打消孕妇怀疑自己和丈夫是否有什么疾病遗传给后代的顾虑,她又更详细地给孕妇解释:"现在还不知道你怀的这个婴儿的血是 Rh 阳性,还是 Rh 阴性。就是说,这个小生命有无抗体,即是否有'大 D'因子的存在。就是有抗体存在,还要看是否表明婴儿的血要与母亲的血发生冲突,从而形成核红细胞增多症和黄疸。从临床角度看,首先应该考虑到这种情况是可能出现的,才能有备无患。"

孕妇低垂着头,无精打采地自语:"哎呀,生个孩子还那么复杂!"她虽然心情有些紧张,但对这些科学道理发生了兴趣,她说:"林主任,求你能再为我说细一点好吗? 孩子死活,也得让我心里明白。"

林巧稚非常愉快地答应了她的要求,把致病的科学道理,做了详细的说明,只见孕妇频频点头,理解了其中的"奥秘",弄清了要丈夫来的真正目的。

林巧稚高兴地拉着孕妇的手:"你真好,一说你就明白了,那就不要怀疑别的什么遗传病了。"

孕妇生怕林巧稚走了,紧紧地拉住她的手:"林主任,假如我爱人血液里就有你说的'大 D'因子,那这个孩子不又完了吗?"

"不要着急。如果一切化验结果证明就是我们现在分析的那样,问题是比较复杂。开始去信不同意你来,怕的就是这样。现在请你来,就是做了这种打算,要全身换血,把婴儿体内血统统换上不带 Rh 阳性和抗体的新鲜血液。如果换血成功了，或许孩子就能得救了。"林巧稚把初步分析和治疗原则告诉了孕妇。孕妇的脸微微颤动了一下，眼睛朝着林巧稚忽闪着，似乎从林巧稚的脸上就能看见已被救活了的孩子，深深地吸了一口气："啊，是这样！"

"是这样！"林巧稚应着她的话，又把困难告诉她，"现有资料，包括换血在内的治疗方法，存活的例子在国内还没有。全身换血，对一个刚出胎的婴儿，很难，国外虽然有换血成功的例子，可是出血这一环还没有解决得很好，成活率很低。"

"照这么说，还是没有办法救活这个孩子。这一来，我这个家就完了。"孕妇有点失望了。

"不一定。如果完全办不到的事，何必还请你跑这么远来生产呢？"林巧稚接着告诉孕妇，"我们初步打算用自己商量的新方法给婴儿换，尽我们最大的努力。"

孕妇眼睛里又重新闪出了希望之光，摇晃着林巧稚的手："真的，林主任，你太好了。我总算找对人了！"

妇产科的同志们已经研究了，只要是以上的原因，就决定用脐静脉换血的方法，输进新鲜血液，中断含有抗体的血液在体内循环，将含有抗体的血液抽出体外。预料：如果把握好同一处一边进血，一边排血，倘若把体内原有的血基本上排除，使母亲带抗体的血液不能再在婴儿体内发挥"战斗"的作用，溶血的问题就有可能解决了。

笼罩在孕妇脸上的阴云并没有马上消失，她仍然唉声叹气："唉，难哪，身体里的血哪能换得干干净净啊？林主任，事到如今，好歹求你多费心，各种法子试着用吧！成就成，不成也没法子，你们是尽到责任了。"孕妇的眼睛已经湿润了，泪水马上成了串："林主任，这到底是怪谁呀，是怨我，还是怪他呀！"

这个"他"，显然指她丈夫。林巧稚耐心地劝慰她："怎么能用一个'怪'字去追究责任呢，各有各的责任，不是单方面的原因。所以我们强调要在婚前做体格检查，不准许近亲结婚，其中有一层道理就是防止婚后夫妇双方造成血液不合的后代。如果你腹中怀的不是 Rh 阳性血的孩子，自然就不会发生什么问题。假如这一个小生命也出现核红细胞增多症的话，我们应当怎么解决，这是你和我们要共同努力解决的事。"

孕妇紧锁着的眉头,稍稍舒展了些:"林主任,您想得太周到了,照你这么一说,我心里踏实多了。"

林巧稚从来不在病人面前说过头的大话,下过早的结论,也不轻易地刺激病人的情绪,这是她当医生以来约束自己的原则。说到这里,她才起身离开这位孕妇。临走时,又叮嘱她:"你抓紧时间给你爱人写信,请他越早来医院越好。明天再给你化验一次血型。"

孕妇的血型经反复检查,仍是"B"型,把原先地方医院"A"型否定了。再看 Rh 因子,发现血中确有 Rh 因子的抗体存在。

孕妇还偶然提供了一点情况:"姜大夫,我想起来了,我那口子(指她丈夫)皮肤上发现有过出血点。"

这个情况更坚定了她们必须检查她丈夫血液的想法,姜梅大夫追问道:"你爱人什么时候能到?"

…………

两周之后,总算见到了这位孕妇的丈夫。第一次检查他的血型是"B"型,Rh 为阳性。第二次复查仍然如此。结合对他们第三、四两胎婴儿死亡原因的分析,又请在京的外国专家,国内知名的病理、妇产科、儿科以及血液组的专家会诊,大家各抒己见,提出了许多种不同的预备方案,包括不同意换血的见解。最后林巧稚做出了进行全身换血的主张。

这是一个残冬的凌晨,静悄悄的,没有一丝风,干冷干冷的气候,就像无数冰针扎进皮肤,刺进肌肉,钻入骨髓,酸溜溜的滋味,真叫人难忍,从表层冻到脏腑,透心的凉。协和医院大烟囱吐出缕缕灰色的浓烟,它挟走了协和医院内的全部凉气。两台三十吨的暖气锅炉里喷吐着滚烫的热气,在两根巨型"动脉"管道里,把热气源源不断地分给通向医院四面八方的"毛细血管",由它们驱赶着干冷的寒气,使病房、通道,乃至每个屋角里都呈现出暖烘烘的春意。无论白天黑夜,医护人员个个照例穿着单薄齐膝长的白大褂。

就在这严寒的气候,"暖房"似的环境里,那位孕妇清晨五点五十分生产了。一切都在林巧稚她们的预料之中,自娩顺产了一个二千九百克的男婴,产妇安全无恙,婴儿娩出后宫缩好、出血少、胎膜完整、会阴无撕裂、血压脉搏准稳。为产妇准备配制待用的血液退回了血库,除了为婴儿留下一截超出常规的十五厘米长的脐带以外,其余都照通常的助产方法,做消毒处理。产妇安全返回病房,似乎可以皆大欢喜了。

完全不能!

不到三个小时,新生儿果然开始发黄了,红嫩的小脸上泛出了黄色;不到中午,婴儿浑身黄疸逐渐加深,CRhni−cle 试验呈阳性,胆红素 43。内高达 34.2mg% ,Rh 阳性。姜梅医生立即向林主任详细报告了情况,并且毫不隐瞒地告诉了孩子的父亲。

照原定计划,十二点时,协和妇产科病房办公室聚集了专家教授和年轻的大夫。为了一个新生婴儿的生命,林巧稚几次组织会诊。会上,大家充分发表意见,大多数与会者主张立即换血。儿科专家秦振庭教授,向大家介绍了国外为新生儿换血成功的例子,只是换血以后,婴儿还是没能真正获得生命。也有人说:"没有把握的事,最好不要冒险。"

林巧稚认真地思考着大家的意见。她想,换血有成功和失败两种可能。成功是产妇全家的喜事,对大家也是鼓舞;不成功,孩子死在换血之中,医生的责任太大。但是,如果不换血,只有一种可能,任其发展,孩子必死无疑,同样不好向孩子父母交代,因为还是没有尽到我们抢救婴儿的责任。如果,明天又来一个溶血儿患者又该怎么办呢?啊,难道我是为了产妇的情绪,不讲科学,铤而走险吗?就在大家争论中,她又一次问护士:"孩子现在情况怎样了?"

"除了胆红素继续升高外,吃奶、睡觉都还正常,精神也还正常。"张护士长告诉她。

林巧稚掏出手绢擦了擦脸,她似乎不是在擦那沁在额头上的汗珠,而是在擦去笼罩在脸上的一层疑云:"各位专家教授,我谢谢大家发表了非常宝贵的意见,大家都希望能在治疗新生儿溶血症上有个起步,这一关总是要闯的,总得有人闯,而且非闯不可。我同意大家的意见,严格做好一切准备工作,如果孩子血液中的胆红素继续增高,就马上换血抢救。通知血库,照原定计划配血待用。"

血库的同志们,已把这个新生儿用的血液配制就绪了。

一个新生儿的血液,约在三百毫升左右。血库根据林大夫提血申请的要求准备了可供配置使用的十二瓶血浆。大家为减少血液中钾对婴儿的影响，又在配制最新鲜的血，并把待用血液保存在三十七度恒温箱内。

会诊讨论会已经结束，院外的专家教授都相继告辞。

林巧稚晚饭后，急忙赶回病房，又亲自去看望这位小生命。眼看婴儿濒临死亡，这就更坚定了必须换血的想法。

晚上九点四十五分，换血开始。由林巧稚的学生王文彬实施换血，藉孝诚大夫已从血库领出了准备好的人体常温血液。

参加这次换血的人们凝视王医生的双手，屋内虽然挤满了许多赶来学习的医生，但安静得能听见输液管里血液的滴答声。人们的眼光不时从针头挪到婴儿的脸上，又从脸上移到输液瓶上，又从瓶上转移到王医生的手上，凝神静气地看着。

王医生从婴儿脐静脉里缓慢地抽出血来，他要准确地从婴儿体内每分钟抽出十五毫升血来，同时又要滴进八毫升新鲜血液，不时还要加进一些钙液。数分钟之后，孩子突然一阵骚动，在场的医生都一阵揪心。赶来学习的人，虽没有亲手参加输血，大家多么希望看到这个金黄色的婴儿，随着血液的输入，能由黄转红，起死回生啊！多么希望从治愈这例溶血儿中得到启迪，开创我们自己治愈新生儿溶血症的新篇章啊！

林巧稚立即用听诊器，在自己手心里贴热后，轻轻地按在婴儿的心脏部位；很快竖起左手，把捏在一起的拇指和食指慢慢地张开、张开。王医生明白主任的意思，把输血和抽血的速度放慢。

王文彬是林主任抗战后的第一位学生，也是她得意的合作者。早在一九四三年，王文彬还是一位年轻英俊的小伙子时，他到中和医院，在林主任的指导帮助下，成了一名造诣较深的妇产科专家，他的临床诊断也是很高明的。每每要处理时间较长的疑难手术，林主任总是自然地想到他。

王医生立即放慢了抽血和输血的速度。当秦振庭、周华康教授拿起听诊器再听婴儿心脏的时候，婴儿已明显地平静了。等到把四百毫升的新鲜血液输进小儿体内，已是第二天凌晨一点多了。林巧稚一直等到孩子安静地入睡，才离开病房。

换血之后，发黄的症状虽有减轻，但仍没有彻底缓解。姜梅医生又第二次请示林主任,做第二次换血。三天之后,又为婴儿输进了四百毫升新鲜血液。孩子全身黄疸症状显著减轻。换血获得了成功,孩子获得了新生。

当这位母亲听到自己孩子全身黄疸色素全部退尽了后,高兴得要求立即下床去看一眼自己的儿子。

母亲啊,母亲,母亲对子女的情感真催人泪下,令人心碎! 为了防止病菌感染孩子,这种要求暂时是不可能得到满足的。为了让这位母亲放心,林巧稚特意关照值班医生,每天向孩子的母亲报告喜讯。

产妇满月以后,怀抱自己第五胎第一个成活的儿子,高高兴兴地离开了首都北京,回到内蒙古去了。为了感谢林主任和全体妇产科医护人员,父母为这个孩子,起了一个永远怀念大家的名字。

后来人们提起这些事时,林巧稚很平常又很严肃地说:"临床上的事,一定要注重理论与实际相结合。既要大胆,又要细心。不能都要找到借鉴才去治疗疑难病,否则就不去动手。要动手,要研究,要做,在做的过程中还要继续研究,直到把它拿下。几十年的临床,我就是这么做的。"她还深沉地说:"唉,当医生,就要心甘情愿做人们家庭幸福的铺路石子。要问这个孩子怎么救活的,我们就是这么救活的。"

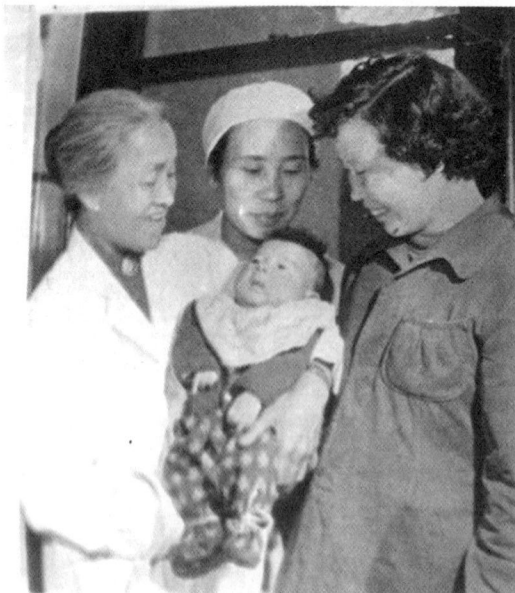

林巧稚和学生姜梅大夫治愈第一例小儿溶血症,为协和填补一项科研空白。

三十七　探索癌的秘密

"根据十几年来临床观察和长期随诊的结果,葡萄胎远处转移,确与一般的癌瘤和绒癌的转移病例有显著不同。葡萄胎的滋养细胞有远处播散的特性,播散的出现并非已转入晚期癌症的标志。因此,在诊治方面,不宜与一般癌瘤有转移者同等对待,尤其年轻急盼生育的患者,更应慎重考虑。"这是林巧稚和她的学生连利娟,在一篇学术论著中这样提醒人们的。

林巧稚对癌症的研究,从她跨进工作门槛起,就开始了。

三十年代初,协和医院虽然为高等医院,但对妇女的子宫颈癌也束手无策。在她当三年住院医师期间,进得医院来,被诊断为子宫颈癌的妇女,能够活着出院回家,没有一例记载。谁都说,这是女人的"绝症"。林巧稚的第一任主任麦克斯维尔为她在英国学习,安排了一个特别"节目",让林巧稚一定要参观一下镭放射所。林巧稚面对被癌的死神夺走一个个姊妹,她着急、伤心、掉泪,暗暗地埋着一个信念:一定要砍断伸向我们女人的死神的魔爪。从那时起,在她的工作日记上,一页一页记下了癌症的病例。

到了四十年代,换上第三任妇产科主任惠狄克之后,大量的门诊和杂务,使林巧稚无法再延续这项工作的研究。从美国学习回来,正巧碰到她学生的母亲患有子宫颈癌,采取了当初一切能够使用的治疗手段,也只是延缓了几年生命。如果不是因为协和医院被日寇侵占,林巧稚对癌症的研究,或许在这位太太身上有新的突破,结果失去了一切治疗的基本条件。

协和医院复院,七月一日林巧稚回协和医院正式上班,第一件想到的事,就是继续攻克癌症这个堡垒。她向自己的学生、医院恢复后的第一任住院医生叶惠芳交代:"一切与癌症有关的疾病,都必须做好详尽的记录。"

林巧稚通过自己的临床实践,对葡萄胎及绒毛膜上皮癌,不仅有了一定的数量的诊断,而且对它们的本质特征有了更具体的了解。首先强调葡萄胎、恶性葡萄胎以及绒癌三者的鉴别诊断,并对它们各自的转移的特点形成了自己的认识。

在知识的海洋中,林巧稚就像是一个淘金的工人,从无穷的矿砂中,她获得了关于治疗癌症的纯金。

林巧稚,这位医学科学的巨匠,带领她的学生,日复一日,年复一年,用那毫无止境的阿拉伯字码,做那别人看来似乎没有多大价值的分析、排列、归纳,使那一个个平常的数字,像金子一样闪光。

材料,诊断标准,临床表现疾病的转归,她把三者紧紧地拴在一起,使它们既不偏废,又不孤立,而紧紧地有机地结合在一起,她剔除了假象,留住了科学的纯金。妊娠引起的宫颈口病变、病理被认作子宫颈癌,林巧稚凭临床经验做出了否定;按一般传统概念,良性葡萄胎不会有转移,但是根据林巧稚经验,良性葡萄胎也可转移,所以在几个病例上通过 X 线证实了她的观点。林巧稚的"自由"完全来自她自己的勤奋。为什么这么长时间,国内外始终没有认识这样一个如今看来并不复杂的问题呢?

原来,一般概念认为转移是晚期癌瘤的特征,所以一旦发现转移,即不考虑局部病灶情况,皆诊断为绒毛膜上皮癌。直到一九五四年内克博士提出从绒毛的有无作为绒毛膜上皮癌与葡萄胎之分界以后,才改变了人们陈旧观念。虽然人们的认识仅仅才迈开步履,但当有转移发生时,就认为病灶已深入子宫肌层,必定采用子宫切除的治疗措施。到了六十年代,还仅仅因为转移之存在诊断为恶性葡萄胎。报告良性葡萄胎有转移的学者仍极少见。

林巧稚的认识:"以我之体会,部分葡萄胎肺转移病例,临床上没有明显症状,故而极易为人们所忽略。"林巧稚这种思维判断,根基是扎实的,道理是充分的,她不仅有资料的统计,还建筑在亲自实践的基础上,以及材料的综合分析结论上。在她总结的二十四例葡萄胎的转移例子中,是通过常规透视或胸部摄片后才被发现的。那么,对有些在葡萄胎块清除后,才出现转移灶的,若无密切地定期随诊,把病人送出医院,就此了事,撒手不管,后来又如何才能被发现呢? 她曾对学生这么说:"过去我说,治病是为了救命。还应懂得,治病不仅是为了救一个人的命,而在于要防止、根治这类疾病!"所以,林巧稚只要抓住一个病例就穷追不舍,这就是她的哲理。

林巧稚突破了对葡萄胎转移的认识,其价值是十分重大的。

这一客观的事实存在,在她对临床以及从死者的尸检中进一步得到验证。林巧稚告诉人们:第一种,经过一定时间,自然退化消失;第二种,播散之栓塞引起血管破裂,根据出血的程度及部位而呈现不同轻重的临床症状,严重者可以引起突然死亡;第三种,经过相当长的时间以后,通过尚不明了的机制,存在的滋养细胞转变为绒毛膜上皮癌。林巧稚之所以得出了有关诊断的规律、诊断结果,就是因为她把各方面的因素进行了综合考察。她提醒妇产科的同仁注意这滋养细胞的特点和发展规律,并要重视尿促性腺激素的测定,以之作为衡量滋养细胞活动的指标。这对掌握葡萄胎的处理是一个重要的准则,对估计以及寻找葡萄胎演变为绒毛膜上皮癌的机理是一个重要的途径。

一九五四年的一天傍晚,协和来了一位年轻的病人。在一位头发蓬松、满脖子油垢的青年小伙子和一位五十开外的大娘搀扶下走进了妇科急诊室。刘医生仔细看了转院单和单位介绍信,之后又粗略地看了一下病人。这时病人已是面色苍白,手无缚鸡之力了。刘医生感到问题严重,随即平静地说:"你们请稍等一会。"三步并两步地走到了服务台,拨通了林巧稚的电话。

当夜就收下了这个远道来的年轻病人!

第二天晨查前,林巧稚早早地来到了办公室,仔细看了这位姓胡姑娘的转院单:"因两个月前,葡萄胎流产后刮宫两次,阴道仍持续流血,并有咳嗽及咯血,我院疑为绒毛膜上皮癌。"

短短几个月时间,把个头一米六以上壮实的青年妇女折磨得只剩下三十五公斤重的"干柴"了。

林巧稚和她学生刘炽明一起为病人做了详细检查。分析讨论,结果发现与原医院诊断的不同之点,否定了原医院关于原发性肺结核,认定肺的左侧是浸润型肺结核,而且大部分已硬结钙化,右侧发现有"转移症"的诊断。同意某市医院认为是绒毛膜上皮癌的诊断,看到了它的肺转移。病理报告也认为子宫绒毛膜上皮癌侵入左宽韧带内,同样没有认为是葡萄胎的转移瘤。林巧稚不是停留在某些认识的局限上,又经过大量检查,对照临床表现,证实为浸润性葡萄胎。经过相当长时期的发展,才成为绒毛膜上皮癌。不久,病人死于肝转移灶破裂,大量出血,肺、肾内亦有绒毛膜上皮癌组织,而盆腔内则无癌瘤现象。

继胡姑娘病故后半年,林巧稚又接收了一位工程师的妻子。这是一位中年妇女,自身也是一个医生。门诊时,她就开门见山地对林巧稚说:"林主任,我怀疑自己是葡萄胎。"她详细把自己妊娠后的病情叙述了一遍。林巧稚虽然没有直接回答病人问题,检查后,却准备立即收她入院。偏偏这一天没有空床,林主任果断地说:"先进观察室。"

经过常规检查和临床分析,林巧稚对这个患者总结了七个特点,做出了两种可能的分析:

"好的可能,是稽留流产——用尿中蟾蜍试验,为阳性,滴度在减弱中,子宫器逐渐增大,而不会再增大,自妊娠反应后,如今已六个多月。

"怀疑的可能是葡萄胎残余——因为葡萄胎刮宫后,子宫增大些,偏左侧,右侧有肿块,和宫体似不能分开。"

为了安慰病人,林巧稚口头上总想这样介绍,"我看第一种可能大,"心里想的则是第二种可能。她首先稳定病人情绪,防止病情加速恶化,不到万不得已,她是不轻易告诉病人最坏结果的。有时候,她宁可让自己精神忍受焦虑的折磨,总给病人笑容可掬的面孔。多危重的病人,来到林巧稚跟前,一个个都充满了生的希望,身上的病,未经治疗,似乎已经好了一半。

对眼前这位自称患"葡萄胎"的病人,林巧稚脑子里很快形成了一个方案,并且一五一十地向她学生做了交代,让她的学生拟定一个详细的手术方案。为了不引起这位行家的疑虑,只告诉她做个剖腹探查,并且告诉患者,林主任参加手术,只做助手。

就这样瞒天过海,竟使这位行家信以为真。她忽略了,既然剖腹探查,主任又不做手术,何必又要来当助手呢? 又不是为了监视保护刚登手术台的年轻医生,防止发生意外,执行手术的王文彬医生早已是妇科的主治医师了。主治医师施行手术,主任在现场当助手,难道不更说明病情的复杂,仅仅是为探查吗?

打开腹腔之后,王医生抬头看了一眼林主任。他们会意地点点头,没有说一句话。从他们深沉的眼神里,已经告诉了参加手术的人,一切完全在林主任的预料之中,只是有了眼前的物质的证实,可以打消一切还抱有怀疑或半信半疑的遐想而已。在切开右侧宽韧带时,取到了两个葡萄样物。第一次手术成功了。

葡萄胎转移严重威胁着妇女的生命和健康。葡萄胎患者在中国妇女中较之外国发生多。针对这种实际情况,林巧稚的脑子里逐步形成了一个宏观的想法:社会主义制度的优越性,在于能最大限度地为人们创造日益丰富的物质。那么,她想,对广大妇女进行定期体检,通过体检及早发现类似葡萄胎、子宫颈癌等这些危害甚重的疾病,及时得到治疗,不就可以控制疾病的发展,降低死亡人数了吗?

林巧稚由此而产生的想法,一九五八年以后,在部分大城市及有条件的农村付诸实施了。每年一度的妇女体检,正向着全国所有地区普及。林巧稚的理想,成了现实!

根据林巧稚的建议,同年九月,医院对北京八十三个机关单位、二十七所学校和二十二处居民地段进行了妇科普查。他们用了两个多月的时间,对七万多二十九岁以上的妇女进行体检,结果发现患子宫颈糜烂、子宫颈瘤、子宫颈癌、葡萄胎和绒毛膜上皮癌的都占有一定的比例。他们对患者立即进行了及时的治疗。

由于她的工作热忱像火一样,由于她对于妇产科学的卓越贡献,在这一年底,林巧稚被评为协和医院妇产科的"红旗手"。但林巧稚对她自己已取得的成就是不满足的。她把自己生命中所能发出来的光和热都用来探索癌的秘密。尽管她明知用自己一生的心血,也未必能征服这个顽敌,可她认为,为他人日后的成功铺下路,哪怕是只有一小段路,也是很有价值的! 为此,她究竟付出了多少日日夜夜,那是谁也说不清的。

　　十二月二十三日,林巧稚的生日又到了。这一天,她早早地起来,按照家乡的风俗习惯,拿出桂圆干、红枣、莲子、花生等物,再加上糖,把它们一起放到锅里去熬,煮成一种名叫"甜茶"的饮食。凡是到家里来给巧稚祝贺生日的人,不论是亲戚朋友、大人小孩,都能享受一碗这种别有风味的"甜茶"。如果是福建老家的人来了,林巧稚还要同他们一起唱唱闽南的民歌呢!

　　林巧稚的嗓子很亮,她从小就爱唱歌。如今年纪大了,嗓子还很清脆,而且记性又好,小时候唱的那些儿歌、民谣和校歌,还记得清清楚楚。

　　这天,她就拉着小白和叶惠芳医生,坐在钢琴旁边。巧稚的钢琴弹得不太好,但是简单的曲调还是能够熟练地弹奏出来的。她一边弹着琴,一边与小白、叶惠芳等齐声唱起了《划小船》的闽南民歌。

　　　　要想去厦门,

　　　　或者更远些,

　　　　不能不去搭小船,

　　　　不然去不到。

　　　　划小船,划小船,

　　　　一齐来划这条金小船,

　　　　一齐来划这条金小船,

　　　　咱们要去很远很远!

　　唱着,唱着,嘎的一声,林巧稚把琴顿住了,余声在屋内嗡嗡地浮动着。林巧稚把琴盖砰的一声关上,双肘支在琴上用手托着腮,默默地陷入深思。屋里的客人都莫名其妙地对视着,谁也没敢吭一声。刚才那种热烈欢快的气氛霎时间凝固了。

　　过了好一会儿,林巧稚回过头来对客人说:"我老了,这小船是划不动了!"

　　小白看到林巧稚那忧郁的眼神,心中亦有所触。但今天是林巧稚的生日,她不能不掩饰自己的感情,她满面含笑地说:"三姑,你还不老! 你还能做许多的事情! 这小船,我们还是能划得动的! 如果明年我们有机会回到鼓浪屿,我们就可以一道到海边去划小船!"

林巧稚摇了摇头站起来说:"划是还能划得动的,可是不会划得很远很远的了!咱们毕竟年纪大了!岁数不饶人呀!要走很远的路,要探索许多新的课题,还要靠年轻人了。他们,有无限的未来!"

第二天,林巧稚一到办公室,便把她的学生连丽娟和宋鸿钊找来,把她自带领叶惠芳(后调解放军 301 医院)从一九四八年以来所积累下来的癌瘤追踪资料,统统交给了他们,并语重心长地说:"这是我对葡萄胎、绒毛膜上皮癌和子宫颈癌研究多年的心得,现在全交付给你们了。你们年轻,精力旺盛,又有了多年的临床经验,是有条件为社会做出贡献的!"

连医生和宋医生接过那浸透着老师心血的厚厚的一摞资料,他们心中的潮水汹涌澎湃。宋医生异常激动地说:"林主任,对于癌的研究是全世界瞩目的,您的资历、学识,不是一般人所能达到的,而且已经在关键之点上有了可喜的突破,人们都在期待着您呢!您怎么能把这样的重担卸下来交付给我们呢?"

林巧稚从他们真挚的话语中感到了慰藉,看到了希望。她对自己的选择感到满意。林巧稚久久地凝视着他们的面孔说:"不,重大科学技术的发现和重大理论观点的形成,都是要靠几代人坚持不懈的努力才能实现的。镭,至今还是居里家族的重要研究课题。《汉书》是班氏父子兄妹接续三次才修订完成的。目前癌症是危害人类的一个大顽敌,是一个顽固的堡垒。它至今还没有被人们彻底地认识,还没有找出制服它的方法,那就说明它内部结构的紧密,它活动轨迹的飘忽和易变。你们年轻,有毅力,正该接过这个重担!自古英雄出少年!我的年纪毕竟是比不得你们了,我能为你们当个铺路的石子、向上攀登的梯子,我也就心满意足了。就像哪位大科学家说的,你们就大胆地踩着我的肩头上吧,不要担心踩疼了我!"

连医生、宋医生本来心底还有好多的话、好多的激情要倾吐出来,要对自己的老师表白,可是他们望了老师一眼,就把全部要说的话都咽下去了。老师那深沉的目光、期待的眼神,都让他们无法推卸,他们默默无声地接过担子,像战士接过武器那样,准备义无反顾地冲上去。

后来,连医生、宋医生和科里其他一些同事,一直铭记着老师的叮嘱,坚持不懈地进行着这项研究工作。在"文化大革命"期间,实验室被封闭了,一切科研活动都被视作是非法的,而他们还是在不易被发现的时间和不易被发现的地点,不懈地进行着研究。科学不负苦心人。果然,林巧稚的学生宋鸿钊等终于在老师已经打好了的坚实基础上,将威胁妇女生命极为严重的绒毛膜上皮癌给降伏了,找到了治疗这种顽症的一套科学的行之有效的办法。这项科研成果,在国内甚至全世界都引起了轰动。

　　癌的难关,在中国人的手里先打开了一道缺口。林巧稚说:"这是让癌瘤低头的第一步!"

1960 年的林巧稚

三十八　庐山行

　　天下的名山,虽然有许多相似之处,但是仔细观察却迥然不同。

　　林巧稚乘坐着"吉斯"牌轿车,刚刚爬上那"跃上葱茏四百旋"的牯岭山道,便已感受到庐山那不同凡响的壮观风格了。

　　大大小小的奇峰峻岭,层层叠叠地从高处奔驰下来,犹如千百匹欢腾的骏马,姿态万千,风骨迥异。山上明暗的交替,色调的变化,情趣的更迭,都叫人意想不到。更令人神往的是那些飞流直下的瀑布,有的从青螺似的秀峰顶上,有的从苍苔点染的悬崖上,轰轰隆隆地奔流下来;有的竟是从云封雾裹的高空里径直地倾泻下来,好像是谁把天庭的闸门给打开,让银河之水滔滔不绝地倾注下来。真是叫人迷惑和惊叹不已!

　　当车开过望江亭时,一种奇妙的景象竟使林巧稚惊呆了。车子刚刚爬到山口的时候,还是阳光灿烂,一片晴朗、明丽的色彩。从高处望下去,山脚下是郁郁葱葱的树梢,疏疏落落的房舍,弯弯曲曲的小径,熠熠发光的池塘。南望五老峰摩天耸立,北望长江滚滚东流,给人以天高地阔、山高水长的感觉。可是瞬间,从峡谷里飞腾起一片银灰色的雾来。仅几分钟的时间,这雾就淹没了峰峰岭岭,只剩下几个高一点的山尖还露在云雾之上,犹如汪洋之中的岛屿。再看那云雾,并不是在平平缓缓地荡漾,而是像海涛一样汹涌澎湃,滚滚奔流,猛力地撞击着岩头岭角。林巧稚这时感到自己好像不是在陆地乘车行走,犹如驾着一叶扁舟,飞游在白茫茫的云海之上。

　　林巧稚对于自然景象的感受,远不如对于人体器官的感受那样敏锐。对于人体,她能够从肤色而窥见机体的活力,从呼吸而听到生命运动的节奏和血液回流的涛声;对于自然景物却不能透过色彩、线条和图案不同形式的排列组合,看到那山山水水的不同风格和特征,感受到它们妙不可言的情趣和意境。然而这次,她却深深地为大自然的深沉、宏伟和奇妙所陶醉。从前她没有来过庐山,脑子里装点关于庐山的佳话,什么陶渊明的归隐,苏东坡的题诗,如今她亲临庐山顶峰,看到了那无比壮观的景色,感到自己的心境、理念和情感都有一种升华,眼前的境界变得更加广阔、深邃。

　　汽车将她送到一所清静幽雅的别墅面前。她刚从车子里下来,就见身穿银灰色中山装的总理健步走来,向她伸出一只宽大有力的手,满脸含笑地说:"林大夫,一路辛苦了! 还没有到过庐山吧? 我没有时间回北京去,只好把伢请到这里来了!"

　　林巧稚两颊微红,就像人们站在伟大的人物面前常要产生紧张、拘谨、慌乱和不自然等等感觉一样,林巧稚一时竟然不知道说什么好。总理看到了巧稚心里这种不平静的湍流,有意识地让她消除这种紧张气氛,便轻松平淡地向她打听看到庐山后的感受。

　　他们边谈边走,不知不觉就到了总理的会客厅。室内陈设朴实洁净,没安电扇,只是在靠背藤椅上放着一把大芭蕉扇。林巧稚坐在藤椅上,环视着室内简朴的陈设,心里不免对总理油然地产生敬意。

　　总理刚给林巧稚斟过一杯清茶,邓大姐就在护士的搀扶下走了进来。林巧稚连忙站起来,扶着邓大姐坐下。邓大姐表示歉意地说:"你一路辛苦了! 我没有到门口去接你,请原谅!"

　　邓大姐是林巧稚早已熟悉了的,但是像这样亲近的、家庭式的与她团聚在一起,还是头一次。她心里感到一种欣慰,幸福的暖流洋溢在心头。她关心地询问邓大姐的病情,邓大姐说:"在你们这些医生、护士的精心治理下,恢复得很快。你们医生护士,都非常辛苦! 一个手术下来,通身是汗,所以总理说,你们既是脑力劳动者,又是体力劳动者!"

　　总理对林巧稚说:"我们见面的次数倒不少,只是没有细谈过。我们对你关心得很不够!"

林巧稚忙说:"总理工作那么忙,国家有多少大事等着您去处理,我这么个普普通通的医生,怎么好意思再给您增添麻烦呀?党和人民给我的荣誉够多的了,只是自己年纪大了,希望再为我们妇女和孩子们多做点事,不要辜负了你们的希望!"总理亲切和蔼地赞扬林巧稚:"你为新中国做了许多工作,你为妇女儿童事业已经献出了自己的青春和壮年,现在又在无私地贡献着自己的晚年,大家都要感谢你的。"总理似有歉意地对林巧稚说,"我和小超对你关心得不够哇,不过,你自己也得关心关心自己喔!"

林巧稚心里非常明白,自从总理认识了自己以后,他就像兄长一样处处事事惦记着自己。此刻,深为总理牵挂着自己的晚年而感动。她望着邓大姐,含蓄地一笑,说:"谁让你们对我解放得这么晚呢?要是再早解放几年不就好了嘛!"

话音未落,三人都一起哈哈地笑了起来。接着林巧稚很快扭转了话题:"现在,我对科里的那些年轻医生护士说,你们可别跟我学,我那是在旧中国,现在是新中国,幸福的日子让你们赶上了,该享受的权利,你们就享受吧!"

总理显得非常兴奋,却又意味深长地说:"我们的工作做得还很不够,国家还有困难,希望知识分子都像你这样,与我们党同舟共济。"

林巧稚忙说:"总理,我哪些地方做得不够,您就给我指出来。"

"五十年代初思想改造你带了头,听说现在你又在带头降低口粮,自己还种菜。口粮不要降得太低了,要实事求是,你的任务很重。"总理这一番话说得林巧稚心里无比温暖。她不相信眼前是一位掌管六亿人民大事的总理,真是比亲人还亲,竟然知道自己在降低口粮,就连在花盆种点菜的小事都知道。总理啊,总理,您真不愧是全国人民当家理财的好总理!

这时候,林巧稚原先那种拘束的感觉完全消除了,放开胆子向总理提出了问题:"我心里还有个问题,一直想对总理说说。"她边说边不好意思地看了看邓大姐。

总理微笑地问:"是不是入党问题?"

林巧稚惊奇得几乎从藤椅上跳起来,说:"总理,你的心可真细,明察秋毫呀!"

　　总理笑了,邓大姐也笑了。

　　林巧稚望着他们,想了想后说道:"过去我是信基督教的,从小就受到教会的影响,思想中旧的东西还是比较多的!我自己也觉得,昨天还是个基督教徒,今天又来参加共产党,这样做对党影响好不好?"

　　总理听完,耐心地对她做了解释,告诉她信基督教也不会影响她与党的关系,党是一直信任她的,相信她的!入党不入党都不会改变党对她的看法。而且表示她留在党外,还能起到在党内起不到的作用,党相信她一直是坚信共产党的!

　　林巧稚听了,深深地吸了口气,如释重负,轻松愉快,她高兴地望着总理说:"我的思想包袱算是彻底地放下了!今后剩下的问题,就是怎样做好我自己的工作了!"

　　说着说着,天色已近黄昏,总理和邓大姐留下林巧稚和他们一道吃便饭。饭菜都很简单,因为林巧稚是南方人,只备有米饭。菜肴中只有一盘子是煮得很烂的瘦肉,其余的全是时新的蔬菜。总理笑着说:"我可没有新鲜螃蟹招待你,但这些蔬菜里面,却含有你们大夫们很重视的维生素!"一句话,把巧稚和邓大姐都逗乐了。

　　接着,总理边吃饭边向林巧稚打听医务界同志在目前经济困难时期有些什么想法。林巧稚见总理这样关心下情,心里很是感动,便毫不掩饰地说:"困难,是很困难的,许多人都得了浮肿,特别是那些大夫和护士,他们的工作量大,任务重,国家供应的那点食品,他们又舍不得一个人吃掉,还要把有限的食品让给家里的孩子和老人。一般来说,护士比医生浮肿的多,下级医生比高级医生浮肿的多。同志们的情绪都还好,没有怨气,没有泄气,照常坚持工作,大家都坚信我们国家有力量渡过这个难关,有力量很快地结束目前这个灾荒局面。"

　　总理听着,连连地点头。是啊,多好的人民,多么好的同志啊!

　　林巧稚放下了碗筷,离开了饭桌,又坐回到原来坐的那张藤椅上,她一面扇着蒲扇一面对总理说:"我们科里的同志都响应号召,自己搞了一些生产自救的办法。有的养鸡,有的养兔子,医院还为大伙生产了一些小球藻。总理,您不是已经听说了吗?我确实也搞了不少的生产项目!"

　　"哦,有意思,快把详细情况说给我听听,你这位妇产科专家,都搞了些什么生产项目?"总理饶有兴趣地望着林巧稚。

"我在花盆里种了卷心菜、萝卜、大葱,还有好几棵西红柿呢!前几天,已经摘下了两个又红又大的西红柿了!"巧稚用手比量着像茶杯大的西红柿,眼角的鱼尾纹里都流露出笑意。"好呀!好呀!还有别的吗?"总理高兴地问。

"我还把绿豆生出豆芽来,不仅能以少变多,做菜吃,营养价值也很高!"

总理含笑地点点头。

"我还养了两只鸡。真有意思,今年阴历大年初一,我们捡了一个蛋,虽然个儿不太大,可是养一年了,现在居然在年初一里给生了个蛋,真够喜庆的!"巧稚说着,咯咯地笑起来。笑得那么痛快!那么惬意!简直像是一个孩子。总理和邓大姐听了也都相视而笑了。

"我原想,以后每天都会捡到蛋的!可是,半个多月连个蛋影子也没见到。一天,我无意中在院子草地里发现二十多个鸡蛋。原来这些鸡不到窝里去下,而是不守规矩地随便乱下!"

总理听了,几乎笑出眼泪来。

这个妇产科专家好像要将产房那套严格的规章制度,移用到鸡下蛋上来似的。

林巧稚又告诉总理说:"您赠送给我的咖啡,我非常喜欢,可是现在我不能自己喝。因为大家都需要热量,我就把它分给科里的医生护士了!同志们还嘱我代他们谢谢您呢!"

总理很满意地点了点头。

林巧稚回头对邓大姐说:"不过,您托人送给我的那些鲜花,我可没有舍得再分赠给别人。"说完,巧稚一看天色不早了,便起身告辞。

总理亲自把林巧稚送到大门口。临分手时,总理再三鼓励林巧稚要注意向中医学习,走中西医结合的道路。总理明确地指出:"中西医结合是我们的方向,应当创造出中国统一的新医学、新药学来!"

林巧稚从总理那里走出来时,天色已晚,明亮的星星在幽蓝的天空里眨着眼睛;远处的峰峦连绵起伏,在星空下面隐现着自己峭拔魁梧的身躯。温柔的晚风吹送来沙沙的树响和潺潺的水声,更为夏夜的朦胧增添了醉人的魅力。

林巧稚回到宾馆,坐到自己的房间里时,总理那些暖心的话,又都一句一句地在林巧稚耳畔回响起来,其中有鼓励,有关怀,有告诫,有指引。每一个字都拨动了她的心弦,都刻印在她的心扉上。林巧稚曾向很多人说过,她最爱听总理的讲话,因为总理讲每一句话时,好像都摸透了你的心。

　　林巧稚从庐山回来,又像往常那样从早到晚不停地忙碌着,奔走着。她精神抖擞,充满着活力。那敏捷的脚步,轻快的节奏,让不少年轻人都跟不上。她在科里、院里和社会上兼职很多,可是她还是不离开手术台,不离开病房,不离开门诊,始终坚持在第一线。

1959 年的林巧稚

　　每当她忙碌了一天,疲劳来袭击她时,总理的形象立刻出现在她的眼前。总理比我岁数大,还日理万机、忙于国事,我不过看几个病人,还谈得上累吗?总理说得多好哇:"我们要像春蚕一样,把自己最后一根丝都吐出来献给国家,献给社会!"想起总理这语重心长的教导,林巧稚觉得自己仿佛年轻了许多,疲劳也消失了,身上还有着用不完的力气,还和年轻时候一样,可以遨游在无穷的知识海洋中,孜孜不倦地工作,为广大妇女儿童做出更大贡献!

三十九　故土情深

过了四十年的时光,林巧稚又回到了自己的故乡鼓浪屿。

这次她是以人大代表出外视察的名义回来的,处处受到盛情的款待,与她四十年前从这里离开时孤零零的一个少女去闯荡生活激流的情景,是大不一样了。时间,改变着一切,也在塑造着一切。一个清秀稚嫩的姑娘变成了满脸皱纹满鬓银丝的老人,一个高中毕业的女学生变成了誉满中外的妇产科专家、中国科学院学部委员、全国人大代表和全国政协常务委员。

生活,发生着巨变;人,发生着巨变;山河呢,林巧稚童年所熟悉的鼓浪屿的山山水水呢,实际上也并非依然如旧,只不过没有变化得那么迅速,那么显著罢了。

林巧稚住在鼓浪屿宾馆的一座小楼上。她走到半圆形的平台上,多年向往的日光岩就在她的头顶上。绿荫葱葱的荔枝树、枇杷树和大榕树等,像一片绿色的波涛,横隔在宾馆的平台和日光岩的中间,那波浪一边拍击着日光岩头,一边拍击着她身边的半圆形平台。日光岩的山脚下就是她的家——她幼年居住过的旧宅,那座小小的八角楼,F二百四十六号(如今改为晃岩路四十七号)。这次她原本准备约她的侄子嘉通和侄媳克范一道回来的,可是嘉通来信说他的身体一直不好,半年来一直发着低烧,身体虚弱得厉害,至今还没有查出病因。对此,林巧稚很感不安。

　　自从哥哥嫂子去世以后,她对这个侄子的感情就更为深厚了。昔日,哥哥对自己的深情厚谊,嫂子对自己的抚爱、体贴和关怀之情,今天,在自己身上产生并转注到兄嫂的孩子——嘉通的身上了。她本想领着嘉通一起去看看他们已有三四代人居住过的故宅,扫祭一下父亲、母亲、嫂子的坟墓。岁月已经把多少亲人埋葬了,活着的人只能在追念之中享受到甘饴,享受到离去的人留下的宗宗件件有珍贵价值的回忆。

　　可是嘉通没能来。她对鼓浪屿的依恋感情,特别是对于家园的依恋感情,对于那个小小八角楼里的童年生活的追忆,便缺少了一个活的纽带。她觉得这是命运之神有意对她的捉弄,使她感到美中不足,甚至感到惆怅不安。所幸的是,小白正巧从北京探亲回来,这对青年时候的伙伴今天能够一块儿旧地重游,又为她增加了许多意想不到的乐趣。

　　落日像血滴一样的鲜红,缓缓地落在西边,余晖把翠绿的海岛映得金光闪烁,像一篇童话里描绘的圣地一样迷人!凉爽的秋风轻轻地吹拂过来,海面上皱起像细纱一般的波浪,每片浪花都泛着桃红色的霞光,连起来又如同一片燃烧的火焰。有时,渔歌从远处顺着海风飘忽过来,悠扬悦耳,含着淳厚的乡音,让人听了感到心醉。巧稚和白和懿踏着晚风,迈着轻快的碎步来到了码头上。一声汽笛,有一艘轮渡的船从对岸厦门绕过鹭江的航标灯塔嘟嘟地开了过来。停靠岸后,人群像流水似的涌了出来,载欢载笑地流散到海岛上面的各条小路上。"我记得码头没有这么宽,也没有向海里伸得这么远!"对着景物,巧稚眼前展现出儿时的景象。

　　"这是最近几年才填起来的!你还记得,当时的海边,一直是到你大哥他们合股办的那个汽水公司的楼下。我们还在楼下的海水里划小船呢!"

　　一点不错,林巧稚记得她小时候跑到汽水公司找大哥时,汽水公司的小楼就是建立在滔滔白浪之间,浪花不时地拍击着小楼的柱脚。小楼的柱脚之间确实放着几艘小木船,她们有时就是一边摇着木桨一边唱着"划呀,划小船"的儿歌。现在,小楼已经远远离开了海水,人们从海水中填出来一个很大的广场和规模颇为可观的轮渡码头。

　　"前两年,你说我们如果回到鼓浪屿,还可以划小船,还能够划得动。可是,如今连划船的地方都找不到了!"林巧稚回味着过去的往事对小白说道。

"不,能找得到的!海岛上到处都找得到划船的地方。而且,我们不仅要划小船,还要划大船哩!"小白对于生活,总是充满着乐观。

她们顺着海岛曲曲弯弯的边沿往南走,海鸥在浪花和礁石之间成群结队地飞翔着,紫晶般的余晖一会儿映着它们乳白色的腹部,一会儿又映照它们深黑色的翅膀。两块庞大粗犷的礁岩突兀地浮立在水面,像两只惊慌中伫立的野兽。这便是人们称之为鹿仔礁的地方。礁石对面的海岩上,壁立着光滑的悬崖。绕着悬崖丛生着茂密的榕树,它们盘根错节,蓬须虬髯,交错纵横地盘坐在那里,像安徒生童话里的一群老树公公。在榕树掩映的悬崖侧面,倚着山坡叠立着两栋红色的造型精巧的楼房。林巧稚熟悉地觅到上攀的石阶,很快就与小白登到楼房中间平坦开阔的操场上。这就是当年他们读书的高等女子学校,现在已经改为厦门市委党校了。

"我还忘了告诉你,"小白兴致很浓地说,"我们的女校长卡林小姐,我们当时都称她为卡林姑娘,她在你走后不几年也回国了。后来,她的妹妹补她的缺到这个女校里来当校长,为了区别她的姐姐,我们称她为小林姑娘。前两年,小林姑娘还来鼓浪屿旅游过一次,我们这些老校友还同她一道合过影呢!"小白的眼前又出现那个一身洁净利索、目光深沉的小林姑娘的形象。"小林姑娘来时说,她的姐姐卡林姑娘,还拜托她打听你的消息呢。小林姑娘说,她的姐姐一直把你作为一个得意学生、她来鼓浪屿办学的一项成就,荣幸地储存在心头!"

林巧稚深深地陷到回忆里,她走进曾坐过的教室,一间一间地察看,希望在哪个壁角和窗棂上,能够找回一点已逝生活的影子和她亲手留下的痕迹。然而,时光如涛,四十年的岁月,已把渺渺人生中留下的那点点足迹,涤荡得无影无踪了。她扶着小白走出了校门,每走几步还要回首望一望,还想找到一点什么能够引起她缅怀沉思的地方。

她们出了校园,顺着鹿礁路缓步前行,不觉来到了日光岩公园门口。小白说:"还进去吗?天已经晚了!"林巧稚挽住她的胳膊说:"进去,我兴致正浓呢!"

公园里的游人已经不多了,但是还有些青年人三三两两,欢欢笑笑地踏着石阶,从那层层叠叠的高大岩石的缝隙中攀登上去。林巧稚看看身边的伙伴,情不自禁地笑了。小白知道这笑里边含着许多意义,显而易见,像她们这样年龄的两个老人,夹在这许多生气勃勃的年轻人中间,人们不能不常常投过来异样的目光,对她们做种种不可思议的猜想。这样的傍晚,攀登这样的险峰,好像天然地属于他们那一代人的事了!

小小的日光岩虽然不算很高,但山岩突兀,悬崖峭立,对于年老的人来说,攀到顶峰上去也还不是一件容易的事。小白因为心脏不好,爬了一段便停下来略微喘息一阵,巧稚倒是一无所觉,身心都很轻快,从她身边走过的青年人,都颇感惊慕。

站在圆柱形的日光岩顶峰上,小小的鼓浪屿便奇迹般地缩小在人的眼皮底下。它像一个海葵漂浮在潮起潮落的海面上,岛上一片葱绿,在浓密的绿阴里栉比林立着造型别致、风格不一的大小楼房,覆压在海滨的滩头上。远处,水天茫茫,烟波浩渺。在狭窄的鹭江对面,一片高楼耸立,灯光通明,依山傍海的厦门披闪着自己繁华的彩衣。

巧稚对眼前的景色是那样的熟悉,又是那样的生疏。熟悉的往事和生疏的眼前景象之间,隔着一个宽阔的时空界限,她想努力地缩小中间这个开阔地带,把二者联结起来。

"你这次回来有何感想?"小白看着凝眸远眺的巧稚问道。

"感触很多,千言万语,不是一句话能够说出来的!"巧稚深情地凝望着养育她的故乡说。

"我真想听听你的感想,给我说几句也好。"小白深知巧稚的性格,在故土之上,她的感情一定是很丰富、很强烈的。

"我可没有那样高的概括能力,心里头的许多想法,一时间又好像一句也说不出来!如果实在要我说,我也只能借用一首唐诗来表述一二!"巧稚转过身来背靠着铁栏杆,仰头望着天上早早升起的那颗金星。

"你说的是哪一首?"小白问道。

"就是贺知章的那一首:'少小离家老大回,乡音无改鬓毛衰。儿童相见不相识,笑问客从何处来?'"巧稚带着浓厚的闽南口音朗诵着。

这种感受又何止巧稚一人,小白两次回乡也都亲身经历了这种感受。她们互相搀扶顺着石路而下时,小白问道:"那么,有哪些相识的和不相识的人见到了你呢?"

"许多亲戚朋友,乡里邻居都见到了。有的人对我说,你的官越做越大了,该不会忘掉乡亲们吧? 我对他们说,党给我的地位是很高的了,全国人大代表,相当于美国的国会议员。但是我这个代表是代表人民的,是为人民服务的,不是做官当老爷的! 自然,什么时候也不会忘记你们这些乡里邻居的!"

月华如水,树影婆娑,老榕树发出瑟瑟缩缩的声响,好像含含糊糊地对人们讲述着它的童年的故事。巧稚送走小白,穿过树丛,走过港仔后的海滩上。这是一个弯月形的海湾,海水湛清,沙软滩平,童年的时候她几乎天天都要赤足在这沙滩上奔跑,在浪花中间嬉戏,在退潮的海边上捡拾大海丢失下的遗物——小海螺、小螃蟹、海蜊子、海石花,还有五颜六色的贝壳。这片海滩,留有她童年的无数足迹。

月光漂浮在海面上,海湾里绽开了一朵朵银白色的浪花。一波一波涌过来的潮水,轻轻地拍击着沙岸,发出低沉琐碎的细语,如思如慕,让人思念起悠悠往事,思索起无际汪洋中所蕴含着的深厚的生活哲理。

在海面的深处,在飘荡着月光的海浪后边,停泊着几艘巨大的轮船。船上灯火通明,像盛满闪光宝石的仙船,给深幽莫测的海洋增添了魅力。巧稚紧贴着不断卷过潮水来的海边走着,有意让那溅起的泡沫打湿脚上的鞋子。她仔细地谛听着哗哗的海潮到底在说些什么,看看那银白色的小浪花到底有没有凋零谢落的时候。

在那永不停息的潮水琐语里,在那永不凋零的银色浪花中,巧稚好像又听到了父亲的声音。父亲曾经指着那无际的汪洋对她讲述过人世,讲述过生活,讲述过海外的世界,讲述过半壁环绕着深蓝色海洋的祖国。

她记得晚饭之后,父亲常拉着她的小手从家里出来,穿过山坡下那片树林,来到这片海滩下散步。一生中,她脑海里许多从未动摇过的思想、信念,细想起来,好像都是从父亲伴着那哗哗不停的潮水声对她的讲述中得到的:女人也要自立、自强、自信,做一个对社会有用的人。

后来,是大哥领着她在这海滩上走。他尽管在工厂里劳累一天,也还时常带她到这海边来玩。有许多好玩的贝壳就是大哥帮助她捡来的。大哥教她在海水里游泳,练就她勇敢的性格,享受搏击海浪的情趣。生活是应当有个目标的,只要不怕风浪,不怕吃苦,只要有毅力,有体力,有本事,就能在滔滔的生活之浪中,游得很远很远。

一片浮云遮住了月光,海水立刻变得阴沉暗淡起来。潮水的琐语也好像跟着凄凉起来。在这阴郁的色调里,她好像看到了嫂子含辛茹苦的面容,听到她那隐愁深虑的语调:"巧妹,这话你只能跟我说,心里的不痛快只管跟我诉,回到家里,可千万不要跟你哥再提一句。他让嘉通停学去做生意,这是容易下的狠心吗? 谁的孩子谁不疼,做父母的心都是肉长的! 可是他既然已经停了嘉通的学,供你读书,就自有他的道理! 当然,他心里也是不好受的,你无论如何,也不能再去捅他的伤疤了!""你要好好地念书,学成了本事,千万不要忘了我们这些苦命的女人!"

记得她两次探亲回来,嫂子都亲热地拉住她的手,长久地抚摩着,疼爱地对她说:"巧妹,你算修炼成了,有了这双救灾救病的手,嫂子过去吃多大的苦也心甘情愿!"

海潮不停地喧嚣着,倾诉着;巧稚想仔细地再在潮声中去辨认她所熟悉的那些声音,无情的海风一阵紧过一阵,刮得你什么也听不到了。那永不凋谢的银白色浪花呢,也已在风浪里暗淡了!

巧稚踏着海滩的细沙,默默地穿过树林,返回到宾馆的小楼里。

巧稚在鼓浪屿住了十天,离开后从厦门又到了泉州、漳州、莆田,后来又到了福州。她对家乡山山水水怀有深厚的感情,走一路,看一路,有时一天要坐五六个小时的汽车,也不感觉到疲倦。她到了福州之后给在上海的侄子和侄媳写信说:"一路风景非常好看,一面是山,一面是水,山清水秀,风景如画。你们没能和我一同来,是失掉了一个很好的机会! 不过,等见面时,我会把我所见到的情形,详细地告诉你们的!"

巧稚对于家乡的景物、习俗,甚至小吃,都怀有说不尽的浓厚兴趣。不仅带回了不少鼓浪屿土制的小玩意儿,还始终留恋乡亲们招待她的闽南独具风味的兴化粉、槟榔芋、庆仁馅饼和糯米肉馅粽子,到上海和北京滔滔不绝地向亲人们叙说这些勾起她对家乡、对生活无限美好回味的特产。

巧稚到家乡,本想再会会自己青少年时期的同学、伙伴,像一起结成"灵粮会"小组的陈爱丽、林双英,还有读大学时的同乡白兄——白施恩,可是他们都已在天涯海角,各在一方了。这不能不使她感到遗憾!

四十　奔赴上海

克范：

今天，已是嘉通去世一周年了。拿起笔来，我的眼泪便已禁不住扑簌簌地流下来，泪痕沾满了字痕。去年九月二日他下飞机，从机场给我打电话，叫我的声音还很响亮，至今还清清楚楚地在耳旁响着，怎么这样快他就已经不在人世了！他的那把金钥匙，还一直在我的身上带着，写信的时候我又把它拿到手上。人亡物在，触景生情，心里十分难过。

我已经老了，近来身体又很不好，时常感冒，咳嗽得很厉害，睡眠和饮食也不好，脉搏跳动已降到每分钟四十六次以下。虽然每天照样上班，可是心却总是悬念着你们，一闭上眼睛，去年伤心的景象又出现到眼前，嘉通的死，对我精神上打击实在是太沉重了！

⋯⋯⋯⋯⋯⋯

写着写着，巧稚的思绪又回到去年那个伤心的时刻。一九六一年十月，巧稚从鼓浪屿回来路过上海的时候，嘉通夫妻和孩子们还到车站去迎接她。在拥挤的人群里，巧稚一眼就看到了瘦高个子的嘉通。他西装和领带都收拾得整整齐齐，裤子也笔挺，只是人太瘦了，面孔蜡黄，浮着一层疲倦的神情。他这样子，立刻引起巧稚的担忧。

正巧，巧稚在上海住的这几天，她的大姐姐款稚也住在这里，一家人多年天各一方，难得有一个合家团聚的日子。今天凑到一起，巧稚又是刚从老家回来，带回来许多故乡的信息，大家免不了将那人世间悲欢离合的感触话，说了一番又一番。大姐年纪更大了，伤感的话不免更多一些，从早年去世的父亲母亲，近年去世的嫂子，一直说到老宅子的变化，祖坟的坍塌，甚至院门口外那棵老梧桐树，前年被台风连根拔起了，也让她叹息不已。

说话间，大家都为嘉通的病担心。半年多了，一直发烧不退，人也瘦了，睡眠和饮食都不好，可就是检查不出原因来。巧稚说要带他到医院里去找找老同学，求他们再给彻底地检查检查。如果实在检查不出，等过年开春，到北京去检查，家里也有地方，居住条件也还算方便。只是路上乘车时间太长，恐怕身体吃不消。巧稚建议他干脆多花几个钱乘飞机去。

巧稚回到北京后，从别的渠道里，隐隐约约地知道了关于嘉通病的底细和引起他长期发高烧不退的原因，正是那毁灭人类最残酷的毒症——肝癌，只是他本人至今还不知道。

可怕的癌症，给她一生中带来了多少痛苦。她刚刚懂事，就让它夺走了生身的母亲；今天，又要吞噬自己的晚辈了。嘉通是她从小看着长大的，常常是她抱在自己的腿上，将他颠着哄睡的。后来他刚刚懂得一点人生道理，便自己放弃读书的机会转去学生意，让家里能够积攒出一点学费，寄到北京供姑姑读书。还有什么能比这更叫人发烫的感情呢？然而就是他，就是自己的这样一个亲人，今天又逢上了这个无可抗拒的厄运。

巧稚沉浸在极度的悲痛之中。

一直拖延到一九六二年的秋后，在巧稚一再催促下，嘉通才乘飞机来到了北京。可是这时他已经是病入膏肓，容颜枯槁了。

在他为病魔最后啃噬的这个月里，巧稚守在他的身边，为他联系住进了医院，看着他一把把地吞吃着无济于事的苦药，巧稚的心都碎了。她已守着癌患者在绝命的床前，痛苦地观察过多少次了，这一次却是在自己的亲人面前，在自己最心疼的侄子床前，那种滋味更非一般。因为她是一个医生，医生眼看着病人死在自己的眼前，看着自己的亲人死在自己的眼前，自己竟毫无办法挽救,那种痛苦,简直就像心被撕裂开一样地让人无法忍受。

嘉通在北京,度过了他生命中最后一段受折磨的日子,快到蜡烛行将燃尽的时候,他又返回上海了。那里还有他的妻子儿女,行前他应当对他们有所交代,应当把凝聚一生的感情最后倾注给他们。

十月十二日,巧稚接到上海电报,那早已料定的噩耗在人料想不到的时候来到了。巧稚悲痛万分,第二天就奔到了上海。这时,嘉通的尸体,已经停殓在衡山路国际礼拜堂里,按照预定的计划,明天就为他举行洗葬仪式。

家里的人都沉浸在悲痛的冰水里,嗓子都已哭干哑了,眼窝里还残留着一片朦胧的泪水。克范和三个孩子——风、晨、霭,见到了巧稚,好像在无际波涛里,见到了一块可以栖息的礁石。克范全身颤抖地伏在巧稚的肩上,泣不成声,哀伤的泪水湿透了巧稚的衣衫。

她抽抽搭搭地从怀中解下一把金钥匙,把它递给巧稚说:“这是嘉通在燕京大学毕业时,由学校里颁发的奖品。嘉通喜欢这件东西,一直把它带在身边。他临死的时候嘱咐我说,‘三姑是喜欢我的,我能读大学,也是她出钱供的。这把金钥匙就送给三姑吧,留在她的身边做个纪念!’”巧稚接过金钥匙,泪水再也禁不住,扑簌簌地从眼眶里涌出来,眼前的一切都模糊了。她用手蒙住了自己的脸,俯在一个小茶几上,清瘦的双肩猛烈地抽动着。

十点多钟,国际礼拜堂里的钢琴低沉地弹奏起来,一阵庄严肃穆的哀乐,笼罩着整个教堂,凄伤地叩击着人们的耳膜。牧师站在光线暗淡的台上,燃在银烛台上的十八支蜡烛的光,仍然不能将他阴郁暗沉的脸照亮。他低沉地诵着祈祷词,含糊不清的声音,混合在神圣的灰蒙蒙的烟雾中。

国际礼拜堂,原来只准备开一侧小门,有百十个人参加这个殡葬仪式,但是那天,人们听到林巧稚来了,知道她亲自参加侄子林嘉通的殡葬仪式,结果礼拜堂拱形的圆门大开,出人意料,教堂里九百多个座位全都坐满,过道上还挤满了人。赠送的花圈、挽联和十字架也特别多,掩埋了嘉通的整个棺木。

把嘉通送走之后,多少天来,泪水总是从巧稚的眼窝里悄然地流落下来。她感到自己老了许多,心境凄然,常常沉默地坐在那里,半天一动也不动。她默默地回想着往事,感到时光像水一样迅速地流逝,也产生了一种暮年的哀伤。她对克范说:"人的一生过得真快呀! 睁开眼睛看着很长,闭上眼睛又觉得很短! 我已经很老了,可是觉得还有好多的事情没有做,好多的事情没有做完!"

她常常拿出那把金钥匙来摆弄,那把小小的钥匙,给她带来很多的思念。她对嘉通的大儿子风说:"我感到你还很稚嫩,可是你年龄已经不小了,应当变得更成熟一些。你应当记住你的爸爸。他是一个很认真的人,无论做什么事情,他都要尽自己的能力,务求做得尽善尽美。你是他的孩子,他的这种精神,你应当继承下来。对待工作,对待学习,都要尽心努力,应当使你的爸爸在九泉之下得到安慰!"

这几天,她一直和克范睡在一张床上,她要尽力地给侄媳一点安慰。可是,许多劝导的话未曾说出来,自己便已感辛酸、怆然。

一天,在夜深人静的时候,她悄悄地对着显然还未睡着的侄媳说:"克范,你不必过于悲伤了。人死了,总是不能再活过来了。今后自己还要多多保重!"

克范转过身来,望望已经瘦削的姑姑,默默地点了点头。"嘉通死了,今后,你有什么打算,有什么要求呢?"巧稚推心置腹地问。她不是把克范当作一个侄媳,而是当作自己的女儿一样疼爱、怜惜。

克范的心猛地一震,血一直涌到嗓子眼上,眼角里流出滚烫的泪。她声音沙哑地说:"三姑,我没有什么打算! 没有什么要求! 只是想把几个孩子好好地抚养大!"

巧稚立即伸过胳膊,拉住了克范的手,说:"好! 那我以后每月给你寄一百二十元钱来! 帮助你实现这个愿望,把孩子们培养成人!"

巧稚又在这里住了几天,帮助他们把家中的生活重新安顿了一下。直看到他们被这场风暴冲得乱糟糟的生活又重新就绪了时,才返回了北京。

临走的时候,克范和三个孩子送她到了火车站,在月台上他们仍然倾诉着永远也说不尽的话。

"以后,你们不要再给我寄吃的东西了!"巧稚接过阿风代她提着的旅行包时,一再地嘱咐他们说,"北京现在东西很多,什么都好买,你们就不要为我操心了!"

实际上,阿霭仍是偷偷地将妈妈亲手做的酥油香脆饼和巧克力糖,塞进三姑婆的包包里。"三姑婆,以后经常给我们来信!"阿霭摇着巧稚的胳膊说。

"只要你们不忘记我这老太婆,我是不会忘记你们的! 能够经常见到你们的信,我就得到很大的安慰了!"巧稚说着,又忽然想起了一件事,亲切地对阿霭说,"闲下没事的时候,编些小玩意儿给我寄来。去年你托人给带来的小花篮,人们都夸奖说你编得好,手艺巧。施医生说,我要不送给她,她就要偷走。你编的那些小金鱼和小鹿也很好玩,我一直把它们摆在书桌上。"

阿霭高兴地说:"我一定给您编些更好看的小玩意儿寄去!"

火车咕隆咕隆地开动了,克范和三个孩子追着火车跑送了很远,直到望不见的时候,他们还呆立在那里挥手呢!

几天之后,他们收到了巧稚从北京寄来的信。

克范和孩子们:

　　离开你们已有好几天了,但是我的心却觉得依然和你们在一起。你们说话的声音和来去的脚步声,好像还在我的耳边响着。本来早想给你们写信,可是一回来就忙个不停,年终总结、下一年度的工作计划,还有院内院外许许多多的会,真是千头万绪,医、教、研三个方面一起来,而且要求都是急的,真有点吃不消了。十一月中旬,又要开人代会,会前会后还有几个比较紧要的会要开,有的还是我直接负责的。因此,今后如果不常见到我的信,你们也别见怪。任务多,责任大,我的精力又不足,我不能放公,只能弃私,这些我想你们也会理解的!

　　…………

这一年,巧稚又被评选为全国教育和文化卫生方面的社会主义建设先进工作者和全国"三八"红旗手。

四十一　"祝你们一路顺风"

　　一九六五年四月的一天,中国医学科学院派往湖南湘阴的巡回医疗队已整装完毕,云集在北京车站,他们兴致勃勃地踏上了开往长沙的一次特别快车。

　　医疗队还没有到达驻地,那里的农民一个个比过年还高兴,大娘们换上了最新的衣裳,姑娘们别上了五颜六色的夹子,小姑娘们特意扎上了红头绳,庄稼老汉、老爷子们也都换上了干干净净、整整齐齐的衣裳,熙熙攘攘地挤在门前的大围堤上。

　　似排队,不成队形,不是队,却也女社员在前,男社员列后,小个子在前,高个子列后。他们的手里擎着红的、黄的、蓝的、绿的小彩旗,有三角形的,有长条形的。有的旗糊在无名指那样粗实的芦苇秆上,有的糊在笔直的柳树枝上。孩子们举起小旗迎风摆动,让它发出哗啦哗啦响声,大人们不少则把旗纸卷在"旗杆"上,怕风把旗纸撕破了,举着破旗怎么迎接北京来的贵宾呀!从已经展开的旗纸上可以看到,上面写着"欢迎毛主席派来的医生"之类的口号,还有就是几个"万岁"的口号。

　　人群的两头最为热闹,一头是年轻的小伙子。远方的客人还没露踪影,他们擂鼓敲锣,打得震天响。尽管时令春季,寒气还顽固地滞留在洞庭湖上,没想到,遭到了锣鼓声的驱赶,年轻人已经脱去一层长袖外衣,露出毛衣、毛背心,有的只落下一件单褂还在那里不住地挥汗。

另一头则是中年男子,双手捧着大小唢呐,呜里哇啦,一会吹起了《喜迎门》,一会吹响了《祖国颂》。吹一阵;息一阵,息一阵,又吹一阵。

以往过年也不曾有过全公社这么热闹的场景,从来没有这么多人聚集在一起。最活跃的,数那些梳着独辫的小子和两根刷子的丫头,今天堤岸的世界全是献给他们似的,从人群里钻进来,钻出去。

围堤完全成了他们嬉耍的天地。唯有孩子们的妈妈不住地叫着喊着,时而跟在孩子们后头追着,她们明明知道叫喊声会遭锣鼓声、唢呐声的干扰,但还是喊着叫着:"别,给我老实些,待着……"

围堤里居住着湖南省湘阴县关公潭公社的千余户社员,他们世世代代都以渔业为生。相传那里的渔农,最先才几户人家,他们是驾着小舟到洞庭湖来打鱼谋生。小船驾到关公潭,湖水陡然下落了丈把深,显露出一大片肥沃的良田。原来洞庭湖中还有一个孤岛,四面环水。这几户渔家从此就在关公潭安营扎寨,农时开垦种地,闲时打鱼捞虾。

至于关公潭的说法更有一番情趣,据传,远在"三足鼎立"时期,关公曾在此训练过水兵,因而得名。

渔农们为抗御每年夏末秋初的洪水,先在自己门前自种的田园周围筑成小堤,结果洪水一来,冲之殆尽,于是才慢慢地联合起来在湖水周围筑成一个小堤。每逢农闲,就来加高加宽,一年、十年、五十年、一百年……到解放时,才有了一个数米高、几米宽的成型堤岸,可是仍然不能抵御那汹涌的洪水。雨季一来,还是被冲决,大水淹没了农田,冲毁了房屋,仍是十年九灾。

人民政府为了关公潭百姓生命财产的安全,派出大军重新加宽加高了堤岸,"洪水冲来人上树"的日子才有了根本的改善。经过二十多年的建设,现在的关公潭,"社员茅屋改成砖瓦房,不交佃租自备粮,洪水泻来也不慌,就缺医生来帮忙"了。

湘阴县的小码头上停着一只木制三帆大船。医疗小分队队长,中国医学科学院副院长黄家驷,兴致勃勃地向同志们招手:"同志们,我们上船吧!"

船,升起了三张大帆,借着东南风,飞也似的驰向关公潭。

海边上长大的林巧稚,阔别大海许多年了,如今乘坐在大木船上,游荡在内湖里,眼下的水比大海还要清澈。记得海里无风也得三尺浪,洞庭湖水面这一天碧波粼粼,湖水荡漾。脚下就听见潺潺波澜,拍打着船头,溅起无数洁白的浪花。从桅杆和帆篷处发出呼嗖嗖的风声,风是从迎面的东南方向吹来的,照例应把船推向西北,可是船却斜横着往东南航进。

林巧稚惊叹了:"啊,我今天可知道什么叫开顶风船了!"原先船上的人只顾欣赏洞庭湖的风景,经林巧稚这一声感叹,把大家的注意力吸引了回来。原来船不是直着向前,而是斜着身子,全靠一位舵手,不住地调整着前进的方向。如果不是身临其境,凭空怎么也想象不出,没有机动力量,顶风船照样行驶。船老大告诉大家,只要有风就能行船。当然狂风、暴雨不能行,桅杆吹折了,帆篷打湿了,怎么能行呢?

林巧稚坐在船头,多么想把一双脚伸进洞庭湖水里,哪怕甩几脚水花,也能过过瘾呢。多少年来,她一直待在一个七万平方米左右的"王国"里,就觉得协和医院是最威武壮观的地方。今天才饱览了祖国多姿多娇的山河。眺望远处,时隐时现的山脉,蜿蜒曲折;再观眼前,无边无沿的湖水,把四岸人民相连。

已经度过严冬的鱼儿都浮出了水面:全红色的鲤鱼,迎着波浪,从一个浪谷跃过一个浪峰,落进另一个浪谷之中;一队队武昌鱼,像是武装整齐的队伍,一群一群地由北岸游向南岸,沉浮击浪。在大船的远处,时而迎面见到一条条乌光闪亮的脊背,拱出水面,有人说它是江猪,有人说它是水獭。

林巧稚简直像走进了海洋的动物世界,出神地看着湖中的一切。虽然船有时左右摇晃,她却像钉在舱板上一样,随着船身的摇晃,由远看到近,由近看到远。直到黄院长喊着:"林大夫,你坐下看吧,离关公潭还早着哪!"她才猛然醒悟过来,是呀,自己已经站到现在了,也该坐下休息休息了。但仍懊丧地说:"木船要像轮船那样有一圈栏杆就好了。"说完才就地坐下。南方的四月,午间已有灼热的骄阳。堤岸上的人群突然爆发出一阵喊声:"看见大船桅杆了,来了,来了。"还是小伙子们眼尖:"大家快看,一定是医疗队的船来了。来呀,咱们打起鼓来!"于是鼓声、锣声、唢呐声响成一片,风早把这一片热闹声吹进了医疗队队员的耳朵里。这时候,船上人的心已向发出嘈杂声响的地方飞去。

黄院长就此做了简短的动员:"同志们,听江阴县委介绍,关公潭生活比较艰苦,疾病也比较多,大家思想要准备得充分些……"正说着,船上三顶帆篷哗啦一个转向,大船突然侧向江心一边,没有坐过船进到内湖的人,一个个吓得惊叫起来。船公咧着嘴,嘿嘿地笑着说:"莫关系,莫要怕,都坐下,这是堤岸撞来的回风,坐稳当,不要集中在一边,两边分开坐。"

林巧稚爽朗地抢先回答:"艄公拿我们城里人开心啦!大风大浪不可怕,没有关系,谁不会游泳,快通名报姓,翻下去我好第一个救他。"

这一阵笑声,把大家情绪安定了。坐在她身边的内科专家张孝骞,听林巧稚这么一说,先用眼睛和黄院长来个无声的对话,马上手指湖面,转头冲林巧稚:"困难吾视潺潺水,病魔驱除苦也甘。"船上的专家教授、医生护士们一起喝彩:"好,再对下去,再对下去!"转篷时的紧张情绪被这一阵热烈的气氛全冲散了。

"毛主席派来了医疗队",这个消息很快飞进了洞庭湖滨的四邻八乡。社员们可是实打实的人,当晚就来找小分队看病了。一位老大娘说:"我们'星星'盼到了,'月亮'也盼到了,现在就盼你们。你们看看,这崭新的瓦房,吊着的咸鱼干,土屯里的粮食,还有县里来办的供销社,吃穿用,样样俱全,而今就是病多,离城远,隔着湖,看病比娶个媳妇还难。"

首都城里来的医生,进入这洞庭湖中,在一个四面环水的"岛"上落脚,甭提有多么新鲜了。

小分队的同志们还没有顾上享受这洞庭湖中迷人的景色,连住房还没有安顿,背包还没有打开,药箱还不知放在哪儿恰当,关公潭的社员已经登门求医来了。

林巧稚刚刚放下手中的行李,邻院社员拉来了两个红眼病的孩子,不知哪个院又抱来了正在发烧的姑娘,接着又来了一个血吸虫病大肚子病人……

小分队只好不分昼夜,一方面诊治急病,一方面办起了一个诊疗所。他们在一间简陋的房子里,大家动手糊顶棚,刷白灰,用纱布糊纱窗,借来了蒸屉作为消毒器,准备了手电筒和煤油灯,建起了"手术室"。

协和医院的大夫长年习惯于高级手术室的工作环境,要求有完善的设备和严格的无菌操作,手术台、器械车、铁床、双层玻璃、无影灯……在协和医院是自然的,无须大夫自己劳神。参加手术的人员,主刀医师、第一助手、第二助手、麻醉师、护士、护理等等都是成龙配套的。

现在,还没有容得专家教授考虑,在一无设备、二无条件的情况下,就连最基本的灯光都没有,病人已经送到你眼前。在林巧稚身边,唯一能调动的用具就是两只大药箱。

一天,一群社员向诊疗所跑来,边跑边问:"林老太太住哪里?就是那位瘦小爱笑的林教授,她住哪里?"随着人群喊叫声的后面,抬着一位女社员,是个年轻的妇女,她临产已近三十个小时,情况十分危急,急需马上手术。

不用说已来不及把产妇送到北京协和医院,就连木船过湖,转到县医院都来不及了。时间就是生命。在这危急的情况下,林巧稚请社员找来可供一个人平躺的木板,把板往药箱上一架,就这样搭成了简易的手术台。

经过检查,眼前的难产妇需要用中产位钳助产,而这种中产位钳接生,即使在城里也是极少遇到的。必须做好,万一接生不成,就得立即剖腹手术。林巧稚自己七八年没有用过中产位钳了,身边又没有助手,这又是小分队进驻后遇到的第一个难产妇,能否解救这个产妇,关系到小分队在关公潭下一步治疗的信誉。时间又不允许她思前想后,她向陪同产妇来的老乡们请求:"产妇交给我吧,请你们想方设法多找几盏灯来。"六十多岁的老人,在这昏暗的煤油灯下,经过两个多小时的紧急抢救,终于救出了婴儿,产妇也脱离了危险。

过不几天,乡亲们又送来了一个女社员,才二十岁。女社员怀头胎就得了妊娠中毒症,全身水肿,血压升高。用老百姓话说:"心窝窝里都听不见响声了。"离开家门送诊疗所时,家属亲友们人人叹气,个个摇头:"准备后事吧,神仙也救不回来了。"林巧稚和她的学生们临时腾出厨房,组织抢救。

考虑到剖宫产缺乏条件,林巧稚亲自动手进行产程处理。又一个三更天,胎儿安全降临了。由于一度窒息,身边又无氧气,林巧稚只好伸出拇指、食指和中指,曲成一个等腰三角式,不住地一起一松地为婴儿进行心脏外人工按摩,随后左手操起婴儿小脚,顺势往空中一提,来个倒挂金钟,右手在婴儿的后背左右轻轻地拍着,在以秒计时之内,就听婴儿呱呱地哭出了声。

林巧稚这才松了一口气:"好了,好了,小宝贝,你哭吧,用劲地哭吧!你哭得越响,我林奶奶越高兴!"说完她把婴儿轻轻地放平,又继续按摩了一阵心脏,用听诊器仔细听了一遍,才露出了笑容:"正常了。大家放心吧,正常了。"家里人都不敢相信,产妇和孩子都能得救。当一听到孩子生了,大人也好好的,四更头上,全家一齐跑来感谢小分队。可是来到林巧稚的住处,又怕惊动了林巧稚她老人家,硬是坐在门外等到天亮。等到林医师起床,一见面,全家异口同声:"林老奶奶,怎么感谢您啊,毛主席派来的好医生啊!"

在这偏僻地区,缺医少药毫不奇怪,男人的痔疮不到疼得不能下地,不算是病;女人面黄肌瘦,他们统称叫"干血痨""癌"。有一个青年女社员说是得了"干血痨",其实是子宫功能性出血,到一个市医院看病花了两百多元钱,医生要她住院开刀。钱花光了,只好回到家乡,从此背上"长了瘤子"的思想包袱。小分队驻扎之后,听说北京来了个妇产科专家,请求林巧稚治病。林巧稚仔细一查,诊断为子宫重度后倾,亲自为她校正了一下子宫位置,只开了些维生素 B 和维生素 K,花四角钱治好了她十年的病。这个消息一传开,为小分队普查普治带来了好处。

林巧稚进驻关公潭不久,就打算为育龄妇女做一次普查。那里的妇女一听说要"检查",一是怕羞,二是害怕,谁也不肯来。后来林巧稚就改口说,"让我看看""我来听听",接受检查的人多起来了。不久,原先害怕检查的人,都要求来检查了。有病的,没病的:"林医师,您也给咱检查检查。"就连自己的丈夫也动员妻子,带着妻子,甚至逼着妻子来让林医师检查。林巧稚她们就凭借药箱子架着的板,为一千三百多个患有妇科病的人做了检查,并且采取了相应的治疗措施。

这使她深深地感到中国的农村需要医,需要药。她在那里,抓紧一切时间同内科、外科、儿科的张孝骞、曾宪九、冯应坤、周华康等专家们一起,分头举办卫生员和助产员训练班,使当地具有一定文化程度的社员,经过集中讲课学习培训,掌握几种常用药的使用和一般的病情处置方法。

一位仅有初中文化程度的年轻姑娘,在小分队离开之前,她已经能熟练地单独处理难产接生了。一提起这件事,这位助产员情深意长地回忆着当时的情景:"我这一点能耐,都是林主任教的。她老人家每次都让我跟着她一起学习助产,告诉我怎样严格消毒,怎样才能掌握接生的火候,要沉住气,着急不得。助产人一着急，哪怕稍微给产妇感到一些压力，她一使劲，就会造成会阴撕裂。在科学道理上，正常生产是不允许出现超过二度会阴撕裂的。婴儿出生后，最要紧的是扎好脐带。脐带感染，容易得病，婴儿破伤风，脐带是一关，还有可能造成坏血症。还有，孩子生出来之后，一定要等胎盘自行娩出。这时候，任何刺激都会引起胎盘滞留，助产人要特别沉住气，让胎盘自己娩出，千万不能强拉硬拽……"

林巧稚在短时间里培训了这样一些好的助产士，她自己也得到了莫大的宽慰，"这回好了，有她们我就放心了。"林巧稚高兴地这么说。

时间过得很快，转眼间四个月过去了。在湘阴农村这一百多个日日夜夜里，生活是丰富多彩的。

林巧稚还在十来岁上中学时，从鼓浪屿到过一次厦门湖边村的家乡农村。一天夜里，在坑洼不平的地里摸黑走路，不小心一脚踏进了小路边的粪坑，第二天起早就回鼓浪屿了。从那以后，她对农村没有好的印象。新中国成立后，她随参观访问团到过山西等农村参观考察，那是大队人马，白天来白天去。如今到湘阴县农村一住四个月，一天二十四小时，时时刻刻都在农村，白天要看病，黑夜还要串户出诊，这才真正接触农村。

要是还在北京城里，这些日子正是红日当空，即使下雨，人在琉璃瓦大屋顶下，风不透、雨不漏，病人都是一个个跑上门来。在湘阴，就全变了，就说病人有点小毛病，他们自己都不当回事，照样挽起裤腿泡在水里。他们珍惜一粒米、一分钱，不到人快不行了，他们是不上门来找你医生的。常见的病，你去找他，他还要躲躲闪闪。这与城里人大不一样，这个找关系，那个托人情的。

洞庭湖的夏季，上空总是阴雨绵绵，难得有一个整晴天。天气说变就变，活像孩子的脸，笑也罢，哭也罢，毫不费劲，来得快，去得也快。社员不怕连阴雨，就怕大风暴雨，暴雨一下湖水猛涨，随时都有决堤的可能。小分队没有这种深切的休会，最讨厌的是连绵小雨，洒得土路泥泞难走。

六十四五岁的林巧稚，走在协和医院的水磨石地上，鞋底就像抹了油，走起路来毫不费劲。一到这块地方，情况就不同了，在那泥泞的田埂上一步三滑，黏质土一不小心就把鞋粘掉了，一摔一身泥。尽管又借助一条

"腿"——拐杖也同样摔跤。

尤其雨天黑夜出诊,上堤的时候手脚一齐着地,连蹬带爬才能上得堤顶。到了堤面,只看见湖水无边无沿,雨水淅淅沥沥,往湖面上砸起亿万颗水珠,人就像正朝湖心走去。林巧稚手中电筒前面的玻璃片上,涂满了泥浆和水珠,只能照照脚尖。电灯电话下生活的人,遇到此情此景,真有点毛骨悚然。而林巧稚没有一次退却,也没有一次畏惧。

可是,终究年岁大了,在堤上走着走着就朝亮处去了。黑夜行走,特别是雨天,只有有水的地方才能反射出亮光,发亮面积越大,积水的面积也越大。好在她那年轻的学生挽着她胳臂并肩行走。年轻人,自然眼力好些。不过,开始几次也没有走雨天夜路的经验,总想往亮处踩,很快认识了这是假象。自此,林巧稚再往亮处走的时候,学生们忍不住就开腔了:"主任不能再往外偏了,再偏我们就得下湖喂大鱼了。"

"那不是路吗?往里我都看不见了。"别说林巧稚这么大年岁分不清哪是路,哪是水,凡遇上雨天出诊,有几个不摔得浑身是泥的呢?

一天下午出诊时,太阳还斜挂在西天,傍晚骤然黑云滚滚,雷闪交加,滂沱大雨倾盆而降,黑天提前来到了关公潭堤岸。社员都劝林巧稚:"今天您早点回驻地吧,变天了!"林巧稚想眼前就剩下三个病人了,好不容易来一趟,看完病再走,晚就晚一点。当她送走最后一个病人时,天黑得伸手不见五指,雨也越下越大。其他出诊的大夫都已先后回驻地了,吃晚饭时独不见林巧稚小组(两人一组)的人。这时,她和她的学生正挂着老乡赠的拐杖,走在堤岸上。她的学生只顾紧紧地扶着自己的主任,就连自己的裤腿都顾不上挽。满鞋全是泥,走一步甩一脚。可是林巧稚穿的是浅圆口布鞋,走不几步就被泥粘掉了,于是索性光脚走回到驻地。

小分队驻地像开了锅一样,互相打听,谁见过林医师没有。谁都说没有看见,分几路去寻找的人正准备出发,林巧稚一手被学生死死地挽着,一手提着一双鞋,回来了。

小分队副队长黄家驷赶紧迎上去:"林医师你辛苦了,以后不能这么晚回来,可让大家着急了。"

林巧稚幽默地回答:"我去看病,又不是看戏,看病哪里有什么准时间,大家是怕我掉下洞庭湖喂武昌鱼吧？不要紧,掉下去大不了洗个澡吧!我老了,鱼不爱吃我身上的肉。"她说着把脚往大伙面前一跷:"你们看,这还是我记事以来第一次呢。"

秋天来了,关公潭的大田里,金黄的稻谷弯腰含笑,向勤劳的人们点头道谢,丰收在望了。

一天,在那晨曦里,堤岸上又一次云集了无数的人。小分队就要离开那里,回北京了。乡亲们不像迎接小分队进驻时那样,列队在堤岸上,他们和医疗队交织在一起,分不清哪是主人,哪是客人,人多半是一样高矮胖瘦,脸一样黑里透红。

唯一能做出明显区别的:医疗队的人戴眼镜的多些,社员们戴眼镜的几乎没有。在场的男男女女,老老少少,有的挎着胳膊,有的拉着手,有的搭着肩,有的揽着腰,有的背着手,有的拎着包,从家里送到小路,从小路送往大路,从大路送上堤岸,又从堤岸送到码头。小分队的行李药箱,都被姑娘小子们"抢劫"一空,年轻人早已把东西送到指定地点了。

当木船离开堤岸的时候,欢声笑语的热烈气氛,就像变了天似的。乡亲们摆着双手,一个个都抹着眼泪:"欢迎你们再来,感谢毛主席派来的好医生,祝你们一路顺风!"

木船又在洞庭湖上扬起了大帆,湖水依然拍击着船头……

1965 年,林巧稚带队前往湖南湘阴。

四十二　生育的奥秘

　　人类为了绵延种族,很早就注意生育。但生育的奥秘是认识了怀孕与月经的关系之后才揭开的。

　　中华民族更进一步知道了妇人怀孕的月数为:一月而膏,二月而血脉,三月而胚,四月而动,五月而筋,六月而骨,七月而成形,八月而动,九月而躁,十月而生。也知道了难产、多胎及畸形(亦叫怪胎)。中国历代医学家扁鹊、张机、巢元方、孙思邈、昝殷、陈自明、薛己、万全、王肯堂等,对妇产科贡献卓著。祖国以往的医学家,用草药如当归、川芎、益母草、红花、香附子等等治疗妇产科各种疾患,疗效神奇。

　　惟妇人的不孕,虽不能说皆属不治之症,但历代妇产科名医名家也为之蹙眉叹声!无儿无女的夫妇,其焦虑的心情,言语无法形容。自知就医无用,于是借助迷信,寄托精神安慰。旧北平市民,常常在屋门后挂一张天师射狗像。所以据传没有小孩,是被天狗吃去了。供奉天师,就是请求神的保护。

　　每逢正月半,妇女们到前三门去摸正阳门上的钉子,只要能摸到便可得子。此种风俗习惯,始于明朝止于民国初年,瓮城拆除,才渐渐自灭。

　　林巧稚开始治疗不孕症是孕妇难产和重男轻女的生活现实诱发的。

　　早在三十年代,她迈出学校大门,就接连不断地听说,张家媳妇因为连生三个姑娘,不得一子,一气之下悬梁自缢了;李家婆娘生了死孩子,受到斥责："绝后的婆娘生不了孩子,又有何用!"在辱骂歧视下,产妇只能含恨离开了人间。

进入洋学堂后的林巧稚,那时候,还不懂女人在家庭中的地位。她只知为死者叫苦,对其男人深表同情,而没有看到这种普遍的社会现象。起初巧稚想,一定要解决难产问题;进而还想,如果一个医生能使每家夫妻要男有男,要女有女,女人也就可为生育免去一死了。后来,她自己对自己笑了,眼下家家户户都是重男轻女,只要男不要女,以后全都是男性,将来的社会变成什么样了呢?

慢慢地,她才明白,原来是因为女人政治经济地位低下,于是她说:"社会要进步,女人要自由,男女要平等。"她对自己好友说:"我要以我之力,在协和争得一席之地,也好为女人争口气。"社会却是不公道,就连女人们自己似乎也觉得为丈夫生儿育女、传宗接代是自己的本分。如前所说的董莉,因为不孕而吞服鸦片,幸得一孕,又初诊为子宫癌,险些丧身。

原以为仅中国人如此,实际上外国人也同样如此。因为不孕,他们不惜耗资漂洋过海,费重金到处求医。由此,慕名而来找林巧稚的各国朋友不计其数。一位美国医生曾绘声绘色地说:"林医生是很有自信的妇女,中国的妇女喜欢看女性妇产科医生。在北京的美国妇女都清楚地记得,她们喜欢挑选林医师。她不仅有能力解决问题,还很能理解人,她同患者有一种特殊的新的亲密关系。"尽管英国有世界闻名的皇家医学院,美国有国立大学医学院,苏联有莫斯科医学院妇产科研究所,可是他们国家的妇女,很有地位的妇女,有的写信,有的专程来华,请求林巧稚治疗疑难妇产科疾病。在北京东单大街一端,崭新的协和医院新门诊的五层楼上,辟有一间屋子,那里面存放的整齐有序的外宾病历,如实地记载着这些事实。

斯里兰卡一位官员,在一九六九年,与一位漂亮健康的姑娘结了婚。婚后第二年,他们想,该要孩子了吧! 夫妇俩表面看都很健康,就是不孕。这位官员的夫人先在国内治,又到西方去治,连续治了三年仍不见效。早就想到中国来,又遇中国处在"文化大革命"时期。一九七五年,丈夫恰好被本国政府派往驻华使馆工作,顺便带夫人一起来中国治病。这时,他们结婚已经六年了。

协和医院,是他们来北京后看病的第三个医院。他们不是不知道林巧稚,怕高攀不上,难堪,于是先在其他医院治疗。能治好自然是好,治不好再逐步升级。"你们看,不是我们非麻烦你林教授不可,别的地方实在治不好呀!"他们想,"这样,林巧稚就不好再推辞了。"在外国分等级看病,他们推测中国大概也是如此。

第一次接待这位夫人的是林巧稚的学生何翠花、姜梅医师。她俩轮番为她仔细检查,就给这位夫人留下了深刻的印象:"协和的医生与别国、别的医院医生就不一样,与协和医院的医生对话方便,问诊易懂,无须连说带比画,也不用翻译,能问清患者的细枝末节,检查又那么细。"经过几次门诊检查,采取一些措施后,原因是找到了:宫颈小而且长,不易受孕。经过三个月的治疗,效果仍不明显。此时,不得不请林巧稚会诊。

"欢迎,欢迎!"林巧稚热情地接待了这位外国朋友,"我来看看,不过也没把握,不孕症太复杂。"

那位夫人连声道谢说:"世界上都知道你是妇产科专家,你公务很忙,今天来打扰你了!"

林大夫告诉她的学生这种小而长的宫颈,单纯用通气术不易解决受孕问题,需要做扩宫颈及刮宫术处理,还说:"你试试,同时配合吃药,如不行再想别的办法。"

林巧稚的学生遵照主任医嘱,在这位夫人月经净后,收住院进行治疗。不到一个月就出了院。不到半年,她的丈夫要回国。临行前,夫妇特意到医院向林大夫告别,这位夫人身孕已有外露。她先生高兴地握着林巧稚的手,说:"谢谢中国朋友,谢谢林教授,是你给了我们孩子,夫人已经怀孕了。"

林巧稚爽朗地一笑,沉思半天,想起来了:"你就是斯里兰卡的那位朋友,三十六岁,六年不孕。"

"对! 对! 你的记忆真好。我们接到通知要回国了,一来为感谢,再就向你们告别。"这位先生把来意做了说明。

"好,好,我知道。"巧稚说着用手指着他夫人的肚子,"该四个月了吧,路上要当心,要保护好。遇有什么困难,欢迎你们再来。"

实在有点蹊跷,"该四个月了",这也能像诸葛亮那样神机妙算? 林巧稚怎么这么清楚地知道这位夫人已经怀孕四个月了呢？原来妇产科的同志是照林巧稚确定的方案为这位夫人治疗的，受孕也是照林巧稚的治疗计划安排的。在为这位夫人治疗期间，准确地安排了他们同房的时机。

科学之所以能说服人，就因为它是科学，它是真理。林巧稚的医术医德之所以名扬四海，因为她不仅掌握了科学真理，而且用真理造福于世界人民！

这对年轻的朋友，听林主任道出了怀孕时间，更加敬佩这位白发苍苍的老人。同时也似乎有些羞涩。尤其那位年轻的夫人，涨红着脸，腼腆地低头含笑不语。大概她又想起了眼前这位真正的月下老人，为他们安排的又兴奋、又胆怯的"花烛之夜"了！

这对夫妇离开中国时，再次对送行的中国外交官说："我们谢谢中国，请转达林巧稚教授，谢谢她给了我们孩子，再来中国，我们就是三个人了。"

不孕症的疾病原因很多，不是千篇一律。

在古城的西山脚下，有一座类似协和医院一样的大屋顶、金绿琉璃瓦的中华民族的古式建筑。这是新中国成立后为了发展同亚非地区人民的友好往来，支持他们的人民建设和斗争，开展文化交流，兴办的一所亚非拉疗养院（如今为中国医学科学院外科整形医院）。

曾在这个疗养院工作的一位年轻护士华汉玉，刚进这个医院时，还是一个年轻漂亮的姑娘：高高的个子，瓜子形脸蛋，皮肤洁白细嫩，一看就知道是软水细粮喂大的南方人。二十三岁那年，与一位北方青年结了婚，夫妇双双刚刚离开校门参加工作，婚后也没有急盼着马上要孩子，却也没有采取任何节育措施。一年两年没有怀孕，第三年才引起了警惕，莫非是哪一方有病？不要孩子，并不意味着不能怀孕呀！于是分头各自挂号看病。医生的结论是华护士输卵管堵塞。不急于马上要孩子的年轻夫妇，一听说女方有病，比要孩子还着急。

说不清什么道理，人们生活中常常会出现一种相反的心理状态：容易得到的东西，往往引不起人们自我向往，因为取之可及；倒是那些本来无所谓有、无所谓无的东西，突然就不能得到，或者说再也不能得到时，反作用的心理却总希望早点得到，以至千方百计地想去得到。

这时候，华护士发起了向医院妇产科的全面"攻势"，今日看中医，明朝看西医;这周跑医院,下周访民间。人跑瘦了,腿跑细了,钱跑光了,仍然一无所获,背着丈夫不知流了多少泪。就这样整整又过了三年。

一天,她从西山脚下来到协和医院,盼望能够得到林大夫看病。

几十年来,林巧稚形成了一个规矩,凡坚持要求自己看病的人,她概不拒绝。还时常嘱咐她的学生:"找我看病的人,你们任何人不能看人下菜碟。只要病情需要,你们自己有困难,不论病人地位,不论富贱,应当允许她让我看病。"

林巧稚认真地为这位年轻的华护士做了检查,听取她在七八个医院看病的情况和各个医院处理的意见。林巧稚知道,华护士这种双侧输卵管堵塞,如果加压通气,不容易治愈,还会导致生命危险。

林巧稚想起了解放初曾经处理过的一起医疗纠纷,有一例就是双侧输卵管堵塞,通气后出现并发症。那是外省的。如今自己遇上了这类疑难症。她进而分析,即使输导成功,效果如何还没有十分把握。有人劝她:"主任,保守治疗安全,治不好,也坏不了。"林巧稚在临床生涯中,对于没有十分把握的手术,她不轻易动手,也教导她的学生,不要上刀瘾,尽最大限度不做、少做。但她面对眼前这位华护士,究竟怎么治疗为好,一时拿不定主意。

她从患者口中知道,亚非疗养院是归团中央领导,脑子里便立即想到总理希望中西医要团结合作,发挥各自长处,互相取长补短的一次讲话。林巧稚也正巧在一本杂志上见到一篇报道,介绍中医医院一位祖传中医王志敏老太太怀揣秘方,可以治疗妊娠中毒症和不孕症,并有祖传家药子宫丸可以治愈一些不孕症。

林巧稚对华护士说:"你先不用着急,我再去求教求教先生,请请中医大夫,我们一起为你会诊。你留下电话,等我们约定好时间,通知你来!"

为了治病需要,林巧稚亲自走访中医,两位年岁相仿的老人无拘无束地议论起不孕症的治疗。林巧稚还特地邀请她到协和医院妇产科一同出门诊。

这在当时,人们议论纷纷:"实在不可思议,林主任到小胡同里去找一个不足初中程度的老太太学医,真是咄咄怪事。"有些人风言风语:"我看林医师是老糊涂了。"也有的说:"世上治不好的病多着呢,何必为一个人费那么大的劲。"

　　林巧稚想,来一个患者,应当治好一个患者,怎么能放弃呢? 何况周恩来总理多次说道:祖国医学是一个伟大的宝库,人民中间蕴藏着极其丰富的医药技术,我们应当汲取。她想到周总理亲自赠送给自己一部《本草纲目》,其意义不仅在书的内容,更为重要的是总理希望自己与中医合作。林巧稚视这份礼物为珍宝,暗中下定决心,要学习中医,做中西医合作的带头人。

　　有人故意问:"林主任,听说你在学中医了?"

　　"怎么啦,学不得? 周总理说,'人要活到老,学到老嘛!'一切有利于治病的民间医术都应当学习。我们中国几千年来,不都是靠自己的中医过来的吗? 你呀,科学上谁都来不得老大思想。"林巧稚这番话把问她的人羞得脸红耳赤! 林巧稚学中医在人群中传为佳话。她上湖南参加小分队时还专门学习过针灸呢!

　　两位老人经过会诊,取得了一致认识,肯定了林巧稚的诊断是正确的。她们借助中药,同时对华护士做了输卵管通气术,使用了一般医生不愿意也不敢轻易做的治疗方法。不久,华护士怀孕了,生下一个女孩。

　　每当华护士谈起女儿,首先想到的是林巧稚和那位中医王志敏,想到两位老人为治自己的不孕症,煞费苦心敢担风险。她赞不绝口:"林主任真有本事。没有林主任,哪有我家这个孩子!"全家都说:"林主任是为我们家庭造福的人。"

　　林巧稚绝不对任何病放弃治疗。她的一个学生也是她的侄女心铿,一九五〇年六月在选择去美国还是留在祖国怀抱的抉择关头,是林巧稚这位姑姑动员她留在北京。当年秋季,她从北京考入了大连医学院。一九五六年,她被分配到北京,也成了一名妇产科医生。一九七七年,她学习用中西医结合治疗不孕症,在卵巢功能不良的不孕症的治疗方面,取得了比较明显的效果,写成的论文送请三姑林巧稚审阅。

　　林巧稚仔细看后,问她:"为什么没有输卵管不通的病例?"心铿满不在乎地说:"输卵管不通的不孕症不好治,危险大,我实在信心不大,都给判了'死刑'。"

　　林巧稚一听,严肃地告诫她:"这篇文章无力,世上都捡容易的事做,还要学问做什么? 妇产科医生,不费尽心血,就给病人宣判'死刑',一句话要坑害多少人的家庭幸福,你想过没有? 太不负责任了。"

她生气地把论文塞还给心铿:"要知道,正是难治的病症,才需要我们下功夫刻苦钻研,去探索出一条新的途径。当医生,吃现成的,人家都能治好的,我也能治好;人家治不好的,我也治不好,这能有出息吗? 科学能进步吗? 凡是上门来的病人,愈是疑难病症,愈不能推出门外不管。"

接着,林巧稚向她传授了自己遇到的各种类型输卵管不通的病例症状和特点,指出其中某些类型的输卵管不通是可能治愈的,强调通气术特别应当注意的事项。

一篇论文引起的批评和教导,不仅提高了心铿的认识, 使她明白了一个医生必须具备的医疗道德和工作态度,而且使心铿学到了一直感到头疼而又难于掌握的医术。后来,心铿果然也治好了一些输卵管不通的疾病。

四十三　风雪街头

交冬数九,寒风凛冽,冰凌垂挂,万物萧瑟。

一位北京长大的姑娘,身穿一身藏蓝的布衣布裤,携着一个小小的囊卷,顶着黑沉沉的天,低垂着头,一步一步地踱着那一息尚存的道路,迈进了外交部街五十三号大院的一幢 A 座小楼。

一人犯罪,株连九族,更何况"黑帮""反党分子"的亲儿亲女。

说是因为在这些儿女的体内,流动的都是他们父母"反党"的血液,就连骨骼里都浸透了"黑帮"的骨髓。

北京啊,这块神圣的宝地,怎么能允许"反党分子"的根苗滋生,怎能让"黑帮"的后代逍遥?

做了半个多世纪的妇产科医学工作的林巧稚,虽没有被打成"黑帮""反党分子",但也逃不脱"靠边站"的厄运。农村的防病治病、妇幼卫生、疑难病症的攻关、计划生育等急需研究解决的问题,一件一件被迫停止了。

"你这个坚持资产阶级反动思想的林巧稚,要进行脱胎换骨的改造,必须立即离开妇产科。"于是林巧稚从此离开妇产科。昨天还是妇产科教授的她,一日之间变成了住院医师,从十一楼调到八楼。

把生命与事业联系在一起的人,没有比逼她离开自己的工作岗位更使她感到痛苦的事了。从那以后,林巧稚早饭后的第一项任务,不是到病房,不是到门诊,而是到菜场去提篮小买。

一九六七年隆冬的一天,门诊无她座位,病房无她站地。她想:"没有坐的,我就站,没有站地,我就走。"她拉大嗓门,不指名、不道姓地说:"今天没我事,上街看大字报了!"

上街看大字报,这可是"革命行动",也是最硬的"假条",谁都不会阻拦,谁也不敢阻拦。哪怕你正在手术台上,只要有人说一声,这个病人是"黑帮",手术医师们一哄而散,那才叫作真正"革命行动"。嘿!至于是否看大字报,看什么样的大字报,看完大字报后是怎么想的,则是另一码的事了。

林巧稚看一圈大字报,在回来的路上,就见前面有一个姑娘,觉得面熟:这不是她吗?人老,眼光可犀利呢,没错,就是她。

林巧稚大步流星地一口气追上去,从侧面一把把姑娘搂到自己怀里。正在走路的姑娘冷不防吓得喊出声来:"你们想干什么?"

话音未了,她反倒一头栽到林巧稚的怀里,真想痛痛快快地大哭一场。理智告诉她,不能呀,在这众目睽睽的大街上,说不上什么时候,就会祸从天降。

姑娘轻轻地推开林巧稚的双手:"林主任,快松手,会连累你的。"

林巧稚反而把她搂得更紧了,关切地问:"爸爸妈妈他们好吗?"

真是哪壶不开提哪壶,这一问,姑娘听了鼻子一酸,眼泪噗噜噜地滚落下来了。此时无声胜有声,林巧稚全明白了。

林巧稚与这位姑娘他们家相识在解放初,是从认识姑娘的母亲开始的。姑娘的妈妈是林巧稚的病人。第一次和姑娘相识是一年中秋节,在她家里,那时,她充其量也就是七八岁光景,头上撅着两根黑黝黝小辫子,粉嫩的小脸,一张口还露着个大犬牙。估摸是她妈妈教的,第一次见林巧稚,就拍着小手:"欢迎林大夫,欢迎林大夫!"逗得满屋子人笑不收声,赞不绝口:"真乖,彦彦真是好孩子。懂礼貌,小嘴真甜。"

那天,她们相见在街头,小姑娘也早已变成大姑娘了。但在林巧稚的脑子里,那第一面的深刻印象,小姑娘那天真无邪、活泼可爱的样子,是永远不会忘记的。

不过,林主任第一次来到小姑娘家,是被小姑娘的那位温柔文雅、性格细腻的母亲"诓"去的。办公室的同志通知林主任上午十点有个出诊任务,有车接。对于医生出诊是常事,出诊包常备的,到时候去就行了,无需盘根问由。

当林巧稚准点上车时,工作组组长张大中上车了,他先开了腔:"今天我陪林主任出诊去。"林主任上下打量了一番这位工作组长,感到有些蹊跷,心想,妇产科医生出诊看病,你跟着去,算哪回事? 嘴里却说:"好呀,欢迎!"林巧稚长期养成了一个习惯,对一切领导自己的人,尽量敬而远之,她怕进入"政治的圈子"里去。"要让我的技术与政治离得远远的。"工作组长也去,莫非是检查监督我的出诊工作,看看我到底是真的思想改造,还是假的改造。

车开得很快,他们几乎没有讲话,林巧稚在想她自己的事:"哼,去吧,为人不做亏心事,不怕别人论短长。"

车到门口还没有站住脚,就见门前还停着一辆黑色小卧车。透过挡风玻璃可以看见,门前的台阶上站着一个熟人,他不是前不久见过面的傅连暲副部长吗?

奇怪,林巧稚越发纳闷了:"他来干什么?"等她双脚迈出车门,一眼就看见"病人"洁清也站在门口。

"病人"和傅部长中间还站着一位身材魁梧的中年男子。张大中还没走到跟前,傅部长就已经介绍完了。林巧稚恍然大悟,原来他是市长,是北京市的市长,是他特地请林大夫来的,还特地为她设了家庭便宴,桌上有林巧稚最爱吃的时鲜货——河螃蟹。那天饭后市长亲自带着她一起参观了龙须沟。记得那时,小姑娘还有位小弟弟,还不满周岁。林巧稚怎能忘记新中国成立后第一次在北京市市长家里度过的半天! 在这半天中,林大夫和市长的几个孩子们很快就熟悉了。

以后,洁清常来看望林大夫,林大夫也喜欢与洁清攀谈。每到吃螃蟹的季节,她们便相聚在一起。市长总要热情亲切地询问林巧稚的工作、学习与生活,向中央和周总理反映汇报林大夫的意见和要求。周总理了解林大夫,一方面通过妇联邓颖超那里直接得到,一方面通过北京市委、彭真市长那里反映的情况得到。市长请林大夫参观龙须沟,是为了开阔她的视野,让她从北京的实际变化中认识新社会。

林巧稚的每一点进步,无不凝聚他的心血。她从这些人身上看到了中国的前景、人民的前途、自己的未来。但她却从来不把这些变化放在嘴边，而是默默地为新社会做工作。首届人大之后，她获得了无穷的力量，连自己也说："不知为什么，浑身有用不完的劲。"显得年轻了，夜以继日地工作，恨不得一口气把所有妇幼卫生工作都做好，结果血压一下子升到220/140毫米汞柱。这是她一九三三年得过一次病以后，又一次生病。不过她没住院，吃了点药照常工作。

一九五八年，国务院批准北京市新建一所新式的妇产医院。彭真市长把这个医院选址和内部设置的任务委托给林巧稚。林巧稚跑遍了东西南北城，最终选中了位于市中心骑河楼的一块地。

林巧稚说，妇产医院要方便全市妇女才行，偏在哪一个区都不适宜。政府批准了她对妇产医院的选址。林巧稚像孩子遇上过年似的，高兴极了。她原以为，说是让医生选址，其实也就是听听意见，走走过场，没想到市政府对办一个医院这么大的事，真的交给了医生，并且采纳了林巧稚对这项工作的意见。她说："市政府能听医生的，医生更应该听政府的。"

到妇产医院治过病、住过院的妇女都深有体会，这所医院与别的医院有许多不同：病房、治疗室、药房、手术室的布局不同；床铺的高矮不同，妇产医院的床，不用费大劲就能上床，不用垫脚，就能下地；设备也不同，妇产医院的凳子都是矮的，皮面软椅，是专供产妇怀抱婴儿喂奶时坐的。这里一切都是遵照林巧稚的要求制定的。

彭市长、邓大姐他们看了新的妇产医院都说好。妇联主席蔡畅大姐为北京市妇产医院开院剪彩，何香凝老人挥笔为北京妇产医院写了院名。

多好的光景呀！

变了，慢慢地变了！

不是吗？眼前的她，已经从一个天真烂漫的小姑娘变成一个大姑娘了。妇产医院开院，她才十四五岁……

彦彦还是从林主任的怀里挣脱出来了，不知是急，还是累，满脸通红。她立即环顾了一下四周，连声招呼都没打，低着头，飞也似的离开了林巧稚。

似乎刚才的一切都不存在了，两个人全是陌生，都相互认错了人，是个误会。已经失去了父母爱的人，此时此地，在大街上，哪怕有人冲她点一下头,给予微微一笑,也是莫大的安慰,更何况能依偎在她所敬重的老人怀里,这本是多么温暖,又多么需要的呀!可是,在那乌云翻滚的年头,任何奢望都会引来灾祸。

彦彦纵然有千言万语,想要对这位慈母般的老人倾诉,有无限的苦水想倒出,可理智告诉她,此处不是说话的场所,此时不是说话的时候。就这样,她们匆匆一见,便闪电似的分手了。尽管是瞬间的拥抱,但谁知道这位纯洁的老人,要准备付出多么大的代价呀!怎能不使彦彦着急呢:"林主任,快放开我,快放开我,会连累你的!"

是呀,在东单王府井一片,这位矮小的老太太,男女妇孺,谁人不知,谁人不晓。不少人自己的指印脚纹都存留在林巧稚的手中,从那出生的头一秒钟开始,就与林主任见面了。

彦彦深知,任何感情的缠绵都将会出现无法预测的后果,她惶恐地迅速离开了这位白发苍苍的老人。泪水模糊了双眼。因为她感到,狂风恶浪,拍打不散人们之间真挚的友谊和纯洁的爱。她在逃离林主任的途中,仰头深深吸了一口带有火药味的空气,"啊,我还有人爱"!

原以为不会有人再同自己搭话了,是她——林巧稚,这位七旬开外的老人,打破了严冰般的心境。虽然艰难,但每迈出一步,都在向着新的春天靠近。

彦彦跑远了,直到她坚信,即使有一千双眼盯着她,也无法把自己和那远远的老人联系在一起时,才放缓了脚步,心中暗暗地祷告:老天爷保佑林主任平安吧!想到这里,突然停住了脚,回头一看,林主任那瘦弱的身躯依然迎着凛冽的寒风,像巨石一样岿然不动地向自己奔走的方向望着,望着,望着!

对酒当歌,人生几何?五年过去了。人生有几多五年?五年使人由少年变成了青年;五年又使人由青年变成了中年……

彦彦的五年,在遭受各种打击迫害下,一个好端端的身体变得不堪一击。正好月经期中受到了无法忍耐的刺激,慢慢地形成了"血崩"症。严冬又来了。那是在一九七四年,连续不断地流血,人,已经不像人,满脸青紫绿色,身上骨瘦如柴;人,只剩一口气,奄奄一息,血还在不住地流着。再得不到及时治疗,今天还是人,明朝真的要成鬼了。到哪里才能活呢?反复思索:只有北京,那里有亲人,只要止血,人还是人! 又一想,林大夫自己又怎样了呢? 五年前的初冬一别,杳无音讯,她……

彦彦闯进了一家公用电话,向四周看看,确信没有人跟踪,迅速拨着她要寻找的亲人的电话号码。她每拨一个号码,心就觉得一阵收缩,她电话还有吗? 还能在那幢小楼里住吗(是的,要不是周总理千方百计地保护,她的处境无法设想)? 当把六个号码拨完,对方的铃声还没停止,彦彦紧张得双手直颤。害怕多于激动。她怕亲人家搬了,电话搁了,人不在了;她激动,只要电话一通自己就有救了。她的心绷得紧紧的,就像等待离弦的箭。时间已经是晚上八点了,投奔哪儿? 自己明显地感到,血还在流着,如果找不到她,又能找谁呢?

此时,电话传来了声音,只听见:"喂,找谁?"

"啊,好熟悉的厦门口音,还是那么清晰,那么有力,没错,就是她——林主任!"彦彦激动地想起来了,但很快又平静下来了。

只听见:"是呀,你哪里呀,什么事?"

"我是彦彦,你记得吗? 我是彦彦呀!"彦彦强压着声音,急切地向林巧稚呼叫,她怕老人年岁大,时间久,忘了自己。"我的彦彦,好姑娘,你现在在哪里呀?"林巧稚这一句话,彦彦听得心里一阵发热,不觉两颗豆大的热泪滚出眼眶。颤抖的嘴唇,忍了又忍才答上话。"我,我来找你看病,"彦彦显得有气无力了,"几天了,流血不止!"

林巧稚一听,责备她:"你为什么不早点来治?"这种时刻,一切温柔语言,都不如一个医生对病人的斥责,使人的心更加感到宽慰和真正的温暖。因为她在履行她崇高神圣的职责,这种职责能驱散一切邪恶和奢想。

"快来,不要上医院,就到我家里来!"

十二月十八日,彦彦住进了协和医院。林巧稚把这个"陌生"的病人,亲自交给了她的学生许大夫,在她身边轻轻嘱咐了几句。经过林大夫和她的学生们精心检查,排除了其他病症。有些大夫主张从速处理,做子宫切除了事,省得压着一张床位。林大夫耐心地告诉她的学生,由于内分泌紊乱引起的子宫功能性出血,治疗原则是治愈内分泌失调,而切除子宫,只会加重身体的全面恶化。

可是,一个还没有解脱的"大黑帮"的女儿,受到如此厚待,触痛了一些人的神经,以林巧稚的感情立场有问题而批判她。林巧稚毫不让步,郑重地声明:"我是一个医生,四五十年了,经我手看过的病人无数,我无从知道这些病人哪些是好人,哪些是坏人。好人与坏人不是以疾病划界限的,医生有医生的道德。当医生的人,只能救死扶伤,岂能见死不救。该治的病,我为什么不治?能治好的病,为什么非要开刀?"

中华民族自古就是世界的文明古国,医药界的祖先素来医德高尚,扁鹊、华佗、孙思邈、李时珍等人名垂千古,流芳百世,不仅是他们医疗技术超人,更因为他们的医德高尚,为世人传颂。

林巧稚的好友钟先生为她八十寿庆抒怀一首七绝,是对林巧稚医生医德的生动概括:

　　　　品如碧玉质无瑕,
　　　　德高望重医道佳。
　　　　博爱胸怀黎庶赞,
　　　　巾帼英雄誉天涯!

四十四　荆棘之路

往事像昨天一样,历历在目。

新中国成立后,第一任妇产科学会主任委员林巧稚,刚刚放下医疗小分队在湖南湘阴县的小结草稿,第一次妇产科学术讨论会的筹备工作就已经开始了。

一九六五年十一月一日,是林巧稚终生难忘的日子。虽然已时至冬季,但天空十分晴朗,好像绽开了笑脸,在迎接来自全国的妇产科"群星"。在那排成椭圆形桌子的会议室里,"群星"第一次聚集在不用麦克风的室内,将要聆听周恩来总理的讲话。当周总理神采奕奕健步走进会场时,专家们情不自禁地喊:"邓大姐也来了!"会场里顿时响起了热烈的掌声,一个个都从座位上站起来:"欢迎总理,欢迎邓大姐!"

总理就像来到姊妹群中一样,轻松愉快地一面招呼大家"请坐,大家坐嘛",一边走到林巧稚身边,远远地先伸出手,关切地问候:"林主任,你下乡辛苦了! 听说你在岳阳工作得很出色,那里群众都在感谢你……"

林巧稚没有想到总理会在自己的左边就座,这是她多年来见到总理,挨总理最近的一次,心里既不安,又兴奋。会场上有那么多人,谁不比自己强,谁都比自己地位高,政治影响大。全国妇联主席蔡畅大姐,还有国务院文教办公室主任,妇联书记处领导,卫生部领导,中华医学会会长等,都在会场上。周总理偏偏坐在自己的身边。

一股暖流涌上心头,林巧稚明白:"总理之所以坐到自己这边来,是总理对这次会议的重视,是总理对妇产学术讨论会工作的关心和支持,也是对自己的信任。"林巧稚坐在周总理的身旁,仰首望着总理,聚精会神地听总理那洪钟般的声音:

"同志们,专家教授们,

"妇产科工作者要胸怀世界,眼观全国,要采取积极措施,搞好计划生育工作……"

那次会议,宋庆龄副主席特地写信热烈祝贺会议召开,她勉励妇产学会的全体工作者,牢固树立全心全意为劳动人民服务的思想,学习先进经验,真正做好农村妇产科常见病、多发病的防治,为妇幼保健和卫生事业做出更大更多的贡献。

全国妇联书记处,在给会议的贺词中表彰了林巧稚:

"六十多岁的老专家林巧稚,带头参加农村巡回医疗队,远走湖南。在简陋的条件下,以革命精神,用两个药箱加一块板,为许多妇女进行检查,并抢救产妇婴儿,治疗不少老大难的疾病。"贺词中还说道:

"你们所做的工作,实际上就是党的妇女工作,是最实际的群众工作,也是最受广大妇女群众欢迎的工作。从这个意义上来说,你们不仅是医生,而且是妇女工作者,是社会活动家。"

在总理和邓大姐的面前,受到这样夸奖,历经人间沧桑的林巧稚,脸红了,不安地挥动着手:"可不敢那么想,我们的工作还差得远呢,差得太远,今后我们一定要加倍努力。"

全国妇产科工作者正在认真贯彻落实这次妇产科学术讨论会精神时,天空中突然响起了炸雷,紧接着便是狂风暴雨:"轰轰烈烈""史无前例"的"文化大革命""战斗的号角吹响了"!

因而,林巧稚在首届妇产科学术讨论会上提出的要把计划生育的科研与临床工作结合起来的计划,被"文化大革命"远远地甩在后头,高高地搁起来了。

一搁十年!

一九七五年六月二十三日,林巧稚被派出国了,她荣幸地代表国家参加了在日内瓦召开的联合国世界卫生组织医学研究顾问委员会会议。她以中国代表的身份与世界各国的专家教授们一起研究与制定生育调节研究的国际规划。林巧稚用她掌握的大量材料,呼吁世界各国的医学科学工作者:如果不采取果断的、积极有效的办法控制人口的生育,将是一个"爆炸性"的危险。

可是,回到国内,她的胆识与才能又重新被淹没在"四人帮"倒行逆施的污秽之中。

在妇产科磨练了近五十年的专家,对生殖与避孕有着自己独到见解。在那乌云翻滚的岁月里,林巧稚的主张又有什么用呢? 一阵子,很长很长一阵子,中午休息的时间,真叫"舒适",在那"宁要社会主义的草,不要资本主义的苗"的专政下,医生,尤其是"资产阶级反动学术权威",只能"规规矩矩,不许乱说乱动"。一天只要做到"三个饱(三餐饭)两个倒(睡觉),门诊病房两头跑"就行了。从来不爱午睡的林巧稚则比别人少一倒,可是不能随便乱跑呀……

她清楚地记得,还在新中国成立前,不少志士仁人,他们认为中国的灾难是生得太多,死得太快,主张搞节育工作,并在一次医学会上作为一项提案,向大会申诉了他们的理由。

这样一份提案,已晋升为副教授的林巧稚没有签上自己的名字。有人问她:"林教授,你为何不签名呀?"她直爽地一笑:"嗨嗨,行不通!"

"都行通了,何必还要我们提案讨论公决呢?"签署者自有理由想说服林巧稚。作为协和医院妇产科代理主任的林巧稚签名与否,有着一定的分量。对于国家节制生育的问题,本该首当其冲提出自己的主张,更何况,偌多先生已把提案拟定,只需签个名字;自己的主任马士顿还是这次会议的顾问,岂不露脸得个光彩。

同人们也再三敦促:"林大夫,你应当签名,这样,提案就正好十个人了。"就连沈冀瑛也说:"你呀,就是怪。你看看,不节制生育,我们的产科病房总有一天给挤崩了。"

林巧稚可真是固执己见,任何力量也动摇不了她的决心。她起始笑而不答,后来她和一些知己朋友说:节制生育,理当应该。那五条,我只赞成一条,余下四条,皆非我所想,九人之兴,为何被我一人扫之,缺一人签名无妨,改四条怎能办到？尤其第四条，国之弊端，归咎于"天灾人祸"，非也！

改四条怎能办到？尤其第四条，国之弊端，归咎于"天灾人祸"，非也！

朋友问她，依你所见，国之弊端当之何如？

林巧稚微微一笑，深深地叹了一口气："哎，求我看病的妇人十有七八对我说'林大夫，这怎么过耶'，我好不明白事理，反问，怎么不好过啊？妇人们双手拍大腿说'天灾如狼，捐税似虎'。"她的朋友吃惊地竖起拇指，一边上下打量着林巧稚，一边赞不绝口，似乎初次相识一样，连连说道："高见，高见！"

她又想到一九五七年春末夏初，中华医学会召开节育技术指导委员会常委扩大会议，讨论卫生部关于开展节育工作与修改人工流产和绝育手术规定的通知草案。"在人多热气高、人多好办事"的口号下，生育失去了计划控制，医学界无不为之担忧。但如何控制呢？在社会上流行以人流来控制生育。

在一次学术会议上，应当参加会议的内科专家张孝骞教授，因另有公务而未能出席，他特别留下便条，希望与会者对此举应当多多尊重妇产科医生们的意见。两位专家不谋而合，他们早已感到生育问题的严重，必须措施在前，弥补在次，当有扎实的计划生育的预防措施，再补以人流，方能有效地控制人口。这样的建议又搁浅了。

林巧稚又想到了一九六五年第一届妇产科学术讨论会。这时，周总理的声音又回响在她耳边，她顿时就像又回到了会场，也是和那天一样仰着头贪婪地听着总理的讲话。想起自己在总理面前，当着大家的面表示"要把计划生育的科研与临床工作结合起来作为重大课题讨论研究"。会后，她回妇产科就加强了科里的内分泌研究力量。

谁能料到，仅仅半年多时间，这一切工作又都停下来了。她心里就像是闷着一团火，终于在一九七五年的联合国世界卫生组织会议上点燃了，像"火山"爆发一样，震惊了各国专家：已经到了人口"爆炸"的危急关头。她决心要用科学技术，采取有效措施来控制生育。

"四人帮"被粉碎之后，祖国医学科学的春天又来到了人间。年近八旬的林巧稚，仍兴致勃勃地甘当计划生育工作的园丁。在那桃红柳绿的迷人春天，林巧稚不顾还没有完全恢复健康的左侧偏瘫，从北京奔赴上海，参加了中国科学院召开的计划生育科研规划制订会。她以顽强的意志抵抗住综合性老年疾病,精神焕发地向会议代表介绍了国际上计划生育科研重点,提出了结合我们实际迅速发展宫内节育、宫颈节育、阴道环以及新型避孕药的设想。她希望能建立专门的研究机构,通过临床广泛推广科研成果,使我们的节育工作有充分的科学保证。

一九八〇年九月正逢召开全国五届人大三次会议,人大常委林巧稚,牢记着人民赋予自己的权力,没等会议结束,她特地向大会请假,又抱病参加了我国卫生部与世界卫生组织在北京举行的国际生育调节学术讨论会。在这样一个首次到中国来召开的计划生育科研的国际性会议上,她希望与会的中国专家们,立志把中国生育与避孕工作做好。她相信:"同志们,只要我们从现在起坚持不懈地抓下去,为时还来得及。"她兴奋地说:"三中全会以后,有了党的路线的保证,我们尽可放心地干起来。只要占世界人口四分之一的中国控制好人口的繁衍,无疑对世界就是一大贡献。"

劳累使得她的病势再度加重。会后,科普作家高士其老人驱车登门来拜访林巧稚。他们都是福建老乡,都担任中华医学会科普工作委员会顾问。

林巧稚得知高老要来的消息,猛然想起了三年前的一桩趣事。那是一次会见北京市青少年时的情景,自己和高老,还有其他几位科学家,同在主席台上就座。突然一阵掌声冲进了林巧稚的耳朵,一张张可爱的笑脸冲着自己微笑,这是因为自己在讲话中说:"倘若有人问我,祖国的春天在哪里,那么,我就毫不含糊地回答说,祖国的春天就在台下边。"

高老要来那天,她喜滋滋地挪向衣柜,竟像小孩子迎接新年那样,打开那褪色的松板衣柜,挑选一件福建产墨绿色纯毛哔叽短袄和米黄色毛哔叽宽口裤,穿一双布底圆口的家乡式布鞋,把满头银丝,梳整得就像列队似的根根整齐;对着半人高穿衣镜,上下左右,前前后后,照了又照,两手还不住地顺着大褂,把上衣前襟捋得整整齐齐,服服帖帖,为的是迎接客人。

晚上八点钟,两位老人见面。他们一见如故,高老首先亲手展开带来的一卷纸,随行的家人马上解说:"这是他收集的有关二十一世纪,应当消除的危害人类健康的各种疾病,他希望了解医务界是否也在向这个方向努力。"这种为祖国、为民族、为子孙后代的健康幸福孜孜不倦工作的精神,令在场的人肃然起敬。

林巧稚强挣着不太灵便的身子上前，用双手接过来，紧紧地与高老握手。

"不管有多大的困难，多大的挫折，多么漫长而曲折的道路，都应当努力去实现，"林巧稚说，"这是我们的责任。"

林巧稚接过来后，也挥笔写道："大夫不能离开护士的协助。"又送到高老手里，并对在座的其他科普工作者说："高老的意见很对，护理工作在医疗卫生事业上的重要作用，是不可忽视的，大家都应当重视护士工作哦！"

高老又挥笔疾书："祝你健康与长寿！"

她书写："更希望你为科普工作开辟宽阔的道路！"

两位老人你来他往地交流着思想，从疾病转到人口问题。林巧稚告诉大家说："计划生育关系到千秋万代的事，这件事必须充分重视。我国已经抓得比较晚了。要是早抓十几年，情况可以比现在好得多。不过，现在好好抓一抓，也还来得及，最近几年的情况就比以前好多了。人口控制不好，会使很多事情落空。"

高老连连点头，兴奋而又明快地回答："对，对！"说着让人取出他刚出版的《高士其科普创作选集》赠送给林巧稚和在座的其他同志。林巧稚双手接过书，深为感动："像高老这样受病魔折磨的人，尚且不遗余力地为科普工作做出这么大贡献，我们更应加倍努力了！"

其实，林巧稚何尝不是如此，她主编的《妇科肿瘤学》，也已定稿付排了。

北京的会议，与高老的会见，在林巧稚的生命史上留下了闪光的一页，是她在社会舞台上活动六十年的最后的历史记载。在她倡导下，我国创办了第一个计划生育的专业性学术刊物《生殖与避孕》，但她终究没能到上海亲自去指导。编辑部的同志得知林巧稚住院的消息，赶到北京，一来代表全体编委，向这位《生殖与避孕》刊物的顾问表示问候，二来向她报告杂志即将问世的准备情况。中国计划生育工作奠基人之一——林巧稚为此刊物的问世欢欣鼓舞，她不顾疾病的折磨，为创刊号写了贺信：

在科学技术飞跃发展的今天，人们愈加感到对人类自身认识的不足，也愈加感到对人类自身认识的重要性。

人体的未知数很多，其中生殖问题尤有奥秘。近年来基础理论的研究卓有成效,而生殖控制的实践几乎是一场"生命的革命"。既要控制人口的数量,又要提高人口的质量,已成为时代的要求,摆在我们面前的,是一条翘首可望而又充满荆棘的路。

《生殖与避孕》在此时应运而生,令人欢欣鼓舞。我热烈祝贺她的问世!

她的使命的重要性是不言而喻的。她需要多种学科的研究者通力提携,精心栽培;她必将成为专业工作人员的良师益友;她也将为广大人民群众奉献福音。

祝《生殖与避孕》茁壮成长,为四化做出贡献!

这就是林巧稚在她八十寿辰,也是她一生中最后留给人们的又一份珍贵的遗产。

四十五　困　惑

　　东单外交部街西口,坐落着一片西式小楼,它是继北京私立协和医学院小礼堂竣工之后,破土兴建的。那时林巧稚还没有毕业。虽然在豆芽菜胡同,大木厂、干面胡同、北极阁已盖了不少医院宿舍,那还都是零零星星的。校董事要在外交部街、北极阁两处盖供专家教授专用的楼群。所以自打这两地楼群冒出地平线之后,它们存在的价值就与协和医学院的命运串在一根线上了。

　　诚然,新中国成立后,它依然与中国医学科学院的发展变化息息相关。

　　新中国成立前,这么豪华的建筑,考究的设备,吸引着人们,但无论如何,非专家教授概莫入内。解放后,新中国接收之后,为充分保证医学科研人员工作、生活方便,对占住的非专家教授做了调整。"文化大革命"时期就乱套了。从此专家教授楼的名声不复存在。

　　本来敞开着的大院铁门,因人流杂乱不得不扣上铁锁。一九六六年夏末秋初,夜刚刚来临,大院的铁门已早早地垂下了两根8字形铁链,铁"将军"已守在门上;传达室里漆黑,从一栋栋楼的洁白窗户孔里洒向夜空的星星灯光,一盏盏熄灭了。C楼里像奔腾湍急的河流似的钢琴曲,D楼上那幽雅动人的小提琴声,不知何日何时停止了演奏,整个大院像死了一样。除了路灯下可找见树影的微微晃动,飞蛾在灯泡前飞舞外,再也找不到一点生的气息。如果从远处看去,大院就像插满了哭丧棒的坟包,路灯就像荧荧闪光的"鬼火",一阵晚风把不很干枯的落叶刮在水泥路上连连打滚,发出刮着地面沙沙的响声,叫人毛骨悚然。凡在这个大院居住过的都知道也都记得,像这样死气沉沉的日子,不是当今一次了。

一位鬓发斑白的老人回忆着:那是在一九四一年年底,太平洋战争爆发后,珍珠港离这里很远很远,但这里好像比落下炸弹的地方更可怕,几十户住家,有美国人,英国人,林巧稚也在 G 楼住,但好像没有一个人,就连炊烟都不见。晚上没有人,连白天都没有人。不多日,大门口站上了日本宪兵。所有的人一个不留,全被要求限日搬出大院。这位老人清楚地记得,重新搬进大院是一九四八年底。

"可怕呀,怎么今天这么静了,静得连鼾声都听不到了……"

她不再往下说了。也说不好大院又将会怎样!

在一个灰蒙蒙的阵风天气里,眼看雷雨就要来了,树冠大摆动了。这时候,远处,从东单北大街传出了锣鼓声、口号声,一队人马摇旗呐喊着拐入了外交部街,直往医学院宿舍大院里开去。一进大门就顺右手拐向了 A 楼。

A 楼里住着一位干瘦的老人,一东单男女老少人人熟悉的人——林巧稚。围观的人们心跳得砰砰的,不知道这支佩着红袖箍的队伍,为什么开入她的家里。

昨晚还忙碌到深夜的林巧稚,在蒙眬中被锣鼓和呐喊声惊醒,就听见门口喊着自己的名字,还连着秽语:"林巧稚滚出来!……"

她懵了,赶紧和衣来到门口,面对一群杀气腾腾的娃娃们,她不知如何是好。一个腰扎武装带,一个拿着话筒,一个手里抓着纸片,还有一个领头喊口号的……一张张脸都那么熟悉啊!她是他们来到世上的第一个见证人,他们的手印脚纹还在这位老人的历史档案中存着,为何他们口出秽语要自己"滚出来"呢?为何"不老实就要砸烂你的狗头"呢?眼前的恐怖情景把这位老人带进了二十五六年前。

已经晋升为副教授的林巧稚,校董事给她一套北极阁的教授楼里的房间。她和她的侄女林懿铿得到宽敞的住所。定居后的第一个周末,她宴请了同学、好友,请了科主任麦克斯维尔和同事高登厅,还有其他同事医生和护士们。她亲手为大家做了福建的"甜茶"，以庆乔迁之喜。侄子嘉通，侄女懿铿，未成亲的侄婿华康，楼上楼下帮助她一起接待宾客。可是美景不久，珍珠港的硝烟燃到了协和。她的职业，像梦幻一样，几天之内没了，协和关闭了，医院连同住房统统要交给日本军队。如不是从钱秘书那里租到房子，偌大北京，一时连立足之地都没有了。

如今，这帮娃娃，挥动着纸旗一步就登进了住宅，这怎么好呢？

"神圣的主啊，究竟是怎么回事？"已经早脱离基督教会的林巧稚，又重新喊出了"主"的名字。她浑身已无力支撑那干瘪的躯体，依偎在门口框上，靠它支撑着四十来公斤重的身体。

从此，林巧稚家的一层楼成了造反派司令部！

阵阵口号声，把她从沉思中震醒。她转身快步走向楼梯，奔到伴随她共同生活的电话机旁，迅速抓起电话，一个手指刚刚插入拨动圆盘，又像触电似的缩回了手，把话筒又重新压上机子，自言自语："这是怎么回事？医院党委知道吗？大姐知道吗？敬爱的总理啊，究竟发生了什么事，我该怎么办？"

她的手开始微微颤抖了，心跳加快了，脑子嗡嗡地作响，两腿已无站立的能力，一屁股坐在自己的床沿上。这位从来不知道忧和愁的老人，两手托着脑门，十个手指狠命地扣着自己的头皮，钳着自己的头发。

啊，想起来了，想起来了。六月的一天，骄阳似火，陡然黑云滚滚。

办公室的电话铃响了，传来的是句句细柔而熟悉的声音："林主任吗？好久不见了，我们全家都很想你，老彭常常问我，怎么不请林大夫来做客。今天如果走得开，欢迎你到我家来玩玩！"

张洁清这种家庭式关心，亲热真诚的相邀，林巧稚是不会回绝的。

林巧稚自从湖南湘阴回来，算算也快小一年了，还没有去看望自己的老朋友。她喜欢老朋友家懂事乖巧的孩子，不仅因为是她亲手接生来的小生命，而且还因为孩子们无拘无束的亲昵劲。林巧稚在孩子们的心里不是客人而是一家人。而且也该向市长汇报汇报自己在农村的见闻。可是总因为病房的事，特别是绒癌的研究不断出现新进展，把应该去的地方搁下了。

当听到张洁清相邀时，她毫不犹豫地答应了："你好吗？彦彦在家吗？市长他很忙吧……"一连问了几个问题，尔后才说："我很想念你们，早就应该去看看你们了,不能等到吃螃蟹的时候了。"

电话传递着笑声。可是林巧稚突然收敛了笑容,一下子皱起了眉头。她听到张洁清的笑声那样短促,甚至有些干涩,急忙问:"洁清同志,你怎么啦,身体不舒服吗?"

"不,不,我们太想念你了,老彭派车去接你……"

晚饭后,林巧稚来到了彭市长家。市长从门外就紧紧握着林大夫的手,松一阵,紧一阵,使林巧稚感到奇怪。直到会客室沙发前,市长才松开手:"林大夫,请坐!"

他的脸上没有露出一丝笑容,也找不到一丝烦恼。她琢磨不透,究竟发生了什么事情。

林巧稚知道,如果家庭有什么事决不会由洁清同志电话相约,再说,在林巧稚的心目中,洁清是她所敬佩的女人中的一个,她认为"洁清与众不同,贤惠,达理,温和,可亲"。在市长面前,她开玩笑地说过:"市长可不准欺负洁清同志。谁欺负她,我可要抱不平啊!"

眼前,看到市长严肃的面孔,满心喜悦的情绪被这气氛驱散了。她全力在寻找着什么,环视了室内一切,所有东西依然如前。又打量市长的全身,不时从市长脸上转到洁清同志脸上,又从洁清身上移到市长身上,发觉她和他同样是那么严肃,略有所思。

究竟什么事情使这位豁达的市长那样严肃,连起码的家庭气氛都没有了呢?林巧稚从市长那对晶亮的眼神里看出一种使人寒噤的光,一种从未见到过的那种光,心神有点发慌了。

他们互相对坐着,市长的嘴唇紧紧地抿着。她不知道发生了什么事。

家庭的烦恼?不会的!市政府的工作遇到了什么困难?这么多年来,彭市长他总是乐呵呵的,没有见过他这样的神情。

眼前究竟为了什么呢?林巧稚完全愕然了。

在这沉闷短促的时间里,洁清离开了沙发,为林巧稚端了一杯茶水,同时也在老彭面前放了一杯。这时候,彭市长划破了寂静,一反以往那种热情的客气,就连问候林大夫的话都没有了,直截了当地说:"林大夫,往后,我恐怕不会再管到你们了。"

"为什么?"林巧稚急不可待地反问市长。

彭市长淡淡地一笑。"呀,"他没有正面回答林巧稚,答非所问地说,"我相信,你在任何情况下,都会相信共产党的。"

彭市长这番没头没脑的话使林巧稚更加不解了。她本想追问一句,但马上刹住了到嘴边的话。这位历经沧桑的老科学家,就像得到了什么科学的信息,在她的大脑里立即产生了连锁反应,本想把反应的结果再反馈于面前的亲人,理智使她又咽了回去。她像平时对待患有癌症的妇女一样,在自己没有获得一切足够实验证据,在没有经过自己亲身检验之前,即使已经有了无法推翻的逻辑判断,也不轻率地表示可否。一定要看看,再看看。她只是若有所思,深深地叹息了一声:"唉!"心里想:"是不是在共产党内,又发生了什么大事?"

林巧稚坐在沙发上,一动没动,端着茶杯的手落在胸前,眼神凝滞了。她的思想一下子飞向了遥远的过去,脑子里出现了另一幅场景。

——那是庐山会议之后,人人敬佩的彭老总,数天之内变成了另一个模样。林巧稚觉得莫名其妙,战场上出生入死在所不辞的人,怎么一下子,走向人民利益的反面呢? 她决定走一趟,到彭总府上看看去,到底是怎么回事。

他们相识的时间不算太久,还是为彭总夫人看病才相识的。每当林巧稚来到彭总家里,就可以听到他那豪放的笑语和幽默的言谈。林巧稚爱听彭总天南海北的故事,喜欢他那种耿直的秉性和求实坦率的精神,敬慕他的胆略和军事才能。

她选择了一天,早早地把病房安排妥当,只对许大夫打了一声招呼:"我出去有点事,病房有事你处理一下。"她没有向任何人禀报,自己按响了彭总家的门铃。

彭总全家没有想到,此时此刻,一个瘦弱平凡的女士,久负盛名的妇产科专家,居然踏进自己家的门槛,是喜是忧? 彭总和他夫人一时不知如何是好:感激她对彭总的关心信任,但也担忧她为此而受连累。他们紧紧地相握着手,也像今天彭市长这样,默默无言地相互紧握着手,从门口一直握到会客室。一切言语、问候,一切心思都通过手心传递着。

来到彭总家的专程拜访,她受益匪浅,牢牢地记住了彭总说的话:"做人,宁可站着死,也不躺着生。"她用这句话作为自己的座右铭,并把它奉献给自己的侄儿侄女们:"我们都要像彭总那样学着做人。"

彭市长的会客室里,静得使人可怕,各自都在想着自己应当思考的事。许久许久,还是洁清同志又一次划破了宁静,她见林大夫端着茶碗的手半晌没有送往嘴边,茶早已凉了,于是拿起暖瓶:"林大夫,茶凉了吧?"

"啊,凉了,凉了。我不喝了。你们都挺好,彦彦呢? 我看看她,该回医院了……"

林巧稚回想起历历在目的往事……

批判会一次接一次,大字报一张接一张,内容依旧,花样翻新。

林巧稚又一次去抓那黑色的电话,想拨动记得最牢的六位字码,然而又放下了话筒。她心里翻腾着,矛盾着:刘少奇真的是叛徒、内奸、工贼吗? 那他从莫斯科回来,什么别的礼物不赠,偏偏把一尊列宁全身铜像送给我,我也成了"之流"的人了吗? 昨天还是国家主席,一夜之间成了千古罪人。

林巧稚坐在床沿上狠命地皱起了眉头,从内心迸出一句话:"我就不相信刘少奇也是坏人。"好险哪! 她过于激动,忘记了自己如今生活在火山之巅,楼下是造反派司令部啊! 就连前不久还去他家的彭市长也成了"大黑帮""反革命修正主义分子"……

她默默地呼喊着,总理呀,总理! 主席啊,主席! 这到底是怎么一回事? 孰真孰假? 孰是孰非? 快点给我说个清楚,点个明白呀!

急促的电话铃声使她猛吃一惊,好长时间听不到这样清脆响亮的铃声了。如今似乎生疏了,新鲜了,不像"文化大革命"前,只要电话铃一响,她立即去抓话筒。这时候,她已经触摸到话筒的手像触电似的又缩了回来。她迟疑了,不知此刻它为什么发出响声,是凶是吉? 她害怕电话——这多少年来相依为命的伙伴。这时候如果有人来当面说个明白,也知道究竟为了什么。她一边想着,一边愣愣地看着还在不停叫喊的电话,铃铃铃的响声没有触动她那根救死扶伤的神经,相反给林巧稚笼罩了一层恐惧的阴影。

突然间,她又像去抢夺别人手里的东西那样,迅猛地抓起话筒,还没有放好听讲的位置,更不容对方说话,就呼叫着:"我是林巧稚,病房有急事吗?"她口里这么说着,心怦怦地跳着,因为她不相信这是病房的电话。如今病房谁还敢给她打电话,靠边站的人了,除了通知接受检讨,看大字报,要不就是挨批判。她也想用问病房的事为自己壮胆,或者更确切地说,自我安慰。

"林主任,有个急症,我和几个大夫研究了,处理不了,只好请你来。"这是多么熟悉的声音啊,完全出乎林巧稚意料之外。巧稚深深地知道,电话里诉说的病人,虽说严重,她怎么会处理不了呢?是的,她知道我这个主任此时的心情,是想安慰我。林巧稚想到这里,突然间鼻腔一酸,眼泪模糊了视线。

电话是她的学生连医师打的。她平时寡言少语,是主任心贴心、手把手教起来的。她谦虚好学,善于思考,理解主任的为人和秉性。几十年来,在她的心目中酿成了这样一个认识:"主任的生命支点完全由病人驾驭着,她活着就是为着病人,为着救死扶伤。"靠边站简直是对主任生命的摧残。她深深地懂得,即使找出一万句安慰主任的美好的语言,也抵不过送一个病人给她亲手去治疗。晚上轮着她值班,正好遇上一个疑难病人,于是她不顾一切地拨着主任家的电话。

"我能来吗?"林巧稚声音颤抖地问她学生。

"怎么不能来!我解决不了,谁不让来,就让家属去找他。"从来都是那样和顺温柔的连大夫,今天是那样有气魄!那样坚毅!那样果断!这使林巧稚得到了无限的力量。她终于打起精神,斩钉截铁地说:"好,我来,我就来!"

停尸房左侧的大铁门前,围满了交接班的行人,医生护士们看完了一份新贴的大字报,一个个都那样目瞪口呆,有的甚至大吃一惊;"啊呀,别看这瘦弱的小老太婆,原来是个隐藏了几十年的美国战略情报特务——SSO,真是人不可貌相。"有人为这份惊人的"卫星"拍手称好,甚至对贴出大字报的勇士们怀有崇敬和感激,因为他们为协和医院挖出了一大隐患,立下了汗马功劳。林巧稚真的懵了,连自己都不懂SSO是怎么一回事,竟成了美国的战略情报特务?如此往后,吉凶实在难卜,心里真的发懵了。但很快她明白过来了,欲致一个人于死地,何患无辞?于是,她横下一条心,不仅不就此躺倒,反而来回奔波于病房、门诊,凡是允许她到的地方,她都去,并且决定要亲自去一趟总理家好好问个明白:"我们党到底要干一件什么样惊天动地的大事?"

她的想法还没有来得及打个电话通报,造反派已做出了新的决定:"林巧稚从即日起到八楼劳动。"并警告:"凡外出有事需经病房领导小组同意,不准擅自行动。"

半个多世纪,林巧稚虽说多经坎坷,哪里遇到过如此直接的冲击。原本统筹妇科产科的主任失去了应当属于她的病人。她的眼前不时出现新生婴儿,呻吟着的产妇;她惦记着等待手术的妇科病人:三床的病人到底是不是长瘤子,八床的病人手术条件成不成熟……

每每在林巧稚发愣出神的时候,E 护士扯起嗓门:"又愣着干什么,还不快去给病人打针,消极怠工!"

林巧稚在这种斥责声下,乖乖地推上四轮治疗平车挨个地给病人去打针。

一天,由于过分思虑,心不在焉,把吊起的葡萄糖盐水瓶盖盖反了,正巧被 E 护士看见了:"哼,说你对病人怎么怎么好,全是假的,教授、主任,连瓶盖怎么盖都不懂。护士的工作都不会做,还当什么专家? 你说,是真不懂,还是装不懂? 你知道吗? 这是无菌操作! 盖反了瓶盖,细菌进入药内,人死了,你负全部责任;要是不懂,从明天起,从端便盆开始老老实实学习。"

幸好来了一位医生,他检查了针头部位,听了病人心脏,安慰了病人,嘱咐说:"有什么不舒服随时叫我。"病人们看着这位年轻的护士训斥一位白发苍苍的干瘦老人,心中愤愤不平,但谁敢插话呀,又有谁知道挨训斥的就是林巧稚呢!

"SSO 特务嫌疑犯""反盖葡萄糖盐水瓶盖,妄图故意酿成病人细菌感染",两件事结合到一块,林巧稚"威风扫地"了,"看她还有什么好说的",再加上"拉拢腐蚀干部、结党营私""可以定性了吧",一些人发出了一阵阵令人恐怖的狂笑……

林巧稚漫步在帅府东路的大道上,思绪万千。这时候,迎面来了一位老妇人。她未等林巧稚抬头,抢上一步:"林主任,我找你几次了,今天总算碰上了。"

林巧稚猛吃一惊,抬头一看,就见她斑白的头发松散地披在头上,上身湖蓝大褂,下身青灰纺绸长裤。林巧稚惊异地问:"哎呀,你怎么啦?"说着伸手把她拉到路边。巧稚摸着她的胳膊,心疼地说:"你瘦了,看看肉全松了。"接着问她:"谢教授怎么样了?"

这位老人是谢少文教授的夫人,上海人。自从她和谢教授结婚后,就认识了林巧稚。他们一直是好朋友,虽说不上有生死之交,多少也有共同心声。林巧稚对像谢教授那样在学术上有独到见解的同事,从不放过向他们学习的机会。她就曾和谢教授一起共同发表过学术论文。"文化大革命"开始不久,他们统统靠边站了。林巧稚连忙问谢太太:"现在怎么样了?"谢太太欲哭又止。在这行人来往的马路上,她强忍着痛楚:"你看,至今每月只发给二十五元生活费,日子怎么过啊!"

林巧稚毫不思索地责怪她:"你怎么不早告诉我?从下月起,先从我这里每月给你五十块,熬过眼下困难,我看长不了!"

短短的交谈,她们又匆匆地各自回家了。当林巧稚不知不觉迈进那使人烦躁的外交部街宿舍大院,忐忑不安地跨上 A 楼台阶时,她惊异万分,整天吵吵嚷嚷的屋子,突然变得安宁起来,又像回到了进驻造反派司令部前那样宁静。

懿铿一见三姑回来,连忙拉着她手腕,走进已经陌生了的会客室,悄悄地对林巧稚耳语:"听说总理下的指示,外事工作需要,限令司令部上午撤走,没到中午就一个个都跑了。"

林巧稚满面愁云一下子舒展了,瞪大眼睛看着懿铿,就像在审视着一个素不相识的陌生人。她推开侄女的手,转过身,一边打量着这间不知是否还属她使用的会客室,一边深沉地叹了一口气:"唉,又让总理操心了。"其实,要说她当时的心情,恨不能一步冲进自己卧室好好痛哭一场,或者立刻跑到总理跟前,向尊敬的兄长倾诉自己的衷肠,让自己痛痛快快地喊几声"冤枉"。造反派司令部是撤走了,SS0 情报特务的"罪名"在人们心中留下了……

一天,她真的接到了外事处通知,要她在医院里接待中国人民的老朋友——埃德加·斯诺先生。于是,就像是孩子遇到过年似的高兴,她逢人便说,"我又接待外宾了""我要接待外宾了""我要接待斯诺先生,他可是位中国共产党的老朋友了"。

这一天终于到了,是她从"文化大革命"以来最兴奋的一天。她特意穿上一件绣着双圈花纹银灰色织锦缎旗袍,把勒逼剪短的"革命头",重新梳整一番,恢复了她原先习惯,把那难以扎巴髻的短发,用一副崭新的发卡牢牢地卡住,不留一根散落在脸上的发丝。双手不时往后面捋着头发,捋着她贴身平整的旗袍,精神焕发、满面红光地站在五楼门口,迎候着总理请来的客人。

宾主坐在会客室枣红的丝绒沙发上,亲切友好地谈古论今,从治病谈到生育,从院内谈到社会,从眼下谈到延安,从"文化大革命"谈到中国的未来。当斯诺先生问:"林教授,有没有人贴你的大字报"时,林巧稚爽朗地回答:"我这个旧协和过来的人,怎能没有大字报,群众运动嘛!"

林巧稚赞扬斯诺:"你是我们的老朋友了,你一定会为中美两国人民的往来铺设友谊的桥梁。"

斯诺说:"我希望在美国接待你的来访。"林巧稚信心十足地说:"我一定会的,我去美国一定拜访你和你的夫人!"

一年之后,林巧稚出访美国的愿望实现了。应美国全国科学院医学研究所、美国医学协会和著名医生邀请,林巧稚以中华医学会代表团副团长身份出访美国。消息传开,那张 SSO 大字报如同昙花一现之后,生命就此终结了。

代表团就要出发了,总理得知气象预报——近日有冷空气南下,立即把林巧稚请到中南海,亲切地问道:"都准备好了没有,天气变冷大家都知不知道。"还要林巧稚转告大家:"如果衣服带得不够,可以推迟一下时间,再准备些衣服。"日理万机的总理,自己身体又不太好,还这样牵挂着一个代表团,从饮食起居生活细节,谈到外交礼节和可能会涉及的内容,以及我们对中美关系中历来的原则立场。总之,一切可能会出现、会遇到的问题,一件件都做了详细教导。真正像一位师长教导一个学生那样,又像是老大哥教导小妹妹那样,无微不至。

林巧稚出访美国的消息传开之后,一位在美国的老朋友——旧协和医院妇产科的同事高登厅先生,几乎从梦中笑醒了。他恨不得立即就能见到她。

他们相识在三十年代初。不知是他的"偏见",还是出于公正,他记得,一九三〇年是自己第一个大胆地推荐林巧稚代替因肺病而休息了的吴烈忠,为妇产科住院总医师。医院竟然采纳了他的意见。

这位澳大利亚人,同协和医院的美国人一般待遇,不得不离开中国。在决定他返回美国的时候,林巧稚在美国进修期满,正准备返回中国。他在上海暗暗地希望林巧稚的导师能把她挽留在美国。当得到林巧稚的亲笔信,知道这种可能完全落空时,他又希望她能在美国多住几天,在信中写道"哪怕等到我从上海赶回美国,在那里见上一面也行",可惜邮差没有及时把遥远的信送到她手里,她已经告别了美洲大陆。为此,他恨"苍天如此无情"。

以后,他们相隔在两洲,杳无音讯。忽然得知林巧稚出访美国,孤独的老人,怎能不从睡梦中乐醒呢?只不过林巧稚有她自己的寄托:"我这个人,没有任何力量能使我离开祖国。"

她感激麦克斯维尔主任,因为他带领她走上科研、临床工作的道路。她把他当作自己的良师。但,当他想更完全地尽一下主任的"职责",过问一下林巧稚个人私事时,她和他无情地翻脸了。当高登厅先生知道麦克斯维尔的一片好心讨个如此的没趣后,他吐了一下长长的舌头:"天哪,好险啊!"

后来,无论如何,他的行为掩盖不了他内心的秘密,他希望和她一起值班,连自己都莫名其妙会颠倒职务上的主次关系,不是等待林巧稚来请教自己,而是经常不断地去征求她对疾病的治疗意见。一切都逃不脱林巧稚的慧眼,姑娘家那种特有的敏锐的心理,使她很快发现了他内心的秘密,于是她开始对他"警惕"了。

一九三九年,在她出发去美国时,他总想对她有所帮助,而她说:"一切都很顺利,谢谢你的关心。"那时候,她就断然告诉他:"一切让我离开协和的想法是会落空的。"她也曾暗暗埋怨过他:"谁让你是外国人呢?"

一别三十多年,终于又有了在美国相见的机会,他怎能不兴奋?虽说没有一封信,正如他自己说的那样:"你的音容笑貌浸入了我的灵魂。"因为他曾经是她们女子篮球队的教练,他们在对面桌上共同为病人看病,同上一个手术台。林巧稚为他当过第三助手、第二助手、第一助手,很快高登厅竟又成了林巧稚的手术助手,算来十个年头的相处切磋,怎能因为分别而毫不留下记忆呢?

林巧稚的美国之行,日程安排得紧紧的,插不进半点私人交往的时间。再则,她也完全不知道高登厅先生在哪里。她出发前也曾打开那厚厚的相册,寻找她要寻找的旧友,当一个长脸、高个、神气活现的年轻人展现在眼前时,她端详了半天,又把它放入了相册的原处,深深地吸了一口气:"唉,算来也七十五六岁的人了,不知他是否还活在人间。"林巧稚把对旧友的思念之情深深地埋在心底,没有利用难得的机会为自己安排私人活动。

日夜盼望能在自己国土上会见林巧稚的高登厅先生,他的愿望又落空了。但他并未就此罢休,决定再来一次中国,他的申请很快获得了美国政府的批准。

一九七二年,林巧稚像迎接春天的到来那样,又像准备庆祝自己生日那样,在北京一家大饭店接待了这位鬓发皆白的老人。故友重逢,畅谈阔别后的一幕幕情景,犹如滔滔江水、山涧的瀑布,奔腾不止,倾泻不息。

林巧稚与高登厅(1972 年)

可是,万万没有想到余兴未了,林巧稚又遭到了一场莫名其妙的批判。不时刮起一股冷风:"哼,领导上太放纵了,我看是右倾,应该叫她交代他们相见的政治目的。潜伏几十年,又来接线了,天天讲阶级斗争,放在眼皮底下的阶级斗争不抓……"据说,这事很快被总理知道,他对这种怪论非常生气。

林巧稚非常清楚,自己的每一点成长进步都渗透着总理的心血。自从第一次见到总理以来,她信守自己给自己立下的规矩:任何时候,任何场所,都不能做一点有损总理形象的事情。到末了,她对自己家人说:"我没有留下一张单独与总理一起的相片,我多傻呀!那时,总觉得自己是一个普通医生,凭什么资格站在总理身边呢?现在晚了,连个纪念都没有留下,这是我终身的遗憾,终身的后悔!"在她伏案写接见高登厅先生情况的时候,脑子又走神了,又飞到总理身边去了,手不自觉地在纸上写着"总理""总理""总理"……

还没有等林巧稚把检查交代写完,又接到了通知:要派她出国访问了。在这关键的时候,她又幸免了一场灾祸!出国访问回来,在向上级汇报出访收获时,代表团的同志们又遭到了非难,被扣上了"崇洋媚外"的帽子。

总理问话:"这个汇报是谁起草的,还是大家一起搞的?"林巧稚毫不掩饰地向总理报告,是经大家集体讨论形成的。

林巧稚深深地知道,总理这样问,就是在为自己挑担子,心中默默地念叨:"多好的总理啊,多么了解人啊!"她回想着,从一九五一年在清华大学见到总理之后,她就得到总理无微不至的关怀。

她永远不会忘记,在动乱的年代里,总理约她陪同自己一起接待外宾,出席宴会。记得一次宴会上,巧稚都吃完了,总理发现她情绪不高,问她:"吃饱了没有?"巧稚告诉总理,吃饱了。她陪着带病工作的总理,心里能好受吗? 能吃得下吗? 可是总理又拿起一块蛋糕,像大哥哥一样将蛋糕一分为二,对巧稚说:"你吃一半,我吃一半。"她的心像刀绞一样,可以说是眼泪拌着蛋糕才咽下去的。"总理不仅在政治上、生活上关心自己,就连自己的情趣爱好他都照顾到了。每到海棠和月季花盛开时,都要给自己送几盆来。总理知道自己爱喝咖啡,把别人送给他的海南岛培植的良种咖啡,炒熟了,磨成小粉粒送给自己。每年吃螃蟹的季节,没有时间请自己去,准派人给自己送些螃蟹来。邓大姐从斯里兰卡回国,把赠送给她的花篮统统送给自己,就连日本朋友送给大姐的布娃娃,大姐都要想着她,把它转赠给自己。"

在林巧稚的一生中,没有任何事比失去总理更使她悲痛的了。当总理逝世的噩耗传来,林巧稚正在卧室里,她和她亲人一家放声痛哭。

"千不该,万不该,只恨自己不该对总理的疾病治疗毫无帮助啊!"甚至她在忏悔自己,"没能为总理治病,是我的罪过,不可饶恕的罪过,愿主惩罚我,我愿和总理一起去吧!"

在悲痛中,她蹒跚着步子来到自己的办公室,找来了白纸和镜框,从家里带去黑纱。她一边流着眼泪,一边做着精致的小白花。她把对总理的思念、感激、爱戴之情编织在小白花上,她每掰开一朵洁白的花瓣,都滴进一颗泪珠。

　　她忘记了吃饭,从傍晚做到深夜,从深夜又做到黎明,直到把总理的遗像端端正正镶进亲自选择的镜框,挂到自己办公桌正面墙的上方,在框架上蒙上了乌黑洁亮的丝纱,像前又放上了总理生前最喜爱的君子兰,摆了插满鲜花的花篮,对着遗像深深地鞠了三个大躬,这时候才想起来,抬手看看手表——新的一天工作马上又要开始了。

　　她洗了一把冷水脸,巡视了一圈病房,回到办公室,抬头又见到了总理,她像突然被针扎了一样:"你看,我又糊涂了。总理呀,你可别怪我,我这就走。"她又深深地鞠了三个大躬,脱下白大褂,匆匆地离开了医院。因为她想起了,此时此刻最悲哀的,是与总理朝夕相处的邓大姐,她是有血有肉的人啊!她多么需要安慰和力量啊!我怎么不早早地去看望她呀!

　　于是,她不顾一切,径直向邓大姐家奔去……

四十六　公开的秘密

　　一九七八年岁末,林巧稚出访英国,在途中就患病了,赶到医院治疗,被临床诊断为缺血性脑血管病。

　　国外医院能为这样一个妇产科老专家治病感到荣幸,希望她留下,一定提供她最好的治疗条件。

　　英国是她第一任妇产科主任麦克斯维尔的祖国,他们热情地欢迎中国第一位协和医院妇产科里的女佼佼者,也无比钦佩这位女性的胆识和智慧。他们国家那些后来的妇产科医生,曾为能当一天林巧稚的学生而骄傲。因为她渊博的知识和神奇的临床经验,就连世界最著名的妇产科专家也望尘莫及。

　　"在已知领域中,表现在女人身上的各种疾患,林主任只需问一问,看一看,听一听,摸一摸就全清楚了。"这是她的一位学生、爆破绒毛膜上皮癌'碉堡'最终获得成功者宋鸿钊教授是这么认识她的。并且他说,"林主任一眼就能诊断的病,直到现在,我们需要一天或几天才能接近清楚。"

　　林巧稚出访,每到一个国家,诊断一些疑难病例成了无法推卸的义务。途经的法国、英国得知这样一位人物病了,为之震惊。虽然他们都有"竭尽全力,千方百计为她治"的愿望,但感到此事非同小可。英国的医院是明智的:"林巧稚教授的病情事关重大,还是听听中国朋友的意见吧!"

林巧稚毅然告诉代表团："你们转告使馆同志,我知道这里的条件可能比国内要好。不过,无论如何我是要回国治疗的,不光是治疗我的病,我还有许多事要做,还有些要紧的事需要交代,抓紧让我回国!"

"林巧稚住院了",这个消息不胫而走,来得最快的是各报记者。《中国青年报》的记者来得最快。

青年人的"喉舌",何以对老人产生如此浓厚的兴趣呢? 林巧稚急于回国,有些要紧的事要交代,正好回答了这家报纸记者的问题。

粉碎"四人帮"后,林巧稚积郁在脸上的乌云才消散。这次出国,正值中国共产党召开十一届三中全会。她从广播中断断续续地听到了三中全会的公报。她终于理出了这样的头绪:一步一步,步步都在归入社会主义现代化建设上来了,干事了,搞建设了!

协和医院531病房里,林巧稚坐在一张藤椅上接待了一位《中国青年报》的记者。记者恭敬而诚恳地说:"林主任,我是代表青年们向您问候,同时想请您在我们的节日前夕说几句话。费了好大劲,医生才同意让我进来。"

"你来得正好,我正好有桩事,想和青年同志们谈谈。你来了,就请你转告我的青年朋友们。这次得病,急着回来,就是因为有几件事还没有交代。你来了,我先交代一件吧!"林巧稚操着家乡口音,她直截了当地拧开了"闸门",倾诉着埋藏在心中的话,让心思像久蓄的库水,倾泻而出,"你看,我老了! 能熬过今年就八十整岁了。"

年青的记者以为她也许对疾病有些伤感,连忙笑着说:"林主任,你放心吧! 你的病能治好的,大家都盼望你长寿。协和医院又有这么好的治疗条件,我们都等着吃你百岁长寿面哩!"

林巧稚右手一摆,打断了记者的话:"嘿,人生七十古来稀,我都快八十岁了,这是自然规律。规律的东西本身就是科学吧。"接着又说她自己要说的事。

"青年朋友们常常向我询问两件事:一是关于成才道路,二是每天几乎总要收到你们青年,特别是女孩子问病求医的事。这两件事,我看实在就是个成长或者叫作健康成长这一件事。

"'文化大革命'前,从湖南医疗小分队回来,我就在想了,应该向青年朋友们说些什么呢？老觉得没有想好。一下子过去了十几年，总该想好了，结果越想越想不好。这次一病，我想无论如何不能再犹豫了，应该把我想的事告诉青年朋友们。

"要说的最大感受，就是我十分羡慕你们这一代人，这就不能不想到我的青年时代。新中国成立后不久，周总理有一次开导我的思想，我埋怨过，你们解放我来得太晚了。我这个原来不关心政府的人，能进步到这样地步，非同小可！"

记者敬佩地连连点头："是的，不简单，这是一个认识上质的飞跃。"

"现在的青年都是红旗下长大的，将来的中国是青年人的。就像妇产科一样，将来这个科建设得好与不好是他们的事情。我到马克思那里去研究新课题，顾不上许多了。人总归要死的，前人开创的事业是带不进棺材里去的。不过我相信妇产科一定比现在会更好，我们的国家也一定会比现在更美好。我还相信幸福与美好天上不会掉下来，地上不会自行长起来，是靠大家，特别是你们亲手创造得来。你听说过吗？"

林巧稚问记者："我的学生，一踏进妇产科门，好歹先接生一百个。建设一个强大的国家，不比妇产科的工作更多更复杂更细致吗？不从你们开始做扎扎实实、循规蹈矩的事行吗？这就要求青年们有两个方面的健康，第一身体健康。我像你们这个岁数，听见过，中国人是'东亚病夫'。那时候，我脑子里还没有什么政治、主义、民族自尊，反觉得此话颇有道理，中国的男人、女人病就是比人家多。战争使协和停业了，我得到了与各方面病人充分接触的机会，慢慢地悟出了一个道理——'病夫'在庶民不在权贵，病根在权贵不在庶民，泛泛地治'病夫'好比水中按葫芦，无济于事，必须要治根。曾经有些志士仁人把国家的时弊归咎四个字'天灾人祸'而致，发起了联名签字提案，提节制生育，要我签名。我是生气的，我只盼一个廉洁奉公的好政府，否则一切岂不是纸上谈兵吗？健康的身体本不是一件容易得来的事情，没有新社会，'东亚病夫'恐怕还是'东亚病夫'。今天的社会，大家的健康有保障了，但仅仅有个健康的身体是不行的，没有好的思想，怎么能继承国家的大业啊！前几年搞成什么样子了？世界上科学发展日新月异，我们的科学文化日趋下降，那样继续下去，重复'东亚病夫'不是不可能的。"

　　林巧稚说到这里,刹住了话题,看得出,激动与悲愤使她停下了。突然间,她问道:"你相信不相信,你们青年的思想很活跃,它像一块干燥的海绵,有毒无毒,毒大毒小的水分都能吸。社会上许多事,人们的一举一动都会影响青年人的思想。我在上中学时,"林巧稚抬头眺望着窗外那碧蓝的上空,讲起了青少年时的事。"有一次,为同学补发网,被老师看见了。她拿去一看,脱口而出,'你的小手真巧,我看你将来当个外科医生一定不错'。老师扔下这句话就走开了。'当个外科医生''当个外科医生',我就像着了魔似的,老想着这句话,它竟成了勉励我的动力,长大了当个外科医生。从那往后,我在心里就埋下了立志学医的念头。不过那时思想是模糊的,简单的。凭什么呢? 没有任何可靠性,只是有一股子学医的热情,谁又想这句话竟成了指引我生活道路的潜在力量。

　　"上了协和医学院,我们遇到的困难,经济上的、学业上的、生活上的是当初一般学生很难忍耐的,班里没有谁比我家庭经济政治地位再低下的了。如果学习上不去,更没有人看得起了。我真是天不怕,地不怕,放下一切其他的追求,脑子里就装一个念头——当个外科医生,不达目的,誓不罢休。只有父亲生病的消息传到我耳朵里,影响了我一阵子学习,我怕断绝经济来源,动摇了继续学下去的信心,是哥哥嫂嫂在最危难的时刻,付出代价,接济了我,我重新鼓起了勇气——当一个外科医生。我没有别的好高骛远的想法,就是脚踏实地地学习、思考、实践。这样努力的结果是,没有办不成的事。

　　"青年同志们问我怎么成才的,这不是秘密,是公开的。如果说医生的成才,基于不离开病人,推而广之,一切成功的秘诀,基于不脱离实际。妇科病、产科病复杂透了。妇科的绒毛膜上皮癌、盆腔结核、妊娠合并肌瘤、新生儿溶血症、内分泌紊乱、妊娠合并中毒症;产科盆腔狭窄、前置胎盘、多胞胎等,其他常见的妇科病、难产就更多了,可以说一人一个样,有规律又没有规律。但我从跨进妇产科门开始,就再也没有离开它,一口气做了五十年。

　　"一九七四年,我同斯诺夫人和蒙托尔先生谈了很长时间,他们对中国妇女的经济政治地位很感兴趣,还想要知道中国少年儿童的教育现状。我告诉他们,中国人民推翻了压在我们头上的'三座大山',妇女还要多推翻'一座山',那就是受丈夫压迫的'夫权主义山',这样经济和政治都享有平等的权利了。这些都早已成为历史了。

"现在的妇女,一个是想做好工作,一个是想改善自己的生活。过去吃穿要受家庭丈夫的管束,现在不啦,自由多了。不少丈夫主动为妻子安排,这是地位的变化。过去是晚辈侍候老人,现在当小辈的都有工作,就顾不上了,反过来,老人家还得照顾晚辈,忙家务带孩子都要做。斯诺夫人听了频频点头。"

林巧稚兴致勃勃地说:"那一次我们谈了许多,我也参观了美国的现代化设备。看得见,科学技术确实帮了医生大忙,但是我也担心会不会使医生同病人分离呢? 临床医生,目前还不能单靠仪器和机器,还是要走到病人身边去。"

说到这里,林巧稚又停住了,突然问:"记者同志,我讲远了吧! 青年同志们爱听吗?"

记者早被林巧稚这番话深深地吸引住了,进入到一个新的认识领域,咀嚼着眼前这位八旬老人这番话的寓意。被林巧稚这么一叫,他那遨游在美妙太空的神情一下子收回到这洁白的病房里,连忙回答:"林主任,你讲得太好了。你是在用你生命谱写的乐曲在教育我们青年,千里之行,始于足下,养成脚踏实地的习惯,不厌倦任何一件平凡的工作。一切事情都应当像您那样从实际情况出发,实事求是。"

林巧稚嗨嗨地笑了,笑声中,表达了她对这位青年记者的赞赏和满意。

"这可不是我教的,我还是从主席、总理那里学来的呢。"说着,林巧稚又进入了回忆,"还在建国初期,一次毛主席请我们到他家里做客。他认真详细地向我调查有关血吸虫的一些问题,三四十年了,我一直记忆犹新。他反反复复向我们了解血吸虫是怎么生活,怎么滋生的。毛主席静静地听着,深深地思考着,令我感到吃惊。毛主席搞调查研究,把问题问得这样细致,真比我们试验室做化验还要细。我就此从主席那里学习到了工作态度和工作作风。作为研究人体生命健康的医生,对病人就更应当了解得细一点。从主席那里回来,我想了许多,毛主席这种深入细致的工作作风,我应当要学到手,还应当让所有的同志们学到手。我就叫来准备提升护士长的青年,学着毛主席的样,问了她几个问题,护士长脸红了。她是个工作认真负责的好同志,也没有想到过护士还应当要知道病人家庭经济社会地位,心理状态,想什么,缺什么,要什么。从问了她以后,这位张护士长也学会了,就连现在的护士长也学会了。"

林巧稚接着说:"一次我到总理家做客,他问我计划生育的情况。从全国计划生育工作问到开展计划生育工作,采取的技术措施,有什么好的做法,存在什么问题。总理很风趣地说,在技术措施上,男同志是否也应当要承担这方面的责任。总理说这个话是有根据的,是通过调查得知男同志做节育比女同志更方便才说的。他那种全面深入地调查研究、细致地解决问题的思想方法成了我的精神财富。我这个人是说干就干的人,对来妇产科的毕业生,要求他们必须好好地先接生一百个。有些青年医生开始觉得烦了,后来他们懂得了实践出真知的道理。只有有了一定数量的实践,才能认识生孩子的规律,才能清楚可能会出现的障碍,提出解决的方法。"

林巧稚谈兴正浓的时候,护士来了:"记者同志,你怎么还没走,我可得轰你了。时间太长了,医生是不允许林主任接待客人的,为什么这样,你应该清楚。这样你是要负责任的。"记者脸红了:"多好的护士啊!"

林巧稚自己赶紧截住了护士的话题:"这不怪他,这比我自己吃药还要紧。我肚子里的话不能不对他们说。"林巧稚还要往下说,记者已经站起了身,他不敢不听护士的忠告,因为他不懂林主任的病情与说话有什么样的严重关系,会出现什么严重后果,只好依依不舍地挪动着脚步。

在人们的心目中,林巧稚是位医生,是位妇产科专家,可她这番短短的话给了记者很大的启迪。他在挪动脚步时,感慨地喷吐而出:"林主任,你的思想多么丰富,认识多么深刻。我们年轻人真得好好向您老人家学习。我又是多么希望再听您讲讲啊!"他贪婪地望着平静而愉快的林巧稚,歉意地说:"林主任,那……"

林巧稚没等记者把话说完:"你坐,你坐。"指着记者原来坐的位置:"今天我精神很好,话憋在肚子里不利于治疗,全说出来,心里就舒坦了,也就放心了。"

护士为难地,但又非常理解地把头一甩,俏皮地说:"主任,那我可也要报告医生了,就说林主任不服从治疗!"

林巧稚一听哈哈大笑:"好有原则的护士,拿医生来吓唬我,行!"

记者见此情景,插了一句:"林主任,我想您也一定会遇到过这类情形,您那时是怎么处理的?"林巧稚没想到突然挨这一当头"将",尽管毫无思想准备,但她也毫不含糊:"我? 原则上是不许可,个别情况特殊对待。"他们俩一起笑了。

"我还想请你向青年们,特别是女青年转告一件事。"林巧稚接着继续对记者说,"身体好非常要紧,党中央把社会主义四个现代化建设准备工作做好了,需要我们投入建设,没有健壮的身体怎么行?"

"林主任,听说您的身体一直不错,过去很少得病,是吗?"记者想用此话来宽慰林巧稚。

"我从小喜欢运动,游泳、打球、演戏、徒步旅行、野外露宿、滑冰,都喜欢玩。我进协和医学院,每到冬季,每天我就绕着医院跑一圈。有人说我是发疯,有人说我心血来潮,我可不在乎这些风凉话,我跑我的,几乎就是一个人。以后坐一天门诊,晚饭碗一放,我就找惠芳溜一趟马路,近时走到崇文门,远时步行到珠市口。六十岁生日那天,我爬上了香山鬼见愁。侄孙和侄女他们怕我年岁大,有点高血压,动员我不要上,结果我比他们先到顶峰。"说到这里,看得出林巧稚的情绪激动极了。此时,就好像正在鬼见愁山顶上一样。

"身体不好,挑不起重担。"林巧稚一下子又把话题拉回来了,"记得那时协和一个班往往有四分之一的同学被淘汰,其中多数是由于身体垮下来的原因。抗战前,协和医学院没有一届学生如数毕业的。当医生不比当学生清闲,产科医生更艰苦,夜间比白天忙,没有健康的身体,就当不了妇产科医生。我的一位老同学比我高一届,吴大夫,他当了一年医生得了肺结核,就被淘汰了。我在协和六十年,始终如一,两句话,脑子不懒,身子不闲。现在老了,恐怕不行了。"记者热情地鼓励说:"没问题,等好了,继续坚持锻炼,我们相信您一定会好起来的。"

"但愿如此。这是自然规律,不可抗拒。当医生的相信科学,不相信迷信。"

记者突然起身:"主任,给您倒点水吧! 是不是该休息一会儿?"

"南方人不爱喝水,门诊从早说到晚,我也不爱喝水。"林巧稚一边摇那只能活动的手,一面阻止记者起身倒水。

"你读过古诗吗?"记者被这突如其来的问题给问住了,不知林巧稚问这话什么意思。古诗虽然读过一些,但在这位老教授面前怎敢班门弄斧,支支吾吾地回答了一句:"没学好!"

"噢,我是想请你们报社,特别为女青年说说话,关心爱护女青年生理上的特殊性,学校、工厂、农村对女青年的照顾,我总不是那么满意。

"我把妇女的一生分为六个阶段,即新生儿期,儿童期,青年期,性成熟期,更年期和绝经后期。青春期是指性器官开始发育到成熟的一个过渡阶段,一般从十三四岁到十七八岁。这一阶段中,身体和精神方面都会发生极大的变化。一般认为月经出现标志着青春期的到来,实际上月经出现前一两年,身体各个器官及神经系统已经开始发育,全身姿态、声音、面貌、体格都发生显著的改变。与此同时,性格感情也都有所改变。特别要紧的就是保护女青年月经期的健康、卫生和情绪。月经对于所有的女子都是正常生理现象,不是丑事、坏事、见不得人的事。月经期,会引起全身和局部的变化,多数妇女在月经前期或者经期多少会有些不舒服,这些都是正常现象。有些腹痛很厉害、恶心、呕吐现象,这些都是痛经。产生痛经有多种原因,精神过度紧张就是痛经的原因之一。过分的情绪波动还会引起月经的停止和出现过多。"

记者告诉林巧稚:"报社时有读者来信询问这些问题,您正好想到女青年的心里去了。"

"是吗? 我最不放心了,大家都存在的事,往往都被大家忽略了。月经期间,女青年要注意休息和充足的睡眠,避免剧烈运动,特别要注意清洁卫生。月经期不在盆里洗澡,以免感染;不要久坐湿地,不要下冷水受刺激。如果月经很多,时间持续过长,或周期不准,月经紊乱,要及时就医治疗。营养虽然不成问题了,但搭配要合理。女青年好偏食,这对健康不利,要多吃含钙、磷和各种维生素的食物。不要怕太阳把脸晒黑了,要多晒太阳,多呼吸新鲜空气,平时勤锻炼。青年们都健康了,我就放心了。"

记者深深地吸了一口气:"啊,我明白了。林主任,你之所以不愿在国外治病,急着回国,这就是原因之一吧?"

　　林巧稚微微一笑,没有直接回答记者的问题,一只能活动的手,在使劲支撑着藤椅扶把,显然是想站起来。记者忙上前一步,扶着林巧稚:"林主任,您想活动活动吧?"

　　"是的,我自己来!"她一昂头,意思请记者不要上来扶她。

　　"看看,这是一位多么好强而决不甘示弱的女性啊! 在她身上散发着我们新时代中华妇女的性格,这是一种征服一切,而决不被困难征服的女性!"记者全神贯注地看着眼前的林巧稚,只见她一手撑着藤椅,站起来了。眼前站着的不是一个病人,而是一位情操高尚、医术高超的巨人。

　　"你知道吗?"林巧稚慢慢地转过身子问记者,"毛主席说,'青年时期是长身体的时期,如果对青年长身体不重视,那很危险';总理也不止一次地提出,'让青年懂得生理卫生知识很重要'。你想,我这个妇产科医生,连这一点任务都没完成,能放心吗?"

四十七　最后一个病人

守卫在祖国北部边疆某部的一位解放军干部,给一家报社寄去了一封情深意长的感谢信:"我请求报社表扬北京协和医院林巧稚等同志那种全心全意为病人服务的好思想、好作风,使这种新风遍及全国的医疗战线。"

一九七八年十一月下旬,来自祖国南方浙江宁海的一位青年妇女,三十岁,曾因足月剖腹取出了在宫内窒息的头胎婴儿,之后又因结肠扭转第二次开腹。术后第七天开始,伤口感染,三个月后才见恢复。不过,就此月经失调,原来已经形成了窦道。于是,不远千里上北京投奔协和医院,慕求林巧稚来治疗,并希望恢复生育功能。

事情不巧,正遇林巧稚准备出访英国。她得知从南方远道来了一个病人,特地抽出时间为这位病人做了检查,并提出了进一步检查和治疗的方案,歉意地告诉病人:"很抱歉,我要出国了,不能亲自为你治疗了。我已交代给吴葆祯医师,由他负责你的治疗。"

吴医师现在已是妇产科的副主任,早在五十年代初,就是林巧稚得意的妇科门生。他思想活跃,言谈风雅,手术娴熟。吴医师接过主任交给自己的任务,一丝不苟地为患者做了进一步全面检查,事后向病人家属介绍了情况。他实事求是地告诉病人家属:"类似这种手术,协和医院以往本不多做,外院先后三次手术,再做手术,可能盆腔粘连较重,第四次手术有可能损伤肠道,术时出血多,术后伤口感染可能就大。"

偏偏凑巧,上级又派吴医师出国学习。命运就像在捉弄这位青年妇女,患者和家属只得暗暗叫苦,自我埋怨:"为什么早不来,晚不来,偏偏在这些专家教授一个个都要出国的时候才来呢?"还暗自遗憾:"林主任、吴医师早不出国,晚不出国,偏偏在我这个病人来到你们身边的时候,你们要出国呢?天哪,我们好不容易千里迢迢来求你们救命的呀!"患者躺在洁白的病床上,双眼直愣愣地凝视着天花板,泪珠像断了线的串珠,顺眼角流向耳根,落在枕头上。先是暗自流泪,慢慢地抽搭了,终于哭出声。

不知在什么时候,吴葆祯医师随着连丽娟医师来到了患者的床前。原来这都是林主任临走前特地向科里做了交代:"人家从远道来,爱人又在部队,我们医生左一刀右一刀给人家剖了三次腹。这样病人是进了棺材找缝隙的人,我们不撬开棺材板,她就活不了。妇科病房要当回事。吴大夫,等我回来,你要把结果告诉我……"

妇产科的全体医师,就连每个护士,都知道主任的脾气。主任对病人是没说的。对于她点着名做过交代的病人,治疗护理都得格外精心,只能治好不能治坏。如果哪个人稍有怠慢病人的地方,轻者她拉着你一起向病人道歉,重者要追究你的责任。护士听说一个病人在哭,走近她床前一看,吓一大跳,就见病人口咬被头,两手蒙着双眼,哭得呜呜的。心想准有什么心思,赶紧找吴医师。吴医师正在向连丽娟医师介绍这个患者的治疗想法,听了护士报告,两人一起来到病房。

连丽娟医师在妇产科论年资不算高,是新中国成立以后才培养起来的。林巧稚早就试出她有着一个医生应有的心灵,大事小事处处先想到是否对病人有利,所以五十年代末,巧稚就把她当作接班人来培养。

林主任最喜欢她为病人不顾个人一切的工作作风,从她身上就像看见了同龄时的自己;还喜欢她性格温柔,对病人亲热周到的态度。林主任认为这是对一个医生起码的要求,又是高标准的要求。对个别病人容易做到,对所有病人就很难做到,尤其是要求医生自己一辈子都能做到,这是很难很难的。巧稚不仅自己这样做了,希望下一代要做得比自己更好,所以她选中了连丽娟。

　　吴葆祯马上要出国学习,连丽娟当然是知道的。她已经在想了,他走之后,主任交给他的重病人怎么办? 她从主任那里学到一个重要"传家宝",就是随时随地要掌握病人的心理活动。

　　病人最怕在节骨眼上换医师。如果由低年资换高年资医师,病人病情就像好转了一样,沉着的脸就像着了颜色似的,满面笑容。如果由高年资的医师换上低年资的医师,即使换上的比高年资的技术本领强,病人心里总不踏实,好像你不重视她的病,笑着的脸一下子就变得阴沉沉的,或者涨得满脸通红。

　　连丽娟想,这个患者无论如何不能让她精神上再受任何刺激了,要让她鼓起战胜疾病的勇气,看到我们非常重视她的治疗。总之,要让她看到生的希望。

　　她先征求了吴医师的意见:"你看,你走了以后,这个病人交给谁呢?"

　　吴葆祯完全理解病人的心情:"她是冲着林主任才来的,我都怕有负病人的希望。刚刚形成想法,你看,走得也不是时候。"

　　他似乎想回避问题的要害,而连丽娟却静静地听着他的下文。吴葆祯是有想法的,他希望连丽娟能接过这个病人,这对病人是个莫大的精神安慰,可是连丽娟太忙,林主任不在家,科里大事小事她都得操心;再说,自己怎么能把手里的病人交给副主任呢?

　　吴葆祯的心想得很细,他自己和连丽娟是同辈人。他知道,同辈人相互尊重尤为重要。任何一点尊重,都是对她担负工作的最好支持,而任何一点不慎,都会对科里工作带来影响。所以,他希望连医师能亲手管一管病人,当然科里其他同志技术也完全是可以的,主要考虑的是病人的心理因素。他突然反问一句:"要是林主任在,她会把这个病人交给谁呢?"

　　"好吧,那我来管吧!"连丽娟虽然真忙,但还是接过了这病人的治疗任务。

　　正在悲伤中的患者,一见吴医师和连医师来到床前,停止了哭。吴医师直截了当地说:"我要出差了,你的病连医师亲自给你看,你就可以放心了。"病人脸上的愁云顿时烟消云散,破涕为笑:"你们协和医院待病人真好!"

　　手术出院几个月了,为了感谢协和医院妇产科,他们给报社发了一封感谢信。

　　患者哪里知道，正在她们兴高采烈喜气洋洋回到家里时，林巧稚主任自己住进了医院。在出访期间得了左侧偏瘫、脑血栓形成、高血压动脉硬化等病症，这是她生平中第八次住进自己医院的病房。

　　四季的花儿无论生长在多么偏僻的地方，都会吸引蜜蜂。一篇报纸的表扬稿，被一位寻觅"花粉"的解放军某部五连连长追逐。

　　他不为汲取表扬稿上的美丽辞藻，而采集的是那花蕊上长满粉儿的精华。何连长像个叫卖的报童，高高地擎起那份报纸，向他的战士喊着跑去："小张，好了，好了。你爱人的病有指望了，有指望了。"

　　战士们正像一批勤奋的蜜蜂，一起"飞"向连长。

　　连长兴奋地说："大伙儿快看，北京协和医院妇产科主任林巧稚和她的学生治好的这个病人，我看跟小张爱人的病情差不多。"

　　话音未了，战士小张就来到连长身边。连长举手重重地给小张肩上一掌："快，你看，好小子，有救了。"在他说这话的时候，眼泪在眼眶里直打滚，他为寻觅到这则消息高兴，为小张爱人有救激动。

　　部队这个大家庭就是这样，一人有难，全连牵挂！自从小张把自己爱人的病情泄露出来之后，全连干部战士上上下下一百多人，无一人不为之操心，无一人不关心这位普通战友的家庭。他们早早晚晚三天两头总有人不是来献打听到的良药秘方，就是为他献计献策。比小张只大几岁的连长，比惦记着亲兄弟还要焦虑，时常记挂着这位战友的家庭，好不容易从报纸上得到了这样一条消息。他真是如获至宝！

　　"小张，你说，报上说的像不像你爱人那样的病状？"不容连长再说，战士群里就喊开了："小张，你快念念，让大伙儿听听，帮你对照对照！"

　　要说小张，在连队多年，一年探家一次，时间很有限。只是从家里来信断断续续知道自己爱人病得不轻。许多医学上的名词不那么好懂，对病情似知非知，反正知道很重，家里怎么来信，他就怎么给班里战友们叨唠。前些日子，病又加重，他知道的，班里文化程度比他高的，也就都知道。

　　小张念完报上的表扬信，在场的同志们坚信不疑，异口同声地说："就是，就是，这回好了，有指望了！"不知谁喊了一声："连长，快命令他回家带老婆去看吧！"

连长兴奋的心情已经平静下来了,两眼紧紧盯着小张。他知道这位老兵在对待自己和家庭、个人和集体的事上,总是把两者关系放在天平上思考。对自己爱人的病,把家当全贴上了,心里也已经有准备:神仙也难拉得回来——没治的了。他想开了,把钱扔进苦药的"大海",倒不如尽量满足自己爱人的口腹需要。

连长又想,报上这么说,能不能治好,会不会又刺激这位战士痛苦的心,也不知道。他自己反而有些后悔,觉得自己不该那么冒失,应当先和小张谈谈,摸清他近来有些什么新的想法,尔后再把报纸交给他。

在场的战士没想那么多,还在一股劲地鼓动。小张的心就像突然遇到了一阵强风,一下子掀起了滚滚的巨浪,但又好比是大风的尾声,很快风平浪静了。

他冷静一想,这怎么可能呢? 中国这么大,十亿人口,一半是妇女,什么人都找林巧稚,她老人家一双手忙得过来吗? 想想自己是个普通一兵,为爱人的病求亲托友,也不知求了多少人,求得心里都有些发怵了。多看一个医院,多增加一份思想负担。

同志们都静静地等着小张拿主意,小张却毫无信心,气氛沉闷得使人窒息,还是连长划破了沉静:"小张,咱们写封信试试吧,问问情况也好吧!"

林巧稚已经第九次住进了协和医院五楼病房。这次与她一九七九年从英国回来那次不同了,病情显著恶化着。神经科、内科的医生,对什么样年龄人患什么样的病,会是什么的结果通常都有一个客观的认识,这是完全建立在医学科学的基础上的。

从妇产科医生护士的表情可以看出,这个科正预兆着定将发生着一场不可逆转的悲痛。一个个人的脸上是那样得呆板。许医师的脸上一丝笑容都没有了,平时她原本就不爱说话,现在更没有话了,担忧和希望交织在一起。她在林主任手下工作几十年了,如果从性格剖析,假如林巧稚算是开放型的性格,那么许医师恰好相反,是属于内向型的性格。而两位截然不同性格的人相处得亲密无间。许医师什么时候都把主任当自己的长辈一样尊敬。假如谁要问一句:"许医师,这个事——你看……"不等别人把话说完,她就反问了:"这事问我? 问林主任了吗? 她怎么说?"要不就说:"好吧,听听主任意见再说。"

自从一九七八年底主任患病住院，她的心就像压了块石头。她不仅是林主任的学生，而且心甘情愿地当主任的助手。自从叶惠芳调走以后，她便是林主任的忠实伙伴，她决心要像主任那样，把心捧给妇产科事业，不惜用最大的牺牲去换取事业上的成功。眼前的主任，已被诊断为脑软化症，即使最好的情况，不再继续发展，要想夺回耗尽油的生命，难哪！她难受地低头不语，拼命地工作，用此抵挡心中的忧愁。

一天，林巧稚的秘书邓医师在拆阅来信中，发现了一位战士的信。邓医师跟林巧稚当秘书时间虽然不长，但林主任一言一行潜移默化地铭刻在她心中。周围的一切都告诉她，林主任的一生，从来不是为自己活着，她活着就是为病人：多治愈一个病人，就觉得自己生命存在多一份价值。"请林大夫看病，有求必应"在老百姓中已流传四十多年了。对病人认真负责，完全彻底，在林巧稚主任身上，没有见她有过一天动摇。凡是病人需要的事，她总要努力设法满足要求。想起一九六五那年，她为了参加医疗小分队，听说当地眼疾病人多，林主任居然学习起眼科来了。还有什么比这更能说明这位老人对待病人的至诚之心呢？

邓医师正是根据主任的这种思想行为，小心谨慎地体会着与林主任有关的一切事情，脑子常常提醒自己："这些事情，如果主任处理，会是怎么样的呢？"邓秘书回忆着主任多年来指导她处理事务的思维方法，把接待的一件件事做了安排，等待主任睡眠充足醒来，神志清楚的时候，把亟待解决的事简明扼要地向主任做个汇报。林主任满意地称赞："好，应该这样，你就这样办！"

小张的父亲，这位年逾花甲的老人，双手捧着一封印有"协和医院"四个殷红大字落款的信："小张啊！这是你连长转来的！"一家三代人，团团围着这封信。小张把连长和同志们逼他写信的前前后后说了一遍，意味深长地说："真不敢想，信回得这样快。"他掰着手指一算，自打信从连队发出，到回信寄出的邮戳看，前后才四天时间。这就是说，信在林主任手上连一天都没有耽误，当天接信，当天就回信了。

老汉一听："啊，是这么回事！"老人家激动无比地说："别看这薄薄的一张纸,它捎来的是老专家的一颗心,分量可不轻啊!"小张母亲脸上的愁云,两年中越结越厚,经儿子和老伴这么一说,满脸阴云也开始游动了。因为高兴,显得有些激动:"哎,谁知道呀,为啥头两年不给人家写个信件。我瞅你们,分明是瞧不起人家老太太。人家和咱不一样,俺是庄稼人,人家肚里有墨水,早点求人家看,媳妇也少受这份罪。"

小张爱人的心里则有她的想法:论说县医院、省医院,一连看了七家医院,解放军医院都去了,剖了三次腹,花了两千多元钱,都没有治好,难道林巧稚真是神仙不成? 也就是连长和战友们一片热心,小张对自己一份夫妻情谊罢了。她接过婆婆的话茬:"妈,你别听小张的,咱高低不再去花那份子冤枉钱了。"

小张却信心十足:"不,人家信上说'请把患者的病情再详细说一下',还嘱咐咱'来信仍寄林巧稚收'。你看,这不明明等着俺回信,还生怕把回信弄丢了,或者拐弯抹角耽误了。"公公不忍心儿媳妇在家受病魔的折磨:"俗话说,天无绝人之路。人家是专家,见过的怪病多,兴许有法子;就是没法子,看一看,总比在家好。"

就这样,左一封信,右一封信,经过三个回合,小张接到了通知:"如可能的话,速送患者来院治疗!"一家子高兴得不知如何是好,年迈的婆婆忙为儿媳妇进城准备家乡土产:花生红枣。边收拾边说吉利话:"多谢老天有眼,保佑咱儿媳妇一路平安,上北京去见神仙。"又对儿媳妇说:"这回你有病,没法多拿,这些你先捎给林主任,给娘捎句话,'不是请她老人家看病送礼,是咱农村老婆子给城里俺这位林大姐尽点心意,都是家乡土产,没啥新鲜的,请她别嫌弃'。"

儿媳妇见婆婆为自己进城看病如此虔诚,止不住流下了眼泪。她知道别家医院早就判决自个儿的病是不治之症,有的医师早说了:"省点钱吧,给病人准备准备。""肚子上也只能拉三刀,再拉就得装拉锁了。"

总之,说什么话的都有,要不是全家这么劝说,她不愿意再上医院,受那号无名的精神折磨,早就拿定一死了之的主意,省得再连累年轻的小张。夜里连做梦也在想寻死法子的人,如今又要去北京,公婆又都抱着那么大的希望,只怕,这一去就别想再回来见面了。

一九八〇年一月十一日,林巧稚的学生黄医师接待了这位患"不治之症"的病人。当她接过病人手里以科主任名义发出的三封信时,黄医师明白了,这是林主任请来的"客人",立即电话告诉邓秘书:"林主任请的'客人',今天到了,请示主任有什么吩咐?"

妇产科的医师,如此尊重林主任,不只是黄医师一人,这是这个科的传统习惯。七十岁、六十岁、五十岁、四十岁以至刚刚走上工作岗位的年轻医师,大家都知道,凡主任特地发信请来的病人,都是经过她深思熟虑的,多半是经过一定的往返信件或几次门诊调查或初诊过的。不仅考虑到病人病情的复杂性和治愈的可能性,她还考虑了给予治疗的针对性。也就是说,是自己动手治,还是由某某医师治。这时候,她才会下决心,请患者来医院治疗。真好比是一个出色的军事家,知己知彼,运筹帷幄。林巧稚从来不满足于自己丰富的临床经验,更多地培养学生的临床经验,使他们各有所长,发挥各人的优势。自己则像是一名军事指挥官,对部下的技术了如指掌,使妇产科形成了一个群体力量。有了这样一股力量,还有什么困难克服不了,什么疑难病症不能治愈?

三封来信之后,林巧稚发话了,这个病人交给十五楼,显然就成了十五楼病房主治医师的责任了。林主任和邓秘书已经交换了意见,一致看法,过去三次手术之所以没有根治,原因是只做腹壁脓肿切开术。这是不行的,只有切除腹壁子宫瘘和有可能形成的腹壁窦道,才能彻底治愈。余下的问题,就是手术的难度,黄医师心细手巧是能够拿下来的。

为等待患者处于良好的生理状态时施行手术,推迟了第一期手术日期。第二次定的日期到了,血库的血源又不充足,再次推迟了。但却没有因为医师身体不好,再做第三次推迟,这就是主任——林巧稚"传染"给学生们的作风:医生和病人,从来不是病人服务于医生,而是医生服务于病人。医生的圆周,永远是围绕着病人这个圆心。

一月二十九日,小张的爱人,患"不治之症"的农村青年妇女,又躺在洁白的手术台上,这是她第四次上"刀山"了。前三次,一次在省城医院,两次也是在北京,第四次躺到了协和医院手术室。

"好家伙,偌大的手术室,真排场。"患者扬头扫视了手术室的四周,心想这个医院与前三个医院就是不一样,就连人也比以往医院多。

七八个人戴着一式的筒帽,罩到眉沿一条线上;一律后背扣带的白大褂穿在身上;一样洁白的口罩把鼻子、嘴、两块腮帮子捂得严严的。医生护士都亲昵地叫患者"小惠"。

小惠看着她右边的大夫,双手半举在空中,心想,这大概是黄医师啦,因为事先说好,黄医师开刀。不过这个人怎么显得高了呢?他(她)看着自己,眉毛不住地上下挑着,就像在和自己说话。哎呀,护士长昨晚还告诉我说:"明天的手术可能有变化。"小惠一听心凉了,俗话说,事不过三,我开这一刀,一推再推,再推三推,事竟过三,看样子开不得了。没等小惠把心里话说出口,护士长接着就把事挑明了:"黄医师在发烧,39℃多,如果烧退不下去,你的手术还是推迟一下好。"

"是这样。"小惠这才清楚三推的原因,连忙说,"那就请黄医师休息好了。这么长时间都熬过来了,也不在乎早一天晚一天的,反正我已经到这份上了。"

护士长连忙阻止她:"那还了得!你是我们主任请来的'客人',多耽误一天,出了事怎么向你们交代?主任怎么向妇女界交代呀?"护士长这番随口而出的实在话,重新燃起了小惠生的勇气和希望:"护士长,还有这么深的理儿哪?"

小惠躺在手术台上还想着昨晚的事。我虽然不懂太深奥的道理,护士长的那几句话还是明白的。林主任对每一个病人,从来不是孤立地去看待,而是把对每一个女病人的负责精神和对整个妇女的爱连在一起的,真不愧是我们女人们的知音。

就在小惠这么海阔天空想着的时候,耳边已响起了器械声,肚子里好像被什么牵动了一下,并没有感到疼。小惠尽力睁大眼睛想看看周围,但视线是那么模糊,手臂似乎被什么带子绕着,腿好像不在自己身上,脑子想指挥自己,可是什么也指挥不了。耳朵里就像听见有人和自己说话:"疼不疼?"自己也回答了:"不疼!""难受吗?""不难受!"事后才知道,什么也没说。深度麻醉,人似清楚非清楚,似糊涂非糊涂。除了听见刀叉剪子叮当声,其他是自己的意念。手术干净利索。经过四个小时的鏖战,黄医师疲乏而又高兴地走下了手术台。

第四次剖腹手术,做得这样成功,是多么艰难呀!第二天情况良好,第三天正常,第四天拔除了引流片……拆线之后,又经过几天的理疗,二月十四日,病人便健康地出院了。

一月二十九日至二月十四日,这是小惠终生难忘的日子。她被协和医院妇产科的同志从死神的手里拉了回来。

林巧稚虽不曾亲自为她检查,也不曾亲自为她手术,但发生在小惠身上的故事,不是林巧稚毕生之经历凝聚成的吗?是她第一个伸出手用力把小惠拉出了"坟墓",把这奄奄一息的人交给了自己的学生。

就小张当初想的"十亿人口,一半妇女,林主任一双手忙得过来吗",如果真靠她自己一双手,再大的能耐,也撑不起"半边天"。如今她用自己的思想、自己的技术培养起来的学生,已经接过了林巧稚的精湛医术和高尚的医德。

小惠要出院了,她怀着感激和崇敬的心情,要求见林主任一面。她想着,婆婆托她捎进城给林大姐的家乡土产还没有转交,回家怎么向娘交差呀!

这一天,林巧稚恰好到病房来看病人,她自己还住着院的人,心总惦着妇产科的病房。林巧稚见到这位三封来信的年轻"客人",伸出她那能活动的手,抚摸着小惠的头,对邓秘书说:"她们没有诊断错吧!告诉她们,要随访,不能就此了结。"这才对小惠说:"你年轻,有病不能拖。为什么不早来呀?吃苦啦!给你预约了吗?过些天再来复查一次,不要忙着干活,要好好地恢复恢复……"

一席话感动得小惠不知说什么好,只深深地喊了一声"林主任",热泪已盈满了眼眶。把原先准备好如何感谢林大夫,感谢妇产科同志们的话,应当转达的婆婆问候的话,送给林大姐家乡土产的事全忘了,一直看着这位满头银丝的老人走出病房门口。忽然想起来还有话要说,可是林主任早已走远了!

半年之后,小惠的体重增加了二十公斤。当她们夫妇俩送来"情深义重妙手回春"纪念镜匾的时候,林巧稚主任正处在病危的又一次抢救之中。

一对年轻的夫妻,只是默默地看着林主任,希望她老人家早日恢复健康!但他们却不知道,小惠是林巧稚从事医学工作治好的最后一个病人。

四十八　春蚕丝吐尽

清晨,一丝柔和的亮光,透过窗棂射进病房,夜的余温在一片宁静的气息中消散着。

林巧稚在病床上翻了个身,笑眯眯地睁开了眼睛说:"好了,好了,又是一个胖娃娃生下来了,你们看,他长得多俊呀!"

这是她重病复发陷入半昏迷状态后,时常发出的呓语。

守在病床旁边的邓秘书和特护听到声音后,互相对视了一下,连忙俯身凑到她的跟前,仔细地打量这位从梦中苏醒过来的慈祥的老人。虽然她面庞消瘦苍白,眼窝和双颊深陷,但是那永远闪动着亮光的眼睛和眼角上细腻柔和的皱纹,还有那开阔光亮的前额,却永远给人一种温和、慈祥、欣慰的感觉。那深邃的思想和炽热的感情都蕴藏在她眉宇之间,让人一眼似乎就看到她胸膛里跳动着的那颗赤诚的心。眼前,喜悦的感情又从她眼角里流溢出来了,那些光波射到哪里,哪里都会产生共鸣。

邓秘书心头热乎乎的,一颗泪珠滚落下来,但她尽量克制住内心的感情,做出一副同样愉快的笑脸凑过来说:"林主任,您又来参加助产了?"林巧稚高兴地点了点头,眼角的笑意更浓了:"今天挺顺利,一连接生了六个婴儿。六个,都是白胖胖的,真招人喜爱! 你都看见了吧?"

邓秘书轻声回答说:"都看见了,真是讨人喜欢的孩子! 林大夫,我来给您洗洗手吧！"

　　林巧稚抬眼望了望她，露出满意的神情。她挪动了一下身子，强撑着要把那已经失去了知觉的手伸给邓秘书，嘴里喃喃地说："嗳，你给我洗吧！我太累了，太累了，我要休息去了！"说着，又慢慢地闭上了眼睛。

　　邓秘书捧起林大夫那双手，轻轻地为她按摩着。泪珠又止不住簌簌地滚落下来。

　　在林巧稚病情稳定、精神好转的时候，邓秘书曾经好奇地问过："林主任，您这双手接生过多少孩子？"

　　林巧稚望着布满青筋、皱纹的手，凝神默想了老半天，然后深沉地说："有几万个吧！"

　　一双手，把几万个小生命接到人世间来，这该是多么大的奇迹呀！后来有人写诗专门称赞她这双手，说："孩提千万经匠手""为中华妙手接生五万婴"。

　　林巧稚自从一九七八年在北欧四国访问期间突然病倒在英国之后，回国就住进了协和医院。经过半年左右的治疗，没有痊愈就急着出院，投身到紧张火热的工作中去了。她编书看稿子，会诊疑难病症，接见来访客人，出席各种会议。一个年富力强的健康人都难以胜任的繁重工作，她都承担下来了。她一直相信自己的生命是不会衰竭的，她的身体素质和坚强的信念，给她以强大的精神支柱和足够的勇气，去跨越生理的界限。

　　有人劝阻她："林主任，您年纪大了，身体还没恢复，不能太劳累了！"对于这些好意，她只是报以一笑。

　　她常对她的侄儿侄女们说："你们是知道我的，我是一刻钟也闲不住的。闲下来我便会感到孤独、寂寞。上帝如让我的生命还存在在这个世界上，那么，我存在的场所便是病房；我存在的价值便是医治人；我的伴侣便是床头那部电话；对外交换的信息，便是了解病情和提出治疗方案。"

　　然而，一九八〇年三月一日，她刚参加完全国妇联会议，便突然感到下肢无力，上下楼梯异常吃力。第二天又感到两侧耳鸣，头部发麻发胀。到了三月三日晚上七点，不得不再次住进了协和医院。

　　这个一生都为人治病的老人，如今是自己躺倒在病床上，让人为自己来治病了。她生命存在的场所虽然依然是病房，但她自感生命存在的价值，却完全不一样了。更何况,她离开了自己终生的伴侣——那部与她朝夕共处的电话,断绝了她与外部交换信息的媒介,她感到十分难过。真是度日如年呀!

一天下午,副院长带着专家、教授来为她会诊。还未等人们开口,她便再也按捺不住自己的感情,像发怒的狮子,向那些为她会诊的人说道:"你们不知道吗?让我一个人困在病房里,我再也忍受不住了!我离不开我的岗位,没有工作我一刻也活不下去。我感到寂寞、孤独得可怕。如果一定要我休息,不如让我回家吧!在家里我也一样可以养病。再在医院里住下去,我会发疯的!"由于激动,她的嘴唇在颤抖,一只痉挛的手紧紧地抓住了床单,脸颊上挂着两颗晶莹的泪珠。

前来会诊的专家教授们,被这突如其来的愤怒震惊了。他们不知所措地互相观望了好久。经过反复的磋商,最后不得不勉强地在诊疗单上,签上了让她出院回家休养的意见。这样,她在医院里仅仅住了一个月,又像是获得解放那样高兴地回到了自己的家,又抚摩到了与自己朝夕共处的那部电话。有了它,便有了工作的机会,有了发出信息与取得反馈的渠道,生命便有了欢乐,有了别人无法估量而只有她自己才感觉到的生命价值。

她由困守在病床上的病人,又变成为人解除病痛的医生、专家;她没有休息的日子,即便是指定她在家休养的日子里,她永远没有下班的时候。谁敢相信,她是一位被病魔缠身的八十多岁的老人。然而,现实终归是现实。

又过了八个多月,到了一九八○年冬。在十一月三十日的早晨,林巧稚起床去上厕所,竟然失控地摔倒在地板上,左枕部着地,头脑震荡很厉害。第二天夜里病情加重,出诊医师决定立即送她到医院治疗。老人听了,依然执着地向医生请求说:"不,还是在家里养吧!吃点药就会好的,以往多少次不都是这样过来了吗?"

是的,以往是多少次都过去了。可是这次呢?这次的病情异常严重。留在家里没有急救设备,耽搁一分钟都可能出现意料不到的危险。

这是现实。医检的各项指标都显示出危险的信号。没有什么理由再迟疑了,医生们要为这位受人尊敬的老人的安危负责。

这时,她的侄女和侄女婿也出来与出诊医师结成了"联盟"。老人看到一切都已是无法改变,只好离开了她的卧室。

临走时,她用那还能活动的右手把枕头放正,把被子拉平,盖上了那条绣着花边的湖蓝色床罩。又转到伴随她已近半个世纪的写字台前,打开抽屉,把珍藏了好久的一张周总理相片,让华康帮她压到玻璃板下。

接着,她又把邓大姐转赠给她的一束鲜花,端端正正地放在周总理像前,回头叮嘱说:"阿铿,我求你一件事,千万不要忘了,经常给花瓶上水,每天都要上!"

说完,她不让人换扶她,从里床口转到外床口,走到了床头柜前,用手亲昵地抚摸着那部电话机,转过脸来说:"华康,请医院里来人,把电话挪到过道里去吧!放在我房间里你们都听不见,接电话也不方便!如果有人找我看病,你们要转告我,千万不能耽误了人家的病!"

叮咛的话都说过了之后,她这才转身对出诊大夫说:"好了,我们走吧!现在你的权力大,我这个主任也只好听你的了。"

说罢,她又转身对着穿衣镜用手往后捋了一下头发,对懿铿说:"你帮我把扣子扣好。"懿铿连忙帮助老人把领扣扣上,又为她把两边衣角拉平。林巧稚这才跟跟跄跄地迈出门去,坚持不要人们换扶,自己扶着楼梯走下去。

一九八〇年十二月二日零点三十分,她被送进了五楼 W 病房,这是她一生中第十一次住进医院。她自己还不知道,这竟是她最后一次住院。

她在病房还像从前那样,一切都不要护士护理,大小便不愿意用便盆,也不愿意让别人换扶,自信自己还是一个完好的人,住在病房不过是工作之余的一段小憩而已。她还是这么想:"我活着是为别人治病的,是为别人分担忧苦的,怎么能因为自己增添别人麻烦呢?"

可是十天之后,十二月十二日九点五十五分,林巧稚又一次摔倒在地上了。第二天,当医生问她:"林主任,你什么时候摔倒的?"她迟疑的眼神终于宣布了人们所不希望看到的结论:她——失去了记忆!

周围是一阵窒息般的沉默。

几分钟之后,医生们再次启发她:"林主任,你摔在什么地方了?"

她似乎清楚了些,含糊不清地说:"在厕所里。"

十四日,她发出了记事以来第一次呻吟,不断地重复说:"头震得疼,头震得疼!"到了三月二十八日,她忍不住心中的烦恼,对邓秘书说:"我难过死了！我——可能要死了！"

她这么个干脆利落的人，一下子瘫痪了，躺在床上，自己支配不了自己，连翻身都不自如了。她哪里有这样足够的精神准备呢？当她那洋溢的热情和喷涌的精力，一下子被拘困在萎缩松弛的肉体之中，并且意识到再也无法从这种困境中解脱出来的时候，一种无法诉说的烦恼烧灼着她的心，她感到这样活着比死还要痛苦。

林巧稚的健康状况陡然恶化，牵动了整个医学界。协和医院、北京医院、三〇一医院的专家教授们聚集一堂，精心地研究治疗方案。这消息也惊动了中央领导。

邓大姐闻讯后，亲自到医院来看望她，在她的花瓶里插上一束鲜艳的红玫瑰。彭真偕同夫人张洁清，也来探望她，送来一盆林巧稚素常喜爱的红心黄边秋海棠。

一天，康克清大姐来医院里看她。那天她的病势更沉重了，一直处在昏昏迷迷的状态中。但是康克清大姐走到她的床头拉住了她的手时，一种特殊的生理反应又使她暂时地清醒过来，她竟然认出了康大姐。她的嘴角翕动了一下，十分困难地喊出了一个"康"字，随后又用早已不听使唤的手费劲地拍打着康克清大姐的手，以此来表示对大姐多少年来所蕴结的亲昵的感情。

一阵清幽的花香传送过来，她感觉到了，转过头向茶几上望去，一盆米兰亭亭玉立，吐露着芬芳。她微笑了，眼角里流露出谢意。她嘴角不住地颤动，想要说话，但是说不出来。她平素是个心直口快的人，对于康大姐有着多少说不尽的话，可今天就只能憋到肚子里了。看得出来，她脸上显出十分难过的神情。话说不出来了，她就紧紧地握住康大姐的手，又按住大姐的脉搏为她号脉。她不知该用什么方法来表示心中像江水一般涌动的感情。只要有一分生理功能，她都想使用出来。

不久，主管卫生工作的副总理陈慕华也到病房里来看她，劝慰她要好好养病，病好之后，国家还准备委托她去筹备和主持好几个重要会议呢！

林巧稚当然会理解这里边的深厚含义，她已混浊迟钝的眼光又变得明亮起来，闪现着兴奋的光彩，好像她即刻就可以从床上爬起来，又精神抖擞地走上会议的讲坛似的。当陈慕华副总理要走的时候，她竟爬起来要下地去送,但沉重的身躯和她那奋飞的意志,已经相距十万八千里了。陈慕华副总理再一次走上前来按住了她,说了许多劝慰她好好休养的话。

陈慕华副总理刚走不久,邓颖超大姐又派她的赵秘书来看她。赵秘书给她带来一束鲜花和邓大姐亲笔写的一封信。邓秘书把信接过来要为她读,她摇了摇头。邓秘书知道她的意思,便把信平展开送到她的眼前,她用迟钝的目光吃力地认读起来,只见那信上写道,

亲爱的林巧稚大夫:

　　六一国际儿童节即将到来之际,不禁要想到你这为妇女儿童服务几十年的好大夫。特送上鲜花一束,对你聊表感谢和慰劳。祝愿你的病体能有所好转,并向你表示敬意。

邓颖超

一九八二年五月二十八日

林巧稚读着这信,心头百感交集。她紧握住赵秘书的手不放,并用虽很微弱但仍清晰可辨的声音问道:"邓大姐好吗?"

赵秘书告诉她邓大姐非常健康。她高兴了,脸上露出孩子一般的甜蜜微笑。她又让赵秘书转告邓大姐:"希望大姐注意保重身体! 我对她已经毫无帮助了,还让她为我操心,我永远感激大姐!"

说完,她的眼睛不住地转动,竭力地向四周搜索着。素知她秉性的邓秘书立刻了解了她的心意,马上凑过说:"林主任,您是想给邓大姐回赠点什么吧?"她咧开了嘴,露出了满意的微笑。

邓秘书连忙安慰她说:"等你精神好些,就让人来好好地为您照一张相,送给邓大姐,你看好吗?"林巧稚很高兴,不住地连连点头。她是多么盼望自己能够恢复健康,还像从前那样,能亲自登门拜访邓大姐啊!

林巧稚重病住院的消息传到社会上去后,立刻牵动了千万个人的心,从天南海北、四面八方纷纷寄来了慰问信。有多少人和这位一代名医有着生生死死的牵连呀!

那几万个她接生的婴儿,几千个她治愈的病妇,几百个受她教诲而成长

起来的医生护士,还有他们的亲人家属、亲朋好友,都永生不会从他们的记忆中把林巧稚的名字遗忘的。"林巧稚"三个字,已经构成了社会的记忆,它会永远伴随着激动人心的场面,储存在人们的大脑之中。现在她病了,危困在病魔的缰绳中,人们怎能不为之担忧伤情呢!

她的亲戚朋友、同学同事、她教过的学生、她曾任过职的单位、担任过编辑工作的杂志社,都不断地有人到病房里来看她。有的甚至从国外,不远万里专程赶来探望她。

为了宽慰天下多少颗悬念的心,协和医院在林巧稚生日的那天,还专门在报上发了一条为林巧稚主任"祝寿"的简短消息。她的同窗好友钟惠澜医师,还为她写了四首寓情很深的诗,题名曰《八十寿辰抒》,刊登在一家报纸上。

她的家乡鼓浪屿,也派人专程赶来看望她。他们知道她对乡土的热恋,专门给她带来了闽南的风味小吃——槟榔芋、庆仁馅饼和糯米粽子。这些都是她平素最爱吃的食品,现在,她却只能凭借回忆来感受它们的味道了。她拉住了故乡人的手,泪水簌簌地流下来:"我是厦门人,我的魂梦每天都是飞向那里的。我爱那里的山,那里的海!那里的海真蓝呀,真蓝……"她闭上了眼睛,坠入甜甜的回忆之中。后来,她真的留下了遗嘱,要求把她的骨灰撒到鼓浪屿的大海中。

啊,这个大海的女儿,她是不会忘记大海的,不会离开大海的!

一天,亲友又来看望林巧稚。这天她的精神又好了些,神志清晰,说话也很爽快,她和家人及亲友谈了许多的话。人们都为此感到高兴;但是一些生活阅历较深的人却更加担忧,这种兴奋,恐怕就是红烛行将燃尽时而闪现的亮光。果然,老人的双颊也有些泛红,目光也格外得明亮,对人们亲切依恋的心情,也更加深沉浓重。人们心中都很难过,但却把这种感情深深地埋藏起来,小心谨慎不让它流露出来,强颜欢笑与老人说了好多的话,劝慰她好好地养病。

人们知道不宜让老人过度兴奋,免得耗尽她体内积存不多的精力,因而坐了一会儿便纷纷告辞了。当大家正要离开的时候,林巧稚的眼睛却紧紧地盯住了和懿。白和懿明白她的意思,便单独地留了下来。林巧稚指了指床沿亲昵地对她说:"坐到我的跟前来吧,我们好久没有这样肩靠肩地坐在一起了。我是多么留恋过去的岁月,那时我们都还年轻,我们肩靠肩地坐在床上,半宿半宿地谈论着生活呀!”

白和懿强忍着心中的凄楚和悲伤,拉住了林巧稚的手劝慰她说:“你会很快好起来的,只要你一出院,我就搬到你家里去,天天陪你说话。”

“不光说话,还要唱歌!”林巧稚咳嗽了一阵之后又补上一句说。

“对,对,还要唱歌,像过去一样。你弹琴我来唱,或者是我弹你来唱!”白和懿一边替她擦去嘴边溅出的唾沫一边说。

她们相对无言地沉默着,小白紧紧地偎靠过来,听到了她的心跳、呼吸,当然,那声音在静静地传导着,就像地下的潜流。

林巧稚还想再说什么,可是记忆不肯再帮她的大忙,一句刚想要说的话,刚到嘴边又忘记了。她失望地望着天花板,半天没有说话。

不久,林巧稚的病情,开始明显地恶化起来,昏迷多于清醒,医生已经为她戴上了吸氧面罩,饮食也靠鼻腔滴入。对她的心脏和呼吸,医师都进行了仪器监测。

医院里已经连续不断向外发出八次病情报告。人大常委会、卫生部多次打来电话询问病情和治疗情况,中央领导和全国妇联的同志多次来病房探望她,驻华使馆官员和外国友人也闻讯赶来,可她已经完全不省人事了,剩下的只有微弱的呼吸和断断续续的呓语了。一九八三年四月二十二日清晨,她在昏睡中又发出了呓语,说得那样清楚动人,完全像真的一样:“快,拿产钳来! 产钳!”接着又惋惜地说:“你的病只能动手术了,这不能怪我,你来得太晚了!”过一会儿又含笑地说:“好极了,又是一个胖娃娃……”

医护人员闻声都走过来守护着她。就在这天上午十一点四十五分,不管怎样往绑在她胳膊上的血压计系管里充气,水银柱再也升不起来了。十二点十五分呼吸停止;十二点二十分心脏停止跳动。天际上一颗闪亮的星星倏地陨落了。

她面容庄重,神态安详,完全像睡熟了似的躺在洁白的床单上。望着她那苍老的面容和清瘦的身躯,不由得使我们想起了周总理对她说的话:“我们都要像春蚕一样,将最后一根丝都吐出来贡献给国家!”

是啊! 她遵照周总理的话,真像春蚕一样,将自己一生中的最后一根丝都吐尽了。

外面,春雨沙沙不停地下着,有多少受到噩耗震惊的人们冒着如烟细雨,纷纷赶来与林巧稚大夫的遗体告别。他们挥泪如雨,思绪如潮,这位一生中一直把病人放在心坎上的一代名医,人们也会永远把她放在自己的心坎上。

在这人流中,有多少年来一直跟着她学医的学生,有她操心费力接生下来的孩子——那许许多多的"念林""敬林""仰林"。如今,他们之中有的已经成为医学界的巨擘和主力,有的已成为社会上各行各业的栋梁之材。他们是不会忘记把他们接到这人世的第一双手,不会忘记为着妇女儿童保健事业吐尽了丝的"春蚕"。

林巧稚的患者念林在遗念现场。

"春蚕到死丝不断,留在人间御风寒。"林巧稚离去了,但她高尚的医德、精湛的医术、为科学献身的精神将永远受到人们的崇敬,鼓舞人们去攀登新的高峰。她一生没有建立自己的家庭,却给千万个家庭带来了幸福。她没有子女,但她是受世人永远爱戴和怀念的母亲。

高士其前往遗念。

林巧稚生平年谱

1901 年

12 月 23 日(清光绪二十七年十一月十三日),出生于福建省厦门市(思明县)鼓浪屿港仔后 F146 号一个教员家庭。

1906 年

秋,入鼓浪屿幼稚园蒙学堂(现鼓浪屿人民小学幼儿园所在地);

母亲何晋病故。

1908 年

秋,就读鼓浪屿"上女校"(即"怀仁"学校)。

1911 年

9 月,考入鼓浪屿高等女子师范学校(即现厦门市委党校所在地)。

1914 年

被接纳为"中华基督教会"会员。

1919 年

半工半读两年,毕业后,留师范学校任教。

1921 年

考入私立北平协和医学院。

1926 年

春,父亲林良英病故;

12 月 27 日至 29 日,因患结肠炎第一次住协和医院治疗。

1927 年

11 月 5 日至 21 日,因患急性扁桃体炎链球菌感染,第二次住协和医院治疗。

1929 年

6 月,毕业,获医本科医科学士学位及美国纽约州立大学医学博士学位;

7 月 1 日至 1931 年 6 月底,聘任为协和医院妇产科住院医师,年薪 600 元(国币,下同)、节假日补贴 300 元;

6 月 6 日至 10 日,因患急性咽炎,第三次住协和医院治疗冬,经马士敦(英国人)介绍,入前"中华医学会",为永久会员。

1930 年

5 月 24 日,由美国籍的澳大利亚人妇产科主治医师推荐,接替因患肺结核而被辞退的吴烈中,任妇产科总住院医师,年薪 800 元;

7 月,第一次享受度假,假期 7 周,可坐二等舱,给旅费 100 元。

1931 年

8 月 5 日,聘任为协和医学院妇产科系助手、协和医院妇产科住院总医师,年薪 1500 元。

1932 年

6 月 23 日,第二次休假,由北平坐火车至浦口,转坐船经上海回厦门;

8 月 5 日,从香港出发去英国留学,9 月 22 日抵达伦敦,在英国曼彻斯特和伦敦大学医学院学习 10 个月,于 1933 年 7 月回国,其间得国内年薪 2400 元。

1933 年

7 月 1 日,聘任为协和医学院妇产科系副手,增开控制生育门诊,增加教学课时,年薪为 2700 元。

1935 年

7 月,聘任为讲师。

1937 年

7 月聘任为襄教授,年薪为 5400 元;

8 月 28 日至 9 月 9 日,因患菌痢、牙根周炎,第五次住院治疗。

1939 年

7 月 1 日,由凯维建议,校董事会批准,任协和医院妇产科代理主任;

8 月 22 日至 9 月 3 日,因患急性迷路炎齿毒症性摘搐,第六次住院治疗;

10 月,途经上海、旧金山,到美国芝加哥大学医学院妇产科学习。

1940 年

在美国留学期间,被授予"美国自然科学荣誉委员会委员"证书;

12 月,任协和医学院妇产科系副教授。

1942 年

1 月 31 日,协和医学院被日军侵占,院务工作就此停顿,林巧稚就此失业;

5 月,在北平东堂子胡同十号(今改为 25 号),以月租 100 元昂价租借四合院,与周华康合作,自行开办"林巧稚诊疗所";6 月,经钟惠澜介绍,进"中央人民医院"(后改中和医院),创办了北平第一个妇产科,任妇产科主任。

1946 年

9 月,聘任为北大医院妇产科主任、教授。

1948 年

5 月 1 日,北平协和医院复诊;

7 月 1 日,聘任为妇产科主任、教授;

经介绍入北平市基督教女青年会;

秋,院长李宗恩介绍入欧美同学会(曾任同学会协和医学院同学分会书记、司库、总务、会长)。

1949 年

秋,京外地区发生人间鼠疫,参与预防、注射、检疫、宣传等工作,参加接种牛痘、注射伤寒霍乱混合疫苗等工作,以及 6 个月婴儿至 8 周岁儿童的白喉预防检查、接种疫苗工作;

应邀参加北京军管会主任叶剑英在北京饭店召开的知名人士座谈会;

10 月 1 日,她回避邀请参加中华人民共和国开国大典观礼,铸成终身遗憾。

1950 年

7 月,受聘任卫生部教材编审委员会委员。

1951 年

1 月 20 日,协和医院由人民政府正式接管,定年薪折合人民币 700 元(新币);

任北京市医疗纠纷鉴定委员会妇产科专题委员;

夏,第一次见到周恩来总理(在怀仁堂);

6 月,当选为中国人民保卫儿童全国委员会委员;

7 月,任中华医学会图书出版委员会委员、《中华医学》杂志编辑部常务编辑委员。

1952 年

2 月,协和医学院划归军委卫生部建制,任命为妇产科主任、教授;

8 月 27 日,聘任为中央技术管理局发明审查委员会委员;

9 月 9 日,聘任为北京医院妇产科兼任医师;

9 月 27 日,发表了在知识界颇具影响的文章《打开"协和"窗户看祖国》(见《人民日报》1952 年 9 月 27 日)。

1953 年

1 月 2 日,当选为中华医学会妇产学会主任委员;

当选为中华全国妇联执委、北京市妇联副主席;

3 月,聘任为全国卫生人员考试委员会委员;

5 月 23 日,出席在奥地利首都维也纳举行的世界医学会议,应苏联保健部邀请,以中国医学工作者代表团团员身份访苏,并在捷克斯洛伐克考察;

10 月 24 日,聘任为中华医学会综合选题学术座谈会计划委员会委员。

1954 年

当选为第一届全国人民代表大会代表。

1955 年

6 月 1 日,聘任为中国科学院学部委员,为学部中唯一的女委员;

7 月 25 日,聘任为中国药典编纂委员会委员;

当月受刘少奇主席接见。

1956 年

7 月 29 日,当选为中华医学会副会长;

8 月,中央卫生实验研究院北京分院和协和医学院合并,改名为中国医学科学院,任命为妇产科学系主任;

9 月 6 日,聘任为《妇产科》杂志总编辑;

12 月 12 日,聘任为《中华医学》杂志外文版常务编辑委员;

当年被评为全国第一次职工科学技术普及工作积极分子。

1957 年

聘任为国务院科学规划委员会医学组成员;

当选为中华医学会节育技术指导委员会委员。

1958 年

4 月,倡议并实施对北京 5 个地区 96550 人居民做妇科普查试点;

9 月,在北京 83 个机关、27 个学校、22 个居民地段,对 71646 名 29 岁以上妇女做妇科普查。

1959 年

9 月,任命为中国医科大学副校长;

当选为第二届全国人民代表大会代表;

当选为北京市政协副主席、全国政协常委;

聘任为北京妇产医院名誉院长;

国务院任命为中国医学科学院副院长;

与中医专家王志敏合作治疗不孕症取得效果。

1960 年

参加邓颖超手术治疗小组;

聘任为中央广播电台中西医学广播委员会委员;

被聘为全国教育和文化卫生教育新闻方面社会主义建设先进工作者;

被评为全国"三八"红旗手。

1962 年

受周总理、彭真、陆定一接见;

参加首都中西专家举引;

嫡侄林嘉通病故,去上海奔丧。

1963 年

3 月,参加全国医学科学工作会议,制定远景规划,毛泽东、刘少奇、周恩来、朱德、邓小平接见与会代表。

1964 年

当选为全国第三届人民代表大会代表、人大常委会委员。

1965 年

3 月至 8 月,参加湖南湘阴县农村巡回医疗队;

治了一个三万余病人,培养了能独立工作的助产士;

主持召开中华医学会首届妇产科学术会议,周恩来总理出席会议并讲了话;

上交两笔存款:一笔是 1940 年在美国芝加哥学习时生活费积蓄,折合人民币 7900 元;一笔是任中国科学院学部委员积存的车马费 7000 余元。

1966 年

春,主持组织北京地区子宫颈癌的普查和防治;

"文化大革命"开始后,靠边站。

1969 年

调到绒癌病房当"实习医生",跟班劳动。

1970 年

冬,为山东一位农村老年妇女成功地摘除一个 28.35 公斤卵巢瘤;

会见美国朋友埃德加·斯诺先生。

1972 年

以中华医学会代表团副团长身份出访美国、加拿大、法国等;

在京接待了尼克松夫妇访华。

1973 年

5 月 7 日,出席在日内瓦召开的第 26 届世界卫生大会;

以中国医学家身份出席世界卫生组织医学研究顾问委员会会议,受聘任顾问委员,任期 1973—1977 年;一年一度参加日内瓦的列会

随同周总理先后接待日本、科威特友人及李政道等客人;

7月，以全国人大常委会委员身份宴请瑞典公主玛格蕾塔和她的丈夫约翰·安布勒。

1974 年

出席日内瓦世界卫生组织专家顾问委员会会议；

会后，对瑞士、法国医疗卫生研究机构进行考察；

12月，率团访问伊朗。

1975 年

6月，出席日内瓦召开的世界卫生组织医学研究顾问委员会第17次会议；

当选第四届全国人民代表大会代表、人大常委会委员。

1976 年

6月21日至25日，出席在日内瓦召开的世界卫生组织医学研究顾问委员会会议；

8月，深入唐山抗震救灾第一线，参加抢救工作。

1977 年

8月3日至14日，因患高血压脑动脉供血不足，第七次住协和医院治疗；

13日，要求出院，参加上海召开的计划生育工作会议；

建立妇产科遗传实验室，开展产前诊断胎儿先天性疾病研究。

1978 年

当选为第四届中华全国妇联副主席；

当选为第五届全国人大代表、人大常委会委员；

聘任为中国医学科学院第一届学术委员会委员、临床医学委员会委员；

参加以楚图南为团长，她任副团长的中国人民友好代表团，出访西欧四国；

11月8日，到巴黎时，自觉左上肢麻木，11月11日抵英国后，左上肢失去知觉，左下肢力弱，行走困难，于12日入英国一家医院，诊断为缺血性脑血管病，22日出院，入使馆；

12月3日，接回北京，入协和医院，为第九次住院治疗，诊断为左侧偏瘫、脑血栓形成、高血压动脉硬化性心脏病、白内障，经自己坚决要求，1979年6月1日获准出院。

1979 年

主编《妇科肿瘤》；

出席全国五届人大二次会议。

1980 年

3 月 3 日，出席全国妇联会议，两天后，晚 7 时入院治疗，此为第十次住院；

3 月 25 日，上下午会见外宾；

3 月 31 日，要求出院，经会诊后获准；

5 月 29 日，接待外宾；

8 月 20 日，同意在专人陪同下，参加人大会议；

9 月 2 日，出席中华人民共和国卫生部与世界卫生组织联合召开的生育调节进展学术讨论会；

聘任为《生殖与避孕》杂志首届编审委员会顾问；

11 月 30 日，夜间摔地，事后头晕、恶心；

11 月 31 日 0 时 30 分入院，为第十一次入院治病；

聘任为国家科学技术委员会计划生育专业组组员、医学专业组成员。

1981 年

聘任为中国医学科学院学术委员会委员。

1983 年

4 月 22 日，中午 12 时 47 分，在北京协和医院逝世，终年 82 岁。